U0887426

◆ 高等院校旅游专业系列教材

◆ 南开大学出版社

◆ 师守祥　编著◆

度假区管理

图书在版编目(CIP)数据

度假区管理 / 师守祥编著.—天津：南开大学出版社，2008.7(2022.7 重印)
(高等院校旅游专业系列教材)
ISBN 978-7-310-02958-7

Ⅰ.度…　Ⅱ.师…　Ⅲ.风景区－经济管理－高等学校－教材　Ⅳ.F590

中国版本图书馆 CIP 数据核字(2008)第 101273 号

度假区管理
DUJIAQU GUANLI

南开大学出版社出版发行
出版人:陈　敬
地址:天津市南开区卫津路 94 号　邮政编码:300071
营销部电话:(022)23508339　营销部传真:(022)23508542
https://nkup.nankai.edu.cn

天津泰宇印务有限公司印刷　全国各地新华书店经销
2008 年 7 月第 1 版　2022 年 7 月第 5 次印刷
787×960 毫米　16 开本　19.25 印张　351 千字
定价:55.00 元

如遇图书印装质量问题,请与本社营销部联系调换,电话:(022)23508339

前言

一

青岛大学旅游学院是全国最早开设度假区管理课程的院校之一，编写特色系列教材也列入学院教学改革计划，得到领导的鼓励和同事们的热情支持。在课程教学讲义、专题研究资料的基础上，原本想编写一本体系结构完整的教材，但动笔之后才发现，原来的设想过于乐观，难以实现。主要原因在于我国度假区的研究十分薄弱，不仅成果积累少，而且存在分散、肤浅、重复等问题。基本概念尚没有达成一致、基础议题不明确、基础理论更没有建立起来。

同时，我们认为，作为旅游区的一种类型，度假区管理个性问题的研究更为有价值。故此，放弃了面面俱到的教材体例，就度假区管理中的重点议题进行了集中讨论。

二

以往的研究对度假地、度假区、度假村等概念不加区分，我们认为它们在理论上是不同的概念，在管理实践中则面临各不相同的问题。

度假地是一个世界通用的、倾向于地理学的概念。度假地范围可以很大，一个城市、一个地理区域都可以是一个度假地。因为它是边界模糊的地理概念，基本不存在进行管理的问题。

度假区在中国是一个“专属”概念，是经过政府部门报批成立的旅游综合区。不但强调度假功能，还强调经济特性，重视政府管理功能，需经政府部门的申请、批准才能成立。度假区往往是旅游度假地的组成部分，具有明确的边界与范围，通常有统一的管理机构。一个度假地可以包含多个度假区、度假村、度假酒店等。

度假村仅指一个接待企业，度假村的概念与区域、行政管理等概念无关，也没有专门的机构进行审批和授权。度假村的管理属于微观的企业管理，而且与一般的接待企业并没有显著差异。

基于这样的认识，我们在写作中强调了政府管理。内容安排上共有12章，第1章导言：中国现代化进程中的度假旅游，就度假旅游研究中的诸多缺乏依据的流行观点进行了讨论，譬如中国旅游产品向度假转型的问题。第2、3章是基本问题的理论研究。

政府管理所涉及的内容安排在第 4～7 章，有度假区申报、评级，度假区政府管理，度假区规划、建设，度假区游客管理等。第8～12章为分类型研究。我们重视理论问题的研究，除第2、3、6三章是理论问题的集中讨论外，其他章节中，对涉及领域的已有研究成果都进行了总结梳理、评论。同时考虑到后续研究及教学的方便，也增加了代表性的资料内容。

三

著作的出版是集体智慧的结晶，写作中参考了大量文献资料，除了文中列举的，有的资料，特别是网络资料因无署名作者，在此对这些文献的作者们一并表示感谢！

写作过程中，兰州城市学院城市经济与社会管理学院陈丽丽参与了第7章度假区游客管理的编写；江苏盐城师范学院商学院旅游系孙琨参与了第10章城郊休闲度假区的编写。

需要感谢的还有南开大学出版社的彭海英老师、李冰老师，从选题策划阶段就给予指导，为著作的编写做出了许多贡献。

师守祥

于青岛大学　浮山公寓

2008年4月

目 录

1

导言：中国现代化进程中的度假旅游

1.1 旅游：中国人生活的新元素

中国经济的持续高速增长给国人带来的不仅仅是收入水平的提高，国际地位的显著提高，更在悄然转变着人们的生活方式。

中国经济的持续高速增长，带动了人均GDP和可支配收入的增长。根据第一次全国经济普查资料，1979～2004年我国GDP平均每年递增9.6%，有将近一半年份的年增长速度超过了10%。而同一时期世界年平均增长速度在3%～4%之间。1979～2004年我国人均GDP平均每年递增8.3%[1]。特别是最近的2003～2007年，经济增长率均超过10%（图1.1），成为改革开放以来，也是建国以来经济社会发展最强劲、最稳健的时期。

其间伴随着恩格尔系数的下降（见表1.1），为国人消费升级、由物质逐步转向服务消费提供了坚实的基础。因此，无论是从社会经济发展，还是人文要求的角度看，合理的休闲、度假旅游需求的发展将成为中国人现代生活发展的必然。

2007年，我国旅游业依旧保持了较快增长，入境旅游、国内旅游和出境旅游三大市场全面增长。全年旅游业总收入1.09万亿元人民币，相当于国内生产总值比重的4.42%。

1 金碚.1978 年以来中国发展的轨迹与启示. 中国工业经济，2007（5）

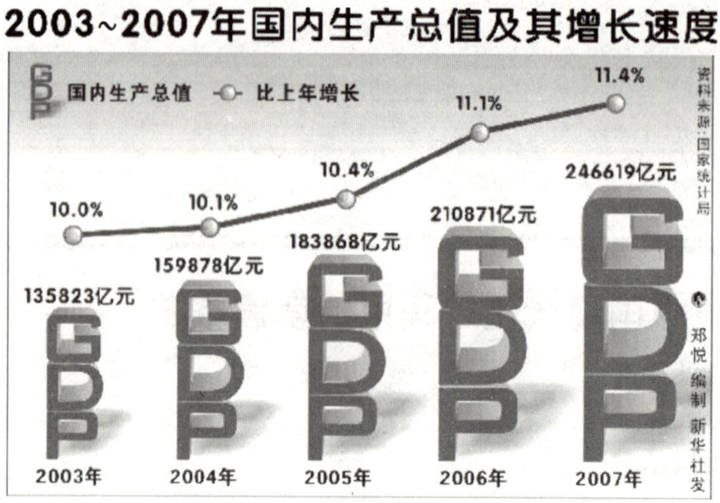

图 1.1　中国国内生产总值增长加速

资料来源：《中华人民共和国 2007 年国民经济和社会发展统计公报》中华人民共和国国家统计局，2008 年 2 月 28 日

表 1.1　城乡居民家庭人均收入及恩格尔系数

年份	城镇居民家庭人均可支配收入		农村居民家庭人均纯收入		城镇居民家庭恩格尔系数(%)	农村居民家庭恩格尔系数(%)
	绝对数（元）	指数（1978=100）	绝对数（元）	指数（1978=100）		
1978	343.4	100.0	133.6	100.0	57.5	67.7
1980	477.6	127.0	191.3	139.0	56.9	61.8
1985	739.1	160.4	397.6	268.9	53.3	57.8
1990	1 510.2	198.1	686.3	311.2	54.2	58.8
1995	4 283.0	290.3	1 577.7	383.6	50.1	58.6
2000	6 280.0	383.7	2 253.4	483.4	39.4	49.1
2005	10 493.0	607.4	3 254.9	624.5	36.7	45.5
2007	13 786.0		4 140.0		36.3	43.1

资料来源：《中国统计年鉴 2006》中国统计出版社，2006

1.1.1　入境旅游稳步增长

2007年，我国入境旅游市场继续呈现出发展态势，入境旅游人数达1.32亿人次。其中：入境过夜旅游人数达5 472万人次。国际旅游（外汇）收入达419

亿美元。

1.1.2 国内旅游业快速增长

2007 年，我国国内旅游出游人数和旅游收入均保持两位数的增幅。全国国内旅游人数达 16.1 亿人次。全国国内旅游收入 7 771 亿元人民币（参见表 1.2）。随着我国经济的发展和人民生活的改善，旅游、度假有着良好的潜力。

表 1.2 国内旅游情况

年 份	旅游人数（百万人次）	旅游收入（亿元）	人均花费（元）
2000	744	3 175.5	426.6
2001	784	3 522.4	449.5
2002	878	3 878.4	441.8
2003	870	3 442.3	395.7
2004	1 102	4 710.7	427.5
2005	1 212	5 285.9	436.1
2006	1 394	6 230.0	446.9
2007	1 610	7 771.0	482.6

资料来源：《中国统计年鉴 2006》；2007 年数据来自邵琪伟局长在 2008 年全国旅游工作会议上的讲话，2008 年 1 月 18 日

1.1.3 出境旅游发展快

我国公民出境旅游虽然历史不长，但发展很快，已经形成了一定的规模，并继续保持发展势头。2007 年出境旅游达 4 095 万人次，增长 18.6%，保持亚洲最大出境旅游客源国的地位。

1.2 景区开发与经营面临新挑战

从严格意义上来说，我国的绝大多数景区（自然风景、历史名胜古迹、自然保护区、遗址公园……）是全社会的财富，就其原始状态而言，应不属于任何个人、企业，甚至不属于地方政府。在发达国家，风景名胜大多是由国家财政拨款用于建设维护支出，即使设有门票，也仅是收取十分低廉的费用用于维持景区工作人员的工资和景区日常开销。在中国，虽然风景名胜名为全民所有，但由于按照属地管理原则，实质上是为地方政府所有并经营管理。把原本属于全民的旅游资源进行区域瓜分和部门独占，以无偿获得的资源为基础，策划包装成项目，或投入政府资金，或招商引资进行开发。

中国旅游业作为最早对外开放的产业部门，在改革开放初期承担着创汇、吸引外商投资的历史重任，但以中国当时十分薄弱的经济基础和政府财力，除极少数重点景区能够获得政府补贴外，大多数景区主要是在地方政府的主导下开展经营活动。因大部分景区面临着基础设施建设、市场营销等巨额投入，在此过程中以景区经营权为基础开展的招商引资乃至上市融资成为当时历史条件下的发展选择。

然而，近几年随着居民收入水平的持续提高以及旅游产业的快速发展，各地景区门票纷纷提价，部分景区门票一次性涨幅高达100%以上，社会各方面反应十分强烈，有关资源所有权、景区经营权归属、门票性质等问题的讨论再次升温。对此，国家发改委于2007年1月底发布了关于进一步做好门票价格管理工作的通知（以下简称《通知》）。《通知》明确了门票价格应充分体现公益性的特征，不能片面强调经济利益，《通知》对门票在不同价格区间的每次调整幅度、调整频率以及相关调价的公示、申报制度进行了原则性的规范。至此，过去几年间一直广受争议的景区门票提价问题终于在国家发改委的一纸《通知》规范下“尘埃落定”，景区门票提价将受到国家相关政策规范。在国家目前日益强调建设“和谐社会”、保证大多数群众的平等权利，公民权利意识不断提升的背景下，景区管理部门逐渐感受到门票提价往往会受到来自各方面的压力。对此，有关方面也表现出更为谨慎的态度。有不少的城市已免费开放公园或部分时段免费。

无论门票提价所面临日益沉重的社会压力，还是游客过度扩张所带来的环境压力，“门票+游客”之简单营利模式终将遇到发展瓶颈，面向休闲、度假的旅游消费升级，景区需逐步推进资源的深度开发，完善旅游目的地功能建设，并在此基础上，面对需求更为多样化、消费升级的休闲、度假旅游，需要对市场进行细分，实施差异化的经营。

1.3 酒店业将逐步进入消费升级与行业整合共同驱动时期

伴随着中国改革开放程度的提高，对于全球酒店业发展历程、生产组织方式、经营模式等产业运行认识的不断深入；在收入水平提高、消费不断升级的背景下，中国酒店业正经历由传统星级酒店主导的市场向高星级酒店品牌经营和以客房经营为核心、多层次经济型酒店双轨发展的市场格局演变，消费升级所引致的高星级酒店扩容、发展以及经济型酒店的高速成长将是未来相当长一段时间里中国酒店业运行的重要特征，其间伴随市场竞争和产权制度改革的深入，行业内的整合也将更为频繁。

1.4 寻找休闲、度假旅游市场是未来的趋势

中国目前的旅游服务行业，市场参与者众多，竞争激烈，但在休闲、度假旅游消费需求日趋多样化、个性化的背景下，如何实现在线服务低成本运营和传统旅行社旅游产品设计、要素组价两种运营模式的有效结合将成为在线旅游服务提供商和传统旅行社都必须加以解决的问题。在此过程中，优秀旅游服务供应商利用自己的品牌优势、客户资源及其对于旅游产业的深刻理解，作为产业“粘合剂”，在酒店、景区等其他产业环节进行战略布局，通过业务整合和品牌延伸，开发会议奖励旅游，个性化休闲、度假旅游等细分市场领域，实现企业价值的复合式增长。

1.5 中国旅游产业新思路：休闲与度假

随着中国民众闲暇时间增多、财富增加、交通便利程度提高、对休闲期望的改变以及消费选择的增多，中国休闲度假旅游将逐步进入快速发展阶段。

中国经济的持续高速增长，带动了人们收入和生活水平的提高，为国人消费升级、由物质消费逐步转向服务消费提供了有利基础，无论是从社会、经济发展进程，还是人文要求的角度看，合理之休闲、度假旅游消费需求必将成为中国人现代生活发展的必然。

1.6 中国式度假旅游的深入探讨

经济的持续高速增长使得中国已逐步进入小康社会，人们在满足经常性生活消费需求的同时，用于娱乐、影视、运动、旅游等升级消费的支出也不断增加。我们认为，随着中国民众闲暇时间增多、财富增加、交通便利程度提高、对休闲期望的改变以及消费选择的增多，中国休闲、度假旅游将逐步进入快速发展阶段，并将呈现出停留时间长、以散客和家庭式组织方式为主、复游率高、形成“度假＋观光”的发展模式和凸显文化需求等特点。市场条件已基本具备，休闲、度假旅游将实现“中国式”发展。

在对中国休闲度假旅游产业发展进行展开和进一步分析之前，我们认为，十分有必要对有关问题加以厘清，以使我们对我国休闲度假旅游产业发展能有

一个更为深刻的认识。

1.6.1 度假旅游的层次问题

在我国，最早提出旅游层次问题的是陈传康教授。陈教授认为，旅游者的旅游活动行为分三个层次，即基本层次、提高层次和专门层次（图1.2），而休养疗养旅游属于专门层次旅游行为。[1]

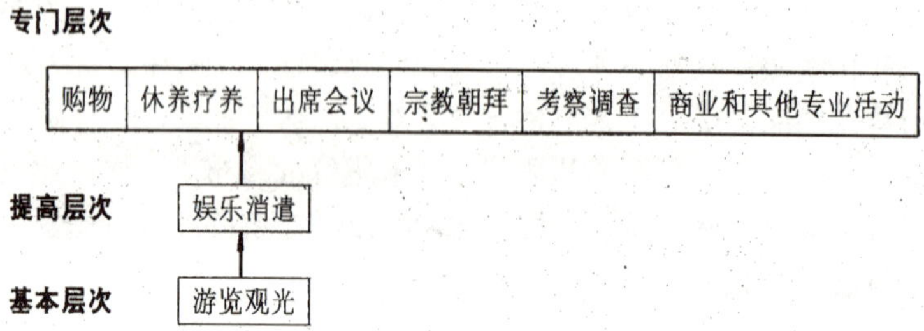

图 1.2 旅游行为层次的框架图式[1]

陈教授的原文指出："游览观光是旅游的最起码要求，旅游区、点若缺乏观光基础，便谈不上旅游，所以观光旅游是旅游行为的基本层次。娱乐消遣旅游包括一是旅游活动有一定观光基础，但实际上以娱乐为主；二是游客到旅游目的地后，在游览观光之余，进行娱乐活动。娱乐活动可以提高和丰富旅游活动的内容，属于旅游活动的提高层次"，并强调"不同旅游点的旅游行为层次是各有侧重的，可以对旅游行为层次的组合结构进行专门的研究"。可见，原文所指是旅游活动过程的行为层次。此后，这一观点广为流传，引用者要么没有尊重原文的观点，要么自行演绎，并且不恰当地用来描述不同旅游产品类型特征，甚至作为分类依据。目前流行的观点是：观光旅游是旅游产品中最基本、最常规产品，其内容较为单一，客人停留时间短，消费水平比较低，总体效益不高，是旅游发展初级阶段的表现，是低层次的旅游。度假旅游则是以消闲、健身为目的的旅游，其特点是停留时间长，项目多，活动内容丰富多彩，多为中高档消费，经济效益高，是高档次的旅游产品。

我们认为这种观点本身存在不严密之处，就对旅游产品的层次而言，按照观光、购物、娱乐、度假等加以区分明显存在分类上的误区。旅游的功效是多方面的，观光旅游、度假旅游只是满足不同需求的旅游产品形态，不存在等级高下问题。不同的旅游产品之间不存在替代关系，因此把它们对立的观点是错

1 陈传康. 区域旅游发展战略的理论和案例研究. 旅游学刊，1986(1)：14～20

误的。

以花钱多寡、停留时间的长短等作为标准评判旅游层次高低是不恰当的，数据也无法证实这一点。全国范围内连续多年的统计、调查显示：在我国城镇居民旅游花费中，度假休闲的花费并不高，不仅一直低于观光旅游的花费，而且差距总体上在拉大（见表1.3），农村居民用于度假的花费就更少了。从旅游逗留时间分析，2006年城镇居民国内观光游在外过夜3.5天，度假游在外过夜3.8天，相差0.3天，同样没有表现出明显的差异来。这与我国学者普遍认为的度假旅游逗留时间长、花费高，是高层次旅游的观点不符。

表 1.3 中国城镇居民国内旅游人均花费构成 （部分项目 元/人）

年份	观光游览	探亲访友	度假休闲	观光与度假绝对差（变率）
1993	291.8	281.2	280.6	10.6（3.78%）
1999	721.5	555.9	484.7	165.4（34.12%）
2000	729.7	548.3	483.4	181.4（37.53%）
2001	868.3	575.9	441.1	292.4（66.28%）
2002	836.3	727.4	479.2	108.9（22.73%）
2003	725.4	646.3	477.1	79.1（16.58%）
2004	847.8	611.6	533.5	236.0（44.24）
2005	858.3	668.5	497.3	189.8（38.16%）
2006	887.4	751.6	543.7	343.7（63.22%）

注：20世纪90年代的多数年份国内旅游抽样调查把观光、度假合为一项；
资料来源：相应年份《中国旅游抽样调查报告》

1.6.2 旅游发展的阶段与转型问题

我国旅游业谋求产品“转型”由来已久，1992年国务院发布的《关于试办国家旅游度假区有关问题的通知》（国发1992〔46〕号）中就指出：“为进一步扩大对外开放，开发利用我国丰富的旅游资源，促进我国旅游业由观光型向观光度假型转变，加快旅游事业发展，国务院决定在条件成熟的地方试办国家旅游度假区。”此后，在我国旅游界，关于“我国旅游业将从传统的观光旅游向度假旅游转型”这个观点逐渐成为主流观点，甚至认为发展休闲度假旅游是我国旅游产业转型与升级的必然选择[1]。

20 世纪 90 年代，我国旅游主管部门在积极促进度假旅游的发展方面大动作频频。1992 年国务院批准在全国建立了 12 个国家级旅游度假区；1996 年国家旅游局推出“度假休闲旅游”主题年活动；1997 年“中国旅游年”中，国家

1 王莹. 杭州国内休闲度假旅游市场调查及启示. 旅游学刊，2006(6)：44～48

旅游局推出以国家和省级旅游度假区为依托的“海韵、湖光度假”专项产品，度假休闲旅游线成为国家旅游局向海内外推荐的16条旅游精选线路之一。

在国家旅游业“十五”计划（2000～2005）中，旅游主管部门将度假旅游的发展与度假区建设作为旅游业发展的重点。国家旅游局提出的旅游度假区的发展目标是“要在国务院批准的12个国家旅游度假区的基础上，将一批条件比较成熟的省级旅游度假区和外资建设的度假区批准为国家旅游度假区，以增加国家旅游度假区的数量，扩大国家旅游度假区的规模；把集中力量抓好海南热带海岛海滨度假地的建设作为全国开发旅游度假产品的重点；把青海、甘肃、新疆、黑龙江建成暑季度假旅游的新的热点地区，分流东部海滨压力，促进西部大开发；其他地区要在“十五”期间，规划建设一批借助山间、湖畔、林地、温泉等区位和资源优势的旅游度假地，以形成度假产品的多样化；环城市度假设施要更加适应家庭式旅游的需求，逐步增加和调整经营项目，不断提高服务质量”。[1]

与旅游产品“转型论”密切相关的另一个概念是中国旅游发展的“阶段论”。1996年，吴必虎博士在博鳌亚洲旅游论坛上提出：“‘中国旅游发展的三大阶段’，即第一阶段是从1978年到90年代初，比较流行质量比较低的观光旅游；第二阶段是90年代中后期，旅游产品的品种多样化，将观光、度假、文化休闲等产品组合起来的供给体系；第三阶段是2002年以后[2]，为了满足更高需求，旅游产品将提高到以度假旅游休闲为主的时代”[3]。近年，“中国进入‘休闲时代’、”“中国旅游进入度假时代”等在政府文件、官员讲话、规划文本、学术文献中广泛使用。

现在回过头来看，政府高层和学界所谓的“转型论”、“阶段论”在理论上还需深入探讨，近年有些文献开始怀疑该命题是否成立[4]。这里提出的问题主要有对中国旅游发展规律的认识是否准确？发展阶段的把握是否恰当？从实践层面看，国家级度假区试办已有15年，再无发展增加，原来的度假区基本成了“城市开发区”，转型努力不太成功。中国旅游不论从产品供应方还是需求方看，变化是缓慢的，看不到“拐点”，没有出现阶段性与转型的现象。中国旅游目的中的观光游览比例一直很高（表1.4），且总体在上升（1999年的数据无

1 中华人民共和国国家旅游局. 中国旅游业发展“十五”计划和 2015 年、2020 年远景目标纲要. 北京：中国旅游出版社，2001，71

2 吴必虎的原话无法检到，后来的引用有差异，刘松在《休闲、度假与中国旅游业发展阶段分析》一文中是：“第三个阶段是到 2020 年后，为了满足更高需求，旅游产品将提升到以度假休闲旅游为主的时代”。

3 转引自：刘思敏，陈蓉. 走出“从观光旅游向度假旅游转型”的误区（上）. 中国旅游报，2007-8-8（13）

4 刘思敏，陈蓉. 走出“从观光旅游向度假旅游转型”的误区（上）. 中国旅游报，2007-8-8（13）；王大悟. 旅游度假区开发观论析——对当前旅游规划中若干问题的思考. 旅游科学，2006(2)：13～17；郑保垒.我国旅游业非转型不可吗？中国旅游报，2007-8-29（13）

法解释，估计是《中国旅游统计年鉴》印刷错误，把观光游览与探亲访友互调了位置），而度假休闲的比例2003年达到最高，此后下降，2006年有提升。另外，中国公民人均旅游花费在2000年就超过了420元，2006年仍然不到450元（表1.5），6年间增加20元。可见旅游业转型说、产业升级说都难以证实。其实，由于交通条件的改善，观光旅游比以往更容易实现，比例上升也是符合逻辑的。

表 1.4 中国城镇居民主要出游目的 （%）

年份	观光游览	探亲访友	度假休闲	商务	公务会议
1993	38.85	20.46	7.06	4.56	6.64
1999	24.1	48.8	8.6	3.8	6.6
2000	39.9	26.3	16.8	2.8	6.2
2001	39.3	25.2	17.7	3.7	6.0
2002	41.4	25.2	18.0	2.3	5.7
2003	41.7	25.5	21.2	1.9	4.7
2004	45.0	23.7	19.7	1.4	4.1
2005	44.9	23.5	18.5	2.0	3.7
2006	42.6	23.4	20.6	1.9	3.1

注：表中省略了宗教/朝拜、文体科技、其他等项，合计非 100；
20 世纪 90 年代的多数年份国内旅游抽样调查把休闲、观光、游览、度假合为一项，无法分离；
资料来源：相应年份《中国旅游统计年鉴》、《中国旅游年鉴》、《中国旅游抽样调查报告》

表 1.5 国内旅游人均花费 （元）

年份	1995	2000	2001	2002	2004	2005	2006
花费	218.7	426.6	449.5	441.8	427.5	436.1	446.9

资料来源：相应年份《中国旅游统计年鉴》

1.6.3 数据引用问题

我国旅游界广泛引用各不相同的数据，来说明中国进入度假旅游时代。世界旅游组织研究表明，当人均GDP超过800美元，观光旅游开始起步；人均GDP超过3 000美元，度假旅游逐渐兴起。[1]“国际上的一项统计表明，当人均国内生产总值达1 200～1 500美元时，居民将产生国内度假动机；达到4 000～10 000美元时，将产生国际度假动机；超过10 000美元时，将产生洲际度假动机。”[2]按照经济学界的认识，当人均GDP达到2 000美元，旅游形态开始向休闲旅游转化；当人均GDP达到3 000美元，旅游形态开始向度假旅游升级；达到5 000美元

1 转引自：刘思敏，陈蓉．走出“从观光旅游向度假旅游转型”的误区（上）．中国旅游报，2007-8-8（13）
2 张怡，吴骥良．谈度假区项目可行性研究．规划师，2004(5)：100～102

则开始进入成熟的度假经济时期。[1]

对这些“来历不明”的数据，我们认为应该科学分析，谨慎引用。首先，概念与逻辑不清。国际度假与洲际度假、观光旅游与度假旅游之间不是对立与替代的关系，而且难于区分。有了度假能力就不观光旅游？度假旅游一定比观光旅游花费高？出国度假花费一定比国内贵？中国人到澳大利亚度假是国际度假还是洲际度假？这些问题很难回答。

其次，数据引用没有出处，时间、区域不标注。等量货币在不同的时间、不同的国家和地区，其购买力是不同的，这样的数据已失去作为论据的基本价值。

再次，旅游、度假活动的影响因素是复杂多样的，不能简化为 GDP 单因素影响。支付能力是度假旅游的必要条件，但不是充分条件，度假旅游受很多非经济因素影响。另外经济因素也不能用 GDP 衡量，影响个人旅游决策的是可支配收入，而非国民生产总值。人均 GDP 的增长如何影响旅游决策，在我国尚没有这方面的研究成果。

1.6.4 度假旅游的国际经验及可借鉴性

我国旅游学者从研究欧美的经验推出，中国旅游必须转型为“度假旅游时代”。魏小安先生在《中国旅游发展大趋势探讨》的文章中认为：“从中国旅游业现在取得的成就来看，旅游成在观光；从未来发展来看，旅游很可能败也在观光。所以如果不完成转型，就意味着中国这个旅游目的地的竞争力势必会下降”[2]。在很长的时间里我们笃信“工业化国家所展示的是工业不发达国家未来的前景”，这种观点永远可靠吗？我们认为在寻求国际经验时，特别要考虑中国与欧美国家在文化和消费理念上存在相当大的差异，而且欧美国家运行更为良性的社会福利制度是其国民形成目前消费习惯的重要基石。相比较而言，我们的个性更为明显。譬如世界上很多知名度假地、度假酒店是以博彩、色情为主要吸引元素的，我国制度是不容许的。

从传统的角度看，西方国家早在古希腊和古罗马时期就有度假的习俗，度假融入了他们的文化。而在我们中国人的闲暇理念里，融入我们文化传统的旅游方式是“读万卷书，行万里路”。从对度假的理解看，西方人对度假的理解是享受 3S，而国人则把观光看作是度假区的重要吸引物。国内游客到海南三亚、到沿海海滨以观光为主要目的。“新马泰”在西方游客眼里是度假天堂，但在我国游客眼里，却是观光胜地。我国旅行社经营的欧洲度假游，也是 10

1 刘松．休闲、度假与中国旅游业发展阶段分析．北方经贸，2007(6)：117～118
2 魏小安．中国旅游发展大趋势探讨．中国旅游报，2007-7-20（7）

天 8 国游，跟西方人的度假有很大差距。

1.7　中国具备发展度假旅游的条件

经济的持续高速增长使得中国已逐步进入小康社会，人们用于精神消费的支出也不断增加，其中，休闲、度假旅游发展尤为迅猛，日渐成为人们利用闲暇时间的主要方式。尽管中国由于经济发展水平、文化、假期制度、社会福利等方面的原因，与欧美、日本等发达国家相比，中国的休闲、度假旅游还处于起步、萌芽阶段。但我们认为，随着中国民众闲暇时间增多、财富增加、交通便利程度提高、对休闲期望的改变以及消费选择的增多，中国休闲、度假旅游将逐步进入快速发展阶段。

1.7.1　人们闲暇时间增多

通常情况下，能够进行休闲消遣娱乐，特别是旅游活动的人，都必须拥有一段连续的闲暇时间。在过去的几十年间，人们的闲暇时间通过多种渠道获得了较大幅度的增加，诸如缩短工作时间、提前退休、扩大休假权利、生产力的提高使人们从烦琐的工作中解放出来等。闲暇时间的增多成为发展休闲、度假旅游的必要条件。中国从1995年开始实行一周5天工作制，1999年为刺激内需开始实施“黄金周”制度，公共假日又由原来的8天增加至10天，每年的名义闲暇时间达到了114天。然而，黄金周实行9年以来，假日经济所带来社会、经济成本不断增加，景区、旅游服务设施在黄金周期间不堪重负，而在平时设施利用率又明显不足，由此引发社会对于黄金周改革的呼声越来越高。

2007 年 12 月 14 日中华人民共和国国务院令（第 513 号、第 514 号）公布了国务院《关于修改〈全国年节及纪念日放假办法〉的决定》、《职工带薪年休假条例》，自 2008 年 1 月 1 日起施行。自此，关于公共节假日和带薪假期制度改革的各种争议终于尘埃落定。至此，国家法定节假日总天数将增加到 11 天，职工也将根据工作年限的不同拥有 5 至 15 天不等的带薪假期：职工累计工作已满 1 年不满 10 年的，年休假为 5 天；已满 10 年不满 20 年的，年休假为 10 天；已满 20 年的，年休假为 15 天；法定休假日、休息日不计入年休假假期。新的法定节假日制度在 2008 年得以实施，法定假日以及周末的法定休息日将达到 115 天，再加上带薪假期的贯彻实施，中国人每年的闲暇时间将增加至 120 天以上。

增加清明、端午、中秋 3 天假期以及春节放假起始时间自除夕的节假日调整工作在增强传统文化影响力、符合广大群众过节需要的同时，由于允许周末上移下错，与国家法定节假日形成两个七天的“黄金周”（春节和国庆节）和五个三天的“小长假”（元旦、清明、国际劳动节、端午、中秋）。一方面，增加了假日的次数，合理分布节假日；另一方面，也可以将出游、购物的人流分散开，避免出现往年黄金周国人扎堆出游，造成交通、景区、旅游服务设施不堪重负等问题。而且，长短假期的合理分布以及带薪假期的灵活应用将有助于国内休闲、度假旅游产业的发展。人们可以在“小长假”期间选择中短途的旅游目的地、度假村进行休闲娱乐，而在黄金周期间选择较远距离的目的地度假，再搭配带薪假期，人们将拥有更多的休闲、度假旅游选择。

1.7.2 财富增加

中国在改革开放 20 多年间，经济实现了高速增长，2001 年，中国人均 GDP 首次突破 1 000 美元，尽管并不能以此作为休闲、度假旅游启动的标志，但这一数据无疑标志着中国人已基本解决温饱问题，消费升级的经济氛围日渐形成。近年来，实际工资水平的提高以及可支配收入水平的提高引发了人们对于休闲、度假旅游消费的增加（表 1.6）。

表 1.6 人均可支配收入的增长、生活水平提高

指标名称	1989	1997	2004	2005
城镇居民人均可支配收入（元）	1 374	5 160	9 422	10 493
农村居民人均纯收入（元）	602	2 090	2 936	3 255
城镇居民人均消费性支出（元）	1 211	4 186	7 182	7 943
农村居民人均生活消费支出（元）	535	1 617	2 185	2 555
人均储蓄存款余额（元）	461	3 744	9 197	10 787
城市每万人拥有公交车辆（标台）	2.1	4.5	8.4	8.6
城市人均拥有铺路面积（平方米）	3.2	5.2	10.3	10.9
农村通公路行政村比重（%）	75.0	85.8	92.9	94.3
人均国内旅游花费（元）		328.1	427.5	436.1
城镇		599.8	731.8	737.1
农村		145.7	210.2	227.6
城镇居民家庭文教娱乐支出比重（%）	11.1	10.7	14.4	13.8
农村居民家庭文教娱乐支出比重（%）	5.7	9.2	11.3	11.6

资料来源：据相应年份《中国统计年鉴》整理

经济相对较发达的大城市，收入水平增长更为显著。以北京、上海、广州、深圳四个经济相对发达、白领阶层较为庞大的大城市为例，2007 年，平均工资水平已经超过 4 万元。随着收入水平的不断提高，人们在满足基本生活要求之后，需要通过一次较长时间的休息、度假以调整身体、精神状态，而休闲、度假旅游是实现这一目标的有效途径之一。因此，休闲、度假旅游在国内一些经济较发达的大中型城市具有更为广阔的发展基础。

1.7.3 交通便利程度的提高

旅游作为人们出于休闲、商务或其他目的，离开惯常生活环境到其他地方所进行的各种旅行活动以及在目的地的活动，其发展十分依赖于交通便利程度的提高。不断增加的自由度和可移动性使得人们感知的地理空间范围获得了极大的延伸和扩大，人们可以外出旅行，使用更广大空间内的资源。

根据国家统计局的数据，截至 2006 年底，中国高速公路里程已经达到 4.53 万公里，各类公路里程为 346 万公里，尤其随着国家“两纵两横”和“五纵七横”高速公路主干线的建成，中国以高速公路为主干、各等级公路为枝叶的公路网络正逐步形成、完善。近几年，私家车正以惊人的速度走入千家万户，2006 年末，中国每百户家庭的汽车保有量达到 4.32 辆，而这一数据在 1999 年还仅为 0.34 辆，在短短的 7 年时间里，增长了近 12 倍。高速公路网的建设、健全以及家用汽车数量的快速增长，客观来讲，大大提高了人们短程、短期旅行的便利程度，周末（小黄金周）出游、城郊游等短途旅行将更为便捷、更为频繁。

民用航空是长途度假旅行所能依赖的最为快捷的交通方式。在过去十多年的时间里，中国民用航空取得了快速发展，用一个并不十分精确的行业统计数据，随着民用飞机和航线的增加，民航运力由 1995 年的 961.87 架 • 百万公里迅速增加至 2006 年的 3 411.20 架 • 百万公里，增长了 2.55 倍，同期民用飞机保有量也由 1995 年的 852 架增至 2006 年的 1 614 架。当前，国内的民用航空业已基本形成国航、东航、南航三大航空集团寡头垄断的市场格局，它们占据了近 75%的市场份额。因此，三大航空集团运力和平均运价水平的变化对于判断行业趋势具有较强的代表性。根据安信证券首席交通运输行业分析师的研究，在 2001～2006 年的短短六年间，三大航空集团运力达到 251 019.58 座 • 百万公里，增长 123.7%，运力增长十分迅速。而且，自 1998 年以来，三大航空集团平均运价水平的上涨幅度要远落后于城镇居民人均可支配收入的增长，由此使得航空在人们旅游出行过程中显得“便宜”了。[1]

---

1 毛峥嵘. http://www.sina.com.cn 2007 年 12 月 20 日 15:44

1.7.4 人们对休闲、度假的期望

自由度的大小和生活水平的高低直接影响着人们参与休闲或者旅游度假的意识和积极性，但是参与的愿望又受到来自各种社会因素变迁的重大影响，正是这些变化使得休闲、度假旅游日渐深刻地渗透到人们的日常生活中，日益成为人们生活中不可或缺的内容之一。在20世纪末期的后工业化社会里，休闲已经逐渐演变成为人们消磨时间、培养兴趣以及维持社会关系的重要手段和工具，满足了人们不同类型的要求。

随着收入水平的提高和闲暇时间的增加，人们旅游出行更为频繁。2006年，中国人出游率首次超过100%（含国内游和出境游），这意味着所有中国人平均每年至少出去旅游一次。随着旅游出行更为便利，选择更趋多样化，人们已由单纯的观光旅游逐步向休闲、度假旅游过渡，这从近几年消费较高的出境游的快速增长以及多种新颖类型的休闲方式（如成都附近的周末农家乐）就可见一斑。而且，如今人们的工作节奏，尤其是大城市白领阶层的工作压力，与十多年前不可同日而语，旅游已作为人们放松身心的重要途径，旅游、休闲、度假旅游的消费升级已成为必然。因此，无论从旅游行业宏观数据的分析，还是微观事件的考察，人们对于休闲、度假旅游的期望已出现了提升。

1.7.5 更多的消费选择

在大多数情况下，休闲娱乐与旅游需求的产生除了需要交通便利程度的提高，还依赖于相应设施、设备供应的完善。因此，提高休闲、度假旅游活动的层次则必须提供更多、更合适的消费选择。

1.8 中国度假旅游的“复合模式”

度假是一项复杂的文化现象，文化不同源，行为就具有差异。欧洲人热衷于海滨度假，“3S”法则与其冬季阴暗、潮湿、少日照的地理环境密切相关，还与其国土面积狭小、景观单一的旅游资源限制有关。中国的情况就不同了。

尽管中国的度假旅游有了很大发展，但我们还必须承认，观光旅游是不可替代的。从旅游需求来分析，尽管统计数据上我国的出游率已大于100%，但是广大的农村居民、城市的低收入者还没有享受观光旅游；2006年我国30岁以下的人口占总人口的41.26%，达5.42亿；中国的未成年人都比欧盟的总人口多，“游遍中国”的人是极少数。管理层和学术界所谓“中国人已厌倦观光旅游”的说法是缺乏依据的，充其量是人们对实现观光旅游的方式方法（譬如

交通、黄金周旅游）有意见。满足潜在的庞大需求，国内观光旅游仍有很大潜力，不宜盲目转型，在开发度假旅游产品时也不能忽视观光功能。

从旅游资源来分析，首先，我国国土面积广大，而且位置适中。世界上面积比我国大的俄罗斯、加拿大国土的大多数位置偏北，为不适合人类生存的无人区。中国南至南海的岛屿，北至黑龙江漠河都有人生产、生活，就“有效旅游面积”而论中国是世界最大的。我国有 34 个省级行政区域，假设一个人 25 岁有计划地旅游，每年一个省不间断，60 岁才可浏览一遍。中国又是一个变化很快的国家，30 年之后故地重游，又是一番景象。欧洲有多大？欧洲的国家又有多大？德、法、西三国加起来与我国的新疆面积相仿，我国大陆最小的浙江省，相当于比利时、荷兰和丹麦三国面积相加。欧洲国家国土面积狭小，没法像中国一样发展经久不衰的国内观光旅游。其次，景观齐全。我国的地形结构复杂，各种地形一应俱全。气候也是从热带到寒带，层次分明，全国各地一年四季阳光明媚。地形与气候的多种组合，使得我国景观类型多种多样，丰富多彩。传统文化中对回归自然的追求和对“天人合一”境界的向往，使得中国人永远对大自然充满热爱之情。事实上，在我国很多地区，度假旅游地的开发也都是依赖自然风光比较独特的地区，尤其注重对自然条件独特、环境质量高的度假地的选择。再次，我国历史悠久、文物珍古、名胜卓绝。丰富的资源使得我国的观光旅游具有独特的吸引力与竞争优势。

从旅游者的角度来看，观光和度假是两种满足不同需求、彼此无法相互替代的旅游消费品。观光的动机主要是出于好奇、增长见识，只要人类的好奇心存留，求知欲不灭，观光旅游就会永远相伴，不可能因为度假旅游的出现而被取代。因此，不存在从观光旅游向度假旅游转型的议题，而是相互补充，形成复合型产品。

在中国旅游业发展的新时期，旅游目的地作为重要的旅游客体组成部分，必然要调整自己的开发思路，针对客源市场，提供能够满足旅游需求多样化需求的旅游产品，以适应旅游经济、休闲经济发展的总体趋势。“中国太大、中国太美、中国变化太快”。人们不大可能对如此引人入胜、魅力无穷的景观无动于衷，而躺在沙滩上晒太阳。因此，旅游目的地建设决不能盲目跟风，放弃优势的旅游产品，迎合旅游产品由观光旅游产品向度假旅游产品转化的所谓“规律或趋势”，盲目与国际接轨，而要根据自身的特点，因地制宜、因势利导，融入度假元素，开发能够既体现本地资源特色，又能适应旅游需求市场变化的、多样化的组合产品。在度假产品的设计上还应更多地注意与观光相结合，走度假与观光相结合的道路。

本章重点文献

1. 中华人民共和国国家旅游局. 中国旅游业发展“十五”计划和2015年、2020年远景目标纲要. 北京：中国旅游出版社，2001

2. 金碚. 1978年以来中国发展的轨迹与启示. 中国工业经济，2007（5）

3. 陈传康. 区域旅游发展战略的理论和案例研究. 旅游学刊，1986（1）

4. 王莹. 杭州国内休闲度假旅游市场调查及启示. 旅游学刊，2006（6）

5. 王大悟. 旅游度假区开发观论析——对当前旅游规划中若干问题的思考. 旅游科学，2006（2）

6. 张怡，吴骥良. 谈度假区项目可行性研究. 规划师，2004（5）

7. 刘松. 休闲、度假与中国旅游业发展阶段分析. 北方经贸，2007（6）

8. 刘思敏，陈蓉. 走出“从观光旅游向度假旅游转型”的误区（上）. 中国旅游报，2007-8-8（13）

9. 郑保垒. 我国旅游业非转型不可吗？中国旅游报，2007-8-29（13）

10. 魏小安. 中国旅游发展大趋势探讨. 中国旅游报，2007-7-20（7）

11. 毛峥嵘. http://www.sina.com.cn 2007年12月20日15:44

相关网站

1. 中国旅游研究网（http//www.cotsa.com）

2. 中国社科院旅游研究中心（http//www.casstourism.com）

3. 旅游学刊网络版（http//www. Tibuu.edu .cn）

4. 中国旅游报（http//www.ctnews.com.cn）

5. 泛珠三角旅游研究网（http//www.pprt.cn）

6. 旅游研究空间站（http//www.cttr.com）

2

度假区基本概念体系

学习目的

基本概念的明晰是度假区管理的基础，学习与研究度假区管理首先应明确概念体系与其逻辑关系。通过本章学习，能够掌握度假区的概念，理解度假区概念的中国特色，并且与相似及相关的概念进行对比分析。

主要内容

- 度假
- 分时度假
- 度假旅游
- 休闲与休闲旅游
- 旅游度假地
- 旅游度假区
- 度假村
- 度假酒店
- 概念比较

每一个概念的理解重点在于对其特征的理解，对相似的概念进行对比分析是至关重要的。

2.1 度假

度，就是“过（时间）”，假即假期。度假不是旅游，简单的旅游不能包括度假的全部。度假作为“如何利用一个时间段”的概念，从旅游角度分析，至少包括观光和休闲两个方面的内容。[1]度假的内涵很广泛，不同的人有着不同的理解。但是，度假的本质就是一种令精神和身体放松的休闲方式。度假不同于“假日旅游”，不一定要游山玩水，只要过一段属于自己的休闲时光也是度假。度假的真谛是让自己的身心，找到一个快乐而安静的休憩的地方。

2.2 分时度假

分时度假对消费者而言是以优惠的价格购买酒店或度假村的部分时段的使用权，通过交换系统和世界各地拥有类似使用权的使用人交换，以此实现低成本地到各地旅游度假的目的。分时度假（TIMESHARE）对酒店而言是把酒店或度假村的一间客房或一套旅游公寓，将其使用权分成若干个周次，按 10 至 40 年甚至更长的期限，以会员制的方式一次性出售给客户，会员获得每年到酒店或度假村住宿数天的一种休闲度假方式。并且通过交换服务系统会员把自己的客房使用权与其他会员异地客房使用权进行交换。

顾客购买了一个时段（如一周）的使用权后，不仅可每年在此享受一个时期的度假。同时，顾客还享有时段权益的转让、馈赠、继承等系列权益，以及对公共配套设施的优惠使用权。

分时度假不仅是一项旅游度假产品，更是一项法律条款，体现的是财产关系。国际上广泛认可的分时度假法律定义有美国佛罗里达州《分时度假房产法案》（Real Estate Timesharing Act CH721 Florida）中对分时度假的定义：“所有以会员制、协议、租契、销售或出租合同、使用许可证、使用权合同或其他方式做出的交易设计和项目安排，交易中，购买者获得了对于住宿和其他设施在某些特定年度中低于 1 年的使用权，并且这一协约有效期在 3 年以上”，即称之为分时度假项目。《欧盟分时度假法令》（European Union Timeshare Directive）中定义为：“所有的有效期在 3 年以上、规定消费者在按某一价格付款之后，将直接或间接获得在 1 年的某些特定时段（这一期限要在 1 周之上）使用某项房产的权利的合同，住宿设施必须是已经建成使用、即将交付使用或即将建成的项目”。

分时度假概念具有两重含义：一个是分时使用权，一个是度假时段的交换。

分时度假也是一种将房地产业、酒店业、旅游业有效结合在一起的一种商业新概念，它引入空间经济学原理，对旅游业、房地产业、金融资源进行整合，扩大了资源边际效用，实现了资源共享。

---

1 王大悟. 旅游度假区开发观论析——对当前旅游规划中若干问题的思考. 旅游科学，2006(2)

分时度假的起源于20世纪60年代度假风气兴盛的欧洲，当时法国地中海沿岸开发了大量海滨别墅，欧美政要、贵族、富商蜂拥而至，成为欧洲乃至世界的休闲度假中心。由于房产价格高昂，多数家庭无力单独购买度假别墅，而部分有能力购买别墅的用户，每年的使用时间非常有限，最多只有几周，空置率很高，所以出现了亲朋好友联合购买一幢度假别墅供大家不同时间分别使用的情况，最早的分时度假概念由此产生。据此，聪明的开发商发明了以分时销售客房使用权的模式来招揽客户，取得了很好的效果，分时度假市场由此形成。

分时度假自20世纪60年代问世于法国以来，在世界范围内得到迅速发展，成为风靡世界的休闲旅游度假方式。70年代中期，美国经济衰退，泡沫经济造成了大量房地产积压。为处理积压与空置，充分盘活闲置房产，美国从欧洲引入分时度假概念，取得了巨大成功。1977年美国95%以上的度假物业是由其他房地产开发项目改造过来的，美国目前已成为世界上分时度假产业最发达的国家。

目前世界上已有60多家“分时度假”集团，4 500多个采用分时制度的度假村，分布在81个国家，来自124个国家的400多万户家庭购买了度假权，分时度假房产业已成为年营业额65亿美元的全球产业。

至2006年末，我国有12 751家星级酒店，12 000多家度假村，引进“分时度假”方式，不仅可以解决客房闲置率居高不下的难题，还可盘活上亿元的资产。

近年来，分时度假已逐渐为国人所知。从最初的加入国际著名分时度假交换公司RCI的10余家企业，到由国内大企业集团自主开发的“天伦度假”，国内首家从事交换业务的“华夏之旅”，再到借用分时度假概念，使其兼具投资收益的产权式酒店“康乐园度假村”，以及引入创新概念的松散型饭店联合体“新旅网”，等等，围绕分时度假这种新式旅游产品进行商业开发运作的企业如雨后春笋般地涌现出来。在产品的销售推广过程中，分时度假概念给人一种耳目一新的感觉，充分迎合了富裕阶层享受旅游度假的需求。[1]

2.3 度假旅游

2.3.1 度假旅游概念

度假旅游始于公元初，开始是作为少数统治者消磨闲暇时间的一种需要。如最早出现的为了满足执政官需要而建立的公共浴室和相应的旅店配套设施。直到18世纪，休闲度假也只是少数统治阶级和富裕阶层消磨闲暇时间的一种活动，而

1 陈超，郭鲁芳. 中国分时度假的发展困境及其消除. 旅游学刊，2003(1)

并非大众生活中的组成部分。大众化的休闲度假出现于19世纪，随着中产阶级规模的扩大，可自由支配的财富的增多，便捷交通的出现，尤其是工业化和城市化的快速发展，城市环境问题日益加剧，使大众休闲度假在欧美等国家日益活跃，具有医疗性质和保健性质的环境质量优越的地域成了人们在闲暇时间竞相追逐的地区，出现了海滨度假、湖滨度假、山地度假和温泉度假等不同资源类型的度假地。

我国的度假历史也很早，早期的度假较典型的为皇家园林与私家园林式的旅游度假地，如河北承德的避暑山庄，北京的颐和园等皇家园林，以及苏州、无锡等地的私家园林，但度假的主体为极少部分帝王将相、皇亲国戚、富商巨贾、社会贤达。现代休闲度假则主要集中在海滨、山地和温泉疗养地等，以避暑和疗养为主要目的。

大众化的度假旅游是旅游业发展到一定阶段后出现的旅游产品形式，是人们拥有较多闲暇时间和可自由支配收入之后，追求娴雅温馨、适情顺性生活的产物。关于度假旅游，国内外学者从许多方面做了相应的研究。

关于度假旅游的定义，J. D. Strapp认为，所谓的度假旅游，即是利用假日外出进行令精神和身体放松的康体休闲方式。[1]

唐继刚[2]认为度假旅游，是指以休闲、健身、疗养及短期居住度假为目的的旅游活动，它是随着带薪假期的增多而出现的，与传统观光旅游相比，更强调安全宁静的优美环境，丰富多彩的生活，能增进身心健康的休息和高质量的服务，以达到消闲健身的目的，使身心得到愉快的享受。

周建明[3]认为度假旅游即是以度假（消磨闲暇时间、健身康体等）为主要目的，具有明确的目的地（良好的度假环境）的旅游活动。

度假旅游，是短期在异地居住，从事休闲、健身、疗养的旅游活动；是在异地度假区或者度假村、度假酒店而非城区商务酒店过夜的旅游行为；在旅游度假区或度假村的逗留时间长，对各种娱乐康体设施和服务的综合配套要求较高，在日程安排上也较宽松，选择的自由度和随意性较大。度假旅游与观光旅游有许多共同之处，如异地性、要求较好的基础设施、要求便捷的交通、要求高质量的服务、要求有一定观赏价值的景观等等。

2.3.2 度假旅游的特点

关于度假旅游的特点，许多学者（吕宛青，1998；王德刚，1998；唐继刚，

1 陈家刚编著. 旅游规划与开发. 天津：南开大学出版社，2006

2 唐继刚. 我国旅游度假区的开发现状、问题及发展构想——以苏南为例：[学位论文]. 南京：南京师范大学，2002

3 周建明. 旅游度假区的发展趋势与规划特点. 国外城市规划，2003(1)

2002；陈家刚，2006；等）均做过相关的研究。综合来看，度假旅游的特点大都是相对于观光旅游而言的，其特点主要表现在以下几个方面[1]：

（1）度假旅游更加注重休息和放松

观光旅游主要重在通过游山玩水、欣赏异国风光和情趣，以达到开拓眼界、增长知识的目的。而度假旅游的主要目的是在紧张的工作之余，寻求消遣、消除疲劳，通过休息和放松，增进身心健康。

（2）度假旅游以近距离为主

因为度假旅游者目的在于休息和放松，他们不希望在途中花费太多的时间和体力。根据国际经验，度假地以距离度假游客两小时交通距离为宜，路途时间的延长必然导致游客要求相应地延长逗留时间，但是度假时间的有限制约了这一需求。虽然一些消费能力强的旅游者会利用假期飞到远距离的度假区去度假，其总量远远不及以利用高等级公路自己驾驶汽车出游的度假者。因此，度假区周围 300 公里半径范围一般是其主要客源市场。

（3）度假旅游的目的地数量少

一次观光旅游往往范围广、活动量大，甚至一国数省（如“华东五市游”），或者作跨国旅游（如“新马泰游”、“西欧九国游”），而度假旅游的目的地则相对稳定，一般范围有限，空间不大，往往局限于度假村及周围的地区。今后，越来越多的旅游者将从匆匆忙忙走马观花的观光旅游转向逗留性的在一个度假区内“晒太阳”的“一地式”度假旅游。

（4）度假旅游者在一地停留的时间长，花费大

观光旅游者主要是为了领略异国风光和风土人情，他们一般停留时间较短，有的当天往返（一日游）。度假旅游者们一般都有较长的假期，为了达到休息、消除疲劳的目的，他们在一地停留的时间相对较长，因此花费较大。

（5）度假旅游者对旅游目的地导游的依赖程度小

观光旅游者一般要在有限的时间内游览和观赏更多的景物，了解到各地的风土人情，他们在人地两生的情况下要达到上述目的，对导游的依赖程度大。度假旅游者在度假目的地停留的时间长，自由活动的时间较多，他们有足够的时间去自己品味景观内容，不需要导游讲解。

（6）度假旅游呈现出家庭化特征

度假旅游家庭化，这是当今度假旅游发展的一个特征和趋势，特别是在国内旅游中表现得尤为突出。观光旅游由于时间短、行程多，空间跨度大，因而对旅游者的体力和精力提出了更高要求，报名参加旅行社组织的团队是观光旅

1 吕宛青．从度假旅游看昆明滇池国家级旅游度假区建设．思想战线，1998 (8)

游的重要形式。度假旅游主要是以消闲、娱乐为主，即便家庭成员中有身体状况不良者也适合度假旅游，老少皆宜，这样，就使度假旅游呈现出家庭化特征。

（7）度假旅游的季节性强

度假旅游的季节性相对于观光旅游及其他各种类型的旅游来说，表现得更为明显。目前推出的度假旅游产品大多为高尔夫球度假、海滨度假、温泉度假、高山度假等，这些产品与季节之间存在着密切的关系，受季节影响较大。

（8）度假旅游重游率高

一旦旅游者对一个度假地非常欣赏，他往往会经常光临该度假地。这一点与“喜新厌旧”的观光旅游有很大不同。

2.4 休闲与休闲旅游

2.4.1 休闲的内涵

“休闲”，最早的意思是农田在可种作物的季节内耕而不种或不耕不种，使田地暂时空闲而自然恢复地力的一种农作措施。按休闲时间的长短可分全年休闲、多年休闲和季节休闲。

休闲之于“人的活动”是指在非劳动及非工作时间内以各种“玩”的方式求得身心的调节与放松，达到生命保健、体能恢复、身心愉悦的目的的一种业余生活。科学文明的休闲方式，可以有效地促进能量的储蓄和释放，它包括对智能、体能的调节和生理、心理机能的锻炼。

何为休闲？解释甚多。我国休闲研究的专家马惠娣[1]从人类文化思想史的角度，以历史、文化、哲学的视界进行了阐释。她先从字义的角度进行考察：“休”在《康熙字典》和《辞海》中被解释为“吉庆、欢乐”的意思。“人倚木而休，《诗·商颂·长发》中释‘休’为吉庆、美善、福禄。‘何天之休’。‘闲’，通常引申为范围，多指道德、法度。《论语·子张》：‘大德不逾闲’，《易·家人》：‘闲有家’。‘闲’通‘娴’，具有娴静、思想的纯洁与安宁的意思。从词意的组合上，表明了休闲所特有的文化内涵。因而，它不同于‘闲暇’、‘空闲’、‘消闲’。这个颇具哲学意味的象喻，表达了人类生存过程中劳作与休憩的辩证关系，又喻示着物质生命活动之外的精神生命活动。”中文的“休”字是由“人”与“木”所组合，其意象为人倚着树木或人坐在树下休闲。因此，“休”有休息、休憩、休养等暂停劳动的意思。“闲”字在中文的繁体字也被

1 马惠娣. 人类文化思想中的休闲. 自然辩证法研究，2003(1)

写作由“门”与“月”组合而成，其意象为家中一轮明月，或独处静思，或与家人相聚。所以，“闲”有安闲、闲适、闲逸等意思。

英文“Leisure”一词来源于法语，法语来源于希腊语和拉丁语“licere”。从词源上看，leisure 可被视作 licence（许可）和 liberty（自由）的合成词，亦即“被允许”（to be permitted），指的是摆脱生产劳动后的自由时间或自由活动。在法文中也有休闲一词，意指可以自由选择或利用的时间。而拉丁文的“licere”又和希腊文中的“schole”意思相同，休闲与学校（school）、学者（scholar）皆由同一字根（schole）发展而来。意为休闲和教育，认为发展娱乐，从中得益，并与文化水平的提高相辅相成。这一含义以一定的受教育程度为前提，至今还存在，并将有社会价值的娱乐区别于其他娱乐。他们将休闲视为教育和生活中非常重要的一环。

马克思认为：“休闲”（free time）一是指“用于娱乐和休息的余暇时间”；二是指“发展智力，在精神上掌握自由的时间”；是“非劳动时间”和“不被生产劳动所吸收的时间”，它包括“个人受教育的时间、发展智力的时间、履行社会职能的时间、进行社交活动的时间、自由运用体力和智力的时间。[1]

美国国家休闲研究学院主席杰弗瑞•戈比（Gooffrey Godbey）认为：“休闲是从文化环境与物质环境的外在压力中解脱出来的一种相对自由的生活，它使人能够在以自己喜好的，本能地感到有价值的方式，在内心之爱的驱动下的行动，并为信仰提供基础。”他认为，休闲不止是寻找快乐，也要寻找生命的意义，从根本上说，休闲是对生命意义和快乐的探索。还有的国外学者认为，休闲是人的一种直接的、全新生活的体验过程，身体、社会与精神的完全放松是一种合理的休闲，而绝不是无足轻重的……可以看出，休闲不仅仅是一种恢复身心健康状态，丰富和创造生活的闲暇活动，它也是一种完善和发展自我为目的的闲暇活动。

休闲的一个重要方面，是把休闲从劳动状态与负有责任的其他活动中分离出来。这是人的生存整体的一个组成部分。在某种意义上，她与马斯洛的人的需求“五层次理论”中最高级的自我实现的理念相一致，旨在巡查精神世界中人的创造力和鉴赏力，通过休闲促使人对生活（生命）进行思索，有助于人的全面发展和个性的成熟，使人真正地走向自由。她的价值不在于提供物质财富或实用工具与技术，而是为人类构建有意义的世界和守护精神的家园，使人类的心灵有所安顿、有所归依。她还以特有的精神理想赋予人的经济技术行为以真实的意义，使她与社会中占主导地位的政治、经济或科技力量保持一定的距

1 转引自：陆彦明，马惠娣. 马克思休闲思想初探. 自然辩证法研究，2002(1)

离或相对的独立性，从而可以形成一种对社会发展进程有矫正、平衡、弥补等功能的人文精神力量。

休闲是人类社会发展的产物，也是社会进步的重要标志。人类社会生产力的提高，促进了休闲时间量的增加，从而使得休闲在人们社会生活中的地位愈加突现。我国著名学者于光远先生在其文章《论普遍有闲的社会》中指出："'闲'是生产力发展的根本目的之一，闲暇时间的长短与人类的文明进步是并行发展的……从现在看将来，如果不属于闲的劳动时间随着社会生产力的发展能够进一步减少，闲的地位还可以进一步提高，这是走向未来经济高速发展的必经之路。"

我国学者借鉴前人的观点对休闲有过各种各样的界定：著名休闲学研究学者马惠娣[1]认为，休闲是指已完成社会必要劳动之外的时间，它以缩短劳动工时为前提，劳动工时的缩短会使劳动时间更紧凑，劳动条件更好，休闲活动更丰富，对劳动产生更有益的影响。

马惠娣教授[2]进一步指出："休闲是人的生命状态的一种形式，并主张从休闲学的角度研究休闲的本质，应把休闲看作是人的一种存在状态、一种生命状态、一种精神状态，是人"成为人"的过程，是人的一生中持久的、重要的发展舞台。一般意义上是指两个方面：一是消除体力上的疲劳，二是获得精神上的慰藉"，"休闲的最好状态就是以欣然之态做心爱之事"，休闲应成为人类美丽的精神家园。休闲不仅与人的全面发展密切相关，而且与实现人的自我价值和"心灵的永恒性"密切相关，因为休闲不仅是寻求快乐，同时也是寻找生命的价值与意义。马教授从文化哲学的层面透视了休闲，提出从字义、学科、哲学三个角度来理解休闲本身。

刘啸霆[3]认为，人类的休闲至少可以分为这样几个层次：（1）休息，如睡眠等，这是在劳动的间歇为缓解疲劳而进行的一种自发的休整，目的是为了更好地劳动。（2）闲暇即空闲，是有了相对自由的时间而未能有目的地安排休闲活动的闲散状态，如北方农村传统的猫冬习俗。（3）有意休闲即把休闲当作一种有意识有准备的活动，追求一定的休闲质量，其隐含的目的还是为更好地劳动，追求休闲意蕴，这是在有了相对充裕的自由时间，从而把休闲本身当作直接目标的一种社会行为。只有第三种属于休闲，这是真正的休闲。

楼嘉军[4]认为，休闲指个人闲暇时间的总称，也是人们对可自由支配时间的

1 马惠娣. 文化精神之域的休闲理论初探. 齐鲁学刊，1998(3)
2 马惠娣. 人类文化思想史中的休闲. 自然辩证法研究，2003(1)
3 刘啸霆. 休闲问题的当代意境与学科建设. 自然辩证法研究，2001(5)
4 楼嘉军. 休闲初探. 桂林旅游高等专科学校学报，2000(2)

一种科学和合理的使用，休闲活动虽然与人们所从事的日常工作关系不大，但并不与劳动冲突，休闲活动是人们自我发展和完善的一类载体。

胡伟希[1]认为，休闲不仅仅是人们在解决温饱问题以后的娱乐与放松，它其实是一种积极有为的生活方式。这种强调的是人与自然的和谐，人与人之间的和谐，作为个体的生命与其心灵的和谐。

李仲广和卢昌崇[2]认为，休闲是以自身为目的的自由活动，休闲是人们在自由时间里所选择的生活方式之一。休闲是一种人类行为，它发生在个人的自由时间里，并在个人内心本能喜爱的心态驱动下平和而平静地进行着。休闲行为应导致某些相应制度的建立。

刘婷婷[3]认为休闲是人们在求得必要生存需要之外的时间里，为了发展自我、完善自我而进行的自由活动以及在这个过程人们所保持的平和与平静的精神状态。

综合看来，不同学者对休闲的概念有不同的理解，但目前学术界比较认可的是马惠娣的关于休闲的核心观点，即休闲是人的生命的一种状态，是一种"成为人的"过程，是一个人完成个人与社会发展任务的主要存在空间；休闲不仅是寻找快乐，也是在寻找生命的意义。休闲一词的内涵主要包括四个方面：第一，它是一种自由选择；第二，它是一种自在心境；第三，它是一种自我教化；第四，它是一种生命存在状态。

中国休闲网（http//www.xxhome.com）对休闲的狭义定义为："休闲是建立在一定物质基础上，用自己喜欢的方式去放松身心、追求精神上的愉悦与充实，以提高生活品质的一种生活方式"。

2.4.2 休闲旅游

休闲型旅游是以休闲为目的的旅游活动，是人们在异地进行修养、健身、消遣、娱乐等以达到消除身心疲劳、发展自我的形式简单、气氛轻松、费用适宜、重游率高的一种新兴旅游方式。[4]它以休闲为目的，注重游客的精神享受，在休闲旅游活动中人们通过放松身体、竞技活动、欣赏艺术、参与娱乐、享受美食、对科学的好奇心和接触大自然等方式，而丰富生活，获得愉悦的心理体验和精神满足。可以认为，休闲旅游即异地休闲，指人们为了休闲，在异地通过消遣、参与娱乐、修养健身、欣赏艺术、享受美食等活动，创造文化氛围、传递文

1 胡伟希. 论中国休闲哲学的当代价值及其未来发展仁. 新视野，2004(2)
2 李仲广，卢昌崇. 基础休闲学. 北京：社会科学文献出版社，2004
3 刘婷婷. 论成都休闲型旅游的文化内涵：[学位论文]. 成都：成都理工大学，2007
4 郭剑英. 四川休闲旅游资源及开发评价. 乐山师范学院学报，2005(12)

化信息、构筑文化意境，从而达到个体身心和意志全面发展的一种旅游形式。

休闲目的在于解除紧张工作的疲劳，让精神得到放松，使心情获得欢乐，让思想或得到宁静或得到交流。因此，休闲旅游不像观光旅游有那么明确的景观指向性。只要摆脱一定的工作环境，心理得到调节，都可视为休闲。[1]

2.5 旅游度假地

吴承照[2]认为旅游度假地是由各种游憩设施、活动、环境、服务组成的地域综合体。度假地有三个特征：以康体消闲、恢复体力精力、发展游憩技能为主导功能；环境独特优美；可以为游客提供广泛选择的游憩设施与高质量服务。

吴人韦[3]对旅游度假地下的定义是：指旅游功能相对完整独立，为游憩、休闲、休学、康复等目的而设计、经营的，能提供相当旅游设施和服务的旅游目的地整体。

陈东田[4]认为旅游度假地是指旅游资源集中、环境优美、具有一定规模和游览条件，旅游功能相对完整独立，为游憩、休闲、休学、健身、康乐等目的而设计、经营的，能够提供相当旅游度假设施和服务的旅游目的地整体。旅游度假地的外延应该是广泛的，它包括并涵盖了从旅游度假村到大型综合性旅游度假区的度假目的地。

2.6 旅游度假区

旅游度假区（Tourism Resort）的定义国内外的学者争议颇多，其概念在世界各地并不一致，目前尚缺乏一个被广泛接受的标准定义。

1996 年出版的《旅游度假区发展规划》一书[5]对已有的观点进行了归纳，主要有：

Edward Inskeep 认为旅游度假区是一个相对自给自足的目的地，为满足游客娱乐、放松需求而提供的可以广泛选择的旅游设施和服务。

Chuck Y. Gee 认为：旅游度假地的中心原则就是创造一种能够促进并提高

1 王大悟. 旅游度假区开发观论析——对当前旅游规划中若干问题的思考. 旅游科学，2006(2)
2 吴承照. 现代旅游规划设计原理与方法. 青岛：青岛出版社，1998
3 吴人韦. 旅游规划原理. 北京：旅游教育出版社，1999
4 陈东田. 旅游度假地规划设计规程研究. [学位论文]：同济大学，2001
5 邹统钎. 旅游度假区发展规划. 北京：旅游教育出版社，1996

愉快欢乐感的环境。

香格里拉集团 T. B. Seng 认为，旅游度假地是你创造的一种心理状态。

邹统钎[1]在分析上述定义的基础上，介绍了自己于1990年提出的旅游度假区定义，即以闲暇为导向，自给自足的设施和服务有机组合，用以为游客创造特殊环境和经历。

陈家刚编著的《旅游规划与开发》一书[2]也介绍了几个概念：

A. Burkay，S. Medlik 对旅游度假地的定义为："指人们可以大量的去度假的旅游中心"。

澳洲学者 Weigh 和 Gibbings 对旅游度假地的定义为："旅游目的地的一种类型，属于纯粹的商品开发项目"。

世界旅游组织（WTO）将度假地定义为：一个自给自足并提供广泛的设施与服务，尤其是用于娱乐、休闲、学习体验和健身等旅游目的的地区。

度假区是一个相对独立的目的地区域，提供一系列旅游服务设施，包括休闲和游憩活动。[3]

梁适斌等[4]认为，"旅游度假区即指旅游度假开发区，是我国现存七种城市开发区的一种，它是在旅游资源非常丰富的城市（地区）划出一定范围，以旅游、娱乐、度假、休养为主要目的的开发区。

毛建华、蔡湛[5]在评析了国内外诸多学者关于旅游度假区的定义的基础上，阐明了自己的观点。他们认为，旅游度假区是在环境质量较好，区位条件优越的风景区。以满足康体休闲需求为主要功能，并为游客提供高质量服务的综合性旅游区。

王德刚[6]认为旅游度假区通常是指以消遣、保健和娱乐为目的而旅游的客人提供综合服务的旅游区。

刘家明[7]认为，旅游度假区是由单一疗养功能逐渐转变成集康体、休闲、娱乐、健身、观光多功能于一体的旅游目的地。

周建明[8]也对度假区做了相关的界定，他认为度假区是旅游地的一种类型，是一种以休闲度假为主要目的，通过向旅游者提供配套的设施与服务的，并具有丰富休闲度假内容的、环境良好的旅游地。

---

1 邹统钎. 旅游度假区发展规划. 北京：旅游教育出版社，1996
2 陈家刚. 旅游规划与开发. 天津：南开大学出版社，2006
3 Edward Inskeep 著. 旅游规划. 张凌云译. 北京：旅游教育出版社，2004
4 梁适斌，邹勇. 关于我国城市开发区的初步研究. 城市规划，1993
5 毛建华，蔡湛. 旅游度假区定义的探讨. 地理学与国土研究，1996
6 王德刚. 旅游开发学. 济南：山东大学出版社，1998
7 刘家明. 旅游度假区发展演化规律的初步探讨. 地理科学进展，2003(2)
8 周建明. 旅游度假区发展趋势与规划特点. 国外城市规划，2003(1)

方荣辉[1]认为旅游度假区是指旅游资源集中，环境优美，具有一定规模和游览条件，旅游功能相对完整独立，为游憩、休闲、修学、健身、康体等目的而设计、经营的，能够提供相当旅游度假设施和服务的旅游目的整体。

此外，国内还有一些学者认为旅游度假区是一种以分散的居住空间、集中的公共服务和统一的建设方案为基础组建的新型人工村落，它集休憩、娱乐、体育健身为一体，食宿游购配套，在优美的自然风光和丰富的文化景观背景下，向旅游者提供良好服务。

度假区是旅游地（目的地）的一种类型，所以不能用“环境”、“经历”、“心理状态”、“旅游中心”、“开发项目”、“开发区”等描述，也不能笼统地称旅游地（区）。

我们认为旅游度假区的概念是具有中国特色的度假地，不但强调度假功能，还强调经济特性，重视政府管理功能，需经政府部门的申请、批准才能成立。我国国务院国发[1992]46号文件明确指出：“国家旅游度假区是符合国际度假旅游要求，以接待海外游客为主的综合性旅游区”。

2.7 度假村

S. Medlik于1985年则认为，度假村一词顾名思义，“即意指人们可以大批量地去度假的旅游中心”[2]。

在国外流行的“Resort”，中文解释“度假村”，意为提供一个亲近大自然的机会，并享受一系列贴身服务和现代化的休闲和运动设施，彻底放松身心。

世界旅游组织（WTO）的定义为：度假村是为旅游者的较长时间的住留而设计的住宅群。在它的全包价格中，除了住宿费外，还有公共设备、体育及娱乐设施的使用费[3]。

上述定义都不得要领，度假村首先是接待企业，不是旅游中心、住宅群，更不是某种机会。

许春晓[4]认为所谓度假村，是人们为接待以各种度假休闲为目的的游客的旅游开发形式，它是独立的经济实体。

该定义的优点是强调了接待功能和独立的经济实体，但又指是旅游开发形式，并且认为将旅游度假村的类型包括为旅游度假区、旅游度假村、城市周边

1 方荣辉. 浅谈我国旅游度假区开发面临的问题及对策. 财经界，2007(3)
2 毕小宁译. 澳洲旅游度假村面面观. 旅游学刊，1994，(5)
3 田玉堂. 度假村的理念与操作实务. 北京：中国旅游出版社，2003
4 许春晓等. 旅游度假村的几个问题探讨. 湘潭师范学院学报，1998(6)

旅游带、周末度假村和国家旅游度假区等五种，则是完全错误的。

我们认为度假村是为度假客人提供综合服务的接待机构，其标准有环境优良清静、服务温馨适度、交往随和自然、康体娱乐设施完备。

2.8 度假酒店

度假酒店是度假旅游最重要的组成部分，是以接待度假休闲游客为主，并为他们提供多种服务的酒店。度假酒店既是度假旅游接待服务的住宿设施，同时，也因为各具特色的建筑风格、装潢设计、服务品质、娱乐设施等配套功能的个性色彩，本身也是度假旅游吸引物和旅游目的地。

度假酒店多建在滨海、山川、湖泊等自然风景区附近，远离闹市，但交通便利。中国度假酒店主要分布在著名旅游风景区、国家或省级旅游度假区，海滨城市等。逐渐形成以主题特色度假为主的包括沙滩酒店、温泉酒店、高尔夫酒店、热带雨林酒店和SPA酒店等度假酒店。从提供的服务上说，度假酒店的娱乐设施通常比较完善，追求个性化服务，但在设计风格上大都崇尚返璞归真，讲究人与自然的融合，努力为住客创造休闲放松的环境。

一般而言，世界各地的度假酒店大体可归纳为以下几类：目的地度假酒店、城市度假酒店、主题度假酒店、高尔夫度假酒店、滑雪度假酒店、温泉度假酒店、专门接待名人的度假酒店等等。

2.9 概念比较

2.9.1 度假与度假旅游

度假与度假旅游是不同的概念。简单地说，度假只是一种令精神和身体放松的休闲方式，而度假旅游则是以度假休闲为主要目的（往往还伴有其他目的）的旅游形式。

利用假期进行旅游和度假旅游是不同的。度假旅游，强调的是旅游效用期望，对各种娱乐康体设施和服务的综合配套要求较高，在日程安排上也较宽松，选择的自由度和随意性较大，有的往往还带有健身、保健和治疗的目的，如在温泉度假地旅游。在假期或利用假期旅游只是如何安排时间的问题。我国很多研究者把长假期间的旅游统统称度假旅游是不对的，应该是度假。

2.9.2 休闲、旅游与休闲旅游

休闲、旅游与休闲旅游有着密切的关系。休闲与旅游在内容上有交融部分，但不完全等同。休闲的出现早于旅游，休闲与人类发展是伴生的，而旅游是社会发展到一定阶段的产物；休闲的范畴比旅游更大，旅游是休闲的一种形式；休闲更容易实现，而旅游的实现与经济水平、交通便利性、闲暇时间等条件相关，往往不易实现。

从逻辑关系上分析，休闲包括旅游，旅游又包括休闲旅游。旅游从内容上可以分为观光型旅游、商务旅游和休闲型旅游等。

休闲与旅游是相互联系的，休闲为旅游提供了时间条件和娱乐对象，旅游是休闲的重要形式和手段之一。旅游的发展推动了休闲的繁荣，休闲的繁荣又将促进旅游的进一步发展。休闲旅游是一种新的旅游产品，也是一种重要的休闲形式。

2.9.3 度假地、度假区、度假村

度假地是一个世界通用的概念，尽管有多种理解和解释；度假区是中国化的概念，是经过向政府部门报批成立的一个管理和/或建设区域。

度假地范围可以很大，一个城市、一个地理区域也可以是一个度假地，它的边界是模糊的；度假区往往是从旅游度假地划分出来的，具有明确的边界与范围，通常有统一的管理机构。一个度假地可以包含多个度假区，如青岛是一个度假地，它有石老人国家级旅游度假区，凤凰岛、田横岛等多个省级度假区和众多度假村、度假酒店。

度假村指的是一个接待企业，条件是对区位与环境有更高的要求。我国早期的度假村往往与温泉有紧密的关系，近几年我国新建的度假村大多含有农家乐的性质。远离市区，环境幽静，提供住宿服务的农家乐多自称度假村，国外的度假村通常指提供公共场所和公共的体育设施等的接待企业。度假村的概念与区域大小无关，与设施的豪华程度无关，也没有专门的机构进行审批和授权。

思考题

1. 中国度假区的概念与西方社会的有何区别？
2. 分析度假地的组成及其与度假区的区别。
3. 分析度假旅游与旅游度假的联系与区别。

本章重点文献

1. 邹统钎. 旅游度假区发展规划. 北京：旅游教育出版社，1996

2. 吴承照. 现代旅游规划设计原理与方法. 青岛：青岛出版社，1998

3. 王德刚. 旅游开发学. 济南：山东大学出版社，1998

4. 吴人韦. 旅游规划原理. 北京：旅游教育出版社，1999

5. 田玉堂. 度假村的理念与操作实务. 北京：中国旅游出版社，2003

6. 李仲广，卢昌崇. 基础休闲学. 北京：社会科学文献出版社，2004

7. Edward Inskeep著. 旅游规划. 张凌云译. 北京：旅游教育出版社，2004

8. 陈家刚编著. 旅游规划与开发. 天津：南开大学出版社. 2006

9. 王大悟. 旅游度假区开发观论析：对当前旅游规划中若干问题的思考. 旅游科学，2006（2）

10. 陈超，郭鲁芳. 中国分时度假的发展困境及其消除. 旅游学刊，2003（1）

11. 周建明. 旅游度假区的发展趋势与规划特点. 国外城市规划，2003（1）

12. 吕宛青. 从度假旅游看昆明滇池国家级旅游度假区建设. 思想战线，1998（8）

13. 马惠娣. 人类文化思想中的休闲. 自然辩证法研究，2003（1）

14. 陆彦明，马惠娣. 马克思休闲思想初探. 自然辩证法研究，2002（1）

15. 马惠娣. 文化精神之域的休闲理论初探. 齐鲁学刊，1998（3）

16. 刘啸霆. 休闲问题的当代意境与学科建设. 自然辩证法研究，2001（5）

17. 楼嘉军. 休闲初探. 桂林旅游高等专科学校学报，2000（2）

18. 胡伟希. 论中国休闲哲学的当代价值及其未来发展仁. 新视野，2004（2）

19. 郭剑英. 四川休闲旅游资源及开发评价. 乐山师范学院学报，2005（12）

20. 梁适斌，邹勇. 关于我国城市开发区的初步研究. 城市规划，1993

21. 毛建华，蔡湛. 旅游度假区定义的探讨. 地理学与国土研究，1996

22. 刘家明. 旅游度假区发展演化规律的初步探讨. 地理科学进展，2003（2）

23. 周建明. 旅游度假区发展趋势与规划特点. 国外城市规划，2003（1）

24. 方荣辉. 浅谈我国旅游度假区开发面临的问题及对策. 财经界，2007（3）

25. 毕小宁译. 澳洲旅游度假村面面观. 旅游学刊，1994（5）

26. 许春晓等. 旅游度假村的几个问题探讨. 湘潭师范学院学报，1998（6）

27. 唐继刚. 我国旅游度假区的开发现状、问题及发展构想——以苏南为例: [学位论文]. 南京：南京师范大学，2002

28. 刘婷婷. 论成都休闲型旅游的文化内涵：[学位论文]. 成都：成都理工大学，2007

29. 陈东田. 旅游度假地规划设计规程研究：[学位论文]. 上海：同济大学，2001

相关网站

1. 中国度假网（http://www.99dujia.com）
2. 中国旅游度假区网（http://www.tvecn.com）
3. 北戴河旅游度假网（http://www.tourbdh.com）
4. 海滨度假网（http://www.summertravel.com.cn）
5. 中国·草原旅游度假网（http://www.cncylydj.com/）
6. 海南岛度假网（http://www.tohainan.com/）
7. 三亚度假网（http://www.wstt.com/）
8. 广州会议度假网（http://www.gzwmjr.com）
9. 中华分时度假网（http://www.timeshare.com.cn）
10. 易城休闲度假网（http://www.etown.cn/）
11. 北京度假网（http://bj10030.com.cn/）
12. 婺源乡村度假网（http://www.wychq.com）
13. 中国温泉旅游度假网（http://www.rjtt.com/）
14. 中国休闲网（http://www.xxhome.com.cn）
15. 休闲网（http://www.leisure.gov.cn/）
16. 休闲中文网（http://www.xxzw.net/）
17. 休闲运动网（http://www.sports920.com/）
18. 中华休闲娱乐网（http://www.china-xxyl.com/）
19. 中国休闲经济研究中心（http://www.xiuxianjj.com/）
20. 中国休闲研究（http://www.chineseleisure.org/）
21. 浙江大学亚太休闲教育研究中心（http://www.apcl.zju.edu.cn/）
22. 嘉义大学休闲事业管理研究所（http://leisure.ncyu.edu.tw/）

3

度假旅游发展与度假区建设

学习目的

通过本章学习，了解度假区研究的历史演变，梳理现有成果；掌握度假区的不同分类，了解主要的几类度假区及其特点；了解国外度假区发展的过程，分析我国度假区发展的特色背景；了解度假区与其他类型旅游区的相同与不同之处。

主要内容

■ 度假区研究综述

对我国度假区研究的主要成果进行了分门别类的介绍，同时在时间序列上进行了整理；对度假区发展中存在的问题进行了归纳；最后对我国度假区研究的总体情况进行了简单评价。

■ 旅游度假区的分类

根据度假区的特色与资源类型分类；按度假区的消费水平分类；按度假区的功能分类；按度假区的区位分类。

■ 主要的几类度假地

海滨度假区、湖泊型度假区、山地森林度假区、温泉度假区、乡村旅游度假区、高尔夫旅游度假区、滑雪旅游度假区。

■ 国外度假旅游与度假地发展

欧洲度假旅游与旅游度假地的发展，主要介绍法国、意大利、希腊等地中海国家的度假区建设；美洲度假区重点介绍了美国、墨西哥等国家度假区；亚太地区的度假区重点是美国夏威夷、东南亚地区的度假区；中东地区的度假区特色明显。

■ 我国度假旅游与旅游度假区的发展

从我国度假区发展历史的判断开始，论述了我国度假区建设的进程与标志性事件；介绍了国家级度假区与A级度假区。

■ 旅游度假区的活动与设施

度假区的设施是其区别于其他旅游区的主要内容，度假区的设施有住宿设施、文化康乐设施、餐饮购物设施、会议设施等。

3.1 度假区研究综述

我国旅游度假区的研究始于20世纪80年代，与中国旅游业发展同步。早期以海滨旅游资源开发为主，1984年，海南旅游公司提出发展海南避寒度假地的设想[1]；1987年《旅游学刊》第二期发表了《休假地规划和开发应考虑的主要问题（摘译）》的长文[2]，提出休假地所在地区的发展会遇到许多与城市的发展相类似的经济、社会和环境问题。建设者和其他规划组织必须考虑许多有争议的问题，如休假地与地区关系、就业政策、基建资金、娱乐设施发展、基础设施需求、社会效益、土地利用和环境保护等。另一方面，地方当局同样必须听取休假地代表的意见，并将其体现于地区发展计划之中。周宁、李铮生[3, 4]研究了滨海旅游与游憩开发，保继刚[5]分析了海滨沙滩旅游资源开发的空间竞争问题。1992年国务院批准建立11个国家级旅游度假区，之后我国度假区的研究增多。开始是引进、介绍国外度假区建设管理经验。首先是翻译国外的相关著作，如1992年旅游教育出版社出版了《休假地的开发及其管理》[（美国）朱卓仁著，南开大学旅游外语教研室（沈瀛）译]，1993年中国旅游出版社出版了《旅游度假区的综合开发模式——世界六个旅游度假区开发实例研究》（Edward Inskeep著，国家旅游局人教司译）[6]。其次，旅游管理部门的官员到世界著名度假区考察，发表了一些考察报告，如魏小安的《来自旅游度假区的启示——墨西哥古友情考察报告》，发表在国家旅游局内部刊物《旅游调研》1992年第9期。孙刚的《法国、西班牙旅游度假地考察报告》，发表在《旅游调研》1994年第10期。[7]再后来，各省组织考察团前赴后继，也有一些零星的报告面世。

---

1 海南旅游公司. 开发海南岛旅游事业的设想. 未来与发展，1984(2)

2 （美）朱卓仁著，休假地规划和开发应考虑的主要问题（摘译）. 刘振礼译. 旅游学刊，1987(2)

3 周宁，李铮生. 海滨旅游与游憩开发（一）. 城市规划汇刊，1990(2)

4 周宁，李铮生. 海滨旅游与游憩开发（二）. 城市规划汇刊，1990(3)

5 保继刚. 海滨沙滩旅游资源开发的空间竞争分析：以茂名市沙滩开发为例. 经济地理，1991(2)

6 国内文献有关这本书的引用及其混乱，出版年份有1992、1993、1997等多种。

7 转引自：毛建华，蔡湛. 旅游度假区定义的探讨. 地理学与国土研究，1996(2)

伴随着我国度假区的发展，理论研究的成果也相继出现。毛建华等[1]、毕斗斗[2]、刘家明[3]、周建明[4]等的文章涉及诸如度假区的定义、发展演化等一些基础问题的研究。更多的研究是针对实践问题的，其中以各类规划最为集中。1996年旅游教育出版社出版了《旅游度假区发展规划：理论、方法与案例》（邹统钎著），1999年南开大学出版社出版了《旅游度假区规划与管理》（辛建荣主编）。此外，1998 年青岛出版社出版的《现代旅游规划设计原理与方法》（吴承照编著），1998年山东大学出版社出版的《旅游开发学》（王德刚著），2004年旅游教育出版社出版的《旅游规划——一种综合性的可持续的开发方法》（Edward Inskeep著，张凌云译），2004年清华大学出版社出版的《旅游景区开发与管理》（邹统钎主编）等都有专门的章节讨论度假区的规划、管理。值得一提的是，1994年杭州大学出版社出版的《旅游资源评估与开发》（傅文伟编著），对度假资源评价最为完整。

由于旅游度假区在我国的发展出现了很多问题，直接影响到学者们的研究视角，大部分的文献都关注于度假区的发展现状、存在的问题以及解决的对策与思路等[5]。邵颖莹[6]全面分析了不同类型的度假区各自存在的问题，计有12条之多。其中谈到在自然景观为主的度假区滥建人工景点，设施与环境结合差；人文景观为主的度假区中"假文物"盛行等切中要害。王国新[7]、方荣辉[8]强调了管理体制不顺的问题。目前，我国各级旅游度假区的开发中存在着政出多门、体制混乱的问题。我国度假区的确立是由政府和旅游管理部门联合审批，度假区在行业管理上属于旅游系统，度假区在选址上要以自然环境为依托，而风景名胜区属建设部门管理，这就形成了旅游部门和建设部门对自然风景资源在管理上的分割和资源保护与开发之间的意见分歧，造成我国度假资源优势难以充分发挥。至于市场定位不准、度假功能开发不力、城市化倾向、房地产炒卖与过度开发等则是多数文章讨论的重点。[9, 10, 11, 12]

1 毛建华，蔡湛. 旅游度假区定义的探讨. 地理学与国土研究，1996(2)

2 毕斗斗. 我国度假区的开发模式研究. 计划与市场，2002(3)

3 刘家明. 旅游度假区发展演化规律的初步探讨. 地理科学进展，2003(2)

4 周建明. 旅游度假区的发展趋势与规划特点. 国外城市规划，2003(1)

5 贾志宏，赵中华，张蕾. 有关旅游度假区中外研究的对比分析. 桂林旅游高等专科学校学报，2005(6)

6 邵颖莹. 旅游度假区可持续规划方法研究：[学位论文]. 南京：东南大学，2004

7 王国新. 国内旅游度假区开发与管理分析. 旅游学刊，1998 (4)

8 方荣辉. 浅谈我国旅游度假区开发面临的问题及对策. 财经界，2007(3)

9 董媛媛. 旅游度假地市场定位与项目策划研究：[学位论文]. 上海：同济大学，2000

10 周翀燕. 我国旅游度假地开发研究——兼论福建省旅游度假地开发：[学位论文]. 泉州：华侨大学，2005

11 唐继刚. 我国旅游度假区的开发现状、问题及发展构想——以苏南为例：[学位论文]. 南京：南京师范大学，2002

12 张东祥. 我国旅游度假区开发问题研究与对策. 商场现代化，2007(7 上旬刊)

我们认为，我国度假区存在的各种问题更与学术界对度假旅游、度假区的认识偏差有关；与旅游管理部门好大喜功、急于求成有关。对此粗略的描述可阅读导言部分，详细的论述可检索本书作者的相关文章。

从研究者群体来分析，除了各类规划人员外，大量的成果出自硕士研究生之手，且多以学位论文的形式出现。

我国度假区研究总体来讲成果数量不多，质量参差不齐。存在的问题主要有理论研究滞后于实践开发经营；缺乏国际视野，对国外相关领域的研究不熟悉，基本限于资料性的掌握；成果往往是个性多、共性少，总结不够，没有上升到理论层面。

3.2 旅游度假区的分类

度假区的分类是一个纯学术的问题，应该符合严密的科学逻辑和学术规范。

赵书虹（2000）、唐继刚（2002）、邹统钎（2004）、Edward Inskeep（2004）、邵颖莹（2004）等均做过相应的分析。尽管研究者各有表达，但核心思想相同。

唐继刚[1]在前人研究成果的基础上提出一个分类系统。

根据度假地位置与环境特征可以分为海滨度假地、山地度假地、温泉度假地、森林度假地、温泉度假地、森林度假地、湖滨度假地。

根据度假地的特色功能可分为自然游憩区、温泉疗养康复区、理疗保健区。一般的海滨度假地、湖滨度假地、山地湖滨度假地都属于自然游憩区，以优美的自然环境辅以人工设施，在大自然环境中开展各种游憩活动以达到休养生息、调节身心的目的，面向大众市场。具有温泉出露的地方一般都建设为温泉度假地，用于疗养康复，具有特定的市场。

根据度假地的消费水平可分为高档、中档、低档旅游度假地。

根据度假地离城市的远近分为城市度假地、近邻度假地和远郊度假地。城市度假地是城市用地的组成部分，有些城市是在海滨度假地基础上发展起来的。在城市附近建设专门的度假地比较普遍，如韩国庆州市附近的波门湖度假地、以尼斯、戛纳、格拉斯和摩洛哥等很多国际知名的海滨旅游城市为依托的法国“蓝色海岸”旅游度假地，都属于近郊度假地。有些远离城市的度假地自成体系，拥有机场和综合接待服务设施，包括服务员工的住房，如西班牙加那利群

1 唐继刚. 我国旅游度假区的开发现状、问题及发展构想——以苏南为例：[学位论文]. 南京：南京师范大学，2002

岛、蓝沙罗群岛、巴列阿利斯群岛度假地等。

根据客源地市场结构分为国内度假地和国际度假地。从市场份额来看，可分为一元度假地和多元度假地。例如：日本的冲绳属于单一性的国内旅游度假地，日本本国游客占94.2%：其他如塞班、关岛、宿务岛、巴塔亚、槟榔屿、巴厘、黄金海岸、坎昆、蓝色海岸等都属于多元化国际旅游度假地，客源由各国游客组成。

根据经营的季节性分为夏季度假地、冬季度假地、四季度假地等。

赵书虹[1]依据旅游度假区适宜开展的旅游活动的主体功能结合旅游资源环境特色，分为以下三种类型：

自然游憩型。包括观光游览型和风情体验型两种。观光游览型旅游度假区具备较高的美学价值，有独特、优美的自然景物和人工景物，主要以山岳、湖泊、江河、海滨、瀑布、山林、天象变化等为主要构景因素。如滇池国家旅游度假区，西双版纳省级旅游度假区，美国的黄石公园等。风情体验型，以民俗风情为主，结合当地自然环境，形成独特的人文景观。

康体休闲型。这类旅游度假区具有优质的旅游度假环境，如宜人的气候、温泉、海滩、阳光等，区位条件优越，追求现代旅游需求的发展趋势，以“康体休闲”理念来组织、经营度假休闲、运动健身、康体娱乐、疗养等旅游产品，以达到休养生息、调节身心的目的，面向大众旅游市场。具体又可分为：康体疗养型、运动健身型、娱乐消闲型三种。

综合型旅游度假区。即自然风光、民族风情、康体休闲设施都较突出、集中，并在地域空间上有机组合，旅游功能系统完善的旅游区。

邹统钎（2004）按旅游度假区与主体市场的远近程度，可以分为目的地度假区和非目的地度假区。

目的地度假区通常至少距主体市场几百公里远，旅游度假者的交通工具是飞机而不是汽车，一年到度假区一次，每次一至两周。这种类型的度假区都坐落在极富魅力的地方，足以吸引远方来客乐此不疲地来消磨假期。

非目的地旅游度假区，距主体市场2～3小时的车程。客人自驾车频繁到来，每次逗留3小时或4小时。这种度假区的酒店入住率没有目的地度假区高。

按照背景及主要设施分类，也就是按照旅游度假区的位置和娱乐性分为海洋度假区、湖泊/河流度假区、山川/滑雪度假区和高尔夫度假区。

海洋度假区依赖于沙滩的质量和范围、景色、气候以及水上体育运动。湖泊/河流度假区明显依赖于水，但更依赖于娱乐活动，而且与海洋度假区比较起

1 赵书虹．旅游度假区可持续发展研究——兼论云南旅游度假区可持续发展战略：[学位论文]．昆明：云南大学，2000

来，这些娱乐活动更离不开水。它们更有可能位于距离旅游者家只有几小时车程的地方。山川/滑雪度假区近年来也摈弃了传统的冬季度假方式而转型为四季度假，以其拥有的矿泉为资本，把“健康”作为度假区的主题。日益兴起的高尔夫度假区则使以度假活动为主体的度假设施数量迅速膨胀。

Edward Inskeep[1]认为度假区有两个主要类型——综合性度假区和城镇度假区。

综合性度假区包括只为旅游者设计的度假村（虽然员工也大多住在度假村附近）和一些特色风景度假资源，如海滩、湖区或娱乐性水域、滑雪坡、风景优美的山区、国家公园、大型自然景观区、大型考古或历史遗址区、健康的气候环境（如保健度假区）、高尔夫球或其他运动设施等，有时一个度假区内同时综合几种资源。综合性度假区的规模可以小到一个饭店，大到由多个饭店和其他住宿设施组成的拥有上千间客房的度假饭店群。度假区一般相对独立，内设各种旅游服务设施，如商务设施、娱乐和运动设施、文化设施及会议设施等。有些综合性度假区内包括各种住宿类型，如各类饭店、别墅以及自助式公寓、连排别墅等。

城镇度假区在土地使用和活动上与城镇社区共享，但经济上主要依赖于度假区活动，以及拥有的饭店及其他各类旅游住宿和服务设施。这种度假区一般以某些景区资源为依托，如滑雪、海滩、湖区和娱乐水域、温泉设施、风景优美的山区、沙漠、重要的考古和历史遗址以及宗教朝圣地。

按区位状况划分为资源型度假区、客源型度假区和混合型度假区

资源型度假区建在资源条件结合好的地区。其优越的度假条件，对度假旅游者来说吸引力极大。如东非和南部非洲的森林狩猎旅游度假区、阿尔卑斯山的滑雪旅游度假区等。

客源型度假区建在区位因素结合最好的地区。通常是几个大城市地带或邻近地区。那里经济发达，交通便利，人口密集，城镇广布，度假旅游市场大，度假旅游产品销售的门槛值较小，旅游度假区凭借城市强大的经济实力，向度假旅游者提供从生活到娱乐的全套一流服务，但自然条件相对其他度假区要差。

混合型度假区是介于资源型度假区与客源型度假区之间的一种类型。其旅游度假区的资源条件基本可满足度假旅游者的需要，距主要客源市场又不算太远，且交通便捷，因而兼有资源型与客源型的某些优势。目前这类旅游度假区在世界上数量最多、分布最广，大量集中在地中海、黑海、加勒比海沿岸。

---

1 Edward Inskeep 著. 旅游规划——一种综合性的可持续的开发方法. 张凌云译. 北京：旅游教育出版社，2004

3.3 主要的几类度假地

3.3.1 海滨度假区

海滨度假是世界上传统的度假方式之一，并主要起源于拉丁美洲的加勒比海地区，然后逐步扩展到欧美和亚太地区。目前，海滨旅游度假区在整个旅游业中占有艳对优势，其开发已经遍及世界各地。世界上一些著名的综合性海滨旅游地：地中海沿岸、加勒比海和墨西哥湾沿岸、印度洋岛群、澳大利亚，以及南太平洋群岛等地区，已经是世界上最集中的海滨型旅游度假地。我国海滨旅游度假区主要分布在东部沿海地区，相对比较成熟。辽东半岛海滨、渤海湾海滨、山东半岛海滨、浙东南海滨、闽东海滨、珠江三角洲海滨、广西北海海滨这七大海滨中，旅游度假区得到了较具规模的开发，初步形成七大海滨度假旅游带，是长线休闲度假旅游产品的核心。未受污染的沙滩和海水、充足的阳光日照、温暖的海洋气候是形成海滨度假最重要的条件。海滨游憩资源可以分为水域和陆域两部分，从而影响到这里开展的游憩活动也可以分为海洋游憩活动与岸边游憩活动。

3.3.2 湖泊型旅游度假区

湖泊属于一种普遍型资源，所以世界各地湖泊型旅游度假区数量也比较多。欧洲的湖泊旅游度假开始于18世纪，发展于19世纪，兴盛于20世纪。经过这种长期的循序渐进的发展，欧洲的湖泊旅游度假区发展比较成熟，有稳定的度假客源市场。我国的湖泊旅游度假在20世纪90年代前，主要以官办的疗养院等为主（如太湖、滇池附近的疗养院）。1992年后，建立了国家级、省级的湖泊旅游度假区，当时，国内对度假旅游普遍还不了解，尤其不了解国际上同类产品的发展情况，随着度假市场的形成，湖泊型度假区也逐渐增多。我国湖泊型度假区众多，最集中的是长三角地区，以江苏、浙江两省最为突出，90%以上是湖泊型旅游度假区。

3.3.3 山地森林旅游度假区

山地森林旅游涉及观光和度假等多种功能。山地森林度假主要有冬季的滑雪运动和夏季的避暑旅游。由于山地森林气温比平原凉爽，适合于夏季睡觉。山地森林景观具有突出的吸引力，适合于游览观赏和绿色疗养。山地森林还能提供某些以本地动植物为原料的佳肴。因此，山地森林成为夏季避暑型旅游度假区选址的重要地方。山地森林避暑型旅游度假区兴起于近代，改革开放之后得到大力发展，90年代之后开始衰落。风景名胜区的建筑控制、新型旅游度假地的竞争是导致山地森林避暑型旅游度假区衰落的重要原因。但是仍然有很多著名的山地森林旅游度假区，如欧洲的阿尔卑斯山区是举世闻名的度假胜地，中国的庐山、鸡公山也是很受欢迎的。

3.3.4 温泉度假区

温泉度假旅游是一种传统的度假旅游形式，有着比较悠久的发展历史，温泉旅游度假区是度假旅游重要类型之一。早在罗马帝国时期，温泉的治疗作用就已受到人们的重视，并由土耳其人和罗马人传播到北非海岸、希腊、土耳其、德国南部、瑞士以及英国，1326年，第一个温泉疗养地“斯巴”（SPA）在比利时南部一个靠近列日的小镇缘起，斯巴后来演化成为温泉旅游度假区的代名词。20世纪20年代以温泉治疗为主导的传统温泉旅游度假区开始向以温泉治疗和休闲娱乐并重发展的现代温泉旅游度假区转变，温泉旅游在世界范围内得到发展，其中尤以欧洲、日本的温泉旅游度假区最为闻名。国外温泉旅游的研究多集中在温泉旅游发展较为成熟的欧洲和日本。近几年，温泉旅游发展速度较快，发展态势较好。2000年，国际温泉疗养协会（ISPA）行业调查研究显示，温泉旅游业将会有突破性的大发展，温泉旅游业将以每四年翻一翻的速度向前发展。究其原因，是由于温泉旅游的开发、经营、管理者，适应了温泉旅游不断提高的旅游需求层次，对温泉旅游地进行了相应的调整和建设。

温泉旅游度假区是近期在国内，特别是南方的广东地区兴起的一类重要的旅游度假区，目前广东省已正式投入营运的温泉旅游度假区有60多家，国内其他省市也纷纷在开发建设温泉旅游度假区，温泉旅游开发的热潮已经形成。

3.3.5 乡村旅游度假区

山岳、海岸、湖边等地往往比开阔平缓的乡村地区更有吸引力，而乡村地区的旅游和游憩开发更多地与其附近的大城市和人口稠密地区密切相关。创造了比在海滨或山地度假区更近、消费更低的社会度假村模式，满足城市居民周末旅游度假的需求。

3.3.6 高尔夫旅游度假区

高尔夫英文名“golf”，由green（绿地）、oxygen（氧气）、light（阳光）和foot（步行）组合而成，是最早兴起于西方的高档休闲运动项目，随着经济、社会发展和居民收入水平的提高以及闲暇时间的增加，高尔夫运动在全球也逐渐普及开来。

高尔夫旅游（Golf Tourism）是高尔夫运动和旅游活动这两种产品的有机结合，它属于体育旅游形态。现代高尔夫球运动与会议、社交、营销、奖励等旅游活动关系紧密。

高尔夫旅游的发展与人们的度假浪潮具有非常高的关联度。度假旅游、打高尔夫已经成为全球流行的时尚，许多人度假旅游的目的就是打高尔夫。国际旅游组织早已把高尔夫旅游界定为专项旅游产品[1]。

在中国，高尔夫与旅游的结合也逐渐成为一种趋势，这也在相当高的程度上促进了高尔夫和旅游业的发展。中国真正意义上的高尔夫起步是1984年中山温泉高尔夫球场，当时一起建设的还有北京国际、珠海国际、深圳高尔夫等三个球场。

3.3.7 滑雪旅游度假区

滑雪是一项古老的运动，生活在高纬度地区或高山地区的居民是这一运动的首创者和推动者。现代滑雪是一项费用较大的运动项目，对场地、器材都有较高的要求。因此，现代滑雪旅游首先在经济发达的欧洲和北美兴起。

滑雪运动的发展、参与人数增加形成了一定规模的人流，需要为滑雪旅游者提供各类服务，宾馆、别墅、商店、滑雪学校等围绕滑雪场布局，形成功能相对完善的度假区。

3.4 国外度假旅游与度假地发展

3.4.1 欧洲度假旅游与旅游度假地的发展

度假是先于旅游的活动，欧洲古罗马时期就有了以温泉浴室为主体的度假地，1326 年在比利时列日镇出现的温泉度假地被认为是欧洲大陆第一个度假地。15、16 世纪欧洲大陆形成了许多著名的温泉度假地。

大众化的旅游度假出现于19世纪，随着经济的发展，闲暇时间的增多，便捷交通的出现和费用的降低，尤其是工业化和城市化的快速发展，城市变得拥挤、环境问题日益加剧，使大众休闲度假在工业化国家日益活跃，具有医疗和保健性质的温泉地首先建起了度假设施，之后环境质量优越的地域也成了人们在闲暇时间竞相前往的地区。温泉旅游度假区的发展，功能趋于多元，引发了

1 郭鲁芳，虞丹丹. 健康旅游探析. 北京第二外国语学院学报，2005(3)

舒适、多功能的高级饭店的诞生，度假的活动内容也日益丰富，形成度假产品集聚地，即度假地。随着西方社交活动和赌博娱乐活动的活跃，出现了山地度假、海滨度假、湖泊度假等多种形式[1]。目的已由单一的休闲转向休闲与健身、娱乐、会议相结合。

进入20世纪60年代后，伴随着旅游的大发展，度假已经成为国外大众性旅游项目，欧洲地中海沿岸、阿尔卑斯山地区拥有了许多成熟、大型的旅游度假地。目前欧洲著名的度假地有西班牙的加那利蓝岛、蓝沙罗群岛、巴列阿利斯群岛，法国的蓝色海岸，土耳其的南安塔利亚，多米尼加的波多普拉等。

与法、德、意等老牌欧洲国家不同，土耳其的旅游开发较晚，20 世纪 70 年代初期，政府完成了旅游开发规划，划定了重点开发区域，在政府资金参与的同时也向国际开发协会、世界银行等国际机构申请开发援助，如南安塔利亚度假地的开发。

欧洲地区著名度假地

法国瓦勒迪泽尔（Val d'Isere）

法国瓦托伦斯（Val Thorens）

法国科西嘉岛（Cargese-Corsica）

法国科西嘉岛圣安布罗吉度假村（Sant'Ambroggio）

法国维特尔公园（Vittel Le Parc）

法国维特尔宫廷（Vittel Ermitage）

法国美努斯（Les Menuires）

法国美丽堡公园（Meribel Aspen Park）

法国美丽堡安塔丽斯（Meribel Antares）

法国美丽堡查勒（Meribel Le Chalet）

法国蓬巴杜（Pompadour）

法国阿尔卑斯山雷多斯（Les Deux Aples）

法国阿尔卑斯山雷扎克高原（Arcs Altitude）

法国阿尔卑斯山拉萨里纳（Alpe d'Huez la Sarenne）

法国阿沃里阿兹（Avoriaz）

法国诺曼底富戈勒奥格（Forges-les-Eaux）

法国切瓦里耶（Serre-Chevalier）

法国博朗峰霞幕尼（Chamonix Mont-Blanc）

法国大西洋棕榈园（La Palmyre Atlantique）

1 孙文昌. 现代旅游开发学. 青岛：青岛出版社，1999

法国提格纳瓦克拉瑞特（Tignes Val Claret）
法国普罗旺斯欧匹奥（Opio en Provence）
法国普拉格（Aime La Plagne）
法国普拉格 2100（La Plagne 2100）
法国尼斯（Nice）
法国普罗旺斯（Provence）
德国威斯巴登（Wiesbaden）
希腊爱琴海马诺斯多姆（Mare Nostrum）
希腊爱琴海格雷高里曼诺（Gregolimano）
希腊科斯岛（Kos）
希腊雅典爱琴海（Athenia）
意大利阿尔卑斯切尔维尼亚（Cervinia）
意大利西西里卡玛莲岛（Kamarina）
意大利谢斯特里尔（Sestriere）
意大利地中海纳匹兹雅（Napitia）
意大利地中海美塔蓬多（Metaponto）
瑞士阿尔卑斯山圣莫利斯（Saint-Moritz Roi Soleil）
瑞士阿尔卑斯欧隆山庄（Villars-sur-Ollon）
瑞士望恩皇宫（Wengen Palace）
葡萄牙达巴莱（Da Balaia）
西班牙普耶托马里亚（Puerto Maria）
西班牙巴塞罗那（Barcelona）

3.4.2 美洲度假旅游

18、19 世纪，度假区在美洲大陆也迅速发展起来，不过与欧洲不同的是，海滨度假成为最受欢迎的形式。

进入 20 世纪 60 年代，伴随着度假旅游的大发展，在加勒比沿岸国家的海滨地区形成了以夏季休闲度假为主要目的的海滨旅游度假区。加勒比地区以坎昆最为有名。

坎昆位于墨西哥尤卡坦半岛东北部，过去只是加勒比海中靠近大陆的一个狭长小岛，长 21 公里，最宽处只有 400 米。但这里有平静的大海，明媚的阳光，细软雪白的沙滩，周边还有大量古玛雅人的文化遗存。20 世纪 60 年代，墨西哥中央银行决定把坎昆作为旅游发展的重点地区进行开发，成立了旅游开发公司和促进会，美洲开发银行、世界银行向其提供贷款、援助，重点建设机场等基础设施。经过开发，坎昆岛上已建起 80 多座豪华旅馆以及餐馆、购物中心、娱乐场所。坎昆早已成为闻名世界的海滨度假旅游胜地，每年有 200 多万国外旅游者到这里度假旅游。

美洲地区著名度假区

特克斯和凯科斯群岛（Turquoise）
巴西特朗克索（Trancoso）
巴西里约彼德拉斯（Rio des Pedras）
巴西意塔帕里卡（Itaparica）
巴西里约热内卢（Rio de Janeiro）
多美尼加共和国蓬塔卡纳（Punta Cana）
加勒比海卡拉威岛（La Caravelle）
巴哈马哥伦布岛（Columbus Isle）
墨西哥坎昆（Cancun）
墨西哥阿卡普尔科（Acapulco de Juarez）
墨西哥伊斯塔帕（Ixtapa）
美国弗罗里达州沙笛（Sandpiper Florida）
美国圣莫尼卡和维尼斯海滩（Santa Monica and Venice Beach）
美国拉斯维加斯（Las Vegas）
古巴巴拉得罗海滩（Varadero）
古巴青年岛（Pinos Island）
智利瓦尔帕莱索（Valparaiso）

3.4.3 亚太地区度假

进入20世纪60年代，随着亚太地区经济的快速发展，休闲度假旅游也成为该区域的新时尚。伴随着度假旅游的大发展，东南亚国家的海滨地区、夏威夷、澳大利亚的海滨地区形成了以夏季休闲度假为主要目的的海滨旅游度假区；韩国首尔附近的山地，出现了以冬季山地运动、健身为主要目的的山地度假旅游区。到20世纪末，如东南亚以及南太平洋地区的巴厘、巴塔亚、槟榔屿、宿务、关岛、塞班、冲绳、黄金海岸、夏威夷发展成世界知名度假地。山地湖滨度假地以韩国庆门湖度假地为代表，温泉度假地以日本的箱根为代表。

夏威夷以海滨、火山风光、土著风情、水上运动著称，澳大利亚的黄金海岸以各种休闲设施和“冲浪者的天堂”著称。

夏威夷集中了世界最多最好的酒店，仅瓦胡岛的威基基海滩就有 100 多家酒店、3 万多个房间，几乎所有世界大牌度假酒店集团都在这里扎堆儿：

女皇大酒店（Queen Kapiolani Hotel）
海滩公园大酒店（Park Shore Hotel）
威基基假日大酒店（Holiday Inn Waikiki）
盖特威酒店（Gateway Hotel）
海洋休闲大酒店（Ocean Resort Hotel）
夏威夷威基基海滩大酒店（Hawaiian Waikiki Beach Hotel）
夏威夷美丽亚海滩大酒店（Marriott Waikiki Beach Resort）
威基基夏威夷王子大酒店（Hawaii Prince Hotel Waikiki）
夏威夷希尔顿度假村（Hilton Hawaiian Village）
喜来登莫阿纳冲浪者饭店（Sheraton Moana-Surfrider Hotel）
夏威夷皇家饭店（Royal Hawaiian Hotel）

20 世纪 60 年代末期，印度尼西亚政府制定了旅游发展战略，全力推进旅游业发展。巴厘岛是印度尼西亚最有名的度假地，1973 年成立了政府所有的巴厘旅游开发公司，全权负责度假地的开发与管理。世界银行、联合国开发计划署等国际组织积极参与，地中海俱乐部等机构注资，20 世纪 80 年代已具有国际竞争力。

亚太地区著名度假区

马来西亚珍拉丁湾（Cherating Beach, Malaysia）
日本石垣岛（Isigaki Island, Japan）
日本北海道佐幌（Sahoro Resort, Hokkaido, Japan）
韩国济州岛（Cheju-do, Korea）
澳大利亚莲达文岛（Lindeman Island, Australia）
澳大利亚黄金海岸（Golden Beach, Australia）
澳大利亚大堡礁（Great Barrier Reef, Australia）
澳大利亚阳光海岸（Sunshine Coast, Australia）
马尔代夫卡尼岛（Kani Island, Maldives）
印度尼西亚巴厘岛（Bali, Indonesia）
印度尼西亚泗水（Surabaya, Indonesia）
印度尼西亚民丹岛（Bintan, Indonesia）
毛里求斯康隆尼角（Canonniers, Mauritius）
泰国普吉岛（Phuket, Thailand）
泰国芭堤雅（Pattaya, Thailand）
大溪地波拉波拉（Bora Bora Island, Tahiti）
新加坡圣陶沙岛（Siloso Beach Resort, Singapore）

3.4.4 中东地区度假地

中东地区具有独特的气候，悠久的历史，具备发展度假旅游的资源条件。同时中东地区石油收入的增长使得这一地区具有强大的投资能力和旺盛的消费需求。现已建成众多国际知名度假区。主要有：

埃及沙姆沙伊赫（Shamm el Sheikh）

埃及爱尔戈纳红海（El Gouna）

埃及卢克索（Louxor）

以色列珊瑚滩（Coral Beach）

突尼斯那布（Nabeul）

塞内加尔斯佳林海角（Cap Skirring）

塞内加尔阿玛迪斯（Les Almadies）

摩洛哥茉莉花（Yasmina）

摩洛哥阿加迪尔（Agadir）

摩洛哥马拉喀什里雅德（Marrakech Le Riad）

摩洛哥马拉喀什帕密耶（Marrakech La Palmeraie）

摩洛哥马拉喀什拉美殿（Marrakech La Medina）

摩洛哥斯密尔（Smir）

突尼斯迪耶巴美丽殿（Djerba Meridiana）

突尼斯迪耶巴（Djerba La Fidele）

突尼斯迪耶巴拉多斯（Djerba La Douce）

突尼斯汉玛美（Hammamet）

土耳其爱琴海博德鲁姆（Bodrum Palmiye）

土耳其地中海凯梅尔（Kemer）

土耳其地中海卑尔蒂（Beldi）

土耳其帕密耶（Palmiye）

3.5 我国度假旅游与旅游度假区的发展

刘家明[1]认为我国旅游度假区的开发历史也是非常久远的，他提出，古代园林为旅游度假区的雏形，其理由是：第一，园林一般不是惯常住地，是离惯常住地较近的、带有第二住所（居住时间一般不超过半年）的特点；第二，园林多是用来游乐和避暑的，是离开日常工作的消遣性行为；第三，园林提供了住

1 刘家明. 旅游度假区发展演化规律的初步探讨. 地理科学进展，2003(2)

宿餐饮设施、康体休闲活动；第四，园林具有旅游度假区很多特点，但住宿餐饮、休闲娱乐功能又相对弱化。

我们认为，这种说法是不确切的，皇家园林、私家园林不能看作是度假区，它是私密空间，不对外人开放，没有社会性，就意味着没有旅游功能。我国旅游度假地的建设始于清代的北戴河，这里既有皇家避暑地，也有大众游览设施、别墅，开展的活动也符合现代度假区的概念。

现代意义的中国度假旅游，历史甚短。20 世纪 90 年代有三件事标志着我国旅游界高层在积极促进度假旅游的发展。一是 1992 年国务院批准在全国建立 12 个国家级旅游度假区（表 3.1）；二是 1996 年国家旅游局推出“度假休闲旅游”主题年；三是在 1997 年“中国旅游年”中，国家旅游局推出以国家和省级旅游度假区为依托的“海韵、湖光度假”专项产品，度假休闲旅游线成为国家旅游局向海内外推荐的 16 条旅游精选线路之一。在国家旅游业“十五”计划（2000～2005 年）时期，旅游主管部门将度假旅游的发展与度假区建设作为其旅游业发展的重点。国家旅游局提出的旅游度假区的发展目标是“要在国务院批准的 12 个国家旅游度假区的基础上，将一批条件比较成熟的省级旅游度假区和外资建设的度假区批准为国家旅游度假区，以增加国家旅游度假区的数量，扩大国家旅游度假区的规模；把集中力量抓好海南热带海岛海滨度假地的建设作为全国开发旅游度假产品的重点；把青海、甘肃、新疆、黑龙江建成暑季度假旅游的新的热点地区，分流东部海滨压力，促进西北大开发；其他地区要在“十五”期间，规划建设一批借助山间、湖畔、林地、温泉等区位和资源优势的旅游度假地，以形成度假产品的多样化；环城市度假设施要更加适应家庭式旅游的需求，逐步增加和调整经营项目，不断提高服务质量”。[1]

表 3.1　国家级旅游度假区

青岛石老人旅游度假区	大连金石滩旅游度假区	太湖（无锡）旅游度假区
杭州之江旅游度假区	上海佘山旅游度假区	武夷山旅游度假区
湄洲岛旅游度假区	广州南湖旅游度假区	北海银滩旅游度假区
昆明滇池旅游度假区	三亚亚龙湾旅游度假区	太湖（苏州）旅游度假区

截至 2007 年底，我国 A 级度假区达 1 625 个，其中：4A 级 48 个（表 3.2）、3A 级 521 个、2A 级 926 个、1A 级 130 个。

1 中华人民共和国国家旅游局《国家“十五”旅游规划》，2000

表 3.2 中国 4A 级度假区（48 个）

度假区（村）名称	级别	所在省（市）	批准时间
北京圣莲山风景度假区	4A	北京	2005
阿拉善盟腾格里达来·月亮湖沙漠生态探险度假营地	4A	内蒙	2005
巴彦淖尔市维信国际高尔夫度假村	4A	内蒙	2005
盘锦苇海鼎翔旅游度假区	4A	辽宁	2005
巢湖市金孔雀温泉旅游度假村	4A	安徽	2005
宁国市恩龙山庄生态旅游度假区	4A	安徽	2005
广州从化碧水湾温泉度假村	4A	广东	2005
新会古兜温泉旅游度假村	4A	广东	2005
桂林市荔浦银子岩风景旅游度假区	4A	广西	2005
遂宁市中国死海旅游度假区	4A	四川	2005
湖州太湖旅游度假区	4A	浙江	2004
梅县华银雁鸣湖旅游度假区	4A	广东	2004
阿尔山海神圣泉旅游度假区	4A	内蒙	2003
宁波松兰山海滨旅游度假区	4A	浙江	2003
张家界江垭温泉度假村	4A	湖南	2003
连云港连岛旅游度假区	4A	江苏	2002
江门金山温泉旅游度假区	4A	广东	2002
汕头中信高尔夫海滨度假村	4A	广东	2002
沈阳绿岛旅游度假区	4A	辽宁	2002
乳山银滩旅游度假区	4A	山东	2002
上海太阳岛旅游度假区	4A	上海	2002
莆田湄州岛国家旅游度假区	4A	福建	2002
北京红螺寺旅游度假区	4A	北京	2001
梅县雁南飞度假村	4A	广东	2001
天津海滨旅游度假区	4A	天津	2001
大连金石滩国家旅游度假区	4A	辽宁	2001
大连冰峪省级旅游度假区	4A	辽宁	2001
亚布力滑雪旅游度假区	4A	黑龙江	2001
江苏省天目湖旅游度假区	4A	江苏	2001
深圳华侨城旅游度假区	4A	广东	2001
清新温矿泉旅游度假区	4A	广东	2001
三亚亚龙湾国家旅游度假区	4A	海南	2001
丽江玉龙雪山旅游度假区	4A	云南	2001
廊坊茗汤温泉度假村	4A	河北	2006
铁岭清河省级旅游度假区	4A	辽宁	2006

续表

度假区（村）名称	级别	所在省（市）	批准时间
韶关市曹溪温泉假日度假村	4A	广东	2006
恩平市锦江温泉旅游度假区	4A	广东	2006
三亚蜈支洲岛度假中心	4A	海南	2006
松原市查干湖旅游度假区	4A	吉林	2006
庐山天沐温泉度假村	4A	江西	2006
庐山龙湾温泉度假村	4A	江西	2006
张北中都原始草原度假村	4A	河北	2007
明月山天沐温泉度假村	4A	江西	2007
湛江蓝月湾温泉度假邨	4A	广东	2007
惠州市龙门温泉旅游度假区	4A	广东	2007
清远玄真古洞生态旅游度假区	4A	广东	2007
碧桂园假日半岛故乡里旅游度假区	4A	广东	2007
重庆海兰云天温泉度假区	4A	重庆	2007

资料来源：《中国旅游网》2008-01-02

3.6 旅游度假区的活动与设施

度假区往往是综合性旅游功能区，要求提供综合性、一揽子服务，因而要求设施齐备。一般旅游度假区由住宿，文化、康乐，餐饮、购物，会议设施，基础设施组成。

3.6.1 住宿设施

住宿设施是度假区的基本设施，一般度假区会有各种类型的住宿设施，有度假饭店、托管公寓、别墅、汽车旅馆、假日村、饭店宾馆、帐篷露营以满足游客多层次的需要。度假地为了满足多层次游客需要，一般都配有不同等级的住宿设施，有简易生态的，有豪华舒适的，也可以是中档的。

3.6.2 文化、康乐设施

游憩设施在旅游度假区中占有很重要的地位，是度假地的重要组成部分。一般来说文化娱乐设施分如下6个类型，75个种类：

1. 歌舞类

包括夜总会、歌舞厅、卡拉 OK 厅、影剧场、音乐厅 5 种。

2. 休闲类

包括健身洗浴设施、按摩设施、疗养设施3种。

3. 游戏类

包括棋牌室、游艺机、电子游戏机、游乐园、博采类游戏类设施、军事游戏类设施、探险类游戏类设施、赛车类游戏类设施、儿童游戏室、益智类游戏室。

4. 知识类

包括博物馆、展览馆、陈列室、阅览室、书店、影视中心、音像中心7种。

5. 体育健身类

包括游泳设施、嬉水设施、儿童游泳及嬉水设施、船艇运动设施、垂钓设施、潜水运动设施、水球设施、滑水设施、跳水设施、漂流设施、高尔夫球设施、保龄球设施、网球设施、台球设施、垒球设施、乒乓球设施、篮球设施、足球设施、手球设施、羽毛球设施、棒球设施、排球（含沙滩排球）设施、壁球设施、门球设施、登山运动设施、攀岩设施、跑步设施、飞镖设施、骑马设施、射击设施、射箭设施、狩猎设施、溜冰设施、滑雪设施、雪地摩托设施、冰球设施、旱冰设施、雪橇游乐设施、冰帆运动设施、跳伞运动设施、滑翔运动设施、山地自行车设施、步行道设施（独立）43种。

6. 附属类

包括主题酒吧、氧吧、网吧、茶艺馆、咖啡屋、陶艺吧、其他工艺品制作设施等。

度假区需要有康体项目、消闲项目、健身项目、娱乐项目设施，高尔夫、网球、保龄球、游泳、健身房、台球、洗浴是各类度假区中最普通的项目，对设施的要求较高，不同类型度假地游憩设施不同。海滨度假地一般有海水浴场、沙滩日光浴场、滑水、帆船、冲浪、潜水、垂钓、高台跳水等设施；温泉度假区以SPA及各类疗养项目及设施为主；滨湖度假区依赖内陆湖泊、河流而建，码头、垂钓、水上运动、游乐项目设施比较关键；滑雪度假地一般有越野滑雪、单板滑雪、雪橇、冰球、花样滑冰等设施。人工造雪、提升、扫雪等也是重要设施；山地度假地一般有野营、骑马、狩猎等设施。

游乐设施指采用沿轨道运动、回转运动、吊挂回转、场地上运动、室内定置式运动等方式，承载游客游乐的现代机械设施组合。例如：滑行车、观览车、转马、空中转椅、碰碰车、光电打靶等。水上游乐设施指承载游客在水面上进行游乐活动，由机械动力驱动、人力驱动或由游客自行操纵的设施。例如：碰碰船、游船、水上自行车、水滑梯等。文化娱乐设施指度假区内的剧场、影院、歌厅、舞厅及相关配套设施等。

3.6.3 餐饮、购物设施

餐饮设施主要包括不同层次、不同风格的餐厅，风味小吃店，快餐店等。星级以上宾馆一般都设立餐厅、宴会厅、特别餐厅、快餐厅等。购物设施主要包括各种类型购物商店、纪念品商品、购物街、服装店、体育用品店等。

3.6.4 会议设施

优美的景观，良好的设施与服务，使度假区往往成为会议组织者向往的地方。发展会议接待也是旅游淡季的主要收入来源，因此度假地都重视会议设施的建设。会议设施主要有多功能厅、大小会议室。设备有音响设备、多媒体投影仪、宽带网口、远程视频设施、白板、各式麦克风、立式讲台等。

3.6.5 基础设施

基础设施是度假区赖以运转的根本，包括度假区交通系统、给水系统、供电系统、通信系统、排水系统和医疗保健等。

思考题

1. 度假区类型与特点是怎样的？
2. 我国发展海滨度假区的优势与区域差异是什么？
3. 我国是一个山地面积广大的国家，山地度假区建设却相对缓慢，试分析其原因。
4. 分析我国国家级度假区建设的成就与问题，并解释其原因。
5. 我国度假区市场定位问题探讨。

本章重点文献

1. （美）朱卓仁著. 休假地的开发及其管理. 南开大学旅游外语教研室（沈瀛）译. 北京：旅游教育出版社，1992

2. Edward Inskeep 著. 旅游度假区的综合开发模式——世界六个旅游度假区开发实例研究. 国家旅游局人教司译. 北京：中国旅游出版社，1993

3. 邹统钎著. 旅游度假区发展规划：理论、方法与案例. 北京：旅游教育出版社，1996

4. 辛建荣主编. 旅游度假区规划与管理. 天津：南开大学出版社，1999

5. 吴承照编著. 现代旅游规划设计原理与方法. 青岛：青岛出版社，1998

6. 王德刚著. 旅游开发学. 济南：山东大学出版社，1998 年

7. Edward Inskeep 著. 旅游规划——一种综合性的可持续的开发方法. 张凌云译. 北京：旅游教育出版社，2004

8. 邹统钎主编. 旅游景区开发与管理. 北京：清华大学出版社，2004

9. 傅文伟编著. 旅游资源评估与开发. 杭州：杭州大学出版社，1994

10. 孙文昌. 现代旅游开发学. 青岛：青岛出版社，1999

11. 郭鲁芳，虞丹丹. 健康旅游探析. 北京第二外国语学院学报，2005（3）

12. 毛建华，蔡湛. 旅游度假区定义的探讨. 地理学与国土研究，1996（2）

13. 刘家明. 旅游度假区发展演化规律的初步探讨. 地理科学进展，2003（2）

14. 周建明. 旅游度假区的发展趋势与规划特点. 国外城市规划，2003（1）

15. 贾志宏，赵中华，张蕾. 有关旅游度假区中外研究的对比分析. 桂林旅游高等专科学校学报，2005（6）

16. 毕斗斗. 我国度假区的开发模式研究. 计划与市场，2002（3）

17. 王国新. 国内旅游度假区开发与管理分析. 旅游学刊，1998（4）

18. 方荣辉. 浅谈我国旅游度假区开发面临的问题及对策. 财经界，2007（3）

19. 张东祥. 我国旅游度假区开发问题研究与对策. 商场现代化，2007 年 7 月（上旬刊）

20. 邵颖莹. 旅游度假区可持续规划方法研究：[学位论文]. 南京：东南大学，2004

21. 董媛媛. 旅游度假地市场定位与项目策划研究：[学位论文]. 上海：同济大学，2000

22. 周翀燕. 我国旅游度假地开发研究——兼论福建省旅游度假地开发：[学位论文]. 泉州：华侨大学，2005

23. 唐继刚. 我国旅游度假区的开发现状、问题及发展构想——以苏南为例：[学位论文]. 南京：南京师范大学，2002

24. 赵书虹. 旅游度假区可持续发展研究——兼论云南旅游度假区可持续发展战略：[学位论文]. 昆明：云南大学，2000

相关网站

1. 世界旅游组织（http://www.unwto.org）
2. 法国旅游局官方网站（http://cn.franceguide.com）
3. 英国旅游局（http://www.bta.org.uk）
4. 瑞士国家旅游局（http://www.myswitzerland.com.cn）
5. 卢森堡旅游（http://www.luxembourg.co.uk）
6. 德国旅游局（http://www.germany-tourism.cn）
7. 西班牙旅游官方网站（http://www.cspain.cn）
8. 希腊旅游局（http://www.gnto.gr）
9. 土耳其国家旅游局（http://www.home.turkey.or）
10. 美国内华达州旅游局中文网站（http://www.travelnevada.com.cn）
11. 夏威夷旅游局（http://www.hawaii.net）
12. 美国旧金山旅游官方网站（http://www.onlyinsanfrancisco.com）

13. 西澳大利亚旅游局（http://www.cn.westernaustralia.com）
14. 新西兰旅游局（http://www.newzealand.com）
15. 泰国观光局（http://www.tattpe.org.tw）
16. 埃及国家旅游局（http://touregypt.net）
17. 马来西亚旅游促进局（http://www.tourismmalaysia.cn）
18. 新加坡旅游局（http://cn.visitsingapore.com）

4

度假区申报、评级

学习目的

通过本章学习，了解度假区申报的程序，不同级别度假区管理的差异；度假区政府管理的主要方式、方法；度假区等级评定的标准。

主要内容

■ 度假区申报级次

根据度假区的不同级别，对应申请。

■ 省级旅游度假区设立审核

介绍了申请依据、条件、需提交的材料、程序、负责部门等。

■ 省级旅游度假区总体规划审核

审核依据、条件、需提交的材料、程序等。

■ 旅游度假区的等级评定

评定依据、评审程序、分级管理、评价项目与内容、结果的公布等，同时提供两个附件：《国家旅游度假区评定标准》和《旅游区（点）质量等级的划分与评定》（节选）。

度假区是具有中国特色的旅游度假地，必须经过申报、审核、批复、建设、管理等法定程序。

4.1 度假区申报

度假区有国家、省、市、县等不同级别，申请程序有所不同。早期是国家级度假区由拟建设的省一级人民政府报国务院审批，批文由国务院函发到承办省人民政府。省级度假区由市级（含民族自治州、地区）人民政府向省一级人民政府提出申请，批准之后函告申请单位。我国还有数量庞大的县级度假区，往往是县级人民政府自行批准建设，没有规范的审批标准。各级旅游局是政府主管旅游事业的职能机构，集体负责申报工作。后来有所调整，国务院不再审批国家级度假区，相关业务交由国家旅游局办理。

度假区分为国家、省、市、县级，目的是有利于实施有效的政府管理。我国《国家旅游度假区评定标准》已于2006年立项（国家旅游局提出，2006-07-14），但正式文件尚未公布。主要从度假区环境支撑资源、区位和交通、市场状况、空间与设施管理、基础设施、住宿接待设施、购物和娱乐设施、综合管理、建立良好的社区管理体系等项进行评价（见附件4.1）。另外我国旅游部门规定，凡申请建立度假区，必须要有规划，规划也必须经过审批、通过。

4.2 省级旅游度假区设立审核

（以浙江为例）

4.2.1 依据

《浙江省旅游度假区管理办法》（省政府第127号令）[1]。

4.2.2 条件

1. 符合旅游发展总体规划或发展计划，所在地区自然景观、人文景观等旅游度假资源丰富并有特色；
2. 地域界限明确，符合土地利用总体规划、城镇体系规划和城市总体规划；
3. 有明显的区位优势或其他特殊优势，具备交通、通讯、能源、供水等公用设施；
4. 无泥石流、崩塌等可预测地质灾害威胁；
5. 符合国家有关自然资源、历史文化遗产等保护规定，环境质量较好；
6. 符合国务院和省人民政府规定的其他条件。

4.2.3 需送交的材料

1. 旅游度假区设立申请报告；

1 浙江省旅游度假区管理办法（2001年4月12日浙江省人民政府第52次常务会议审议通过，省政府第127号令公布，自2001年6月1日起施行）

2. 旅游度假区可行性研究报告；
3. 区域环境影响评价报告及审批文件；
4. 基础设施建设概况和已批准的项目情况；
5. 其他依法应当提交的有关文件、资料。

4.2.4 程序

1. 接省政府办公厅转来的文件处理单后，审查材料内容的完整性；
2. 会同省发改委、建设厅、环保局、国土资源厅等有关部门对拟设度假区的实地范围进行检查和踏勘，并举行论证会，形成审核意见；
3. 向省政府办公厅上报审核意见。

4.2.5 时限

1. 接到省政府办公厅有关文件处理单之日起 10 个工作日内完成材料审查；
2. 在论证会结束后 10 个工作日内完成审核意见上报工作。

4.2.6 责任处、室

规划发展处。

4.2.7 收费标准

不收费。

4.3 省级旅游度假区总体规划审核

（以浙江省为例[1]）

4.3.1 依据

1. 《浙江省旅游度假区管理办法》（省政府第 127 号令）；
2. 《旅游发展规划管理办法》（国家旅游局第 12 号令）。

4.3.2 条件

1. 被审核的规划必须由乙级以上设计资格的专业规划设计单位编制；
2. 被审核的规划已通过有关大专院校和专业科研机构有关专家及省级有关行政管理部门的评审；

1 资料来自：http://www.tourzj.gov.cn 2008-1-3

3. 规划的内容必须符合省政府批准设立该度假区和相关法规的有关要求，并满足开发建设、环境保护、有效管理等方面的需要。

4.3.3　需送交的材料

1. 设区的市政府提出对规划进行审核的申请报告；
2. 度假区规划文本和相关说明材料；
3. 有关专家对度假区规划的书面评审意见。

4.3.4　程序

1. 设区的市政府向省政府上报申请审核规划的报告；
2. 接省政府办公厅转来的文件处理单后，对规划进行审核并提出意见；
3. 提交省政府审批。

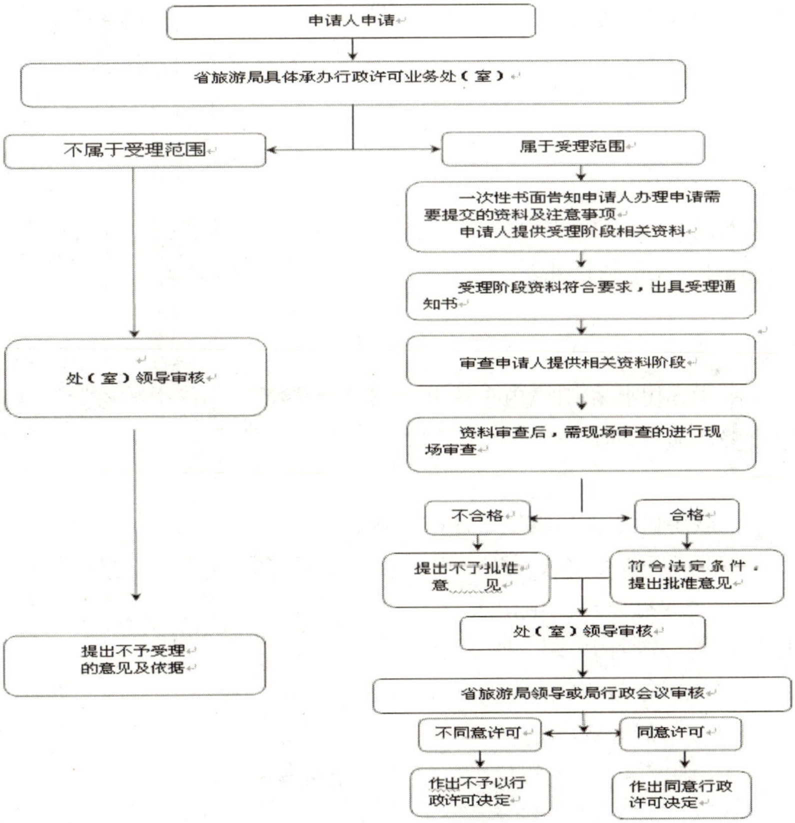

图 4.1　省级旅游局申报程序图

4.3.5 时限

自接到省政府办公厅有关文件处理单之日起，20个工作日内完成审核并反馈意见。

4.3.6 责任处、室

规划发展处。

4.3.7 收费标准

不收费。

4.4 旅游度假区的等级评定

目前度假区的等级评定，除有国家级、省级、市县级行政等级之分外，还有就是A级景区标准，参照执行的是《旅游景区质量等级评定管理办法》和相应的国家标准。

4.4.1 评定依据

中华人民共和国国家标准——旅游区（点）质量等级的划分与评定（GB/T 17775—2003）（见附件4.2）。

4.4.2 条件

凡在中华人民共和国境内正式开业接待旅游者一年以上的旅游区（点），均可申请参加质量等级评定。

4.4.3 旅游区（点）质量等级的评申程序

4.4.3.1 国家AAAAA、AAAA、AAA级旅游区（点）申报程序

1. 旅游区（点）提交申请报告；
2. 所在地旅游行政主管部门初评；
3. 省级旅游行政主管部门审核、推荐；
4. 国家旅游局组织评定。

4.4.3.2 国家AA、A级旅游区（点）申报程序

1. 旅游区（点）提交申请报告；
2. 所在地旅游行政主管部门初评；

3. 省级旅游行政主管部门组织评定。

4.4.4 评定程序

1. 组成评定小组；
2. 拟定评定计划；
3. 现场评定；
4. 完成评定报告、作出推荐法规；
5. 由等级评定委员会审核、批准；
6. 颁发等级证书。

4.4.5 评价项目与内容

旅游交通、游览、旅游安全、卫生、邮电服务、旅游购物、经营管理、资源和环境的保护、旅游资源吸引力、市场吸引力、游客抽样调查满意率。

4.4.6 结果

国家 AAAAA 级、AAAA 级、AAA 级旅游区（点）由国家旅游局审批、公告，颁发铜牌标志和证书。国家 AA 级、A 级旅游区（点）由省旅游局审批、公告，颁发铜牌标志和证书。

附件 4.1 国家旅游度假区评定标准[1]

按照国务院《关于进一步加快旅游业发展的通知》（国发[2001]9 号）要求，为将当前开发建设比较成熟、综合优势比较突出、产品特色鲜明的旅游度假区评定为国家旅游度假区，制定本标准。

第一部分 总则

1. 范围

本标准规定了国家旅游度假区评定的依据、条件及评定的基本要求。本标准适用于接待海内外旅游者的各种类型的旅游度假区。

2. 定义

本标准采用以下定义：

2.1 度假旅游

以调整身心、放松自我、娱乐生活为目的，以体验和享受为主要形式，以舒适环境、趣味活动、特色服务为吸引物的旅游方式。

1 资料来自网络，国家旅游局尚未公布正式文件，仅为参考。

2.2　国家旅游度假区

由国家旅游局根据《国家旅游度假区评定标准》和《国家旅游度假区评定细则》评定，具有明确地域界限和功能分区的，为旅游者提供度假休闲服务的综合性旅游服务场所。

3. 法律依据

《中华人民共和国环境保护法》、《中华人民共和国海洋环境保护法》、《中华人民共和国水污染防治法》、《中华人民共和国大气污染防治法》、《中华人民共和国固体废物污染环境防治法》、《中华人民共和国森林法》、《中华人民共和国草原法》、《中华人民共和国野生动物保护法》、《中华人民共和国矿产资源法》、《中华人民共和国水土保持法》、《中华人民共和国水法》、《中华人民共和国土地管理法》、《农业法》，以及《自然保护区管理条例》、《野生植物保护条例》、《农药管理条例》等。

4. 引用标准

下列标准所包含的条文、通过在本标准中引用的构成为本标准的条文。本标准出版时，所示版本均为有效。所有标准都会被修订，使用本标准的各方应探讨使用下列标准最新版本的可能性。质量体系、生产、安装和服务的质量保证模式（ISO9002:1994）、环境空气质量标准（GB3095—1996）、地表水环境质量标准（GBZB1—1999）、标志用公共信息图形符号第一部分（GB/T10001.1—2000）、导游服务质量（GB/T15971—1995）。

5. 国家旅游度假区的评定依据

5.1　评定依据

国家旅游度假区的评定依据为《国家旅游度假区评定标准》。

5.2　标志

国家旅游度假区的标志、标牌、证书由国家旅游局统一规定并颁发。

6. 国家旅游度假区的评定条件

6.1　度假区环境支撑资源

6.1.1　环境评估

适宜度假的气候环境、较高环境质量、良好氛围。

6.1.2　资源评估

资源品位高，开发利用价值大。无泥石流、崩塌等可预测地质灾害威胁。以旅游景区为支撑要素的，对自然景观资源进行深度开发，强调观光与度假相结合；以自身所依托的环境为支撑要素的，对舒适宜人的环境加以开发利用，实现人与自然的直接交流和沟通，营造纯粹的度假气氛；以特殊资源为支撑要素的，对各类旅游服务和产品进行深度开发，将文化娱乐、康体健身等项游乐活动作为度假休闲的主要内容。

6.2 区位和交通

要求距离机场、港口、铁路站、车站、等级公路，交通便利。可直接抵达度假区，来往便捷。

6.3 市场状况

6.3.1 市场结构

市场结构合理，过夜旅游者的平均停留天数不低于 3 天，接待人天数指标不低于接待人数的 50%。在过夜度假客人中，外阜客人的比例不低于 50%。

6.3.2 市场发展状况

6.4 空间与设施管理

6.4.1 度假区的地域界限

国家旅游度假区要有明确的东、南、西、北四面的地域界限，区内要有明确的功能分区以及与之相应的用地规划，建设项目要符合规划的要求。土地用途满足规划要求。

6.5 基础设施

6.5.1 区内供水充足，能够完全满足度假客人生活和游戏的需求；

6.5.2 区内供电不间断；

6.5.3 区内排水及污水处理设施完备，具有与接待规模相适宜的处理能力；

6.5.4 通信设施与接待规模相匹配，具有国际、国内直播功能通信服务方便畅通，收费合理。

6.6 住宿接待设施

度假主体设施齐备。具备度假休闲的良好条件，度假村（中心）、度假别墅等主要接待服务设施舒适度高，服务便利，地方特色鲜明。度假营地、特色项目服务规范，舒适、卫生。

6.7 购物和娱乐设施

6.7.1 购物便利

6.7.2 度假娱乐项目齐全

具有齐备的度假项目，康体娱乐项目，能够满足多方面的度假需求。主要项目包括，度假酒店、度假别墅以及娱乐、休闲、康体、运动、理疗、特色服务等类度假休闲设施；文化娱乐活动丰富，围绕产品特色组织各类文化、健身、娱乐活动，丰富旅游者的度假生活。

6.8 综合管理

6.8.1 安全

6.8.1.1 各类设施设备运行正常，辟有消防通道和安全疏散通道，无安全隐患。消防、防盗、救护等设备齐全，状态完好。

6.8.1.2　各项安全保卫制度完整有效，各经营场所的治安状况良好，各类活动井然有序。

6.8.1.3　设立医务室，配备专职医务人员，具有处理和诊治一般性伤病的能力，具有处理和转移突发性伤病的能力。

6.8.2　卫生

6.8.2.1　公共场所全部达到国家规定的卫生监测标准。

6.8.2.2　公共厕所的数量与接待能力相匹配，布局合理。厕所的设施设备至少达到度假别墅水平，卫生状况良好。

6.8.2.3　度假区应有与接待能力相匹配的垃圾污物清扫服务与处理系统。垃圾箱满足需要，分布合理，具有特色。

6.8.2.4　食品卫生符合国家有关规定，餐具、餐食符合卫生、环保以及自然生物保护等项法规。

6.8.3　公共服务设施

有为特定人群（老年人、儿童、残疾人等）提供的咨询服务，配备旅游工具、食品，提供其他相关特殊服务。

6.9　建立良好的社区管理体系

6.9.1　管理机构健全，管理人员配备合理，旅游质量、旅游安全、旅游统计等各项管理制度完备、有效。

6.9.2　与社区居民联系密切，在资源环境与开发保护方面沟通渠道畅通。从规划建设到开发经营，全面听取社区群众意见，定期宣传解释度假区发展的规划设想与行为规范，建立良好的社区发展环境。

6.9.3　信息网络通畅。建立与度假区规模相适应的网络联系渠道与宣传渠道，符合现代营销的要求。

附件 4.2　旅游区（点）质量等级的划分与评定（节选）

2003-02-24 发布；2003-05-01 实施

1. 范围

本标准规定了旅游区（点）质量等级划分的依据、条件及评定的基本要求。

本标准适用于接待海内外旅游者的各种类型的旅游区（点），包括以自然景观及人文景观为主的旅游区（点）。

2. 规范性引用文件

下列标准的条款通过本标准的引用而成为本标准的条款。凡是注日期的引用文件，其随后所有的修改单（不包括勘误的内容）或修订版均不适用于本标准，然而，鼓励根据本标准达成协议的各方研究可使用这些文件的最新版本。凡是不注日期的引用文件，其最新版本适用于本标准。

GB 3095－1996 环境空气质量标准

GB 3096－1993 城市区域环境噪声标准

GB3838 地表水环境质量标准

GB8978 污水综合排放标准

GB9664 文化娱乐场所卫生标准

GB9667 游泳场所卫生标准

GB/T 10001.1—2000 标志用公共信息图形符号第一部分：通用符号（GB/T 10001.1—2000,neq ISO7001:1990）

GB/T 15971—1995 导游服务质量

GB16153—1996 饭馆（餐厅）卫生标准

GB/T 16767—1997 游乐园（场）安全和服务质量

3. 术语和定义

本标准采用下列定义。

3.1 旅游区（点）（tourist attraction）

旅游区是以旅游及其相关活动为主要功能或主要功能之一的空间或地域。本标准中旅游区（点）是指具有参观游览、休闲度假、康乐健身等功能，具备相应旅游服务设施并提供相应旅游服务的独立管理区。该管理区应有统一的经营管理机构和明确的地域范围。包括风景区、文博院馆、寺庙观堂、旅游度假区、自然保护区、主题公园、森林公园、地质公园、游乐园、动物园、植物园及工业、农业、经贸、科教、军事、体育、文化艺术等各类旅游区（点）。

3.2 旅游资源（tourism resources）

自然界和人类社会凡能对旅游者产生吸引力，可以为旅游业开发利用，并可产生经济效益、社会效益和环境效益的各种事物和因素。

3.3 游客中心（tourist center）

旅游区（点）设立的为游客提供信息、咨询、游程安排、讲解、教育、休息等旅游设施和服务功能的专门场所。

4. 旅游区（点）质量等级及标志

4.1 旅游区（点）质量等级

旅游区（点）质量等级划分为五级，从高到低依次为 AAAAA、AAAA、AAA、AA、A 级旅游区（点）。

4.2 旅游区（点）质量等级标志

旅游区（点）质量等级的标志、标牌、证书由国家旅游行政主管部门统一规定。

5. 旅游区（点）质量等级划分条件

5.1 AAAAA 级旅游区（点）

5.1.1 旅游交通

a）可进入性好。交通设施完善，进出便捷。或具有一级公路或高等级航道、航线直达；或具有旅游专线交通工具。

b）有与景观环境相协调的专用停车场或船舶码头。且管理完善，布局合理，容量能充分满足游客接待量要求。场地平整坚实、绿化美观或水域畅通、清洁。标志规范、醒目、美观。

c）区内游览（参观）路线或航道布局合理、顺畅，与观赏内容联结度高，兴奋感强。路面特色突出，或航道水体清澈。

d）区内应使用清洁能源的交通工具。

5.1.2 游览

a）游客中心位置合理，规模适度，设施齐全，功能体现充分。咨询服务人员配备齐全，业务熟练，服务热情。

b）各种引导标识（包括导游全景图、导览图、标识牌、景物介绍牌等）造型特色突出，艺术感和文化气息浓厚，能烘托总体环境。标识牌和景物介绍牌设置合理。

c）公众信息资料（如研究论著、科普读物、综合画册、音像制品、导游图和导游材料等）特色突出，品种齐全，内容丰富，文字优美，制作精美，适时更新。

d）导游员（讲解员）持证上岗，人数及语种能满足游客需要。普通话达标率 100%。导游员（讲解员）均应具大专及以上文化程度，其中本科以上不少于 30%。

e）导游（讲解）词科学、准确、有文采。导游服务具有针对性，强调个性化，服务质量达到 GB/T 15971—1995 中“4.5.3”和“第 5 章”要求。

f）公共信息图形符号的设置合理，设计精美，特色突出，有艺术感和文化气息，符合 GB/T 10001.1—2000 的规定。

g）游客公共休息设施布局合理，数量充足，设计精美，特色突出，有艺术感和文化气息。

5.1.3 旅游安全

a）认真执行公安、交通、劳动、质量监督、旅游等有关部门制订和颁布的安全法规。建立完善的安全保卫制度，工作全面落实。

b）消防、防盗、救护等设备齐全、完好、有效。交通、机电、游览、娱乐等设备完好，运行正常，无安全隐患。游乐园达到 GB/T16767—1997 规定的安全和服务标准。危险地段标志明显，防护设施齐备、有效，特殊地段有专人看守。

c）建立紧急救援机制，设立医务室，并配备专职医务人员。设有突发事件处理预案，应急处理能力强，事故处理及时、妥当，档案记录准确、齐全。

5.1.4　卫生

a）环境整洁。无污水污物。无乱建、乱堆、乱放现象。建筑物及各种设施设备无剥落，无污垢。空气清新，无异味。

b）各类场所全部达到 GB9664 规定的卫生标准。餐饮场所达到 GB16153 规定的卫生标准；游泳场所达到 GB9667 规定的卫生标准。

c）公共厕所布局合理，数量能满足需要，标识醒目美观。建筑造型景观化。所有厕所具备水冲、盥洗、通风设备并保持完好或使用免水冲生态厕所。厕所设专人服务，洁具洁净、无污垢、无堵塞。室内整洁，有文化气息。

d）垃圾箱布局合理，标识明显，造型美观独特，与环境相协调。垃圾箱分类设置，垃圾清扫及时，日产日清。

e）食品卫生符合国家规定，餐饮服务配备消毒设施，禁止使用对环境造成污染的一次性餐具。

5.1.5　邮电服务

a）提供邮政及邮政纪念服务。

b）通信设施布局合理。出入口及游人集中场所设有公用电话，具备国际、国内直拨功能。

c）公用电话亭与环境相协调，标志美观醒目。

d）通信方便，线路畅通，服务亲切，收费合理。

e）能接收手提电话信号。

5.1.6　旅游购物

a）购物场所布局合理，建筑造型、色彩、材质有特色，与环境协调。

b）对购物场所进行集中管理，环境整洁，秩序良好，无围追兜售、强买强卖现象。

c）对商品从业人员有统一管理措施和手段。

d）旅游商品种类丰富，本地区及本旅游区特色突出。

5.1.7　经营管理

a）管理体制健全，经营机制有效。

b）旅游质量、旅游安全、旅游统计等各项经营管理制度健全有效，贯彻措施得力，定期监督检查，有完整的书面记录和总结。

c）管理人员配备合理，中高级以上管理人员均具备大学以上文化程度。

d）具有独特的产品形象、良好的质量形象、鲜明的视觉形象和文明的员工形象；确立自身的品牌标志，并全面、恰当地使用。

e）有正式批准的旅游总体规划。开发建设项目符合规划要求。

f）培训机构、制度明确，人员、经费落实。业务培训全面，效果良好。上岗人员培训合格率达100%。

g）投诉制度健全，人员落实、设备专用。投诉处理及时、妥善，档案记录完整。

h）为特定人群（老年人、儿童、残疾人等）配备旅游工具、用品，提供特殊服务。

5.1.8　资源和环境的保护

a）空气质量达 GB 3095—1996 一级标准。

b）噪声质量达到 GB 3096—1993 一类标准。

c）地面水环境质量达到GB 3838 的规定。

d）污水排放达到GB8978 的规定。

e）自然景观和文物古迹保护手段科学，措施先进，能有效预防自然和人为破坏，保持自然景观和文物古迹的真实性和完整性。

f）科学管理游客容量。

g）建筑布局合理，建筑物体量、高度、色彩、造型与景观相协调；出入口主体建筑格调突出，并烘托景观及环境。周边建筑物与景观格调协调，或具有一定的缓冲区域。

h）环境氛围优良。绿化覆盖率高，植物与景观配置得当，景观与环境美化措施多样，效果好。

i）区内各项设施设备符合国家关于环境保护的要求，不造成环境污染和其他公害，不破坏旅游资源和游览气氛。

5.1.9　旅游资源吸引力

a）观赏游憩价值极高。

b）同时具有极高历史价值、文化价值、科学价值，或其中一类价值具世界意义。

c）有大量珍贵物种，或景观异常奇特，或有世界级资源实体。

d）资源实体体量巨大，或资源类型多，或资源实体疏密度极优。

e）资源实体完整无缺，保持原来形态与结构。

5.1.10　市场吸引力

a）世界知名；

b）美誉度极高；

c）市场辐射力很强；

d）主题鲜明，特色突出，独创性强。

5.1.11 年接待海内外旅游者 60 万人次以上，其中海外旅游者 5 万人次以上。

5.1.12 游客抽样调查满意率很高。

5.2 AAAA 级旅游区（点）

5.3 AAA 级旅游区（点）

5.4 AA 级旅游区（点）

5.5 A 级旅游区（点）

（AAAA 级～A 级内容与项目基本相同，只是指标相应降低，故略）

6. 旅游区（点）质量等级的划分依据与方法

6.1 旅游区（点）质量等级的划分依据

根据旅游区（点）质量等级划分条件确定旅游区（点）质量等级，按照《服务质量与环境质量评分细则》、《景观质量评分细则》的评价得分，并结合《游客意见评分细则》的得分综合进行。

6.2 旅游区（点）质量等级的划分方法

对于初步评定的 AAAAA、AAAA、AAA 级旅游区（点）采取分级公示、征求社会意见的方法。

相关网站

中国旅游网（http://www.cnta.com）

大兴旅游网（http://www.dxu.com.cn/）

门头沟旅游网（http://www.mtgtours.com/）

石景山旅游网（http://www.ctrchina.com/index_.htm）

房山旅游网（http://www.fshtour.com.cn/）

怀柔旅游网（http://www.hrly.com.cn/）

密云旅游网（http://www.mylvyou.com.cn/）

平谷旅游网（http://www.pgly.gov.cn/）

崇文旅游网（http://www.cwwhw.gov.cn/）

朝阳旅游网（http://www.bjtravel.gov.cn/）

延庆旅游网（http://www.yqtour.gov.cn/qiantai/index.asp）

昌平旅游网（http://www.chply.com/）

顺义旅游网（http://www.bjsyly.gov.cn/）

开封旅游网（http://www.kfta.cn/）

鲁山旅游网（http://www.lsta.com.cn/）

内乡县旅游网（http://www.nxta.cn/）

少林寺武术馆旅游网（http://wushuguan.hnta.cn/）

黄河小浪底旅游网（http://www.xiaolangdi.cn/）

洛阳旅游网（http://www.lyta.com.cn）

栾川县旅游网（http://www.lclvyou.com/）

承德旅游网（http://www.cncdt.com）

秦皇岛旅游网（http://www.qhdta.gov.cn）

天水旅游网（http://www.tianshuitravel.com/）

兰州旅游网（http://www.huanghetour.com/）

嘉峪关旅游网（http://www.jyg.com.cn/）

金昌旅游网（http://www.gsjcta.com/）

酒泉旅游网（http://www.jqta.com/）

张掖旅游网（http://www.jzytour.com/）

武威旅游网（http://www.wuweita.com/）

陇南旅游网（http://www.lntour.cn/）

平凉旅游网（http://www.pingliangtour.com/）

临夏旅游网（http://www.linxiatravel.com/）

甘南旅游网（http://www.china-xiangbala.com/）

延安旅游网（http://www.yanantour.com.cn/）

汉中旅游网（http://www.hztour.com/）

杨凌旅游网（http://www.yanglingtour.com/）

商洛旅游网（http://www.sltourism.com/）

西安市旅游网（http://www.xian-tourism.com）

宝鸡旅游网（http://www.baojitravel.gov.cn）

赤峰旅游网（http://www.cfly.net/）

包头旅游网（http://www.btta.com.cn/index.asp）

呼伦贝尔旅游网（http://www.hulunbeiertour.com/）

阿拉善旅游网（http://www.alsly.com.cn/index1.html）

锡林郭勒盟（http://www.zgcyly.com/xlgl/xlgl.asp）

兴安盟旅游网（http://www.xaly.gov.cn/）

呼和浩特旅游网（http://www.nmhhtaw.com/）

通辽旅游网（http://www.tlly.net/）

满州里旅游网（http://www.mzltour.com/Page/Main.asp）

霍林郭勒市（http://www.hlhly.com/）
龙岩旅游网（http://www.fjlyta.com/index.asp）
福州旅游信息网（http://www.fzta.gov.cn/）
长乐旅游网（http://www.cltour.com/）
厦门旅游局（http://www.visitxiamen.com/）
漳州旅游网（http://www.zzta.com/）
泉州旅游信息网（http://www.qztour.com/）
莆田旅游网（http://www.ptta.com.cn/）
三明旅游网（http://www.smta.com.cn/）
武夷山旅游网（http://www.wuyitravel.com）
长春旅游网（http://www.ccta.gov.cn）
吉林市旅游网（http://www.gojl.com.cn）
延边旅游网（http://www.cybta.com/）
通化旅游网（http://www.gototonghua.com/）
资兴旅游信息网（http://www.zxly.gov.cn）
丹东旅游网（http://www.ddlyw.com/）
沈阳旅游网（http://www.sytour.gov.cn/）
抚顺旅游网（http://www.fstour.gov.cn/）
本溪旅游网（http://bxtourism.com/）
辽阳旅游网（http://www.liaoyang-tour.com/）
鞍山旅游网（http://www.anshan-tour.cn/）
盘锦旅游网（http://www.pjtour.gov.cn/）
营口市旅游网（http://tour.yingkou.net.cn/）
铁岭旅游网（http://www.tlly.gov.cn/）
朝阳旅游网（http://www.cyly.gov.cn/）
葫芦岛旅游网（http://www.hldtour.gov.cn/）
大连旅游网（http://www.dltour.gov.cn）
锦州旅游信息网（http://www.jztour.net）
山东省旅游政务网（http://www.sdta.gov.cn）
济南市旅游政务网（http://www.jnta.gov.cn）
青岛市旅游政务网（http://www.qdta.gov.cn）
烟台市旅游政务网（http://www.ytta.gov.cn）
威海市旅游政务网（http://www.whta.gov.cn）
临沂市旅游政务网（http://www.lyta.gov.cn）

枣庄市旅游政务网（http://www.zzta.gov.cn）
淄博市旅游政务网（http://www.zbta.gov.cn）
日照市旅游政务网（http://www.rzta.gov.cn）
菏泽市旅游政务网（http://www.hzta.gov.cn）
莱芜市旅游政务网（http://www.lwta.gov.cn）
德州市旅游政务网（http://www.dzta.gov.cn）
聊城市旅游政务网（http://www.lcta.gov.cn）
东营市旅游政务网（http://www.dyta.gov.cn）
济宁市旅游政务网（http://www.jita.gov.cn）
泰安市旅游政务网（http://www.tata.gov.cn）
潍坊市旅游政务网（http://www.wfta.gov.cn）
滨州市旅游政务网（http://www.bzta.gov.cn）
长岛旅游网（http://www.sdcd.gov.cn）
乳山旅游网（http://www.rushan.gov.cn）
荣成旅游政务网（http://www.rcta.cn）
沂水旅游信息网（http://www.yishuilvyou.com）
青州旅游网（http://www.qzly.gov.cn）
曲阜旅游网（http://www.qfta.gov.cn）
蒙阴旅游网（http://myly.gov.cn）
即墨旅游网（http://www.jmta.com.cn）
胶南旅游网（http://www.jiaonanta.cn）
海阳旅游网（http://www.hy-tour.com）
巴东旅游网（http://www.bdta.cn/）
恩施旅游网（http://www.enshily.com/）
荆州旅游网（http://www.jzly.com/）
武汉旅游网（http://www.wuhantour.gov.cn）
我爱旅游·三峡网（http://www.52tour.com）
合肥旅游网（http://www.hfly.gov.cn/）
亳州旅游网（http://www.bzly.gov.cn/）
淮北旅游网（http://www.hblyj.gov.cn/）
阜阳旅游网（http://www.fylyw.com/）
蚌埠旅游网（http://www.bblyj.gov.cn/）
淮南旅游网（http://tour.huainan.gov.cn/）
芜湖旅游网（http://www.whls.gov.cn/）

马鞍山旅游网（http://www.maslyw.com/）
安庆旅游网（http://www.aqtour.com/aq/）
池州旅游网（http://www.chztour.gov.cn/）
宣城旅游网（http://www.xctour.com/）
黄山旅游网（http://www.hsta.gov.cn/）
宿州旅游网（http://www.ahsz.gov.cn/）
滁州旅游网（http://www.czta.org.cn/）
六安旅游网（http://www.luan.gov.cn/tourist/）
巢湖旅游网（http://www.chaohuly.gov.cn/）
铜陵旅游网（http://www.tlly.com/）
南京旅游网（http://www.nju.gov.cn/）
苏州旅游网（http://www.sztravel.gov.cn/）
无锡旅游网（http://www.wuxitour.com/）
常州旅游网（http://www.cztour.com/）
镇江旅游网（http://www.zjtrip.cn/）
扬州旅游网（http://www.yzlyw.gov.cn/）
南通旅游网（http://www.ntlyw.com/）
连云港旅游网（http://www.lygtravel.com/）
徐州旅游网（http://www.xzta.com/）
淮安旅游网（http://www.ha-tour.com/）
盐城旅游网（http://www.cnycta.com/）
泰州旅游网（http://www.tztour.cn/）
周庄旅游网（http://www.zhouzhuang.net）
南昌旅游网（http://nctour.nc.gov.cn/）
九江旅游网（http://www.jjtour.jx.cn）
上饶旅游网（http://www.jxsrly.com/）
新余旅游网（http://www.jxxyly.com）
抚州旅游网（http://www.jxfz.gov.cn）
宜春旅游网（http://www.yctravel.com）
赣州旅游网（http://www.gzlyw.com.cn）
萍乡旅游网（http://www.pxlyw.com）
景德镇旅游网（http://travel.jdzol.com）
吉安旅游网（http://www.dajinggang.com）
鹰潭旅游网（http://www.touryt.com）

佳木斯旅游网（http://ly.jms.gov.cn/）
伊春旅游网（http://www.yclyw.cn/）
黑河旅游网（http://www.hhlyw.com/）
成都旅游网（http://www.cdta.gov.cn/）
自贡旅游网（http://www.zgta.gov.cn/）
攀枝花旅游网（http://www.pzhsta.gov.cn/）
泸州旅游网（http://www.lzsta.gov.cn/）
德阳旅游网（http://www.dysta.gov.cn/）
绵阳旅游网（http://www.mysta.gov.cn/）
广元旅游网（http://www.gysta.gov.cn/）
遂宁旅游网（http://www.snta.gov.cn/）
内江旅游网（http://www.njta.gov.cn/）
乐山旅游网（http://www.lssta.gov.cn/）
南充旅游网（http://www.ncta.gov.cn/）
宜宾旅游网（http://www.ybta.gov.cn/）
广安旅游网（http://www.gata.gov.cn/）
达州旅游网（http://www.dzsta.gov.cn/）
巴中旅游网（http://www.bzsta.gov.cn/）
雅安旅游网（http://www.yata.gov.cn/）
眉山旅游网（http://www.msta.gov.cn/）
资阳旅游网（http://www.zyta.gov.cn/）
阿坝州旅游网（http://www.abzta.gov.cn/）
甘孜州旅游网（http://www.gzzta.gov.cn/）
凉山州旅游网（http://www.lszta.gov.cn/）
阆中旅游网（http://www.lzta.gov.cn）
彭州旅游网（http://tour.scpz.cn）
西双版纳旅游网（http://www.xsbnly.com/）
昆明旅游网（http://www.kmta.gov.cn）
石林旅游网（http://www.chinastoneforest.com/）
石屏旅游网（http://www.sptour.gov.cn）
嘉兴旅游网（http://www.jxtourism.com/）
武义旅游网（http://www.wytour.com）
宁波旅游网（http://www.nbtravel.gov.cn）
中山旅游网（http://www.zhongshantour.com.cn/）

深圳旅游网（http://www.shenzhentour.com/）

广州旅游网（http://www.gztravel.com）

广东旅研（http://www.tourism-research.com）

三亚旅游网（http://www.sanyatour.com）

香港旅游网（http://www.discoverhongkong.com）

澳门旅游网（http://www.macautourism.gov.mo）

5

度假区政府管理

学习目的

通过本章学习，了解度假区政府管理的技术手段；掌握信息收集方法；调查问卷的设计、分析及应用；项目管理系统的结构与应用。

主要内容

■ 度假区信息收集

包括基础信息、区位信息、市场条件、环境条件、接待设施、餐饮设施、文化娱乐设施、度假区交通条件、基础设施及其服务情况。

■ 度假区项目管理系统应用

提供一个真实的政府旅游管理部分门工作系统，内容包括六大模块。

■ 度假区市场调查

提供了两个度假市场调查问卷案例。

5.1 度假区信息收集

要使管理科学、有效，首先要对所辖区域的各度假区有详细的了解，建立完善的工作档案。度假区涉及的内容很多，必须进行分类统计汇总。这里分为基础信息、区位条件、市场条件、环境条件、规划条件、各类设施、度假区内部条件等 13 大类，分别设计了调查表格（表 5.1～表 5.13）。

表 5.1 基础信息

项 目	内 容	备 注
度假区名称		
资源类型（包括海洋、内湖、山地、森林、温泉、草原、乡村等）		
地理位置		
度假区级别（国家级、省级等）及评定年度		
景区级别（A 级等）及评定年度		
总占地面积（km^2）		
总建筑面积（$\times 10^5 m^2$）		
联系人		
联系电话		
传真		

表 5.2 区位条件

项 目	内 容	备 注
最近的交通枢纽城市		
该城市每日到达的飞机班次（班）		
度假区距该机场的机动车车程（小时）		
度假区与机场间有何种直接联系（如轨道、高速路、快速路、国道、省道、县道、无直接联系）		
该城市每日到达的轮船班次（班）		如有港口
度假区距该港口的机动车车程（小时）		
该城市每日到达的列车班次（班）		
度假区距该火车站的机动车车程（小时）		
该城市连接的高速公路数量（条）		
度假区距最近高速公路的机动车车程（小时）		
该城市与度假区间有何种直接联系（如轨道、高速路、快速路、国道、省道、县道）		
该城市与度假地间有何种旅游专线交通工具（如轨道、专线旅游车、公交车等）		

表 5.3 市场条件

项　目	内　容	备　注
××年过夜旅游者总数（万人）		
××年过夜外埠旅游者总数（万人）		
××年不过夜旅游者总数（万人）		
××年过夜旅游者的平均停留天数（天）		
××年接待境外游客总数（万人）		

表 5.4 环境条件

项　目	内　容	备　注
空气质量标准（依据 GB3095—1996 环境空气质量标准）		如未经评定请注明“未评定”，如依据其他标准评定请注明所依据标准名称
地表水水域环境质量标准（依据 GB3838—88 地表水环境质量标准）		
接待设施及周边噪声环境质量标准（依据 GB3096—1993 城市区域环境噪声标准）		
土壤质量标准（依据 GB15618—1995 土壤环境质量标准）		
有何种自然灾害的威胁		

表 5.5 规划条件

项　目	内　容	备　注
接待区建筑密度（总建筑基底面积/总用地面积）		接待区指集中建设的区域
接待区容积率（总建筑面积/总用地面积）		
接待区绿地率（总绿地面积/总用地面积）		

表 5.6 接待设施

项　目	内　容	备　注
所有接待设施的总床位数（千床）		
所有接待设施的总建筑面积（$\times10^5m^2$）		
5 星级接待设施的总床位数（千床）		
4 星级接待设施的总床位数（千床）		
3 星级接待设施的总床位数（千床）		
3 星级以下接待设施的总床位数（千床）		
家庭旅馆的总床位数（千床）		如无本项设施请注明“无”
非星级度假村的总床位数（千床）		
汽车旅馆的总床位数（千床）		
青年旅馆的总床位数（千床）		
单栋度假单元的总床位数（千床）		
有哪些其他类型接待设施（如托管公寓、自助宾馆、帐篷营地、拖车营地等）		
宾馆服务业××年收入（万元）		

表 5.7 餐饮设施

项　目	内　容	备　注
所有餐饮设施的总建筑面积（$\times10^5m^2$）		
其中附属于接待设施的餐饮设施总建筑面积（$\times10^5m^2$）		
国家一级以上餐饮设施总建筑面积(按 GB/T13391—2000）（$\times10^5m^2$）		
国家二级～四级餐饮设施总建筑面积（按 GB/T13391—2000）（$\times10^5m^2$）		
所包括的菜系种类数（菜系种类见注）		请在“注”相应位置画勾
有哪些地方特色餐饮项目		
餐饮服务业××年收入（万元）		

注：国内菜系——山东（鲁）、淮扬（扬）、四川（川）、广东（粤）、浙江（浙）、安徽（徽）、湖南（湘）、福建（闽）、北京（京）、上海（沪）、河南（豫）、陕西（陕或秦）。国际菜系——法国、意大利、印度、泰国、日本、阿拉伯（清真）、韩国、俄国。共计 20 项。

表 5.8 文化娱乐设施

项　目	内　容	备　注
文化娱乐设施的类型（类型参见注“设施类型”项）		请在“注”中相应项目上画勾
文化娱乐设施的种数（类型参见注“设施名称”项）		
文化娱乐服务业××年收入（万元）		

注：文化娱乐设施按如下 6 个类型，75 个种类：

1）歌舞类　包括夜总会、歌舞厅、卡拉 OK 厅、影剧场、音乐厅 5 种。

2）休闲类　包括健身洗浴设施、按摩设施、疗养设施 3 种。

3）游戏类　包括棋牌室、游艺机、电子游戏机、游乐园、博采类游戏类设施、军事游戏类设施、探险类游戏类设施、赛车类游戏类设施、儿童游戏室、益智类游戏室。

4）知识类　包括博物馆、展览馆、陈列室、阅览室、书店、影视中心、音像中心 7 种。

5）体育健身类　包括游泳设施、嬉水设施、儿童游泳及嬉水设施、船艇运动设施、垂钓设施、潜水运动设施、水球设施、滑水设施、跳水设施、漂流设施、高尔夫球设施、保龄球设施、网球设施、台球设施、垒球设施、乒乓球设施、篮球设施、足球设施、手球设施、羽毛球设施、棒球设施、排球（含沙滩排球）设施、壁球设施、门球设施、登山运动设施、攀岩设施、跑步设施、飞镖设施、骑马设施、射击设施、射箭设施、狩猎设施、溜冰设施、滑雪设施、雪地摩托设施、冰球设施、旱冰设施、雪橇游乐设施、冰帆运动设施、跳伞运动设施、滑翔运动设施、山地自行车设施、步行道设施（独立）43 种。

6）附属类　包括主题酒吧、氧吧、网吧、茶艺馆、咖啡屋、陶艺吧、其他工艺品制作设施等。

表 5.9 旅游购物设施

项　目	内　容	备　注
所有购物设施的总建筑面积（$\times10^5m^2$）		
其中接待设施附属的购物设施总建筑面积（$\times10^5m^2$）		
是否开发了特色旅游纪念品		
商业××年收入（万元）		
特色旅游纪念品销售占商业销售额的大致比例		

表 5.10　区内交通设施

项　目	内　容	备　注
正式停车场总停车位数（个）		
正式停车场总停车位在高峰期是否够用		
是否有专用的步行道系统		
是否有专用的自行车道系统		
是否有环保型区内交通系统		
无障碍设施涵盖的范围（如道路系统、接待设施、餐饮购物设施、文化娱乐设施等）		
标识解说设施涵盖的范围（如道路系统、接待设施、餐饮购物设施、文化娱乐设施等）		
截至××年底交通设施建设总投资（万元）		

表 5.11　基础设施

项　目	内　容	备　注
水电气等基础设施存在哪些问题（如高峰供应不足等）		
有否中水处理系统		
中水主要用途（如杂用水、景观环境用水、浇灌用水、采暖系统补水、地下水回灌等）		
移动通讯信号覆盖率		

表 5.12　其他服务设施及其服务条件

项　目	内　容	备　注
有否游客中心		
游客中心所提供的服务项目（如咨询服务、免费资料、导游、商务、婴儿托管、24 小时服务、医疗服务、安全救助、邮电业务、ATM 机等）		

表 5.13　管理条件

项　目	内　容	备　注
管理人员总数（人）		
其中具有大专及以上文化程度的中高级管理人员比例(%)		
职工人员总数（人）		
雇用工人总数（人）		
所有工作人员中，当地社区居民约占（%）		
××年利润总额（万元）		
××年旺季平均月收入（万元）		
××年淡季平均月收入（万元）		
××年游客投诉率		
是否有游客问卷调查机制		
××年各种安全事故的次数		
处理与当地社区关系时遇到的问题		

5.2 度假区项目管理系统应用

山东省旅游局旅游项目建设动态跟踪管理系统示例[1]

A 登录及退出系统

A.1 登录

通过浏览器打开系统首页，即登录页面，如图 5.1 所示。

图 5.1 登录页面

在“用户名”文本框中输入分配给您的账号。

在“密码”文本框中输入账号密码。

在“验证码”文本框中输入右边图示的 4 位数的验证码。

最后点击“登录”按钮，在用户名、密码、验证码正确的情况下系统会进行登录过程些时会出现“登录成功，正在进入系统……”的提示。

当出现类似图 5.2 的画面时，说明已成功登录到系统，并进入系统主界面。

1 此系统所有权属于山东省旅游局，未经许可不能使用。各省市系统不同。

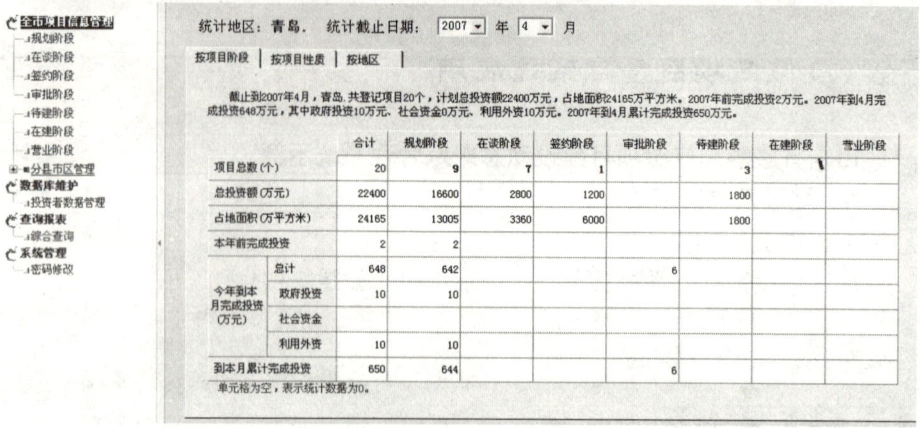

		合计	规划阶段	在谈阶段	签约阶段	审批阶段	待建阶段	在建阶段	营业阶段
项目总数（个）		20	9	7	1		3		
总投资额（万元）		22400	16600	2800	1200		1800		
占地面积（万平方米）		24165	13005	3360	6000		1800		
本年前完成投资		2	2						
今年到本月完成投资（万元）	总计	648	642			6			
	政府投资	10	10						
	社会资金								
	利用外资	10	10						
到本月累计完成投资		650	644			6			

图 5.2　系统主界面

主界面由三部分组成，分别是：顶部的工具栏区，左边的菜单区，右边的数据显示区。需要说明的是菜单区会根据不同用户有所区别，当登录后看到的菜单与图 5.2 所示不一致时属正常现象。

A.2 退出系统

操作完毕后，使用工具栏中的“退出系统”功能来退出登录，如图 5.3 所示。

刷新 -- 后退 -- 前进 -- 退出系统

图 5.3　退出系统

退出系统后会回来登录页面。

B　工具栏操作说明

登录后的工具栏类似图 5.4 所示。

图 5.4　工具栏

其中右上角是导航区，功能包括：刷新、后退、前进、退出系统。

刷新：会对当前整个页面进行更新操作，以保证浏览到最新的数据。

后退：将数据显示区的页面后退到上一屏。

前进：将数据显示区的页面前进到下一屏。

退出系统：关闭系统，回到登录页面。

工具栏最底下一行是账号信息，包括当前用户信息、类型、所在地及单位等信息。

“刷新主菜单”链接用来更新显示左侧的菜单区，以使菜单回到初始状态。

C　项目信息管理

C.1　七阶段项目信息

统计当前用户所在地区的所有项目信息，分别包括七个阶段的项目信息，分别是：规划阶段、在谈阶段、签约阶段、审批阶段、待建阶段、在建阶段、营业阶段。

在菜单区单击“全市项目信息管理”链接，在右侧的窗口中会出现全市项目的统计数据，如图 5.5 所示是青岛地区在 2007 年 3 月的统计数据。

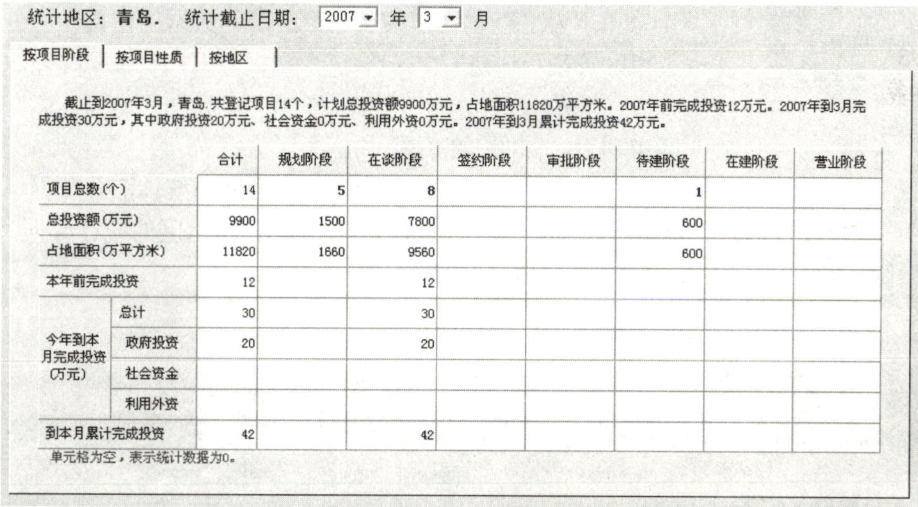

统计地区：青岛．　统计截止日期：2007 年 3 月

按项目阶段 | 按项目性质 | 按地区

截止到2007年3月，青岛.共登记项目14个，计划总投资额9900万元，占地面积11820万平方米。2007年前完成投资12万元。2007年到3月完成投资30万元，其中政府投资20万元、社会资金0万元、利用外资0万元。2007年到3月累计完成投资42万元。

		合计	规划阶段	在谈阶段	签约阶段	审批阶段	待建阶段	在建阶段	营业阶段
项目总数(个)		14	5	8			1		
总投资额(万元)		9900	1500	7800			600		
占地面积(万平方米)		11820	1660	9560			600		
本年前完成投资		12		12					
今年到本月完成投资(万元)	总计	30		30					
	政府投资	20		20					
	社会资金								
	利用外资								
到本月累计完成投资		42		42					

单元格为空，表示统计数据为0。

图 5.5　青岛地区 2007 年 3 月统计数据

如要查看各个阶段项目的明细，可以在列出的七个阶段中进行选择。在要查看的某个阶段的链接上单击。如图 5.6 中选择了“在谈阶段”。在右边的窗口中就会显示出“在谈阶段”的项目列表如图 5.7 所示。

图 5.6　选择各个阶段

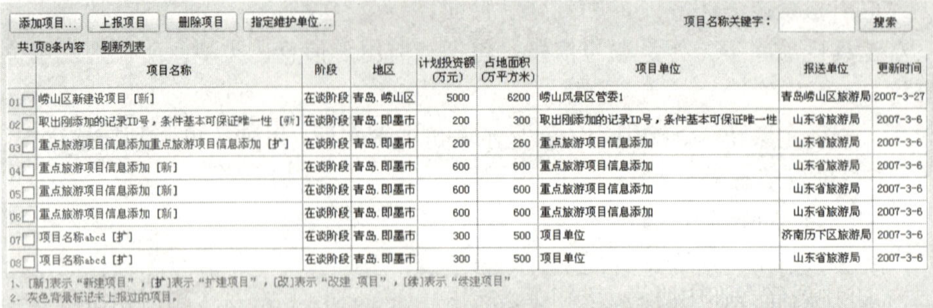

添加项目… 上报项目 删除项目 指定维护单位… 项目名称关键字： 搜索

共1页8条内容 刷新列表

	项目名称	阶段	地区	计划投资额（万元）	占地面积（万平方米）	项目单位	报送单位	更新时间
01	崂山区新建设项目［新］	在谈阶段	青岛.崂山区	5000	6200	崂山风景区管委1	青岛崂山区旅游局	2007-3-27
02	取出刚添加的记录ID号，条件基本可保证唯一性［新］	在谈阶段	青岛.即墨市	200	300	取出刚添加的记录ID号，条件基本可保证唯一性	山东省旅游局	2007-3-6
03	重点旅游项目信息添加重点旅游项目信息添加［扩］	在谈阶段	青岛.即墨市	200	260	重点旅游项目信息添加	山东省旅游局	2007-3-6
04	重点旅游项目信息添加［新］	在谈阶段	青岛.即墨市	600	600	重点旅游项目信息添加	山东省旅游局	2007-3-6
05	重点旅游项目信息添加［新］	在谈阶段	青岛.即墨市	600	600	重点旅游项目信息添加	山东省旅游局	2007-3-6
06	重点旅游项目信息添加［新］	在谈阶段	青岛.即墨市	600	600	重点旅游项目信息添加	山东省旅游局	2007-3-6
07	项目名称abcd［扩］	在谈阶段	青岛.即墨市	300	500	项目单位	济南历下区旅游局	2007-3-6
08	项目名称abcd［扩］	在谈阶段	青岛.即墨市	300	500	项目单位	山东省旅游局	2007-3-6

1、[新]表示“新建项目”，[扩]表示“扩建项目”，[改]表示“改建 项目”，[续]表示“续建项目”
2、灰色背景标记未上报过的项目。

图 5.7 “在谈阶段”列表

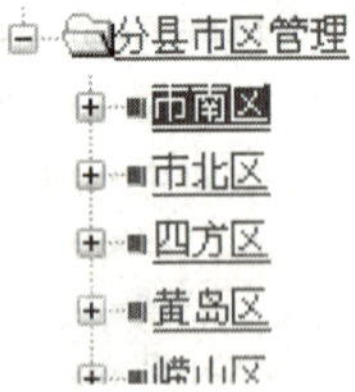

图 5.8 选择区市

C.2 项目信息分县市区管理

前面介绍的项目信息是当前地市及辖区所有区市的统计总和。为了查看具体某一区市的统计数据，需要在“分县市区管理”中进行。

在菜单区单击“分县市区管理”前面的⊞符号，展开区市列表，如图 5.8 所示。

当选择区市链接时，会显示出该区的统计汇总数据，图 5.8 中选择的是“市南区”，这样在右边窗口中会显示出市南区的统计数据，如图 5.9 所示。

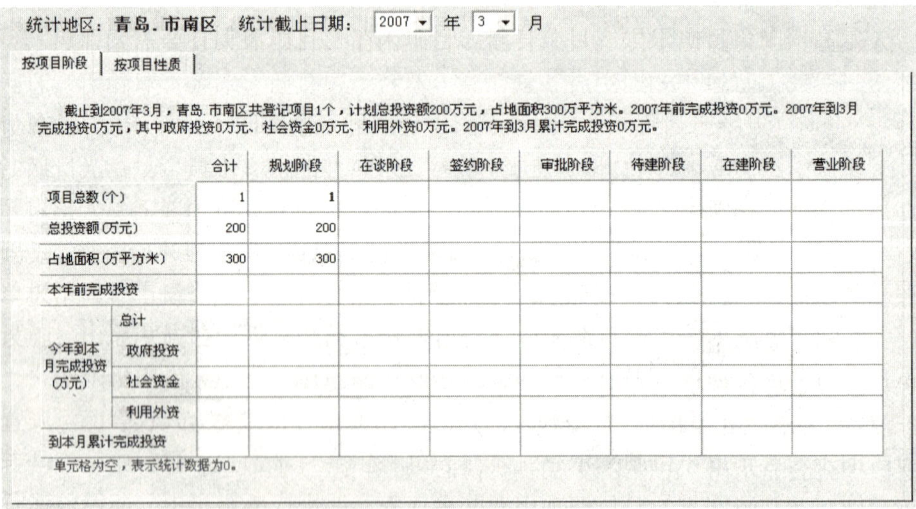

统计地区：青岛.市南区 统计截止日期： 2007 年 3 月

按项目阶段 | 按项目性质 |

截止到2007年3月，青岛.市南区共登记项目1个，计划总投资额200万元，占地面积300万平方米。2007年前完成投资0万元。2007年到3月完成投资0万元，其中政府投资0万元、社会资金0万元、利用外资0万元。2007年到3月累计完成投资0万元。

		合计	规划阶段	在谈阶段	签约阶段	审批阶段	待建阶段	在建阶段	营业阶段
项目总数（个）		1	1						
总投资额（万元）		200	200						
占地面积（万平方米）		300	300						
本年前完成投资									
今年到本月完成投资（万元）	总计								
	政府投资								
	社会资金								
	利用外资								
到本月累计完成投资									

单元格为空，表示统计数据为0。

图 5.9 市南区列表

同样地，要查看相应区市的项目明细，需要展开区市的下级阶段列表。如图 5.10 所示。选择查看的是“规划阶段”的项目列表。

C.3　查看项目

在项目列表中找到要变更阶段的项目，点击某一项目的名称可以打开项目浏览窗口。

在项目信息窗口中可以浏览到该项目的详细信息，同时可以对项目信息进行编辑修改（如图 5.11 和图 5.12）。

图 5.10　选择“规划阶段”

共1页2条内容　刷新列表

	项目名称	阶段	地区	计划投资额(万元)	占地面积(万平方米)	项目单位	报送单位	更新时间
01	重点旅游项目信息添加 [新]	待建阶段	青岛.即墨市	600	600	重点旅游项目信息添加	山东省旅游局	2007-3-6
02	重点旅游项目信息添加 [新]	待建阶段	青岛.即墨市	600	600	重点旅游项目信息添加	青岛即墨市旅游局	2007-3-6

图 5.11　编辑项目信息

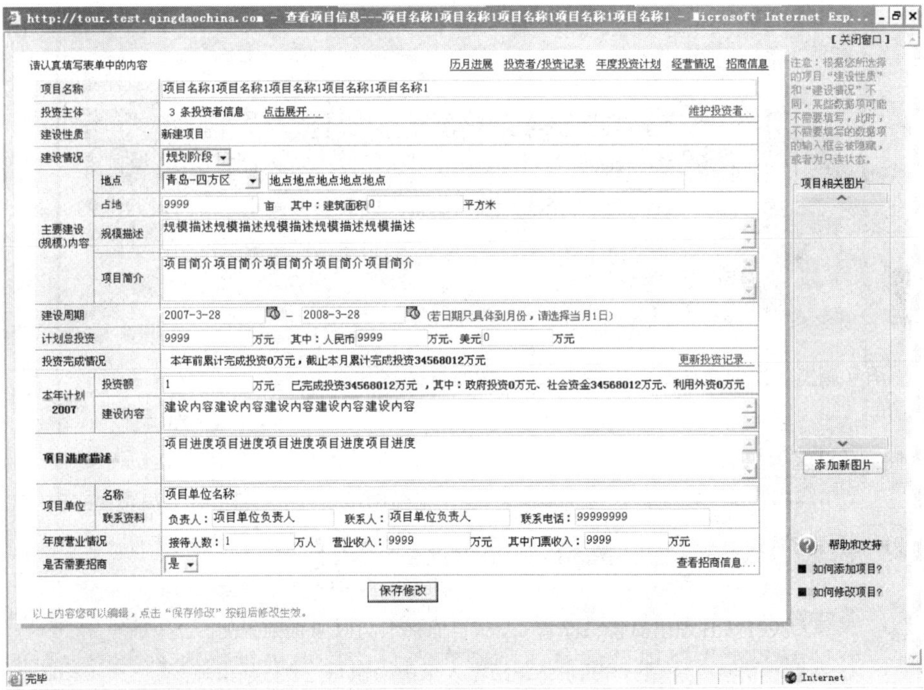

图 5.12　项目信息窗口

变更项目信息之后，即每次点击“保存修改”按钮进行保存操作时，系统在修改项目基本信息（即卡片上显示的信息）之外，还会更新项目相关的信息，这些项目相关的信息有：历月进展、投资者/投资记录、项目年度投资计划、经营情况、招商信息等（图 5.12）。

通过图示可以看出，在项目信息卡片（窗口）顶部的位置有几个蓝色的链接，另外在卡片中右侧部分也有几个链接分别是：维护投资者、更新投资记录和招商信息。前两个与蓝色部分的“投资者/投资记录”功能相同。

C.3.1 历月进展

在每次变更项目信息后，项目进度信息会同时更新。主要反应在项目所处的阶段、进展描述及投资情况上，如图 5.13 所示。

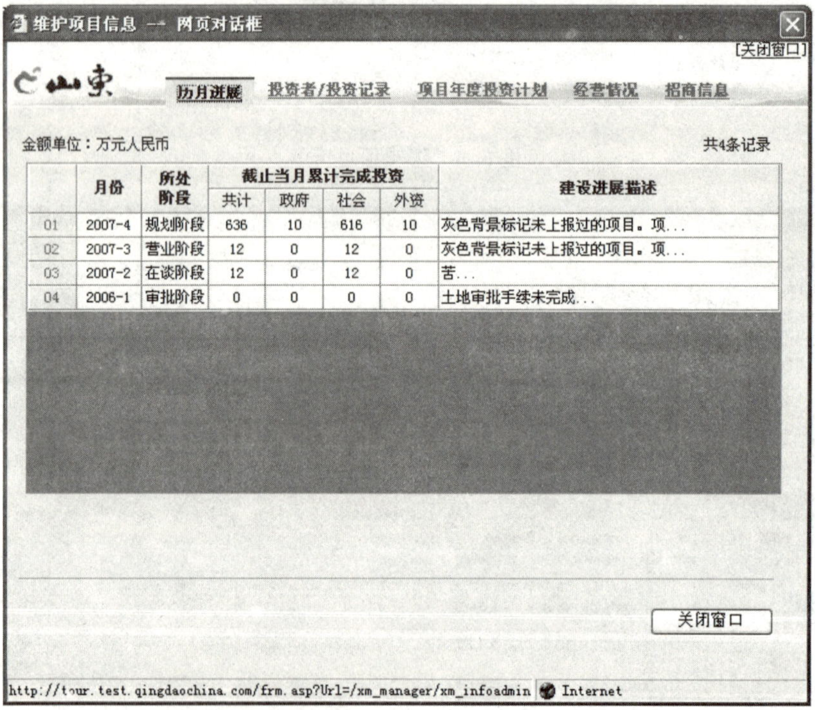

	月份	所处阶段	截止当月累计完成投资				建设进展描述
			共计	政府	社会	外资	
01	2007-4	规划阶段	636	10	616	10	灰色背景标记未上报过的项目。项...
02	2007-3	营业阶段	12	0	12	0	灰色背景标记未上报过的项目。项...
03	2007-2	在谈阶段	12	0	12	0	苦...
04	2006-1	审批阶段	0	0	0	0	土地审批手续未完成...

图 5.13 “历月进展”选项卡

需要注意的是这里的进展是“月”进展，每个月只会有一条进展数据，如一个月内多次修改项目信息，则都在当月信息上进行修改不会产生新的数据。

C.3.2 投资者/投资记录

“投资者/投资记录”中包括了查看当前项目的投资者及各投资者投资明细

情况。同时可以调整各投资者针对当前项目的投资计划。

在“项目投资者”中列出了当前项目所有的投资者及其投资情况。在“投资者”下拉列表中选择相应的投资者可以在“投资记录”中查看该投资者的投资详细情况（默认情况下显示所有投资者的投资记录）。投资者列表中列出的是当前项目报送单位的投资者数据库，并非本单位的投资者（图 5.14）。

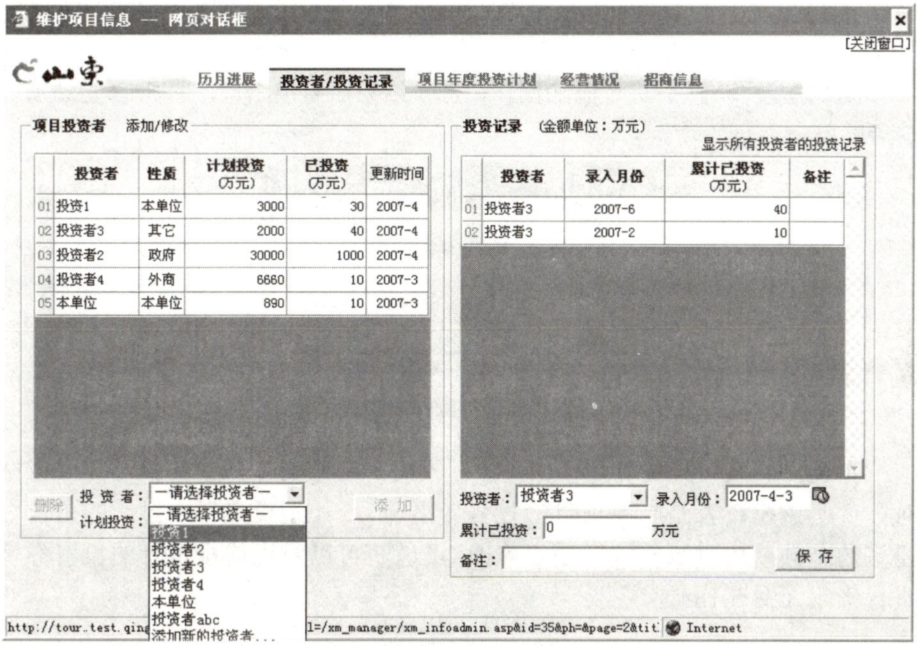

图 5.14 “投资者/投资记录”选项卡

C.3.2.1 维护投资者计划投资金额

在“投资者”列表中选择某一投资者后（未选择投资者相应的功能按钮不可用），当“计划投资”金额文本框中值为 0 时，说明该投资者并未对当前项目进行过投资，可以添加对当前项目的投资，如图 5.15 所示。

图 5.15 添加对当前项目的投资

填入金额后选择“添加”按钮后将会给出如图 5.16 所示的提示。

图 5.16　确认添加信息

按“确定”按钮后进行添加操作，操作结束后给出结果，图 5.17 是添加成功后的提示。

图 5.17　添加操作成功提示

在选择了某一投资者后，如“计划投资”金额文本框中的值不为 0 或空时，说明该投资者是当前项目的投资者之一，“计划投资”中显示的是计划投资的金额。这时操作按钮是“修改”，说明可以对当前投资者的投资额度进行修改（图 5.18）。

图 5.18　投资额修改

修改计划投资金额后，选择“修改”按钮，这时系统会出现如图 5.19 的提示。

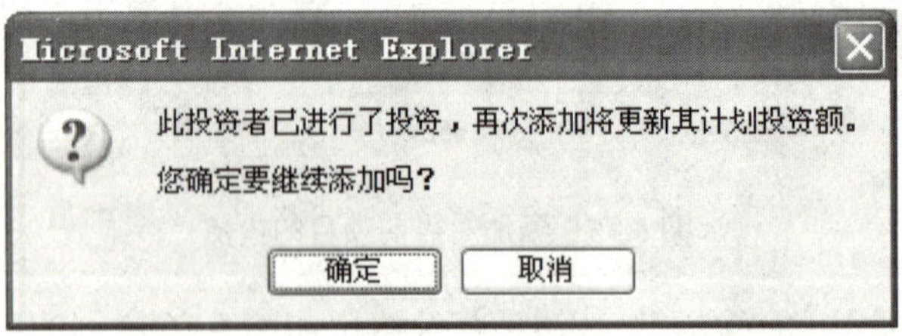

图 5.19　确认修改信息

如果确认修改请选择"确定"，操作成功后出现如图 5.20 的提示。

图 5.20　修改操作成功提示

C.3.2.2　删除投资者计划投资金额

要删除某一投资者的计划投资金额，首先需要选择该投资者（未选择投资者时"删除"按钮不可用，参见图 5.21（a））。

（a）未选择投资者的情况

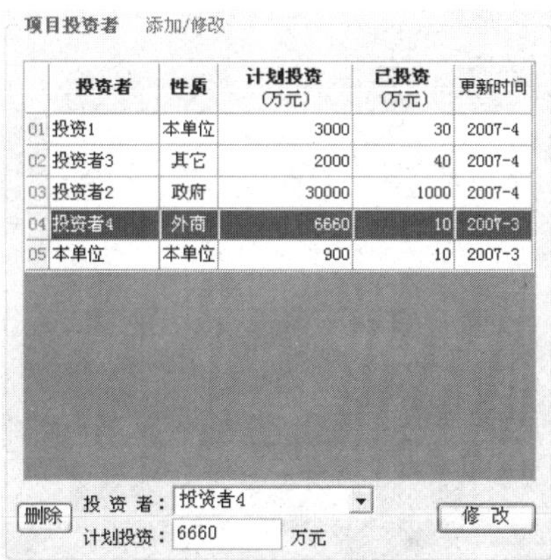

（b）选择了投资者的情况

图 5.21　选择投资者

选择某一投资者后，选择"删除"按钮，系统会出现删除确定提示（图 5.22）。

图 5.22　删除确定提示

操作成功后会现操作结果（图 5.23）。

图 5.23 删除操作成功提示

C.3.2.3 维护投资记录

1）查看投资记录

在项目投资者列表中选择相应的投资者后，右边的投资记录列表会随之变化列出选中的投资者的投资明细。图 5.24 展示的是：选择了名为“投资 1”的投资者后，在右边列表中列出该投资者在不同时期的投资明细记录。

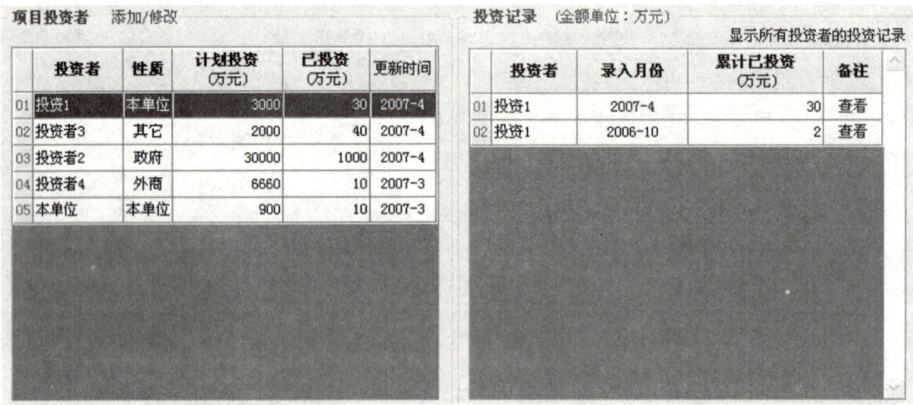

图 5.24 “投资 1”的明细记录打开

2）添加投资明细

在投资记录中列表下方，是投资明细添加区域。在“投资者”列表中选择要追加投资的投资者，并填入“录入月份”（默认是当时日期）和“累计已投资”金额（截至目前为止总共投资额），“备注”是可选参数。最后选择“保存”按钮（图 5.25）。

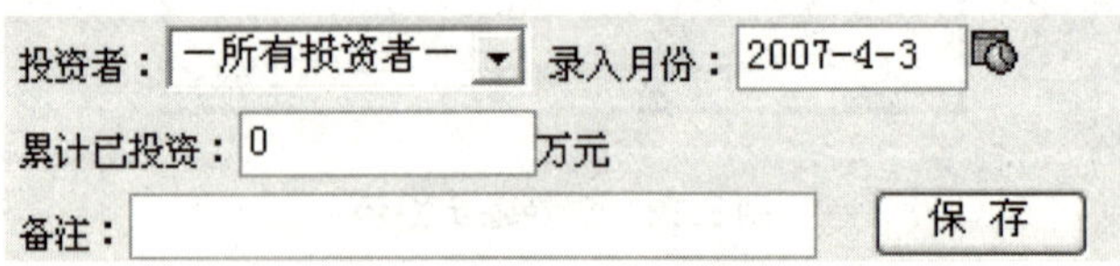

图 5.25 添加投资明细

这里需要注意的是“累计已投资”是指到目前为止投资额的总和，而并非只是当期追加的金额。投资明细是按月统计，如一个月内多次添加投资记录则只保留最后一次。

C.3.3 项目年度投资计划

在“项目年度投资计划”选项卡中列举了当前项目每年投资明细（图 5.26）。

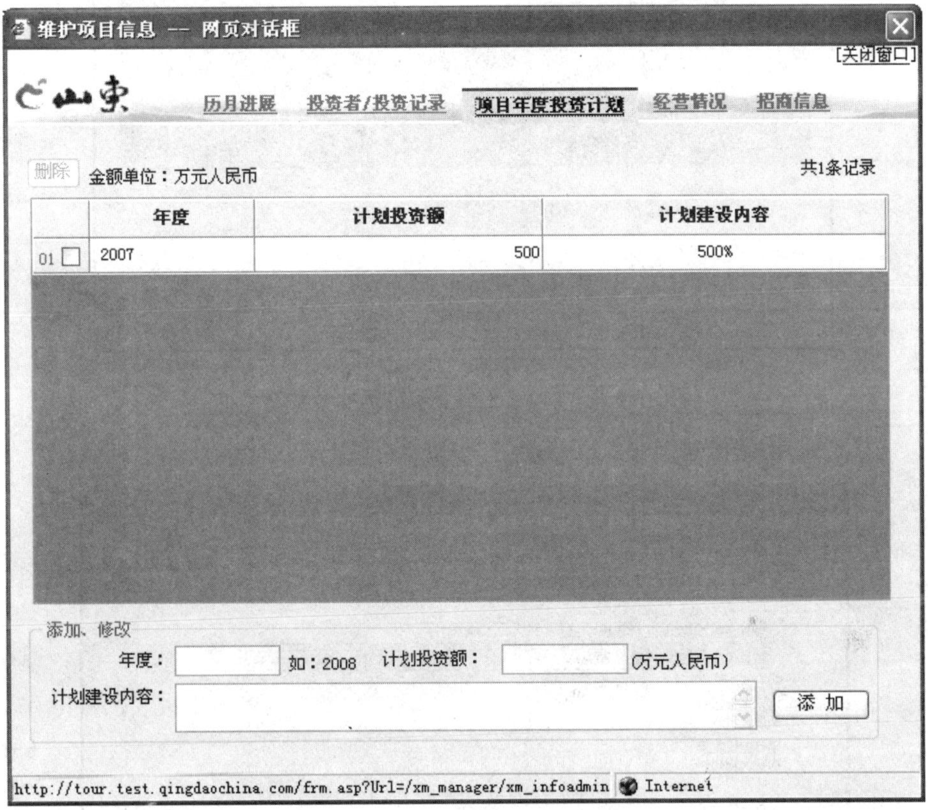

图 5.26 “项目年度投资计划”选项卡

在窗口底部还提供了编辑区域，可以添加维护年度投资信息。选择其中相应条目前的复选框可以对其进行删除。

C.3.4 经营情况

在“经营情况”的列表中显示了经营情况的明细列表（图 5.27）。

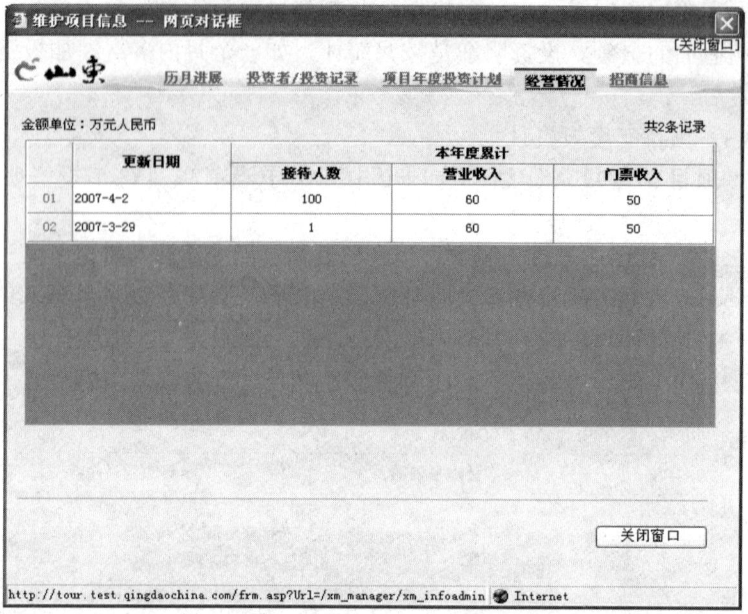

图 5.27 “经营情况”选项卡

C.3.5 招商信息

图 5.28 “招商信息”选项卡

该窗口可以对招商信息情况进行维护（图 5.28）。

C.4 添加项目

C.4.1 填写项目基本资料

进入某一阶段的项目列表，选择“添加项目…”按钮，可进行项目添加。

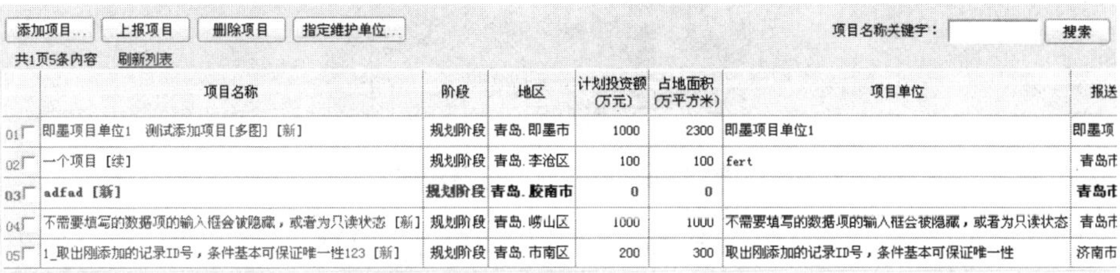

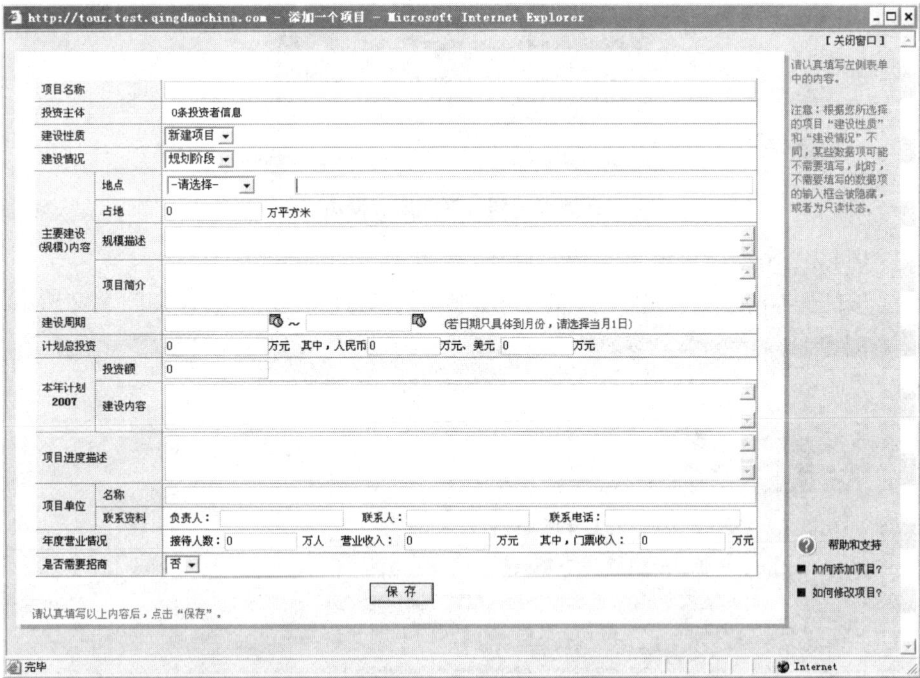

图 5.29 “添加一个项目”窗口

在弹出的添加项目界面（图 5.29）中列出了所有与项目有关的数据项，包括：项目名称，投资主体，建设性质，建设情况，主要建设地点、占地、规模描述、项目简介，建设周期，计划总投资，本年计划，项目进度描述，项目单位，年度营业情况，是否需要招商等数据项。

如果“建设性质”选择的是“续建项目”，则不需要填写“年度营业情况”，这时年度营业情况的表格将会隐藏。

填写项目必要的数据项，最后点击“保存”按钮，系统会给出如图 5.30 所示提示来确认您的操作。

图 5.30　更新项目信息提示

如确认填写的内容无误点击“确定”按钮即可进行保存，否则点“取消”按钮。确定后系统会进行保存操作，当出现如图 5.31 所示的提示时，说明保存操作已成功。

图 5.31　保存操作成功提示

C.4.2　完善项目信息

项目基本信息填写完后，页面会自动刷新到项目信息编辑模式，如图 5.32 所示。

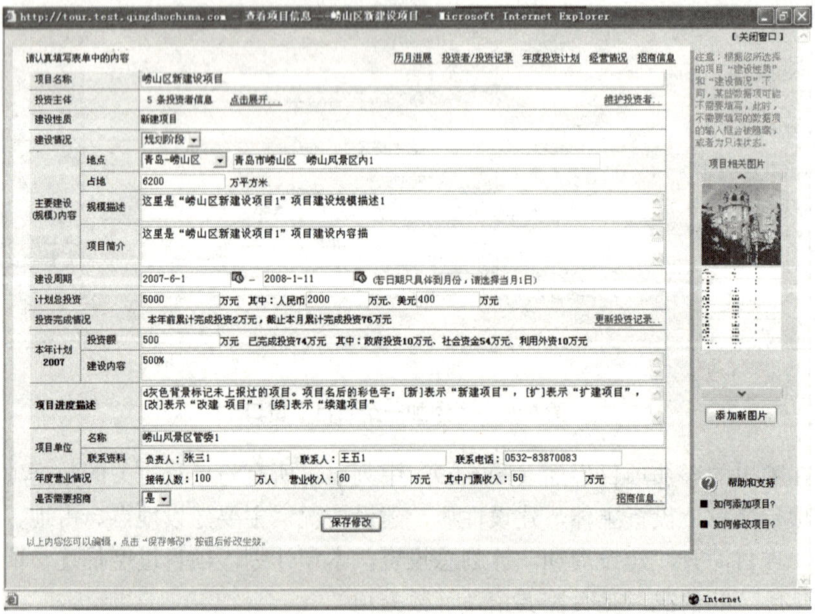

图 5.32　项目信息编辑模式

其中增加了若干在添加项目时没有的项，用来补充项目信息，包括：历月进度、投资者/投资记录、项目年度投资计划、经营情况、招商情况。操作方式请参照“C.3 查看项目”。

C.4.3 变更项目阶段

在项目信息中，可以通过修改“建设情况”数据项对项目阶段进行变更，如图 5.33 所示。

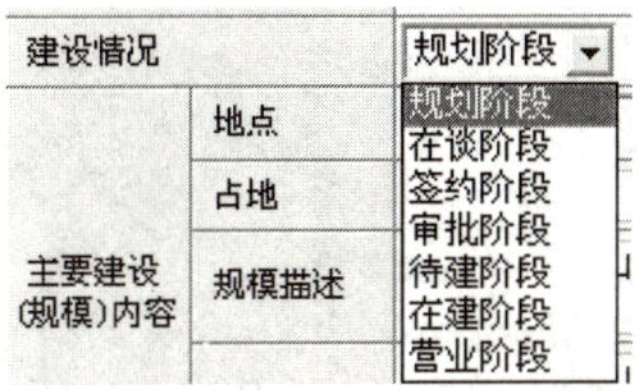

图 5.33 选择项目阶段

C.4.4 上传项目图片

每个项目都可以添加对应于项目的图片。这个功能可以在查看项目页面中的“项目相关图片”区域中完成，如图 5.34 所示。

图 5.34 展示了项目图片功能区域。两个箭头中间的部分是图片展示区，箭头的作用是使图片上下滚动。

要添加新图片时，选择“添加新图片”按钮。选择“添加新图片”按钮后，图片区域会变成如图 5.35 所示的样子。

图 5.34 添加新图片

图 5.35 预览添加新图片

选择“浏览”按钮选择要添加的图片文件，同时可以添加图片的描述。如选择了非图片文件，则会提示出错。

最后选择“上传图片”按钮，来完成图片上传操作，提示上传成功后即可浏览到刚刚传上去的图片了。

如要取消上传，可以选择“返回”按钮返回到浏览模式。

要删除已上传的图片，只需要点击图片打开图片浏览窗口，然后选择左上角的“删除图片”即可（图 5.36）。

图 5.36　删除图片操作

C.5　上报项目

本单位添加的项目只有通过“上报”功能提交后，上级部门才能查看。

在项目列表中选择要上报的项目（图 5.37）。

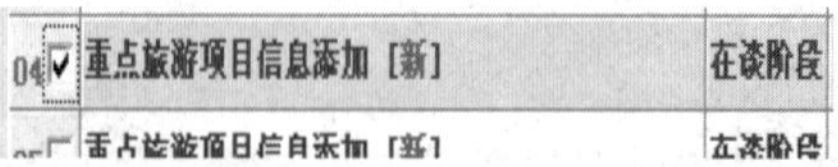

图 5.37　选择上报项目

然后点击“上报项目”按钮进行上报（图 5.38）。

（a）上报项目操作

（b）上报项目提示信息

（c）上报项目操作成功

图 5.38　上报项目

C.6　删除项目

要删除项目，需要在项目明细列表中进行操作，如图 5.39 所示。

添加项目… 上报项目 删除项目 指定维护单位…　　项目名称关键字：　搜索

共1页8条内容　刷新列表

	项目名称	阶段	地区	计划投资额(万元)	占地面积(万平方米)	项目单位	报送单位	更新时间
01	崂山区新建设项目［新］	在谈阶段	青岛.崂山区	5000	6200	崂山风景区管委1	青岛崂山区旅游局	2007-3-27
02	取出刚添加的记录ID号，条件基本可保证唯一性［新］	在谈阶段	青岛.即墨市	200	300	取出刚添加的记录ID号，条件基本可保证唯一性	山东省旅游局	2007-3-6
03	重点旅游项目信息添加重点旅游项目信息添加［扩］	在谈阶段	青岛.即墨市	200	260	重点旅游项目信息添加	山东省旅游局	2007-3-6
04	重点旅游项目信息添加［新］	在谈阶段	青岛.即墨市	600	600	重点旅游项目信息添加	山东省旅游局	2007-3-6
05	**重点旅游项目信息添加［新］**	**在谈阶段**	**青岛.即墨市**	**600**	**600**	**重点旅游项目信息添加**	**山东省旅游局**	**2007-3-6**
06	重点旅游项目信息添加［新］	在谈阶段	青岛.即墨市	600	600	重点旅游项目信息添加	山东省旅游局	2007-3-6
07	项目名称abcd［扩］	在谈阶段	青岛.即墨市	300	500	项目单位	济南历下区旅游局	2007-3-6
08	**项目名称abcd［扩］**	**在谈阶段**	**青岛.即墨市**	**300**	**500**	**项目单位**	**山东省旅游局**	**2007-3-6**

图 5.39　项目明细列表

在每个项目名称的左边（编号位置）都有一个复选框，勾选相应项目前的复选框表示选中该项目，系统允许一次选择一个或多个项目，如图 5.40 所示。

图 5.40　选择删除项目

选取决定要删除的项目后，选择“删除项目”按钮进行删除，如图 5.41 所示。

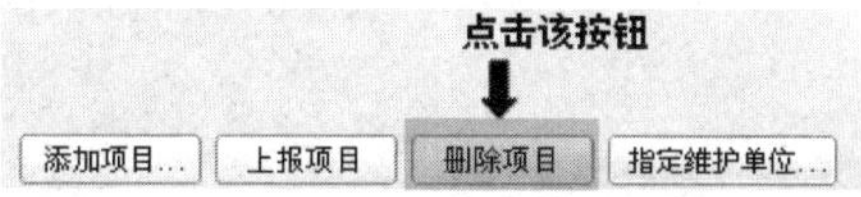

图 5.41　删除项目操作

点击“删除项目”按钮后会出现确认删除操作的提示（图 5.42）。

图 5.42　确认删除操作提示

选择“确认”按钮后进行删除操作。若按“取消”按钮将不进行删除操作。

C.7　为项目指定维护单位

在某些情况下需要更新项目的维护单位，这时需要使用“指定维护单位…”功能按钮，操作过程如下：

首先，选择需要指定单位的项目，如图 5.43 所示，选择了 4 个项目。

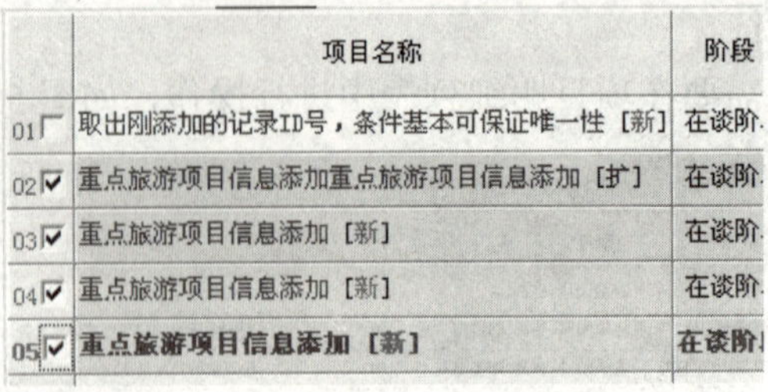

图 5.43 选择项目

选中相应项目后点击“指定维护单位...”按钮，如图 5.44。

图 5.44 指定维护单位操作

在项目选择正确的情况下，会出现如图 5.45 所示的设置单位窗口。

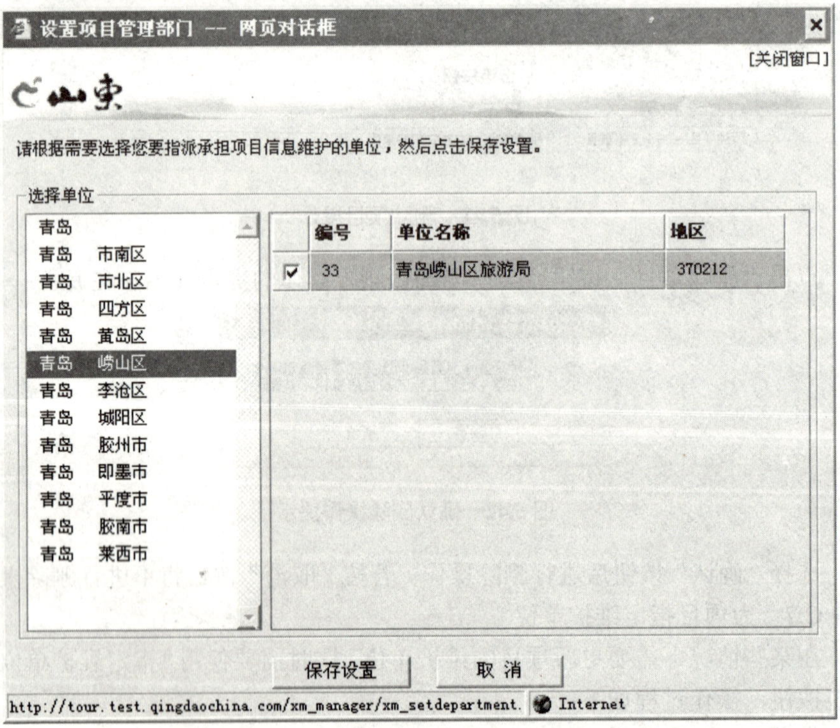

图 5.45 “设置项目管理部门”对话框

选择相应的维护单位，最后点“保存设置”按钮，会出现如图 5.46 所示提示，说明操作成功，窗口自动关闭。

图 5.46 设置项目管理部门操作成功

C.8 日期输入框的使用

在系统中有很多关于日期的输入框，为了文件录入，系统中使用了日历功能来简化录入工作，在需要填写日期的文本框上单击，便会出现日历：

在文本框上单击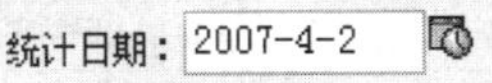或者点击文本框后面的日历小图标，弹出日历如图 5.47。

图 5.47 弹出日历

在要选择的日期上单击即可进行选择，其中红字表示是当天日期。

图 5.47 左上角的用来选择月份：选择左箭头当前月份减一，选择右箭头当前月份加一；选择月份及年份后的黄色向下的箭头，可以直接选择月份或年份。

图 5.48 是点击月份后箭头的样子，点击相应的月份进行选择。点击减号“-”或加号“+”可以上下滚动月份。

图 5.48 右上角绿色的用来关闭日历。

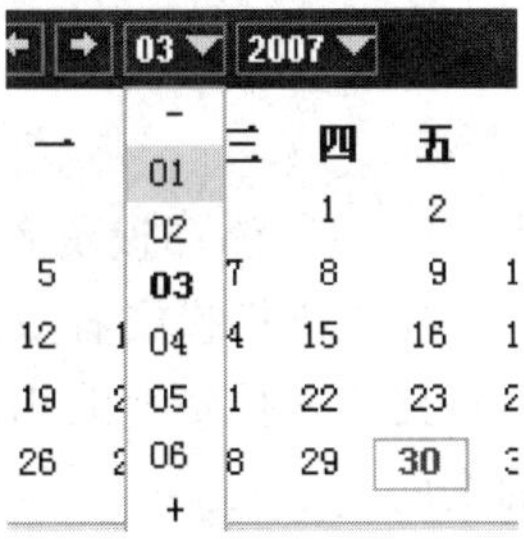

图 5.48 下拉月份

D 数据库维护

D.1 投资者数据管理

在菜单区的“数据库维护”中选择“投资者数据管理” 

来维护本单位的投资者。

在弹出的“维护投资者数据库”窗口（图 5.49）中可以进行添加、修改、删除本单位的投资者。

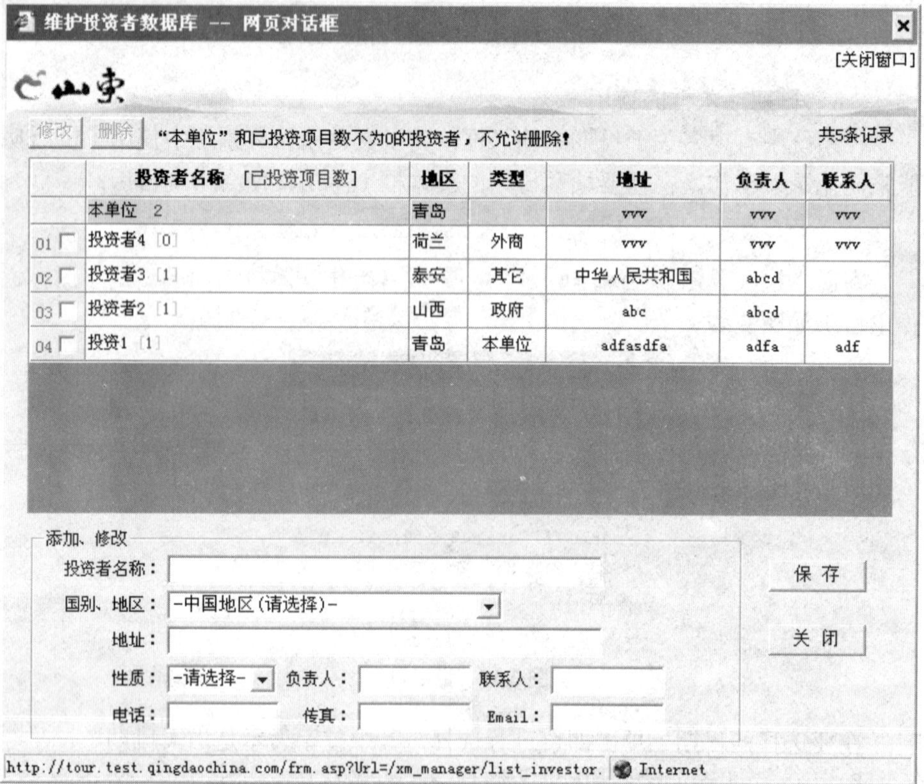

图 5.49 “维护投资者数据库”窗口

D.1.1 添加投资者

在“维护投资者数据库”窗口打开后，在窗口下方的“添加、修改”区域中直接录入投资者的相关信息，最后选择“保存”按钮，此时系统出现如图 5.50 的询问。

图 5.50 添加确认提示

选择“确定”按钮确认保存，成功后系统出现如图 5.51 的提示。

图 5.51 添加操作成功提示

D.1.2 修改投资者

修改某一投资时，先选中相应的投资者（图 5.52）。

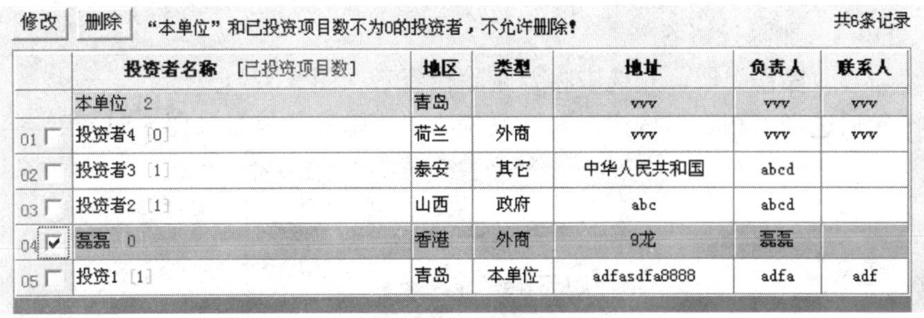

图 5.52 选择投资者

然后选择“修改”按钮，此时窗口下方的编辑区域会显示出选择投资者的信息，此时可以在要修改的项目上进行编辑（图 5.53）。

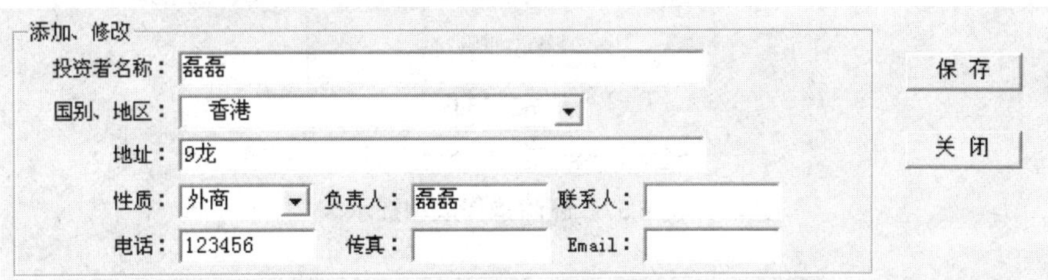

图 5.53 修改投资项目

编辑完毕后选择“保存”按钮完成修改操作。此时系统同样会给出确认提示（图 5.54）。

图 5.54 修改确认提示

选择“确定”后会提示操作成功（图 5.55）。

图 5.55 修改操作成功提示

D.1.3 删除投资者

与修改操作类似，先选中将要删除投资者（图 5.52）。

然后选择“删除”按钮，时同系统给出删除确认信息（图 5.56）。

图 5.56 删除确认提示

按“确定”按钮后给出删除成功提示。

图 5.57 删除操作成功提示

D.1.4 几点说明

• 添加投资者时，负责人和联系人，二者必填其一；联系方式（包括：电话、传真、E-mail）三者必填其一。否则不能完成添加。

• 修改操作，只有在选中的投资者个数为一时才能使用。

• 对于已进行投资的投资者（即投资项目数大于 0 的投资者）不能被删除。

E 查询报表

E.1 综合查询

在菜单区的“查询报表”中选择“综合查询” 

，在出现“设置查询条件”窗口（图 5.58）中，输入查询条件。

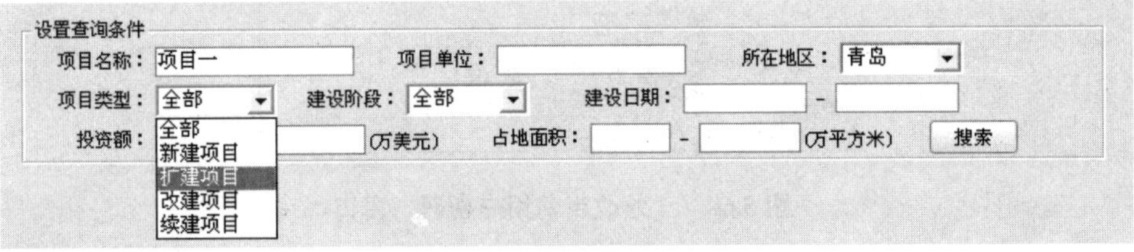

图 5.58 “设置查询条件”窗口

条件输入后点击“搜索”按钮完成搜索操作，系统会根据输入的条件筛选出相关的项目，并且可以将项目列表导出为 Excel 表格，如图 5.59 所示。

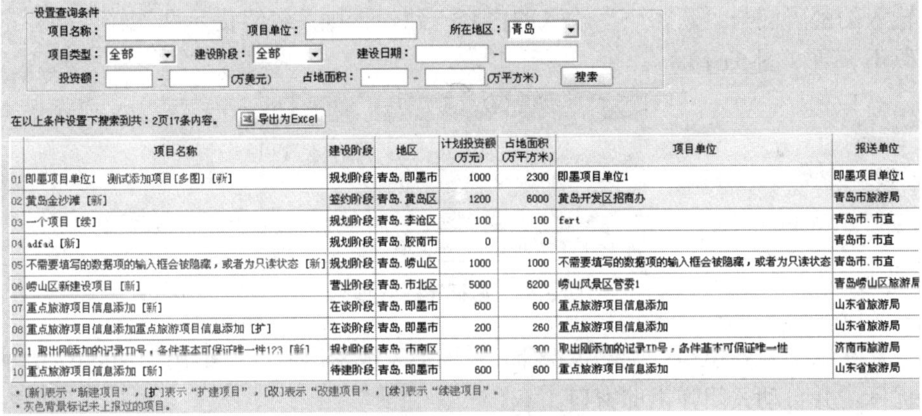

	项目名称	建设阶段	地区	计划投资额(万元)	占地面积(万平方米)	项目单位	报送单位
01	即墨项目单位1 测试添加项目[多图][新]	规划阶段	青岛.即墨市	1000	2300	即墨项目单位1	即墨项目单位1
02	黄岛金沙滩 [新]	签约阶段	青岛.黄岛区	1200	6000	黄岛开发区招商办	青岛市旅游局
03	一个项目 [续]	规划阶段	青岛.李沧区	100	100	fert	青岛市.市直
04	adfad [新]	规划阶段	青岛.胶南市	0	0		青岛市.市直
05	不需要填写的数据项的输入框会被隐藏，或者为只读状态 [新]	规划阶段	青岛.崂山区	1000	1000	不需要填写的数据项的输入框会被隐藏，或者为只读状态	青岛市.市直
06	崂山区新建设项目 [新]	营业阶段	青岛.市北区	5000	6200	崂山风景区管委1	青岛崂山区旅游局
07	重点旅游项目信息添加 [新]	在谈阶段	青岛.即墨市	600	600	重点旅游项目信息添加	山东省旅游局
08	重点旅游项目信息添加重点旅游项目信息添加 [扩]	在谈阶段	青岛.即墨市	200	260	重点旅游项目信息添加	山东省旅游局
09	1 取出刚添加的记录ID号，条件基本可保证唯一性123 [新]	规划阶段	青岛.市南区	200	300	取出刚添加的记录ID号，条件基本可保证唯一性	济南市旅游局
10	重点旅游项目信息添加 [新]	待建阶段	青岛.即墨市	600	600	重点旅游项目信息添加	山东省旅游局

• [新]表示“新建项目”，[扩]表示“扩建项目”，[改]表示“改建项目”，[续]表示“续建项目”。
• 灰色背景标记未上报过的项目。

图 5.59 导出 Excel 表格

再次查询，只需重新输入条件，点击“搜索”按钮即可。

F 系统管理

F.1 密码修改

在菜单区的“系统管理”中选择“密码修改” 

来修改登录密码。

在弹出的窗口（图 5.60）中列出了当前登录的用户账号、原密码、新密码、重复新密码几个数据项。

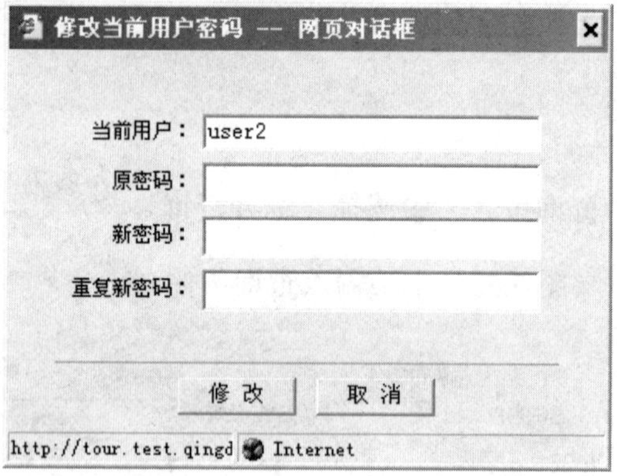

图 5.60 “修改当前用户密码”窗口

“当前用户”由系统自动填写；

在“原密码”文本框中输入当前登录使用的密码；

在“新密码”文本框中输入修改后的密码；

在“重复新密码”文本框中再次输入修改后的密码，用来确认修改。这里输入的密码应与“新密码”输入的内容一致，否则系统将提示两次输入的新密码不一致（图 5.61）。

图 5.61 密码不一致提示

在以上内容填写正确的情况下，系统会完成密码修改并给出如图 5.62 所示提示，并自动关闭弹出的窗口。

图 5.62 密码修改成功提示

G 地区编码及各地区账号

（略）

5.3 度假区市场调查

传统的政府管理，片面强调宏观指导，但因缺乏对市场的了解，往往在制定政策、开发项目上想当然，针对性不够。

5.3.1 度假旅游的调查问卷[1]

尊敬的先生/女士：您好！

为了解旅游消费者对于度假旅游产品的态度和消费情况，正确分析我国度假旅游产品发展状况和趋势，我们正在进行一项专题研究。希望您能为我们填写这份问卷。您的信息将只用于我们的研究，并被严格保密。真诚感谢您的参与和支持！

“××度假旅游市场需求研究”课题组

××××年×月

问卷1 ××地区居民对度假旅游的认知与态度

一、您是否每年都外出旅游？（单选，请在方框内打√，下同）

□是　　□不是　　□不一定

二、您有没有听说过“度假旅游”？（单选）

□听说过　　□没听说过

三、您每年有没有带薪休假期？（单选）

□有　　□没有　　□有，但是一般无法使用

四、一般认为，观光旅游是以游览风景名胜为主要目的的旅游方式，而度假旅游是在一个地方停留较长时间，不以游览风景名胜为主要目的的旅游方式。下面是一组关于度假旅游的观点的表述。对每一表述，请给出您的看法。1 表示完全不赞同，5 表示非常赞同。请选择其中一个数字，手工填写者请在数字上打√；电脑填写者请把该数字涂黑，例如：1　2　③　4　5

1 百度搜索 2008-1-7。分问卷一、问卷二，无署名作者，在此对北京联合大学旅游学院的老师表示感谢！问卷设计因调查区域、重点内容、目的而变，这里只是一个案例。

引导词：您觉得度假旅游……	**完全不赞同—非常赞同**
1. 是与观光旅游不同的一种旅游方式	1 2 3 4 5
2. 可以泛指利用假期出去旅游	1 2 3 4 5
3. 是在一个地方停留较长一段时间进行休闲放松的旅游方式	1 2 3 4 5
4. 是西方人习惯的旅游方式	1 2 3 4 5
5. 不太符合中国人的旅游习惯	1 2 3 4 5
6. 重在休闲放松，而不是看景点	1 2 3 4 5
7. 游览风景名胜也很重要	1 2 3 4 5
8. 花费比观光旅游高	1 2 3 4 5
9. 比观光旅游更休闲	1 2 3 4 5
10. 档次比观光旅游高	1 2 3 4 5
11. 遗憾的是一次不能看更多的景点	1 2 3 4 5
12. 当地风景是否优美很重要	1 2 3 4 5
13. 当地气候条件很重要	1 2 3 4 5
14. 交通是否便捷很重要	1 2 3 4 5
15. 是否有舒适的酒店很重要	1 2 3 4 5
16. 娱乐休闲活动项目很重要	1 2 3 4 5
17. 品尝美食很重要	1 2 3 4 5
18. 有没有方便的购物条件很重要	1 2 3 4 5
19. 良好的服务很重要	1 2 3 4 5
20. 开阔眼界、增长见识很重要	1 2 3 4 5
21. 无法由旅行社安排	1 2 3 4 5
22. 适合于经济条件富足的人享用	1 2 3 4 5
23. 适合于有带薪休假期的人享用	1 2 3 4 5
24. 适合在“黄金周”进行	1 2 3 4 5
25. 不适合我，因为我没有带薪休假时间	1 2 3 4 5
26. 不适合中国，因为到处人满为患，缺乏度假氛围	1 2 3 4 5
27. 不适合中国，因为缺乏良好度假地	1 2 3 4 5

五、下面是我们对于度假旅游的概念界定，如果您有过其中的旅游经历，请在其上面打 √，或者将其涂黑（可多选）。

□“短期”度假旅游，即“在一个旅游地停留 1～3 夜，主要目的是为了休闲放松的旅游方式”

□“长期”度假游，即“在一个旅游地停留 4 夜以上，主要目的是为了休闲放松的旅游方式”

六、如果您有更多的闲暇时间，您是否会倾向于选择下列度假旅游方式？（A、B 两项分别选）

A. 1～3 夜的“短期”度假旅游 □是 □否 □不一定

B. 4 夜以上的“长期”度假旅游 □是 □否 □不一定

七、若您有更富足的经济条件，您是否会选择上面所指的度假旅游方式？（A、B 两项分别选）

A. 1～3 夜的“短期”度假旅游 □是 □否 □不一定

B. 4 夜以上的“长期”度假旅游 □是 □否 □不一定

八、如果您有更多的旅游经历，您是否会选择上面所指的度假旅游方式？（A、B 两项都选）

A. 1～3 夜的“短期”度假旅游

□肯定会 □很可能 □可能 □看情况 □不会

B. 4 夜以上的“长期”度假旅游

□肯定会 □很可能 □可能 □看情况 □不会

九、以下是关于您的个人信息，请协助我们填写，打√或者涂黑均可。（每项单选）

（略）

☆感谢您回答我们这么多问题！为了把我们的研究进一步推向深入，如果您曾经有过上面第五个问题所说的任何一种度假旅游经历，烦请您继续为我们填完以下问卷。再一次感谢您！

问卷 2 度假旅游者的需求特征

一、您一般利用什么时间进行度假旅游？请在选项上打√或者涂黑，下同。（可多选）

□周末 □法定节假日 □带薪假期 □个人自由支配时间

二、您进行度假旅游时，一般与什么人同行？（可多选）

□家人 □伴侣 □同事或朋友 □独自一人

三、您度假旅游的费用一般是：（单选）

□公费 □自费 □公费、自费相结合

四、您认为度假旅游与观光旅游在费用上相比：（单选）

□更高 □更低 □差不多 □不一定

五、您以往进行过的这种休闲式度假旅游的地点和时间一般为（每种区域选出一种您最常有的停留时间数，也可以是一个数字范围，如“3～5 夜”等等）：

在城市周边度假旅游：停留____________夜

在外省市度假旅游：停留____________夜

在港、澳、台地区度假旅游：停留____________夜

在国外度假旅游：停留____________夜

六、您选择度假旅游目的地时，一般依赖什么做出决定？（可多选）

□旅行社推荐　□报刊杂志　□电视广播　□互联网　□教科书

□图书资料介绍　□亲戚朋友介绍　□旅游宣传材料　□其他

七、您在选择度假旅游时，喜欢采用什么方式？（可多选）

□参加旅行社包价旅游团　□参加旅行社“自由人”项目　□单位统一安排

□旅行网络公司（比如携程）安排　□自己安排　□其他

八、是否曾经（或打算）重复选择一个度假地？（单选）

□肯定不会　□一般不会　□不一定　□可能会　□肯定会

九、您在海外工作/学习的年限？（单选）

□0 年　□1～2 年　□2～3 年　□3～4 年　□4～5 年　□5 年以上

十、您此前是否了解国外（欧美）人的度假旅游方式？（单选）

□非常了解　□比较了解　□听说过　□不太了解

十一、以下是关于您选择度假旅游的原因的表述，请选择相应的数字，打√或者涂黑。

引导词：您选择度假旅游的原因是……　　　　完全不赞同—非常赞同

1. 该看的风景名胜古迹都已看过………………………1　2　3　4　5
2. 厌倦了赶场式观光游览……………………………1　2　3　4　5
3. 为了充分放松自己…………………………………1　2　3　4　5
4. 为了更好地体验旅游地的魅力………………………1　2　3　4　5
5. 消费能力增强，希望提高旅游质量…………………1　2　3　4　5
6. 知道西方人的这种旅游方式，因而向往……………1　2　3　4　5
7. 因为有过亲身经历，知道度假旅游的优点…………1　2　3　4　5
8. 没有特别原因，一直喜欢这样………………………1　2　3　4　5

十二、下列这些度假地，您倾向于选择哪些？请在其前面打√或者涂黑。（可多选）

□海滨地带　□乡村田园与古村镇　□湖泊地带　□山岳风景区

□温泉疗养地　□大都市　□特色城镇　□少数民族风情区　□其他

十三、到目前为止，您实际上已经去过哪些度假地？请在其前面打√或涂黑。（可多选）

□海滨地带　□乡村田园与古村镇　□湖泊地带　□山岳风景区

□温泉疗养地 □大都市 □特色城镇 □少数民族风情区 □其他地区

十四、度假旅游时，下列事项对您的重要性如何？请选择相应的数字，打√或涂黑。

事项	**非常不重要—很重要**
1. 放松身心	1 2 3 4 5
2. 享受海水、沙滩与阳光	1 2 3 4 5
3. 领略城市与乡村风光	1 2 3 4 5
4. 欣赏大自然风景	1 2 3 4 5
5. 增长见识，开阔视野	1 2 3 4 5
6. 参加各种娱乐康体活动	1 2 3 4 5
7. 享受异地美食	1 2 3 4 5
8. 体验与平时不一样的生活	1 2 3 4 5
9. 增进亲情友情	1 2 3 4 5
10. 结识新人群，享受与陌生人交往的乐趣	1 2 3 4 5

十五、度假旅游时，您对下列因素看重的程度如何？请选择相应的数字，打√或涂黑。

事项	**非常不重要—很重要**
1. 度假地环境氛围	1 2 3 4 5
2. 休闲娱乐设施	1 2 3 4 5
3. 度假地知名度	1 2 3 4 5
4. 度假地景观	1 2 3 4 5
5. 住宿、交通等接待设施	1 2 3 4 5
6. 服务与管理	1 2 3 4 5
7. 特色餐饮	1 2 3 4 5

十六、您度假旅游时，对于酒店有什么要求？请选择相应的数字，打√或涂黑。（可多选）

□有良好的度假氛围与条件 □充足的娱乐设施 □良好的休闲疗养设施

□有受欢迎的餐饮 □客房适合一家三口居住 □客房有双人大床

□客房可以上网

十七、请列出 1～2 个您认为值得推荐的度假地或度假酒店的名称，国内外均可。

度假地 1__________ 2__________ 度假酒店 1__________ 2__________

最后，我们对您的热情帮助和支持，再一次表示衷心的感谢！！！

调查员姓名_______复印后作答　邮件请发至×××@yahoo.com.cn

调查日期：_________

相关网站

中国市场研究网（http://www.cmrn.com.cn/）

中国市场情报中心（http://market.ccidnet.com）

3see 市场研究信息网（www.3see.com）

中国行业咨询网（http://www.china-consulting.cn）

上咨市场咨询（http://www.sicc-mc.com/）

6

度假区规划、建设

学习目的

规划是度假区建设的基础性工作，科学的规划是指导度假区建设的纲领。通过本章学习，了解度假区规划应注意的核心问题、掌握度假区规划的特点与个性。

主要内容

■ 旅游规划管理评论

对我国目前执行的国标《旅游规划通则》进行了深入的分析、评价，指出了其存在的不足。

■ 度假区建设的机会成本

度假区开发首先面对的是土地利用问题，土地是开发方式多样化的稀缺资源，度假区又是具有排斥效应的开发方式，因此机会成本的研究十分重要。

■ 度假区选址

度假区开发成功的影响因素多种多样，但选址是极其关键的。介绍了国内外通行的选址原则、要求。

■ 度假区的独特吸引力

度假区的核心竞争力来自独特的吸引力，分析了不同社会制度条件下独特吸引力的差异。

■ 了解度假客人

通过一个案例介绍了度假客人分析的内容、方法。

■ 主题度假区规划

度假往往是主题明确的旅游活动，规划不同主题的度假区是发挥资源优势，形成景区特色的主要行为。通过一个葡萄酒山谷度假区规划案例进行了论述。

■ 城郊度假区规划

城郊度假是我国发展最快的度假形式，通过案例进行了分析。

6.1 旅游规划管理评论

在我国，度假区是一种类型的旅游区，其规划要求遵守旅游规划的管理规定。2000 年国家旅游局发布了第 12 号令、第 13 号令，分别为《旅游发展规划管理办法》、《旅游规划设计单位资质认定暂行办法》。2003 年 5 月 1 日起实施了国标《旅游规划通则》GB/T 18971－2003（以下简称《通则》）。这两个部门规章与国标是相互矛盾的，表述是混乱的。

《旅游发展规划管理办法》对旅游区的规划没有明确的要求，只是第二十一条中有如下描述："国家确定的重点旅游线路、旅游区发展规划由国家旅游局征求地方旅游局意见后批复实施。"只是涉及旅游区的发展规划，而发展规划与旅游区规划有着很大的差异。

《旅游规划设计单位资质认定暂行办法》中，旅游区规划包括总体规划、旅游项目规划、控制性详细规划和修建性详细规划等。

《通则》的术语和定义中指出：旅游区规划是指为了保护、开发、利用和经营管理旅游区，使其发挥多种功能和作用而进行的各项旅游要素的统筹部署和具体安排。并把旅游区规划分为总体规划、控制性详细规划和修建性详细规划。

从规划的属性上看，旅游区规划不属于旅游发展规划，甚至不是旅游规划。旅游区（《通则》中旅游区是一个地理概念，在管理中具体分为风景区、度假区、公园、保护区……）总体规划不是旅游行政主管部门组织。旅游规划不是技术性规划，不应一竿子插到底，应该有所为，有所不为。在管理和实施过程中，控制性详细规划和修建性详细规划的负责单位是建设部门。我国开发项目立项在发改委（局），建设管理在城建委（局），旅游规划资质单位完成的修建性详细规划在建设部门不予认可，是重复规划、无效规划。

从内容来看，存在过多、过细，缺乏技术标准等严重缺陷。《通则》指出，旅游区控制性详细规划的主要内容包括①详细划定所规划范围内各类不同性质用地的界线，规定各类用地内适建、不适建或者有条件地允许建设的建筑类型；②规划分地块，规定建筑高度、建筑密度、容积率、绿地率等控制指标，并根据各类用地的性质增加其他必要的控制指标；③规定交通出入口方位、停车泊位、建筑后退红线、建筑间距等要求；④提出对各地块的建筑体量、尺度、色彩、风格等要求；⑤确定各级道路的红线位置、控制点座标和标高等。

旅游区修建性详细规划是用以指导各项建筑和工程设施的设计和施工，内容包括综合现状与建设条件分析、用地布局、景观系统规划设计、道路交通系统规划设计、绿地系统规划设计、旅游服务设施及附属设施系统规划设计、工程管线系统规划设计、竖向规划设计、环境保护和环境卫生系统规划设计等 9 个方面。

显然这些内容完全是引自城市规划、建筑规划文件，条目的绝大多数是旅游业务部门没有能力完成的，旅游主管部门的技术水平也无力保证上述规划内容的实施和监管。不论是控制性详规，还是建设性详规，所涉及内容要求有对应的技术标准，如建筑高度、建筑密度、容积率、绿地率、建筑间距、道路的红线位置、控制点座标和标高等控制指标。《通则》没有附设参照标准，也没有标明引用来源，第二部分规范性引用文件中根本没有城市规划、建筑规划的内容，故《通则》中提出的详规缺乏技术标准。

我国的旅游开发管理部门众多，利益结构错综复杂，建设部门负责风景名胜区、度假区的管理建设，2002年建设部出台了《国家风景名胜区规划规范》。2006年9月6日国务院第149次常务会议通过了《风景名胜区条例》，自2006年12月1日起施行，其中第三章为规划，内容详细。林业部门负责森林公园、自然保护区管理，1993年林业部制定了《森林公园旅游规划设计规范》。国土部门负责地质公园管理，2005年，国土资源部下发了《关于加强中国世界地质公园建设工作的通知》、《关于加强国家地质公园建设工作的通知》、起草了《国家地质公园管理办法》初稿，并召开了专门的研讨会。水利部门也出台了旅游管理规定，文化、文物等部门都参与旅游。我国的旅游规划，特别是控制性规划从来都是上述“强力部门”组织编制并实施的。旅游主管部门在旅游开发中处于最弱势地位，它根本没有景区景点的开发管理权限，也没有实施控制性规划的能力。

由于度假区的选址、建设和经营都要依赖上述旅游资源，因此，度假区的规划必须与相关规划的规章、标准衔接。

事实上，《通则》对旅游区规划的定义指导思想不明确、计划经济色彩浓厚，脱离时代背景与规划的本质要求。我国已确立了社会主义市场经济体制，市场配置资源的基础地位已被认可，发展的资源、资本不是政府独有，旅游发展的利益多元化，而且我们也认为旅游是产业，那么旅游规划的功能和定位就要遵守市场经济的规则，从“旅游发展要素的配置”、“各项建设的综合部署”等计划经济的桎梏中解脱出来，转向宏观调控的手段。

《旅游发展规划管理办法》、《通则》把学界通用的“旅游规划”演绎为

"旅游发展规划"，从本质上讲也是本末倒置。规划的指导思想取决于对规划功能的深刻认识，在市场经济体制下，政府的目标与市场目标有相同也有差异，市场机制通过外部性追求利益最大化，政府通过控制外部性，求得全社会福利最大化，进而保证市场利益。旅游规划是公共事务管理的一个方面，因此，就旅游规划与市场开发的相互关系而论，规划的目的是为市场开发建立基本的行为框架，为市场决策者提供信息，防止市场开发对公共利益的损害。规划是一种资源配置的方式，是保障市场运行长期有效的一种机制。

6.2 度假区建设的机会成本

中国的旅游研究者，30 年来一直在没有预设条件的情况下研究旅游开发，长期灌输给学生的是一种旅游开发总是有利于区域经济的发展的模糊观点。旅游规划机构和规划人员对经济学理解也甚为肤浅，规划总是缺乏宏观分析。考虑到活跃在旅游规划市场的"规划师"来自于历史学、地理学、城市规划、建筑规划、园林规划等专业，加之考虑到委托方旅游规划的真实目的，这种情况是可以理解的。

旅游业不仅是关联性强的产业，也是排斥性产业。在经济学上任何产业的发展都有排斥现象，除非存在绝对的资源闲置。就区域经济系统而言，在可支配的经济资源有限的情况下，任何一个产业的超前发展都存在风险，旅游业也不能例外。盲目地发展旅游业，一方面必然挤占用于其他产业发展的资本、土地、政策等稀缺资源，若那些产业的利润和产业带动作用相比旅游业更高更强，就会损害区域经济发展；另一方面旅游业属于技术与创新、人力资源和管理都比较粗放的产业，而恰恰是这三条构成了现代国家或区域竞争力的核心。发展中国家把旅游业定位为支柱产业可能会阻碍其现代化的进程，欠发达地区把旅游业定位为支柱产业可能会延缓其区域经济的起飞，海南经济特区可能就是一个现实的例证。尽管因旅游开发而富裕起来的村镇、景区众多，但还没有见到哪个省、市、县因旅游而发达，实际上，我国传统的旅游目的地经济发展大多滞后。

2007 年底，媒体热炒的山东乳山核电站就是一个典型例证。

1983 年，山东进行第一次核电厂厂址普选，乳山红石顶被列入 6 个候选厂址之一。1995 年 8 月，红石顶通过国家审查，被确定为优先备选厂址。2005 年 10 月 9 日，中国核工业集团公司和山东省政府共同签订了一个共同促进山东核电发展的框架协议。2006 年 5 月 24 日，"山东红石顶核电有限公司筹建处"

成立。2007 年 12 月 10 日，乳山市召开“两会”，政府工作报告提到，今后 5 年乳山工业发展的一个重点，就是以核电、风电为重点的新能源产业。核电站属于高科技企业，投资量大，资金密集。核电站建成，将极大地拉动当地经济发展。

乳山红石顶核电站如能顺利建设，对乳山产生的直接经济效益主要有：

规划建设投资约 600 亿元人民币；

每年能给乳山直接带来 2 亿元的税收；

每年能增加 5 000 万元左右的教育附加费，可以极大地推动当地教育事业的发展；

红石顶核电站也必将拉动当地房地产业和服务业等各行业的发展。

乳山核电站建设不仅对当地有巨大利益，也对整个山东经济发展产生重大影响。发展核电被视为山东省优化电力结构，缓解环境压力的有效途径。山东目前主要是火力发电，结构单一。电厂主要分布在鲁西南煤炭资源丰富的地区，而负荷中心多位于胶东半岛和鲁中地区，电力分布与负荷分布、电网结构不相适应。山东是个煤炭消费大省，大部分煤用于燃烧发电。2007 年山东省的煤炭消耗量约 2.2 亿吨，其中须从外省调入 1.2 亿吨。按照山东经济发展规划，到 2010 年，山东的电力供应需要达到 5 000 万千瓦才不会出现电力短缺，但目前只有 3 000 万千瓦的供电能力。随着山东省经济、社会的发展，迫切需要建设一个与全省发展相匹配的电力供应体系。如果再上煤电项目（山东无发展水电的条件），从煤炭供应、淡水使用、环保空间和电网输送能力、国家产业政策等条件来看，都不符合现实情况。核电作为安全、清洁、高效、经济的能源，是目前最可行的替代能源。按照国家核电中长期发展规划，到 2020 年，我国建成的核电装机容量将达到 4 000 万千瓦，并保持 1 800 万千瓦的在建规模。我国已经过勘查、完成初步可行性研究的核电站厂址绝大部分分布在沿海。山东半岛 120 公里的海岸线非常适合建设核电站，这为山东核电的发展提供了十分难得的机遇（http://www.sina.com.cn 2007 年 12 月 12 日，中国青年报记者，郑燕峰）。

这一具有重大经济与环境效益的工程，在断断续续准备了 25 年之后，却出现了变数，原因是乳山在距核电选址不到 10 公里处建设了银滩旅游度假区，2002 年 11 月国家旅游局批准银滩旅游度假区为国家 4A 级旅游区。反对建核电站的声音，重要原因与乳山这几年大力发展的银滩旅游度假区有关。反对建核电站的，90%是在购房置业的外地人。银滩被批准为 4A 级旅游区后，旅游度假并没有得到实质性的发展，而房地产开发借度假区之名吸引了来自全国各地的业主。大多数业主只在盛夏（7、8 月）来此度假，其他季节很冷清。旅游业对当地的经济贡献非常有限。由于常住人口很少，也不能带动地方服务业和社区的发展。

在经济学上选择就是放弃，一个地方发展度假区，就得放弃一些其他的产业，所以，规划的第一步是进行宏观经济研究，研究机会成本，决定是否是最优选择，有无最优选择，次优选择又是什么？

6.3 度假区选址

度假区的选址对建成后的经营管理是十分关键的，正确选址是度假区开发成功的第一步。

度假区选址首先考虑主导影响因子，同时考虑配套条件。宏观选址与具体选址的要求应有区别。我国国家旅游度假区的宏观选址标准是，旅游度假资源丰富、国际旅游业比较发达、对外交通便捷、对外工作较好的地区。我国国家级旅游度假区基本上都位于东部沿海经济发达地区。

刘家明、季任钧[1]对度假区选址进行过总结、探讨。认为旅游度假区的选址主要从资源条件与区位条件两个方面同时入手，才能找到最佳的旅游度假区区位。

旅游度假区应选择设立在旅游资源丰富、经济发达、交通便捷和有持续发展后劲的地区。旅游资源丰富，是指具有较高质量的文化旅游资源和开展度假休闲的自然旅游资源，且资源品位高，开发利用价值大；经济发达，是指对外开放程度高，商贸活跃，开发建设的基础条件好；交通便捷，是指可进入性强，航空、航运、铁路和公路四通八达；有持续发展后劲，是指旅游业已发达到一定规模，并且有稳定的海内外客源市场基础，开展度假休闲旅游可以进一步拓展市场与产品的发展空间。

旅游度假区选址的资源要具有如下方面：适宜的度假气候，优美的自然风光，有丰富的可供开展特色室外活动的体育健身资源、文化旅游资源。

旅游度假区的开发区位因素主要从下述四个方面予以评价：经济水平、客源分布、交通状况、基础设施等。

邹统钎[2]认为，旅游度假区位置的选择，除了受资源、市场影响外，往往受决策者的价值判断所左右。

世界旅游组织所著《国家和地区旅游规划：方法与实例分析》一书，提出

1 刘家明，季任钧. 旅游度假区开发的选址研究. 人文地理，2001(6)
2 邹统钎. 旅游度假区发展规划. 北京：旅游教育出版社，1996

了综合度假区选址的 10 条标准[1]：

（1）度假区应位于某个特色旅游景区内，或是附近地区，比如沙滩、滨海地区、滑雪坡以及主要的考古遗址与历史遗迹。但是，旅游业的发展不能威胁这些特色地区的周边环境，应该与之保持一定距离。

（2）适宜的小气候条件。气候条件影响旅游的发展类型。当地的气候条件可能随着地形的差异有明显变化，因此在选址时要充分考虑气候因素。

（3）所选择的地点及其周围有宜人的自然环境。

（4）有充足可供开发利用的土地资源。有经济实力购买和开发这些土地资源，而且要确保这些土地资源没有其他更为重要的经济价值和保存价值，或是其他的利用价值。

（5）从游客通道到达该地区，以及从该地区到达其他旅游景点的交通状况是否便利。

（6）现有基础设施开发具有可得性与可行性。如充足的水源、电力资源、污水和废物处理系统以及通信系统。

（7）该地区在整体环境上适合度假区开发，而且还要能够协调周边的土地使用情况，也就是说不会造成环境污染。

（8）要保证旅游度假区的开发不会对当地环境带来任何负面效应，进行合理的环境规划与管理。

（9）要充分考虑附近居民对旅游业发展所持的积极支持态度，以及他们想从事旅游业的强烈愿望。

（10）要保证周边地区有充足的劳动力市场。

这些标准中强调的土地利用问题和开发影响问题，是我国规划工作缺乏的。这一方面是因为外国土地往往私有，取得不易，更重要的是重视替代成本、机会成本研究。认为土地保存更有价值的话，就不必开发；若有更有价值的开发方式就放弃旅游开发。中国的规划机构、规划师，只要有委托就认为“适合开发”，从不研究“不可行性”，甚至有意扩大开发价值，旅游被不恰当地描述为“最佳开发方式”。

在度假区选址时还有一个关键因素，即市场竞争分析。一个市场区域内如果度假地不止一处，就必须研究对市场的切割问题。中心地理论与市场区位论是有效的分析工具。

充分竞争条件下，市场会形成等级不同的六边形，如图 6.1。

1 世界旅游组织著. 国家和地区旅游规划：方法与实例分析. 北京：电子工业出版社，2004

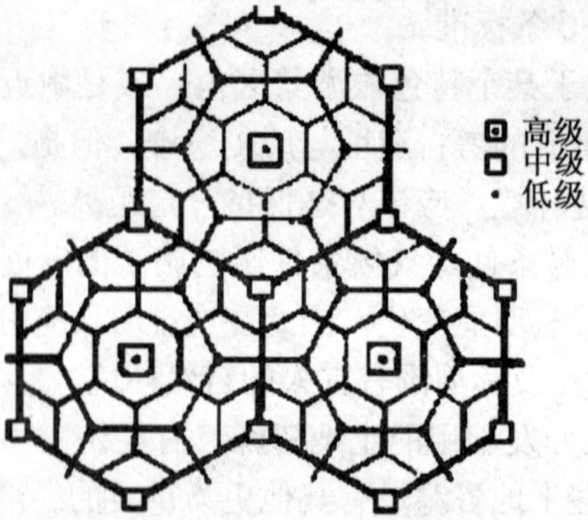

图 6.1 度假区市场结构图

在一定的地域范围内，多个度假地等级不同，不同等级的度假地有不同的门槛和吸引范围。低一级度假地和吸引范围被高一级度假地的吸引范围所覆盖，高一级度假地及其吸引范围被更高一级度假地的吸引范围所覆盖，从而形成层层嵌套的六边形服务范围。图中上一级度假地的吸引范围是下一级度假地吸引范围的3倍。高级度假地位于它的吸引范围的中央，有6个低一级的度假地位于其端点；低一级的度假地又有自己的吸引范围，它的端点上又有6个更低一级的度假地分布着；依此类推，直到最低一级的度假地和吸引范围。

当然，这是一种理想模型，实际情况受交通、资源等级等影响会使这个正六边形变形，使情况更为复杂。

6.4 度假区的独特吸引力

一个可持续发展的度假区，必有其独特的吸引力。对每一个度假者来讲，其吸引因素是个性的，也往往是难以描述的、对有些度假区是核心吸引力的因素，在另外一个度假区是不适宜的。

拉斯韦加斯是位于美国内华达州南部的一座沙漠城，西南距洛杉矶 466 公里，是美国最大的赌城和娱乐城，是世界豪华度假酒店最为集中的地方。拉斯韦加斯原本只是到加州路上的一个绿洲，周围则是一望无尽的沙漠。20 世纪初，随联合太平洋铁路通达而逐渐兴起，1905 年建市。20 世纪 30 年代，内华达州决定使赌博成为合法的事业，此令一出，几乎在一夜之间，市区的赌场纷纷成立。拉斯韦加斯有 250 家赌场和 6 万多个“吃角子老虎”，日夜开业。赌城的标志建筑是赌场酒店，此类建筑一座比一座豪华气派。现在的拉斯韦加斯已拥有全世界顶尖的度假酒店和世界一流的大型表演及高科技的娱乐设施。拉斯韦加斯希尔顿大酒店（Las Vegas Hilton Hotel）是一家规模非常大、非常豪华的五星级度假酒店。像这样的大型豪华酒店兼赌场，拉斯韦加斯有44家。至于小型赌场就满城都是，机场候机楼、商店、相当多的小饭馆里面，甚至街道拐角处都设有老虎机。拉斯韦加斯是以博彩业为主要吸引因素的度假地，这里平均每年接待世界各地的游客达2 000万人次。

仅次于拉斯韦加斯的是位于美国新泽西州的大西洋城，未开赌场前，大西洋城是一个不出名的海滨小镇。20世纪70年代后期，大西洋城进入蓬勃发展期，不到10年时间就成为拉斯韦加斯强有力的竞争对手，并且大有后来居上之势。大西洋城赌场酒店全部集中在滨海大道上，有40多座。最著名的建筑是“泰姬·玛哈”，整个赌场光老虎机就有7 000台、大型轮盘赌台250台，其他赌式应有尽有。

举世闻名的地中海度假地——法国“蓝色海岸”，是指从瓦尔省的首府土伦到滨海塞纳省的边城芒通为止的这一段长达180千米的维埃拉海岸，这里不仅有令人惊叹的天水相接的蓝色，还有怡人的气候，一直是世界知名的疗养与度假的胜地。在这段海岸上，点缀着一系列美丽的城镇：土伦、戛纳、尼斯、耶尔、芒通、圣特罗佩、昂蒂布……，当然最著名的还有一个世界上版图最小的国家——摩纳哥公国，世人称之为“赌博之国”、“袖珍之国”、“邮票小国”。蒙特卡罗是摩纳哥最大的城市，蒙特卡罗的赌业，海洋博物馆的奇观，格蕾丝王妃的下嫁，都为这个小国增添了许多传奇的色彩……这里拥有世界闻名的大赌场，赌客赌博之余在这个小而精致的城市里还可以去豪华的歌剧院听歌剧，去阳光明媚的海滩晒日光浴。蒙特卡罗的大赌场海滨俱乐部和旅游部、体育俱乐部、高尔夫球乡村俱乐部、歌剧院都是世界一流的。

西班牙旅游业世界第三，阿拉贡地区政府已经批准一项投资额约244亿美元的赌场建设项目。这个赌场占地20平方公里，有望成为欧洲范围内的最大赌城。主要包括32家酒店、5座主题公园，一个大型运动场、斗牛场和会议中心。德国巴登是因赌博而重生的度假区，英国、比利时也在规划建设“赌城”，并且号称欧洲最大。

在亚洲，澳门、马来西亚、新加坡都以博彩为旅游吸引物。此外，国际知名的赌城还有南非太阳城、越南涂山赌场。当然，几乎所有赌场所在国和地区都规定，博彩只为游客服务，本国（地区）民众不许参赌。

博彩业又与色情业紧密相连。法国《世界外交论衡》杂志 2007 年 8 月刊称，世界范围的色情旅游已成为一个越来越大的市场，主要在东南亚国家、摩洛哥、巴西、巴拿马、塞内加尔、多米尼加、突尼斯、荷兰等国。泰国和印度尼西亚的旅游业发展迅速，曼谷、巴厘岛、芭堤雅青楼林立，买春客络绎不绝。

美国《丹佛邮报》指出，仅曼谷的色情业就有10亿美元市场。

世界旅游组织指出，一些国家的地区和城市出于经济考虑，事实上对此采取了默许纵容的态度（环球时报，2007-09-07）。

凡是世界知名度假地，多与赌博与色情有关，可见博彩业和色情业也是世界度假地的吸引因素，但这两者在中国都是被禁止的。

各类主题公园也是度假区的核心吸引物，最有名的如迪斯尼乐园。

迪斯尼全称为The Walt Disney Company，是总部设在美国的大型跨国公司。迪斯尼，是一个娱乐品牌，但常指“迪斯尼主题乐园”。全球已建成的迪斯尼乐园有5座，分别位于美国的佛罗里达、南加州，日本东京，法国巴黎和中国香港。

玛雅文化更是墨西哥坎昆度假区独一无二的吸引物。

在中国，一个度假地真正的吸引力是什么？回答起来比较复杂，这与中国旅游文化有关，不能简单化，更不能套用“国际经验”。一般来讲，度假区按资源吸引分为温泉疗养、滨水休闲、山地运动、滑雪等。但在中国的真实情况可能有区别，冬季到东北滑雪场度假的客人，真正的滑雪爱好者并不多，大多数客人是对区别于南方的冰雪景观更感兴趣，同样的原因，海南三亚并非以阳光、海滩吸引度假客，观光游客比例最大。

青海西宁地区夏季清凉，打“中国夏都”牌，开发避暑度假旅游，7、8月客人云集，一床难求，开发是很成功的。下面就以青海西宁避暑度假旅游开发为例进行分析。

随着全球气温的升高，城市的扩大，中国的“火炉”城市越来越多，高温持续的时间越来越长，避暑市场潜力巨大。西宁最热的七月，其平均气温为10.2～17.7℃，日间最高气温低于 28℃，但仅凭这一点是支撑不起避暑度假产品的。如果没有青海湖、塔尔寺、青藏高原等丰富、独特的旅游资源，“夏都”避暑度假旅游产品是很难销售的。

西宁地区有独特的雪域高原风光，复杂多样的地貌类型、高原特有的珍稀动植物、河流湖泊、森林草原、蓝天白云等景观，组合在一起构成了一幅幅绚丽多彩的天然画卷。如有少数民族风情独特的互助北山森林公园；天然地毯般的金银滩大草原；被称为中国最美的湖泊——青海湖；一望无际的油菜花、鸟类天堂的鸟岛等。

西宁是多民族长期交融的地区，人文内涵丰富，主要表现在几个方面：一是浓厚的地方传统文化，如花儿会、青稞酒文化、各种地方特色的民间歌舞表演等；二是历史名胜古迹丰富，保存较完好，如古丝绸之路遗迹，文成公主进藏线路，反映各民族相互交流的湟源茶马互市古街，历朝各代的军事设施、行政驻地遗址等；三是神奇的宗教文化，少数民族大都信仰宗教，本区主要宗教为藏传佛教和伊斯兰教，少数民族的民风民俗及文化艺术带有浓烈的宗教色彩，如著名的热贡艺术三绝：唐卡（壁画）、酥油花（雕塑）、堆绣；四是民族文化特色显著，本区少数民族众多，各民族都有自己独特的传统文化及习俗，最著名的是土族和撒拉族。

基于资源特征，西宁地区旅游在整体功能上主要具有避暑性、观光性、休闲性、康体性、生态性、文化性等，这是产品开发的基础。

避暑性：本区地势较高，夏季空气湿润，气候凉爽，青山绿水，适合避暑度假。

观光性：本区除了中国最美的湖（青海湖）、鸟类天堂（鸟岛）、雪山草原、蓝天白云、牦牛羊群、丹霞奇观、生态绿洲、原始森林等自然风光外，人文旅游观光资源也十分丰富，如各具特色的民居建筑，古风犹存的古寺楼阁，古人类活动遗址，名人故居等，都具有很高的观赏价值。

休闲性：本区的森林公园较多、植被茂密，负氧离子含量丰富，且与草地、水体组合良好，这些幽雅秀丽的山水风光和生态环境是都市人释放压力、修身养性、恢复体力和意志的好去处。

康体性：环青海湖自行车拉力赛及其水上运动，沙岛的沙滩活动项目，黄河漂流，攀岩活动以及黑河大峡谷科考等，都具有舒体、健身的功能；有名的贵德温泉，七里寺药水泉等，具有保健美容与治病除邪的功效。对不同年龄、不同层次的游客具有较大的吸引力。

生态性：环西宁地区的生态旅游特征较为突出，国家级的森林公园、生态农业、五彩斑斓的大草原、翡翠般的湖泊，清澈见底的河流、清新的空气等，为生态旅游奠定了坚实的基础。现代都市人对钢筋水泥筑起的城市生活已感到有些厌倦，有着较强烈的返璞归真的愿望。

文化性：本区历史上是各民族长期交融的地方，曾经被多个小国统治，其文化与宗教交汇，博大精深；有众多的古文化遗迹且保存较完好。追寻文化渊源，体验文化氛围，满足对古代文明的猎奇心理，也是现代人一个重要的旅游出行动机之一。

西宁的避暑度假产品分为滨水避暑度假旅游产品、森林避暑度假旅游产品、草原避暑度假旅游产品、城市避暑度假旅游产品等多个系列[1]。

滨水避暑度假旅游产品支撑景点：青海湖、鸟岛镇、沙岛、151 基地、贵德河谷生态绿洲、龙羊峡水库、循化黄河第一湾、李家峡水库。

森林避暑度假旅游产品支撑景点：互助北山森林公园、坎布拉森林公园、祁连小东索森林公园、大通鹞子沟森林公园、大通察汗河森林公园、孟达自然保护区、门源仙迷森林公园、同仁麦秀林场、西宁北山公园、西宁南山公园。

草原避暑度假旅游产品支撑景点：海晏金银滩大草原、祁连山牧场、南山牧场。

1 青海省工程咨询中心、重庆旅游学院《环西宁地区旅游发展总体规划》，2004

城市避暑度假旅游产品支撑景点：西宁市、贵德河阴镇、循化积石镇。

6.5 了解度假客人

旅游规划都强调以市场为导向。以市场为导向，首先要深入了解市场，市场调查是基本手段。

榆中是甘肃省会城市——兰州的郊区辖县，境内有兴隆山国家级自然保护区、兴隆山国家级风景名胜区。马衔山自然保护区海拔 3 600 米，森林繁茂、草场广布，牧场放牧牦牛、绵羊，山顶终年积雪，是甘肃境内开展生态旅游、避暑度假的最理想地区，山麓地带已建成兰州石门度假区、兰州官滩沟度假区、兰州石佛沟度假区等众多自然风景、生态度假区。2005 年，在编制《兰州榆中旅游发展规划》的同时完成了度假区专项规划，下面的案例就是榆中旅游规划的调查资料简本。

兰州榆中官滩沟度假区游客调查与分析[1]

（一）游客背景结构特征分析

■ 性别和年龄结构特征

总体上，目前进入榆中官滩沟地区的旅游者仍然是以男性为主（图 6.2），中青年游客比重较大，占 80%以上。从结构特征可以看出，其旅游形象在游客的心目中是个具有艰苦性、休闲性和度假性的旅游地。从该角度讲，榆中地区旅游要打开市场局面，必须从对外进行市场宣传、旅游形象塑造和推广方面下功夫，改变市场观念，赢得更多更广的市场认同。

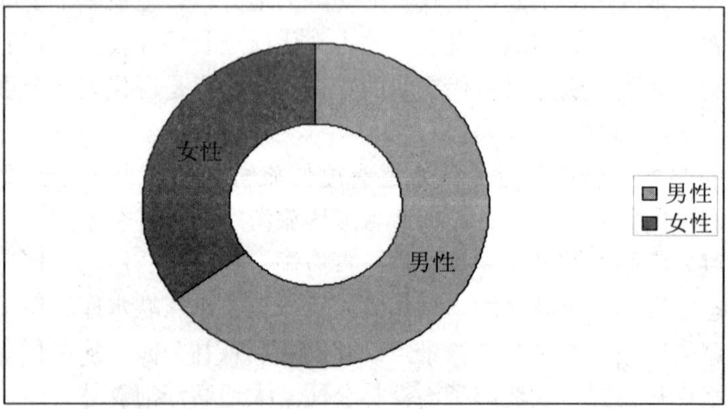

图 6.2 旅游者性别结构

1 西北师范大学旅游规划中心《兰州榆中旅游发展规划》，2005（主持人：师守祥；参加人：李巍、陈丽丽、热纳、孙琨）

■ **旅游者的文化层次**

由于兰州地区各大高校相继在榆中开设分校，使榆中地区具有浓郁的文化气息，学生在游客中占有相当大的比重，所以来此旅游的游客中文化程度相对较高，大专以上文化程度的旅游者占有优势，高出全国平均水平。其次，有较高学历的职业（商务人员、公务员、学生、专业技术人员、企业白领）所占比重较大，与文化层次状况基本相应（图 6.3）

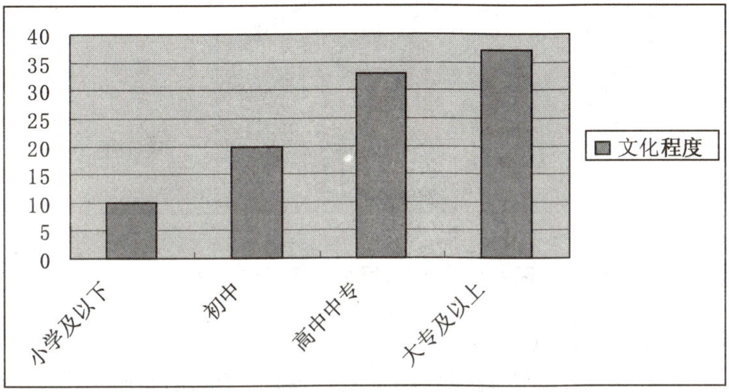

（a）文化程度

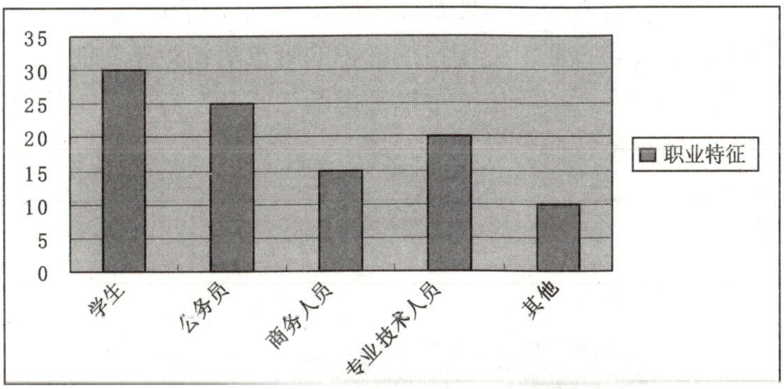

（b）职业特征

图 6.3 旅游者文化程度和职业构成特征

■ **旅游者在该地区停留的时间**

前来榆中官滩沟地区的旅游者分为以下三种情况：一是所在景区的当地旅游者，以休闲观光为主；二是跨县的周边旅游者；三是以观光为主的省际旅游者。由于榆中地区所处的区位与兰州联系紧密，所以从整体上看，旅游者在该区域停留时间较短，一般以 1～2 天为主（图 6.4）。

基于这种情况，旅游开发和市场开拓应该充分关注这种现象，市场宣传要有的放矢。

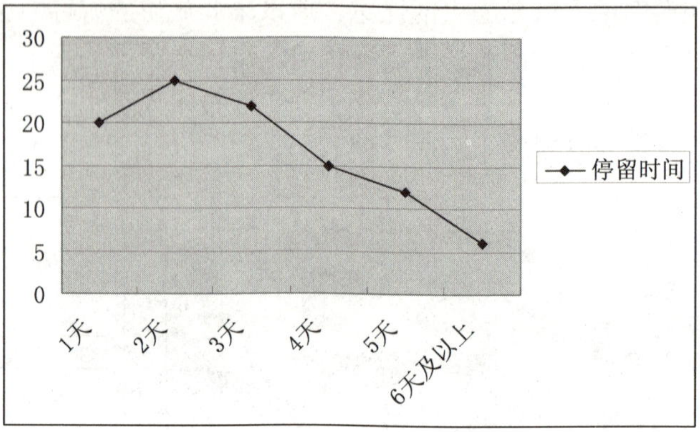

图 6.4 旅游者停留时间分布状况

■ 客源市场地域结构

由于目前缺乏有效的旅游规划和开发，旅游产品在全国旅游市场中的地位不高，因此游客来源相对单一；其次从游客来源的地域分布看近距离游客占主要优势；在外来的旅游者中，主要是到兴隆山为主（图 6.5）。

鉴于以上旅游市场特征，近期市场开拓的重点仍在近距离的周边市场和交通区位相对较好的地区，市场拓展可以考虑跃进式开发方式，把目标瞄准经济发达地区以及自然环境特质差异大的区域。

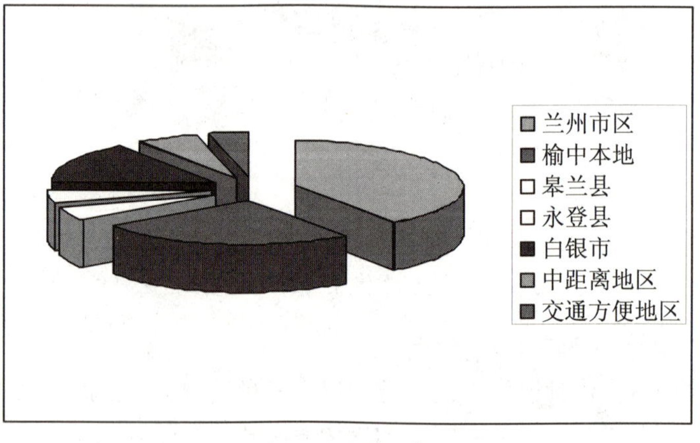

图 6.5 客源市场地域构成

（二）旅游者旅游活动特征分析

■ 旅游动机分析

目前，从旅游者（本地的和外地的）的目的和动机看，他们大多数以观光为主，因此与未来游客以猎奇、探险等参与性较强的旅游活动为目标具有较大的差距（图 6.6）。但有一点可以肯定：观光旅游和休闲度假旅游还是要占较高比例。根据课题组对游客真实出游目的分析，该地区游客中的大部分具有双重动机。与国内整体情况相比，该地区休闲性游客比例较观光游客比例低，根据该区域已有的对外知名度，体育健身旅游者比例有较大的提高空间。

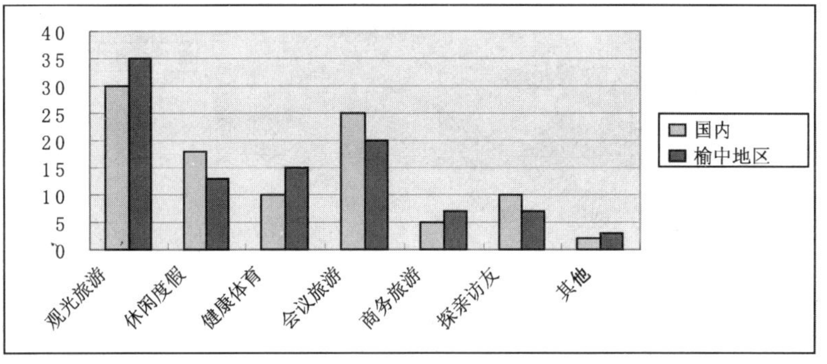

图 6.6 榆中地区与国内旅游动机对比

■ 旅游信息获取渠道

根据调查分析，该地区游客的信息获取较多通过各种媒体、口碑传送，但以口碑传送、电视、杂志为主，少部分游客是通过现代媒体渠道获得旅游信息（图 6.7）。由此可以看出，榆中官滩沟地区的广告力度不足，需要加强；应注重现代化媒体宣传；加强服务接待，提高游客的满意度。

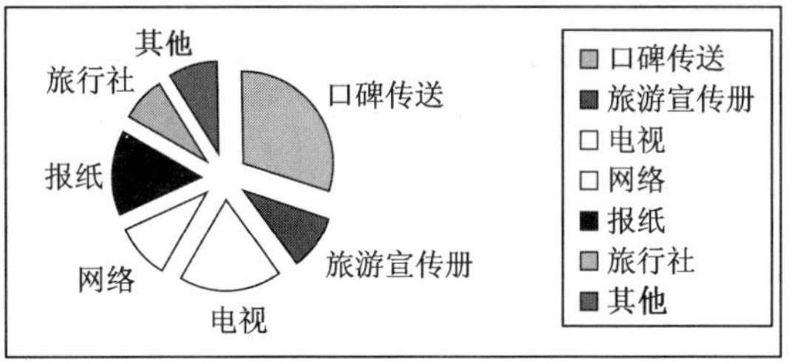

图 6.7 获取旅游信息渠道构成

■ **旅游方式分析**

受地理区位和交通条件影响，来此旅游的游客主要以火车、汽车方式进入该地区，来自经济发达地区和远距离的旅游者都以火车为主，一般都乘火车先到兰州。旅游方式中，散客自助和探亲访友形式占了绝对优势，旅行社组团形式相对较少（图 6.8）。这反映出榆中官滩沟地区在市场营销方面存在不足，因此，未来旅游发展需要加强与旅行社沟通，加强散客接待服务和组织管理工作，从而有效地提高榆中地区旅游的口碑效应。

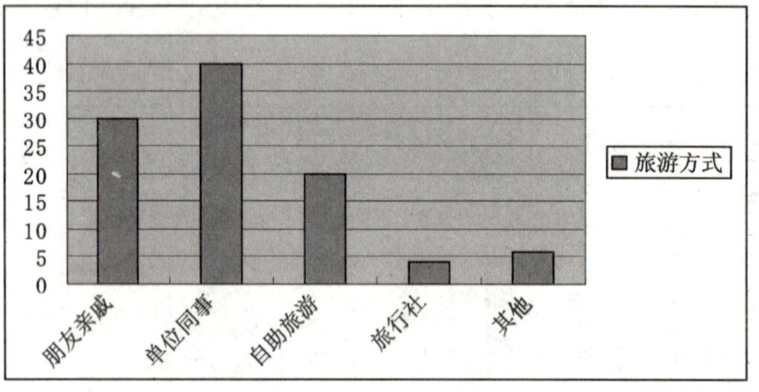

图 6.8　旅游方式构成特征

■ **旅游消费特征分析**

总体上讲，旅游消费不高，低于全国平均水平。在消费结构中，交通占较大比例，然后是旅游餐饮、住宿、旅游商品和旅游活动消费，这与全国平均水平及发达地区相比显得结构极为不合理，处于较低水平，旅游开发程度偏低。旅游作为综合性消费行为，应该提高住宿档次、条件，加强参与性娱乐活动以及加强旅游商品开发。

■ **对食、住、行、游、购、娱的评价**

榆中地区旅游资源丰富，品位也较高，但是由于旅游开发起步较晚，大量旅游基础服务设施不到位，旅游开发技术和观念相对较落后，因此旅游者对其整体评价不高。据抽样调查发现，旅游者除了对榆中地区的旅游资源、旅游景观较满意外，对旅游交通、住宿、餐饮、旅游商品、娱乐活动满意率相对较低（图 6.9）。

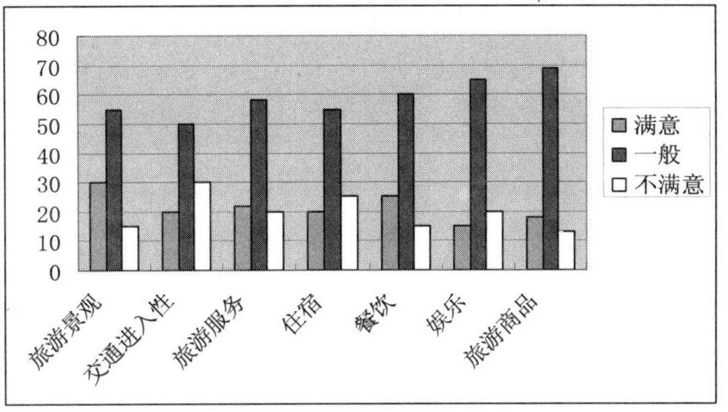

图 6.9 旅游者对旅游要素的评价态度

6.6 主题度假区规划

烟台葡萄酒海岸·邱山山谷度假区规划案例（节选）[1]

6.6.1 宏观背景分析

1. 中国优秀旅游城市

邱山山谷所在的蓬莱市，是一个依山傍海、风景秀美的中国优秀旅游城市，境内名胜古迹众多、历史文化悠久、神化传说纷呈、滨海特色鲜明，素以“人间仙境”闻名于世。国家 5A 景区蓬莱阁和海市蜃楼，亚洲最大的海洋极地世界，美丽的八仙过海口，三仙山风景区等神奇的自然风光和人文景观，使蓬莱成为国内外知名的旅游城市，每年吸引着 300 多万中外游客来蓬莱旅游观光。

丰富的旅游资源、成熟的旅游业，稳定增长的客源市场为葡萄酒旅游这一专项产品的发展提供了游客基础。

2. 中国葡萄酒名城

阳光、海洋、砂砾的完美邂逅使烟台蓬莱成为国内唯一的“中国葡萄酒名城”。目前，蓬莱市葡萄酒企业多达 47 家，张裕、中粮、新天国际、天津王朝、华东百利、香格里拉等国内大型知名葡萄酒企业纷纷在蓬莱建设葡萄酒厂、酒庄和葡萄基地；华鲁、蓬珠、海市等地生葡萄酒企业利用本地优势发展迅速，

1 青岛大学旅游学院《山东葡萄酒文化旅游规划》初稿，2007（主持人：马波；参加人：师守祥等）

已经在国内打开了知名度；菲律宾康达、意大利罗迪、法国瑞枫奥塞斯和阿海威等国外著名酒庄和企业也看好蓬莱的产业氛围，纷纷进驻蓬莱。

在中国做品质葡萄酒必到蓬莱，蓬莱产区的产业集群效应，为发展葡萄酒旅游奠定了坚实的品牌基础。

3. 世界七大葡萄海岸

蓬莱地处山东半岛北海岸，位于东经 120°35'～121°18'、北纬 37°25'～37°50'之间，属中国优秀的酿酒葡萄产地——渤海湾产地的南部产区。蓬莱是世界著名的七大葡萄海岸之一，葡萄种植面积 8 万亩。现有葡萄酒企业 47 家，年产销量 8 万吨，占中国葡萄酒产销量的 1/5。成为世界七大葡萄海岸之一。

4. 经济区位良好的沿海城市

蓬莱市是新兴的沿海开放城市，工农业发达，商贾云集，交通便利，境内现有两个国家一类对外开放港口，已开通了连接山东半岛与辽宁半岛的客货滚装运输航线和通往香港、日本、韩国等国家和地区的航线，海关、检验、检疫等机构齐备。东距烟台机场、火车站、烟台港均为 70 公里，境内威乌高速公路、206 国道等高等级公路通过，并且威乌高速与同三高速、济青高速相连，交通网络辐射全国，便捷畅通。

6.6.2 邱山山谷环境分析

1. 区位与交通

邱山山谷位于蓬莱市中部，景区用地属于大辛店镇，面积约 3.6 平方公里，基本成东西带状，东西总长约 2.8 公里，南北宽约 1.4 公里。邱山山谷所在地大辛店镇，人口 8 万，基础设施完善，是山东省中心镇。

邱山山谷距蓬莱市主城区 20 公里、烟台 48 公里。烟潍高速公路、牟黄公路从山谷的北侧穿过，蓬水公路从山谷的西侧通过，距同三高速公路 23 公里，且在大辛店镇都有出入口，方便了山谷的对外联系。另外蓬莱市是胶东海滨风景名胜区的核心景区，是邱山山谷的重要依托。

山谷景区 3.6 平方公里范围内可分为四个大的景区，即邱山景区，葡萄酒庄景区，邱山湖景区，葡萄园风光区。

2. 地貌

邱山山谷地貌多样，属低山丘陵地带，区内海拔 60～240 米（邱山主峰）左右，地形开阔，坡度适宜，对发展葡萄园种植，滑雪、滑草登山地运动十分有利。

3. 气候水文

邱山地区属温带季风性大陆型气候，四季分明，全年日照时数 2 825 小时，无霜期平均 236 天。年平均降水量为 627.2 毫米，年平均地面温度 14.8℃，最热为七、八月份，最冷出现在一、二月份，时间均较短。

邱山山谷地表水资源比较丰富，平畅河流域形成的邱山水库（邱山湖）为中型水库，库容 1 760 万立方米，是蓬莱市的重要水源之一。

4. 动植物资源

区内现存的野生动物有兽类、鸟类、爬行类、两栖类、鱼类、无脊椎类等。山区常见的是兽类和鸟类。邱山湖区域，最常见的就是野鸭等水禽。

区内属温带自然景观的森林植被，按植物种类有常绿针叶林、常绿针叶落叶阔叶混交林、果树林等 3 种，区内森林覆盖率为 30%左右。

景区森林植被受地形地貌、气候、土壤和人为等因素影响，植被种类并不丰富，形成的植被类型比较单一。乔木单黑松占 20%以上，其次为果木占 75%，还有一些零星小块的其他树种。

5. 邱山山谷风景资源概况

在本景区中，既有一定的自然景观资源，又有可供发掘的古老的人文历史素材。自然景观方面，景区集山、水、林为一体；人文历史资源方面，以三清宫、邱祖庙遗址为代表的文化历史遗存；更有 15 000 亩葡萄园、3 个西式葡萄酒庄；5 个胶东民俗村（邱山店、木兰沟、新兴、夏侯、山上宋家）。

● 邱山湖

邱山湖位于风景区的腹心，邱山湖作为人工湖终年水面稳定，气势磅薄，远眺群山，波光鳞鳞，山风吹过，绿树摇曳，宛如龙身缓缓蠕动，一派美好田园风情。

● 邱山

位于景区北侧，因元代著名道教人长春真人邱处机修道得名，邱山如一道屏风，山势峻拔，有众多的历史传说，所谓“山不在高，有仙则灵”。

● 三清宫遗址、邱祖庙遗址

● 果园

位于南部，拥有山东半岛果园固有特点。

6. 生态环境

邱山风景区地处蓬莱市远郊，建设地址主要是邱山湖一带，均为农村，空气质量好。但长期以来由于经济发展，资源开发不合理、森林覆盖率低，有一定的水土流失。

6.6.3 邱山山谷葡萄园・酒庄

邱山山谷完全符合生产优质葡萄的气候、土壤生态条件，是发展葡萄酒旅游的基础因素。同时温和、晴朗少雨的气候也是发展旅游业的有利条件。

邱山山谷地区葡萄栽培历史悠久，果农具有丰富的栽培管理经验，生产的果品品质优良，在我国葡萄酒行业中具有较高的地位。由于蓬莱种植葡萄及生产葡萄酒的历史较长，社会各界人士对葡萄酒的鉴赏能力较高，种植业户能生产出优质葡萄，企业能够生产高质量的葡萄酒。

邱山山谷地区临接绵延 53 公里的烟蓬观光大道，与 18 公里葡萄观光长廊形成“T”型组合。邱山山谷国际葡萄酒庄葡萄基地建设已具雏形，基地东西 2.8 公里、南北 1.4 公里，面积 3.6 平方公里。

以英国登龙红、法国拉菲特、澳洲澳华葡萄酒庄等酒庄为中心，蓬莱正精心打造精致典雅、富有欧式酒堡风格的邱山山谷。

多处极具欧式风情的葡萄酒庄，配以绿化、美化小品等景点，形成葡萄庄园群。此外，蓬莱正在规划建设更多商务酒堡、宴会酒堡、浪漫酒堡等主题酒堡以及葡萄酒博物馆。

6.6.4 山谷酒庄旅游

葡萄酒旅游是目前世界上每一个主要产酒国的重要目标。世界葡萄酒庄都坐落在著名的葡萄产区，自然环境独特，其产品大都包含了当地的小气候及地域特点，以品质高雅、风格独特受消费者欢迎。

酒庄旅游是葡萄酒旅游的重要形式之一，她在葡萄酒旅游中占有十分重要的地位，而且在宣传葡萄酒文化方面扮演着一个十分重要的角色，其实我们平常所说的葡萄酒旅游指的就是酒庄旅游。

酒庄旅游，首先是它所处的环境位置贴近自然，处处体现着人与自然的和谐、友好相处，另外就是酒庄的构成要素、布局安排以及功能选择也符合人们的生活习惯以及消费心里，尤其是酒庄中满目绿色的葡萄园会使人们感到身心特轻松、特愉悦。开展各种葡萄生态游活动、酒庄观光、农家乐、葡萄及葡萄酒品尝、葡萄及葡萄酒展卖；体验葡萄种植文化、葡萄酿造及品酒文化、民间文艺演出等。

邱山山谷的许多酒庄，可将当地的葡萄（酒）资源优势与旅游有机结合，策划开发出融参与、知识、娱乐于一体的特色旅游项目。吸引游客到远离城市的偏远酒庄，住进各具特色的农舍，品尝葡萄酒产地的特色饮食，欣赏诗情画意的田园风光，参观农业生产设施；旅游者可以自由参观园内的葡萄作物；参与各种农业健身运动。

邱山山谷葡萄酒、酒庄旅游与张裕的主题公园式酒庄（卡斯特酒庄）、中粮的五星级会所式（南王山谷的君顶酒庄）不同，它强调的重点是：西式酒堡、乡村遗产、山地运动。游客参与葡萄酒旅游活动主要可以通过以下方式进行：

① 参加葡萄酒产地的节庆日和葡萄酒节。

② 在葡萄酒产地进餐（葡萄酒企业应建有适量的旅游辅助设施，如餐厅、咖啡厅、烧烤及野餐设施等）。

③ 参加有关葡萄酒的演讲和解说。

④ 在葡萄酒产地（庄园）住宿。

⑤ 在葡萄酒产地、葡萄园旅行。

⑥ 在葡萄酒产地的游客信息服务中心停留。

⑦ 在葡萄酒堡品酒及购酒（葡萄酒堡可设有现场品酒与直接销售设施）。

⑧ 在葡萄酒产地参观展览馆/博物馆等。

⑨ 在葡萄酒厂生产线亲自灌装等。

⑩ 摘葡萄比赛、自己酿制葡萄酒、洗葡萄酒浴、 滚酒桶比赛 、葡萄酒知识有奖竞猜、品酒会、音乐会、篝火晚会等与游客互动项目。

6.6.5 形象策划

“中国蓬莱葡萄海岸·邱山山谷欧式酒庄”

1. 产地概念

葡萄酒旅游是葡萄酒吸引与旅游吸引的结合，葡萄酒的品牌是影响葡萄酒旅游的决定因素。根据某权威调查机构数据反映，消费者对葡萄酒的品牌关注核心在口味、品牌、产地上，而对于还在培养期的中国普通消费者而言，很难识别出明显的口味，他们更多还是依赖于品牌与信誉的保障，但是抽象的品牌如何体现出优质的品味呢？

这就是产地概念。消费者从最质朴的角度认为，葡萄的生长环境对于葡萄酒的品质起着决定性作用。

因此，从产地角度进行葡萄酒旅游的形象定位是获得消费者认同的形象塑造路径。那么，如何将产地与消费者心中已经建立起来的“好葡萄酒=大海＋砂砾＋阳光”对应起来，强调邱山山谷葡萄酒旅游的独特优势呢？

从竞争对手的形象诉求方式来看，张裕通过历史文化诉求的概念带来消费者的形象关注度，采用了“酒文化博物馆＋庄园（卡斯特酒庄）”的形象模式。

从差异化定位的角度，邱山山谷从产地概念突围是比较独特的定位策略，是能与竞争对手进行形象区隔的壁垒。

邱山山谷位于北纬 40 度附近的蓬莱，具有优良的生态条件、悠久的葡萄种植历史和浓厚的葡萄酒文化背景。2002 年，被国家原产地保护办公室确认为葡萄酒原产地保护“烟台产区”辖区。

蓬莱作为“世界七大葡萄海岸”之一的产区定位，通过多年的传播，已经得到初步的确立。因此，在继续宣传蓬莱的葡萄海岸特色的同时，“邱山山谷”的产区领导品牌地位也需要同步树立起来。

2. 核心思想：“葡萄海岸、山谷葡萄酒”

强化行业“海岸、山谷法则”=“葡萄海岸、山谷葡萄酒”的共识：“海岸、山谷法则”不是邱山山谷的创造，而是业内对于葡萄园选址的公认规律。消费者的接受度很高。应该继续对此加以传播，成为“葡萄海岸、山谷葡萄酒”的通俗化解释。

“葡萄海岸”这一概念，在很多消费者心中已经有了初步的认知，但这种认知只是对文字的理解基础之上，并未有任何实际的感受。将“大海”、“砂砾”、“阳光”的感受生动化，是建立消费者真实认知的关键。将“3S 法则”符号化，邱山山谷找到了在传播上将定位核心落地的地方。

“山谷葡萄酒”的概念也是由来已久的，特别是新世界（相对于 Old World 而言的，指欧洲之外的其他西方国家和地区）的葡萄酒旅游。世界知名葡萄酒庄多建在“山谷”，成为重要的旅游地，如美国加利福尼亚的纳巴山谷（Napa Valley）。纳巴山谷绵延 30 英里，在其周边建立了 240 家酒厂。纳巴山谷葡萄酒联盟估计，在该区由酒厂、酿酒及葡萄酒旅游带来的直接就业达 17 万个。据估测，每年来到纳巴山谷的游客达到 500 万人次，纳巴山谷成为加利福尼亚地区仅次于迪斯尼乐园的第二大旅游景点。加拿大的尼亚加拉地区（Niagara region）和奥卡诺根山谷（Okanagan Valley）均为优质葡萄酒产区，这些区域的酒厂主要靠游客销售产品。澳洲著名的猎人谷（Hunter Valley）周围分布着 80 家酒厂、会议中心和度假区以及旅游设施，每年游客流量超过 100 万人次。南非的法兰雀克山谷（Franschhoek）内有 26 家酒厂，周围群山环抱，它是 300 年前法国殖民者建立的。到处是法式美食，花样繁多，并且达到了较高的国家标准。美酒与美食的结合使得法兰雀克成为独特的旅游目的地。

嫁接“葡萄海岸”与“邱山山谷”的专属性：将“葡萄海岸”这一概念迅速、有效地嫁接到邱山山谷葡萄酒旅游上来，由此就很便捷地找到了“海岸”葡萄酒品质支撑点。将邱山山谷列于“世界第七大葡萄海岸”之一，邱山山谷作为“中国山谷葡萄酒（庄）旅游代表”的核心定位呼之即出。

开展的活动有：

- 酒庄葡萄酒品鉴活动；

● 葡萄海岸、邱山山谷“山地健康运动”；

● 在旅游淡季，邀请部分俱乐部中、高层管理人员，到蓬莱参加“山谷庄园·葡萄海岸之旅”活动；

● 海岸之旅活动包括阳光篇；美酒、美食文化体验篇；沙砾篇；海洋篇。

● 葡萄海岸，美食攻略：葡萄酒与美食的结合既是葡萄酒本身性质所决定，也是海岸·山谷的特点所决定的。在终端的主要通道附近开辟出葡萄酒知识小展示区，并根据酿酒葡萄采摘习俗安排特色套餐：红酒炖牛肉、红酒炖山鸡，让消费者在享受美食的时候就体验“海岸”的诱惑。

●“葡萄海岸·清凉夏日”音乐节：在夏末和秋初天气较炎热的周末，将人们喜欢的消暑纳凉活动和音乐、美食结合，创造一个体现“葡萄海岸·山谷庄园”特色的大型户外狂欢活动。

6.6.6 组合规划设计

山谷的酒庄可以在冬季开展滑雪、狩猎等项目，夏季开展滑草、山地自行车比赛。

山谷可利用水库、起伏的地形发展旅游，可发展垂钓、野营等。与古老村庄相依的可结合乡村遗产，开展民俗文化旅游；总之，每个葡萄酒庄/庄园都可以开发出各具特色的旅游项目，进而发展成“蓬莱邱山山谷葡萄酒庄/庄园旅游”专项产品。

6.6.7 景区功能与结构

根据本景区的景源现状基础和组织游览活动的要求，将景区划分成四个部分：

• 邱山景区

• 山地运动区

• 邱山湖景区

• 葡萄园、酒庄风光区

1. 邱山景区

位于风景区的西部，是景区的主入口，包括三清宫、邱祖庙和邱山等自然景观及入口服务中心，停车场等必要的服务设施。

2. 山地运动区

位于本景区中部，包括滑草场、滑雪场、跑马场及周围山体、河流自然景观等。

3. 邱山湖景区

是核心景区的精华部分位于景区东方，由宾馆、健康会所、游艇码头、垂钓区、娱乐游玩区、停车场、民俗活动广场、民俗街、农家宴组成，以旅游娱乐文化服务为主。

4. 葡萄园风光、酒庄游览区

位于本景区的南部，包括葡萄园、果园、地方特色农舍等组成，以地方田园风情为主。

6.6.8 景点设计

1. 入口旅客接待中心

位于景区西端，结合地形将入口停车场与接待中心分设在两个不同的高程上。此处原有一小水塘，设计中充分利用原有地形地貌，山、水、建筑融为一体，反映了景区的自然特色。

2. 邱祖庙

位于邱山南麓，为仿古清式道教建筑。旅游与道教文化、健身结合。

3. 三清宫

位于邱山南麓，为仿古清式道教建筑，院落三进，并配有跨院。

4. 果园

利用原有果园，增添果树品种，使其成为重要的观光农业基地。

5. 民俗街、农家乐

位于葡萄园地带的保留村落，民俗街道错落而开敞，建筑高度1～2层不等，天际线起伏有致，容纳必要的商业服务和旅游文化服务功能。把景区出入口、农家宴、停车场、民俗街有机地结合在一起，可容纳旅客往来驻留及节日里的民俗文化活动。农家宴以民居聚落为形，承载具有民间地方特色的餐饮服务。

6. 水上游乐

7. 其他　于景区内设亭、廊、台多处，供游人小憩、观景。

6.6.9 道路交通及游览路线规划

景区分水上游览线路与陆上线路两种。水上游览主要位于邱山湖内；陆上交通线路分为车行道、主游览步道、次游览步道三级，车行道宽7米，联系外围公路和景区出入口，便于游客往来，主游览步道坡地1.8～2.0米，平地3.5米，用于连接各主要景点，次游览步道宽1.2～1.6米，连接各主游览步道。在景区出入口广场和主要建筑附近，有5处停车场，总面积约5 000平方米。

在游览路线的安排上，规划依据景观特征、游赏方式、游人结构、游人体力与游兴规律等因素，精心组织，满足本地与外地游客的多种游赏要求。

6.7 城郊度假区规划

西宁夏都生态度假园规划案例（节选）[1]

6.7.1 园区范围与土地资源状况

园区位于西宁市城北区廿里铺镇石头磊村，园区范围包括宁大路以东，北川河以西，廿里铺村以南，陶新村以北的区域，南北长约 1 400 米，东西宽约 750 米，占地面积约 105 公顷（约 1 570 亩）。园区气候属大陆性半干旱气候，冬无严寒，夏无酷暑，全年平均气温 6.5℃，适宜休闲避暑。

园区地势西高东低，地势较为平坦，平均海拔高度约为 2 290 米，最大高差仅为 12 米，开发建设成本较低。土地资源相对丰富，土地开发程度较低，可供开发的自由空间大，适合建设以生态农业观光、休闲康体、餐饮为主的综合性旅游中心。园区内土地总面积共有约 105 公顷，其中可供成片开发的耕地、园地和河滩地所占比重较大（约占 60%），且地势较为平坦，现多为撂荒地，开发成本低、潜力大。在已开发土地中，建有永久性建筑的土地所占比重较小，多为临时性、易拆除的简易建筑，拆迁及重建的成本较低。

6.7.2 经济社会发展现状

园区经济社会总体发展较为落后，经济发展以农业为主，居民收入水平较低，区内基础设施建设薄弱，具有典型的城乡接合部特征。

1. 基础设施建设情况

规划区内部水、电、路、通信等基础设施建设已初具雏形，但基础设施档次较低，且未形成较好的体系，基础设施的总体建设较为落后。从用水基础设施建设来看，园区自来水管线还未完全建成，没有形成稳定、可靠的供水系统，同时区内缺乏排水系统；从交通基础设施建设来看园区虽然西临宁大路，但在园区分布过短，且属过境通道性质，不利于人流、物流的聚集，园区内部较为封闭，与周边区域的连通能力差，园区可进入性较差。

2. 产业发展状况

园区基本形成了以农业和服务业为主的产业结构体系。农业多采用粗放式经营方式，农业产值较小，农民收入较低，种植的多为蔬菜和油料作物。服务业主要以餐饮娱乐的茶园为主，园区现有茶园 30 多家，大多从事类似“农

---

1 青海省工程咨询中心、西北师范大学旅游规划中心《西宁夏都生态度假园规划》，2006（主持人：师守祥，主要参加人：李巍、介小兵）

家乐”的餐饮服务活动，但服务设施较为落后，档次较低，而且恶性竞争现象突出。

6.7.3 园区建设的意义

本园区建设的主要目标是根据生态农业发展思路，结合西宁市旅游发展需要，按照高起点、高标准、高质量、高效益的要求，通过对园区进行改建、新建，建设一个集生态农业观光、休闲康体、餐饮住宿、文化娱乐为一体的开放式公园。园区建设主要具有以下重大意义：

1. 缓解西宁旅游接待压力，提高西宁旅游接待水平

随着西藏、青海旅游业的迅速发展及青藏铁路的开通，今后很长一段时间内，进入西藏和青海旅游的游客数量让将迅速增加，受青藏铁路运输能力的限制及青海旅游产品吸引，相当大一部分的进藏游客，会选择在西宁中转。在今后较长一段时间内，西宁仍将起到大量进藏游客的中转、集散地的作用，这将对西宁市旅游服务接待造成很大压力。园区建设将缓解西宁日益紧张的旅游接待压力，通过生态餐厅等大型餐饮、住宿、休闲设施的建设，扩大西宁旅游接待能力，提高旅游接待综合水平。

2. 打造西宁城市名片，提升西宁城市知名度

长期以来，西宁城市发展单纯强调经济发展，过分倚重城市基础设施建设，忽略了城市生态环境建设，城市绿地面积较小，绿化率较低，造成了西宁“脏、乱、差”的整体形象，影响西宁城市的协调发展。园区建设主打生态农业观光旅游品牌，通过项目建设可建成以生态环保、农业观光为主的综合性环境保护区，可在一定程度上改善西宁城市整体形象，提升西宁城市知名度。

3. 增加农民收入，吸纳农村剩余劳动力

园区主要产业定位为生态农业观光和现代产业接待服务业，通过园区建设不仅可提升土地利用价值，农民还通过土地租赁、生态农业观光、农业采摘、农家乐旅游项目等活动提高收入水平。同时，园区服务还可吸纳大量的农村剩余劳动力。

6.7.4 园区建设的优势分析

1. 资讯获取便捷的优势——信息力

旅游业发展越来越依赖于对外界市场信息的及时把握，并且还需要创造性地引领市场需求。大量市场信息多来源于一个地区的中心城市，时尚消费潮流也最先在城市内部掀起。因此，接近城市尤其是接近中心城市，一定程度上就是接近旅游市场，接近市场也就意味着接近商机。园区地处青海省会城市西宁

北缘，优越的区位条件，得天独厚、便捷、低成本获取青海、西藏和西宁市旅游市场信息的优势十分突出，市场信息优势赋予区域先行一步的潜在可能性，从而使得区域可以获得先发优势。

2. 稳定、强大的客源保证——需求力

旅游信息获取只是旅游行业发展的先决条件，旅游资源开发、设施建设真正进入实施阶段，必须满足相应的旅游门槛人口，进而才能获得规模经济效益，才能保证稳定的投资回报。当前及今后很长一段时间内，西藏和青海省旅游仍将迅速发展，尤其是青藏铁路开通后由于运能较低，西宁仍将在较长一段时间起着进藏旅游中转接待的作用，大量游客仍会在西宁进行或长或短的逗留，这为园区提供了强大的客源保证。同时随着西宁人口规模的不断扩大及城市居民收入水平的不断提高，民俗旅游、田园风情游、生态旅游以及休闲度假游等城郊型周末度假游越来越受到人们的青睐，这将为园区提供稳定的客源。庞大稳定的客源及消费者需求足以满足任何园区建设的门槛需求，园区建设的前景良好。

3. 独具特色的区位及景观优势——垄断力

区域特色是园区建设的重要前提。园区地处西宁市城北区北部，西临宁大路，区位优越，交通便利，市内有6、16、34、84、108路等多路公交线路通过，区外交通便利。园区地势平坦、地域面积广阔，区内植被覆盖较好，且已初步形成了具有集聚特色的茶园接待设施，形成了在西宁市独具特色、具有一定影响力的休闲、餐饮地域，具有一定的垄断性。随着园区的实施，其区位、交通和景观特色优势将进一步凸现，其比较优势也将很快转化为市场竞争优势，从而获得丰厚的收益。

4. 开发程度低，开发建设的空间广阔——后发力

园区目前还停留在自然开发阶段，开发档次较低，建设用地不合理，在许多茶园之间存在大片的荒地没有进行开发，为开发土地广阔，开发建设的空间广阔，发展的后发优势较为明显。园区的后发性至少可以体现在以下几方面：开发起点的后发性、规划的超前性、开发目标的多元和谐性、管理经营制度的创新性等方面。

6.4.5 园区建设的劣势分析

1. 边缘地带城市化过程中的历史欠账多

园区由于地处西宁城市边缘地带，在政府推动城市化发展过程中，无论是城市基础设施等硬环境建设还是管理制度等软环境建设都有遗留的历史欠账问题，具体体现在园区缺乏水、电、路、通信等基础设施的综合规划，政府对基

础设施的投资也相对较少，区内基础设施建设呈现出农民自发投资修建、缺乏整体协调性的混乱状态，尤其在道路建设中表现得最为明显。同时还存在园区农民土地使用权没有及时转换为城市国有土地，农村集体经济组织没有及时向规范的公司法人转变历史问题，导致农民在自家拥有的土地上进行茶园等开发活动，大大降低了土地的使用效率。基础设施建设历史欠账和制度建设滞后问题结合在一起，增加了园区建设的困难和问题。

2. 园区人力资本积累难以适应现代服务业发展的需要

园区内土地主要为农民自有土地，园区建设必须解决农民的就业问题，而园区建设主要以现代化的生态农业观光、餐饮接待、休闲康体为主的服务业为主，这些行业需要具有较高文化素质的人才，尤其是高素质的管理人才。而园区多为农业劳动者，其文化、科技素质相对较低。如何提高其文化素质，是园区建设解决占地农户剩余劳动力首要解决的难题。

3. 园区微观经济主体实力薄弱难以起到繁荣经济解决就业的双重功效

园区内主要经济主体为农户，受农民自身薄弱经济实力的影响，农户在园区内的开发多属于小规模低档茶园餐饮服务，茶园建设缺乏规划，服务设施较为简陋，服务水平较差，服务内容多属于提供餐饮和打牌等娱乐活动。园区现有茶园 30 多家，经营主体多为农户和租地户，茶园提供的服务活动和方式基本相同，茶园开发的小型化和低档化使茶园难以吸纳大量劳动力，从而难以解决农户就业问题。同时茶园开发的同构化，使茶园间存在着严重的恶性竞争，从而造成了经济效益低下，说明农户个体开发难以繁荣当地经济。总之，园区微观经济主体难以承担繁荣经济和解决就业的双重功效。如何确定开发经营主体，协调开发主体、经营主体同农户的关系是一个十分重要的问题。

4. 封闭的地形及单一的入口不利于大量人流在区内的聚集

园区虽有西临公路和 6、16、34、84、108 路公交线路通达，但受地形及开发现状的影响，进入园区的入口较为单一，且入口较小，严重影响了园区的可进入性，不利于人流、物流的聚集。园区内有宁大铁路穿越，不仅对园区建设起不到改善交通的作用，反而占据了园区的大量土地，尤其是将园区分为东西两半，东西区域仅有一个涵洞连接，从而影响了园区建设的集聚性，也不利于大量人口的集聚。

6.4.6 园区建设的机遇分析

虽然园区开发目前存在一系列的劣势有待克服，但其面临的发展机遇依然昭示着园区未来的前景相当广阔，关键问题是如何把握这些稍纵即逝的发展机遇。

1. 符合西宁城市的快速发展及规划——空间战略机遇

近年来，西宁市城市人口迅速增加，许多农业用地转化为城市建设用地，城市化进程明显加快，城市功能布局也发生了较大的变动，依据城北区在西宁城市总体规划中的功能定位将园区定位为城北区的功能扩展区。城市功能拓展区的内涵包括承接中心城区若干功能的外溢、发展新的朝阳服务产业或是作为城市未来功能建设储备用地。无论从上述三个角度的任何一个角度来理解城市功能拓展区，园区发展均蕴藏着后来居上的潜在竞争优势，从而很可能成为西宁市现代服务业发展的领先区域。

2. 强大稳定的客源——潜在增长中心的机遇

当前及今后很长一段时间内，西藏和青海省旅游仍将迅速发展，尤其是青藏铁路开通后由于运能较低，西宁仍将在较长一段时间起着进藏旅游中转接待的作用，大量游客仍会在西宁进行或长或短的逗留，这位园区提供了强大的客源保证。同时，随着西宁人口规模的不断扩大及城市居民收入水平的不断提高，民俗旅游、田园风情游、生态旅游以及休闲度假游等城郊型周末度假游越来越受到人们的青睐，这将为园区提供稳定的客源。庞大稳定的客源及消费者需求足以满足任何园区建设的门槛需求，园区建设的前景良好。

3. 科学发展观实践赢得更多的发展机会——优惠政策机遇

在中国目前的体制下，“领导者的眼球经济”依然是推动区域发展不可忽视的外在力量。长期以来人们关于关注经济增长的数量和规模，却很少关注经济增长的内在质量和效益，更没有考虑经济发展所付出的环境代价和生态成本。新的科学发展观的提出，尤其是绿色 GDP 核算和考核体制的逐步完善，使得生态农业、清洁生产等重新成为人们关注的焦点，至少在决策者的眼中，园区蕴藏着巨大的经济、生态、社会和文化价值，非常适合作为生态农业、休闲度假接待“实践科学发展观的试验田”来加以规划建设，因而政府部门对园区给予了高度的关注和大量的优惠政策，为园区发展注入了新的动力。

6.4.7 园区功能、产业定位

1. 功能定位及依据

在我们对园区外部、内部环境分析的基础上，结合园区发展现状及城北区在西宁城市发展中所起的职能，根据“以资源为基础、市场为导向”的园区开发指导思想，依托园区区位、资源优势，通过系统、类比的方法，我们提出园区的功能定位为：

合理利用人文、自然资源，以亲吻大地、回归自然、享受生活的理念为支撑，以近城、临水与都市农业、林荫为最大卖点，以现代服务业为灵魂，建成集生态农业观光、休闲康体、餐饮住宿、文化娱乐为一体的综合开放式公园，为西宁市民提供城郊理想的休闲场所，进一步树立省会的旅游中心和城市感知形象，打造一个景色秀丽、舒适宜人的“中国夏都生态度假园”。

（1）从主题上，以“中国夏都生态度假园”统率全局。一个好的名称就是区域的名片，就如同“夏都”两个字早已突破城市局限，辐射至周边地区及整个青海省。园区当前需要的就是聚焦，而非分散。中国夏都生态观光园就是对园区和周边分散资源的一种集聚，一种质的拨高，不仅涵盖了河流、绿林、农业等多类景观，而且突出了园区适宜夏季避暑度假的优势，同时和西宁“中国夏都”旅游品牌相协调，可通过联合营销提高整体的知名度。同时以“中国夏都生态度假园”对园区进行命名，首先凸显园区“生态为本”的最大资源本底，使人们迅速形成“清新、优美、宜人”等积极的联想，促进外围群体对西部的重新识别与态度转变。此外，现有各种命名不仅无法让外来者迅速形成清晰、深刻的认识，而且与园区所倡导的优美、创意、休闲的文化氛围相左。

（2）从功能上，强调产业对区域的支撑。中国夏都生态观光园，首先突出其产业特性，即它既不是一个以工业研发为主的工业园区，也不是单纯的旅游景区，而是一个有生态农业、餐饮、娱乐、接待的综合性现代服务行业集聚区，餐饮、娱乐和休闲、康体设施将占据较大比例。而选择生态观光农业，主要是受当前园区土地利用性质为农业用地，应尽量维持现有土地利用现状，但发展的农业不是传统的农业，而是集农业先进技术示范、农家休闲娱乐、科普为一体的现代生态农业。同时考虑到用地空间较为广阔及西宁城市旅游的接待能力，将旅游餐饮、娱乐、接待也做为园区主要产业进行定位

（3）从区域联动上，强调对城北区及西宁市的主流贡献。在功能定位上，充分考虑园区在城北区及西宁市所处的位置，从整体区域背景上进行定位，我们认为园区在城北及西宁市承担了休闲配套的辅助角色，是西宁市现代服务业的有机延伸，并和宁大路以东生态科技园形成功能互补，为科技园提供休闲、康体、娱乐的场地，形成功能互补。

（4）从景观上，强调城市最为稀缺的近城生态景观特征。随着城市建设用地的日益紧张，城市中心区人口稠密、交通拥挤、环境污染、住宅紧张的问题日益突出，交通较为便利、生态环境较好的城市边缘地区在城市发展中的生态功能日显重要，依托良好生态环境发展的城市边缘旅游业发展迅速。园区正处于区位优越、生态较好的绝佳环境，城市边缘水体、绿地成为其最大特征、最亮的卖点以及竞争力所在。

2. 产业定位

园区选择生态农业、餐饮服务业作为主导产业，是“天时、地利、人和”

之选。所谓天时，是指恰逢青海、西宁即将迎来旅游业发展的黄金期；所谓地利，是指园区具有得天独厚的区位、交通优势以及较好的绿色生态景观；所谓人和，是指园区开发在整体观念、开发思路、人员组织上的都有所突破，为园区建设提供了坚实的人力保障。

园区产业发展将以生态经济理论为指导、以自然景观为本底，以构筑特色产业体系为重点，强化生态观光产业与旅游接待服务业两大支柱产业，建设西宁北部生态化、健康化、现代化的综合服务中心。

6.4.8 园区建设总体布局

根据园区土地利用类型、特点和地域结构，结合园区发展条件和未来发展方向、主导功能，从资源内在联系、园区科学设置、产品优化组合和有利于实施管理的要求出发，综合考虑游客的需求心态及实际开发能力，依据地域特色原则、重点突出原则、空间连续性原则和协调发展原则，可将园区总体布局分为四个功能区：水上娱乐游览区、生态农业观光区、餐饮服务接待区和休闲康体建身区的空间格局。

1. 水上娱乐游览区

位于园区东部濒临北川河的沿岸地带，通过开挖池塘、建筑蓄水堤坝，修建凉亭、廊桥等设施保护河边湿地，利用北川河形成活水循环系统，科学处理防洪和排渍问题，维系水系的多维生态系统，渲染河湖主题意境，使人文景观与自然生态景观相辅相成，营造秀丽清雅的水体景观，为游人提供一个划船、垂钓、沙雕、写生、赏景的综合水上娱乐观光园。

2. 生态农业观光区

位于园区宁大铁路以东，水上娱乐游览区以西的地域。生态农业观光园以农业生产为依托，在充分利用现有农村空间、农业自然资源和农村人文资源的基础上，通过旅游内涵为主体的规划、设计和施工，把农业生产、农业展览、农产品采摘观光和“农家乐”旅游融为一体，使旅游者真正体验到生态农业的魅力及“农家乐”旅游的乐趣。

3. 餐饮服务接待区

该区位于园区宁大铁路西侧的北部，以夏都生态餐厅为中心景区，营造出回归自然的环境氛围，餐厅空间宽阔，内部修建假山，瀑布，蓄水池，环形、曲折动态水系，形成诗情画意的山水风光，让游客体验亲近自然、心旷神怡的感受。

4. 休闲康体健身区

该区位于园区宁大铁路西侧的南部，该区主要为游客及西宁市民提供一个休闲、健身的活动场所。该区又细分为适应不同人群及不同活动的区域，包括体育运动区、休闲健身区、小型广场等，在空间的组织上，以开敞的草地、广场和半敞开的疏林为游人提供一个容纳个性舒展、参与各种活动的空间。

6.4.9 功能分区

（一）餐饮服务接待区

1. 位置

位于园区宁大铁路西侧的北部，占地总面积约 40 公顷。

2. 规划构思

依据西藏、青海旅游业的发展现状和趋势，以西宁市为旅游基地，通过修建园区大门、夏都生态餐厅、园区管理中心、中心广场、停车场等设施，建成以餐饮、演艺、商务接待为主，环境优美、舒适宜人的大容量、高档次餐饮服务接待区，提升西宁旅游接待的能力和水平，打造西宁城市名片。

3. 功能定位

集餐饮、演艺、商务会议接待、休闲等多重功能为一体，既是面向整个多功能服务区，也将成为西宁旅游重要的旅游接待地与集散地。

4. 主题形象

健康福地、美食世界。

5. 建筑特色

开发建设为中强度、低密度建设，建筑均为低层，在建筑形态上和西宁市中心区高密度住宅相区别，形成静谧、雅致、恬淡建筑风格，形成人文、自然统一协调的综合景观。

6. 建设重点项目

（1）景区大门　在园区西部正中位置，采用仿古建筑形式修建大门，大门横匾上以隶属书写“中国夏都生态园”。大门总体高度在 10 米左右，宽度约 15 米，大门建筑风格要和园区总体风格一致，建筑材质主要采用水泥、砖、木等，建筑设计要坚固耐用、美观大方。

（2）夏都生态餐厅　在大门左侧修建面积约为 1 000 平方米的夏都生态餐厅，采用园林设计、景观植物养护以及农艺等技术，将山、水、树木、花草与餐厅的功能分区有机结合，实现充足的阳光、清新的空气、绿色有机食品、环境与艺术、技术与自然完美融合，营造出一种优美的生态自然景观环境，使生活在都市中的人们在品尝健康美食的同时，又能远离城市喧嚣，在小桥流水、鸟语花香、翠色环绕中欣赏别具一格的自然美景，享受一种油然而生的快乐心情。

（3）园区管理中心　在园区大门右侧修建园区管理中心，负责公园次干道绿地、居住小区绿地、街道广场绿地的养护、园林绿化工程的建设、清洁卫生、园林绿化植物栽培管理、病虫害防治和安全保卫等工作。

（4）广场　在夏都生态餐厅前修建一个面积约 3 000 平方米大的高品位、多功能、具有文化内涵的现代化广场。在广场中心建一音乐喷泉，设置若干古色古香的园林灯，修建表现青海或西宁著名景点的雕塑，修建一些造型优美的桌凳、垃圾筒等设施，满足人们集会、休闲、健身、娱乐、商业等活动的需要。

（5）停车场　在大门外围左侧修建一面积约为 2 000 平方米大的停车场，以方便游客和消费者停车。

（二）滨水娱乐游览区

1. 位置

位于园区东缘滨临北川河的地带，占地面积约 10 公顷。

2. 规划构思

水环境建设是人类社会可持续发展的重要方面，随着人类物质生活水平的提高，人居环境要求与城市水环境的治理和保护相结合，营造水流潺潺的优美环境，建设亲水步道，将人类纳入到自然环境中，创造人类与自然融洽的境界。

滨水娱乐游览区依据人们亲水性心理，突出和贯串生态理念，从结构、机理、功能和协调四个层次，分别运用构建技术、净化技术、生态技术和恢复技术，探索生态护岸构建技术、河流水质净化技术和植被景观建设协调技术，建立滨水景观功能与水质净化功能相结合的生态环境，通过修建堤坝蓄水、开挖人工湖、修建亲水步道、花坛、亭榭、沙坑等亲水、近水、戏水设施，营造出一个宜人、幽静、亲水性强，适宜市民休憩、戏水、观光滨水娱乐游览区。

3. 功能定位

水景观赏及水上娱乐，集防洪、绿化、美化、休闲、观光、娱乐为一体的滨水旅游景区。

4. 主题形象

水上乐园。

5. 建筑特色

开发建设为低强度、低密度建设，以水生植物和花卉为主导景观。

6. 建设重点项目

（1）蓄水堤坝　由于园区属于大陆性半干旱气候，降水的季节性变化很大，因而北川河流量的季节性变化也很大，流量的季节性变化对滨水娱乐游览的影响较大，因此应在园区南部川北河上修一堤坝，进行蓄水，以形成较为宽广的水面，形成稳定的水体景观。

（2）河堤　在北川河西岸修建防洪河堤，兼作游览步道，在河堤景观设计时，要因地制宜，依自然地形、地貌、环境而设计，通过立体式石砌生态护岸结构优化，营造了多样丰富的岸线景观，构筑了岸边水生动物栖息繁衍的场所及环境，使之与江堤岸上鸟类昆虫类动物的觅食繁衍场所形成一个水陆复合型生物共生的生态系统。在设计思路上，以整体美为基本原则，突出特色美，体现意境美，进而增强沿河景观的变化，延伸河流水生态系统的空间，体现轻水性。在堤上设置石质桌凳供游人休息。北川河东岸不需修建河堤，保持原生的湿地生态系统。

（3）人工湖　在园区的滨水娱乐游览区中部开挖一面积约 2 000 平方米的人工湖，通过大型水泵将北川河的水引入。在湖中栽种适合当地生长的芦苇、荷花、水菖蒲等水生植物，形成幽静又极富情趣的优美环境，在湖边湖的周围可种植较为赖水的树种，营造林荫、波光的水体风光。在湖中投入鱼、蟹、虾等，可进行垂钓等旅游活动。在湖中放置小船 5 艘左右，为人们提供划船活动。

（4）凉亭　在人工湖的南部采用仿古式建筑风格建设一座木质凉亭，供人们纳凉休息、娱乐。

（5）花坛　在人工湖的西北、东北、东南和西南四个方位设置单个面积约 30 平方米的花坛，花坛和人工湖形成中心辐射的空间布局关系。选择适宜当地生长的名优花卉进行种植，根据花期、花型、色彩、层次合理布置，实现四季鲜花开不败的风景。

（6）沙坑　在凉亭后边开辟一面积约为 30 平米大小的沙坑，为小孩提供玩沙的场所，也可开展沙雕活动。

（7）水景雕塑　在河堤及游览区内适当的位置放置和河流、水体有关的雕塑，增加游览区的文化氛围和人们的想象力。

（8）游览步道　采用青砖铺设的小道构建游览道路，并和河堤形成区内环状游览道路。

（三）生态农业区

1. 位置

位于园区宁大铁路以东，滨水娱乐游览区以西的地域，占地面积约 45 公顷。

2. 规划构思

休闲观光农业集现代农业与自然景观、人文景观及旅游资源为一体，满足人们回归自然的消费需求，越来越受到城市居民的青睐，成为都市型农业的重要组成部分。生态农业观光区要以“绿色文化、花园农业”为宗旨，坚持农业与旅游业联动发展策略，发展观赏性、趣味性、参与性的旅游农业，不断充实生态农业内容，提高其观赏性和娱乐性，形成集度假、餐饮、观赏、娱乐为一体，融现代农业、乡土风情、娱乐休闲、文化教育和农事体验于一身的休闲观光农业景区，满足与适应市民回归自然，享受宁静、安逸生活的心理和多层次、多元化的消费需求。

3. 功能定位

集试验、示范、观光、采摘、品偿等于一体的农业生态观光园。

4. 主题形象

绿色生态文化，花园示范农业。

5. 建筑特色

开发建设为低强度、低密度建设，以人工农业作物为主导景观。

6. 建设重点项目

（1）温室大棚　在生态观光园中部，占地面积约 10 公顷，采用无土栽培、智能水温控制设备、优质育种、生态防虫防灾技术和设备，建成蔬菜无土育苗车间、花卉苗木培苗车间、无土栽培特种蔬菜温室、观赏瓜果栽培温室、南方适宜性优质蔬菜大棚、土培花卉车间、食用菌繁育栽培车间，展示先进农业生产技术，形成“月月有花、四季有果”景观。

（2）吃苦体验项目　在生态农业观光区南部，开辟出一块大 200 平米主要的空地，分割成 10 个面积为 20 平方米的空地，作为部分城市游客固定的农田劳作体验田，亲身感悟农田劳作的辛苦及致富思源、富而思进的时代精神。

（3）“农家乐”旅游项目　在石头磊村，对现有农民住房遵循朴素、自然、协调的基本原则进行改造，突出“农”家特色，最大程度地保持和突出原汁原味的农家风味，饮食文化吸引力在于“土”、“鲜”、“洁”，用“特色”树立良好形象，通过品现摘的蔬菜，尝现捕的鲜鱼，吃传统的农家饭，真正体验吃农家饭、住农家屋、干农家活、享农家乐的快乐。

（4）蔬菜、水果配送中心　在石头磊村现预制厂处建立蔬菜水果配送中心，各种蔬菜经过严格检测及包装，输送到各大商场、超市，满足广大市民及游客对绿色无公害蔬菜的需求。

（5）蔬菜水果采摘园　在生态农业观光区北部开辟蔬菜水果采摘园，面积约 10 公顷，种植四季不同蔬菜、果树，供游客采摘体验。

（四）休闲康体健身区

1. 位置

位于园区西南部，占地面积约10公顷。

2. 规划构思

追逐车、小火车、飞蝶车、扭扭车、电瓶车、电瓶赛车、碰碰车、电动玩具、摇摆机、跷跷板、转椅、风车、淘气堡、户外塑料乐园、蹦床、球池、充气弹跳、公园仿真动物、卡通宝贝乐园

3. 功能定位

集休闲娱乐、康体等于一体的健康休闲健身区。

4. 主题形象

灿烂阳光、康体乐园。

5. 建筑特色

开发建设为低强度、低密度建设，以人工建筑为主导景观。

6. 重点建设项目

（1）户外健身广场　位于休闲康体健身区中心，设置户外建设器材健骑器、三位扭腰器、二位地理漫步机、坐式旋转器、转体训练器等建设器材，为游客提供健身活动场地。

（2）室内健身广场　位于休闲康体健身区南部，修建健身房，设置更衣间，购置斜蹲训练器、坐式拉背训练器、坐式蹬腿训练器、扩展式夹胸器、电子跑步机、踏步车等室内健身器材，为市民和游客提供高档健身服务。

（3）乒乓球场　位于休闲康体健身区西部设置露天乒乓球场地，摆放20个乒乓球桌。

（4）羽毛球场　位于休闲康体健身区南部设置露天羽毛球场两个。

（5）儿童乐园　在羽毛球馆旁边设立小规模的儿童游乐园，购置跷跷板、弹跳床等儿童游乐设备，为儿童提供娱乐场所。

6.4.10　园区开发模式选择

根据青海省和西宁市政策要求以及园区建设的特定条件，我们建议的开发模式具体设计方案为：

（1）生地转让企业主导型

园区开发办组织制定该地区的控制性详细规划方案，报省市相关部门批准后，将园区以“生地”方式作为一个整体直接挂牌出让，由有实力的企业统一组织一级开发和二级开发。

优点

A. 由企业组织统一开发，可以提高开发效率。

B. 由单一的企业进行开发，可以保证园区的整体性协调开发，获得组合优势。

C. 可以充分发挥企业在媒体宣传方面的优势，提高园区的知名度。

D. 有利于后期的统一经营管理。

缺点

A. 企业受短期利益的驱动，在后期开发过程中，寻找各种借口修改、突破控制性规划的要求，使得园区既定的规划效果被破坏，预期的功能定位、产业定位等难以实现。

B. 如果中标企业的财务状况恶化，后期的开发资金得不到保障，会出现半拉子工程，造成难以收拾的局面。

C. 由单一企业直接组织统一开发，可能会造成大量的拆迁纠纷，影响社会的稳定。

（2）熟地转让型

园区政府部门直接组织土地的一级开发或招标委托开发企业完成土地的一级开发，一级开发完成，经过验收后再将“熟地”进行拍卖，由开发商进行二级开发。

优点

保证了开发的秩序，降低了开发的风险。

缺点

A. 根据相关的政策规定，一级开发的利润只有2%，吸收社会资本参与的难度很大，开发资金得不到保证。

B. 这种待一级开发完成后再进行二级开发程序，不符合系统工程和运筹学的基本原理，会延缓开发进度，影响园区整体建设和发展。

（3）生地转让政府控制型

与第一种方案类似，直接转让“生地”，由企业统一组织一级开发和后续的二级开发。为了控制开发风险，在招标时，除常规的要求参与拍卖的企业交纳一定数额的拍卖保证金外，对中标企业还提出明确的额外要求，即要求中标企业参与拍卖前系统陈述开发思想，选择中标单位时，不仅要看投标企业的报价，还要看其开发思想是否与既定的规划一致。中标后计划用于该区域的开发资金进行专户管理，由政府主管部门参与监督，专款专用。

思考题

1. 度假区规划与其他景区规划的差异性是什么？
2. 度假区选址的基本原则、方法是什么？
3. 度假区核心竞争力的构成是什么？
4. 如何提高我国度假区的核心竞争力？
5. 环境与景观资源对度假区建设的影响是什么？

本章重点文献

1. 刘家明，季任钧. 旅游度假区开发的选址研究. 人文地理，2001（6）

2. 世界旅游组织著. 国家和地区旅游规划：方法与实例分析. 北京：电子工业出版社，2004

3. 邹统钎. 旅游度假区发展规划. 北京：旅游教育出版社，1996

7

度假区游客管理

学习目的

通过本章学习，了解度假区游客管理的概念、作用与意义；掌握度假区游客管理国内外研究动态；分析我国度假区游客管理实践中存在的问题；理解度假区人本管理的内涵与实践应用。

主要内容

■ 概念体系

主要包括旅游体验、游客忠诚、游客责任、游客管理等。

■ 游客管理研究综述

国外游客管理，归纳为“环境导向”、“游客导向”和“环境—游客导向”三种模式，分别进行了讨论；国内研究比较薄弱，对现有的成果进行了介绍。

■ 我国游客管理现存的问题

分析我国度假区游客管理中存在问题的基础上，提出了几个需重点解决的领域。

■ 游客管理创新模式——人本管理模式

论述了人本管理的原则、构成要素，人本管理模式的内涵、目标、优点等。

■ 度假区游客管理案例

通过一个案例介绍了度假区游客管理体系的建立、游客忠诚管理、服务质量管理等。

游客管理是指运用某种方式对游客进行管理，使得游客体验品质得以最大化，同时支持该区域总体管理目标的成效。它初期主要应用在世界国家公园的管理体系中，是其核心组成部分之一。现已远远超出该范围，在整个旅游业均有广泛的不同程度的体现与实施，形成一套以引导游客在游览区内开展游览活动、实现游客体验最佳化为中心思想的管理运作体系，涉及经济学、社会生态学、心理学、地理学等多学科内容。

游客管理是旅游目的地管理者使用现代管理手段，通过游客体验与游客责任管理，实现游客满意与目的地可持续的过程。游客管理是任何形态旅游目的地管理的有机组成部分，实施游客管理对完善旅游管理体系，塑造高质量的旅游目的地，促进旅游目的地可持续发展有着重要的意义。[1]

游客管理活动最早是在保护地中受到关注和重视的，起因是西方一些国家公共公园游客量的急剧增加。20 世纪 60 年代，公共公园开始被过度利用，游憩活动对环境的冲击加剧。[2]半个多世纪以来，游客管理实践活动在欧洲与北美洲的许多国家公园得到了重视与发展，并扩展到一些普通旅游目的地，及发展中国家旅游目的地。[3]学者们在游客管理领域进行了一系列的研究和实践探索，先后提出了游憩承载力（RCC）、游憩机会序列（ROS）、可接受改变的极限（LAC）、游客体验与资源保护（VERP）、游客风险管理（VRM）等理论。[4]除了 RCC、ROS、LAC、VERP、VRM 等理论之外，在国外得到广泛应用的一些游客管理的程序和模型还包括：游客冲击管理（VIM）、游客活动管理过程（VAMP）、最优化旅游管理模型（TOMM）等。专门研究游客管理的机构也应运而生，1996 年 1 月，在英国的诺丁汉特伦特大学（Nottingham Trent University）成立了英国第一个旅游与游客管理中心，中心由著名游客管理研究专家迈拉・沙克利（Myra Shackley）领导，它的主要任务是与世界遗产中心（UNESCO，Paris）合作研究世界遗产的游客管理问题，其学术目标包括调查理论与实践中游客管理的最新方法，并准备对实践中一些成功与失败的游客管理案例进行论证分析。游客管理使旅游活动对旅游地环境与资源的影响降至最低程度，促进了旅游目的地的可持续发展，佩吉（Page）甚至认为有效的游客管理就是可持续发展型旅游的核心。[5]

加拿大的旅游专家保罗・弗・金・易格尔斯（Paul F. J. Eagles）在预测旅游景区未来发展趋势时指出，全世界将会从景区建设阶段转向长期的景区管理阶段[6]。而游客管理是成功地保护景区的生态、社会、经济和文化价值的一个关

1 陈丽丽. 旅游目的地游客管理模式研究——以兴隆山景区为例：[学位论文]. 兰州：西北师范大学，2006
2 保罗・弗・金・易格尔斯(Paul F. J. Eagles).公园游客管理概念的演变. 产业与环境，2002，24(3)
3 何方永. 城市游客管理：[学位论文]. 成都：四川大学，2005
4 Myra Shackly. Vistor managerment into the 21st century. Tourism Management. 1996,17(5)
5 史蒂芬・佩吉等著. 现代旅游管理导论. 北京：电子工业出版社，2004
6 同 2。

键。可见从旅游景区发展的趋势来看，未来的重心将会转移到旅游景区的管理中来，因此，加强包括游客管理在内的旅游景区管理的研究无论在理论上还是在实践上都必将有重要意义。

从国内外旅游地游客管理的现状可知，国内外对于游客管理理论的研究还较为薄弱，目前还没有一个完整的旅游景区游客管理的研究体系。我国风景名胜区的游客管理还停留在传统、基本的阶段。各旅游景区游客管理意识薄弱，有意识的游客管理的计划和行动还较少。管理者的关注点还是在怎样把大批的游客吸引到景区来以及简单的人数统计与控制。至于游客到达后，会怎样活动，会对景区自身以及景区周边区域产生怎样的影响，带来正面还是负面的效益，缺乏全面的考虑。往往形成游客“一拥而来，一哄而散”的局面，为景区带来混乱和破坏。而且对于制定风景名胜区规划和管理的目的存在认识上的不足，过度侧重对资源的利用、旅游项目的开发，以提高游客的进入量。目前国内的风景名胜区往往是在市场运作规律下而不是法律法规监督下进行管理，常常使得游客管理形同虚设，不能得到有效的实施与操作。

游客管理作为一种科学系统的管理模式，它有助于解决旅游目的地保护与管理中的下列问题[1]：

第一，保证游客活动对旅游目的地不会带来不可接受的负面影响。旅游目的地由于游人不断增加，产生了一系列管理压力与问题。例如，游人对植被的践踏、污水垃圾排放到自然环境中以及景区建设对地形地貌的破坏等等。这些活动给旅游景区和保护区带来了长期和不可恢复的破坏。虽然简单控制游人数量和行为方式可以起到一定的保护效果，但不能同时充分满足人们游赏景区和保护区的愿望。在这种情况下需要科学的管理模式来协调两者之间的矛盾，实现资源保护和游客体验的双重目标。

第二，通过游客管理来确保游客的体验达到最优化。随着景区和保护区内旅游活动的不断发展，游客体验的范围不断扩大，包括了学习、欣赏、冒险、挑战等多种感受，对旅游品质的要求也越来越高。游客不再满足传统的大众观光游形式，转而要求自由选择有特色的娱乐地点、时间和方式。所以在制定管理条例时，要充分考虑游客的期望与可接受程度，不断提高游客体验。

第三，避免或解决发生在旅游者中间以及旅游团队之间的矛盾。游客有着不同的兴趣和爱好，他们并不一定欣赏其他游客的活动。研究显示，一个团队活动带来的视线遮挡、声音干扰以及人员拥挤很可能影响另一个团队的活动和体验，使后面的团队离开旅游区。所以在游览活动的组织中，管理与调整旅游

1 袁南果. 黄山风景名胜区游客影响管理模式研究：[学位论文]. 北京：清华大学，2004

者之间的时空分布和相互关系也是规划中不可缺少的组成部分。

第四，协调与周边社区的关系。旅游景区的规划管理并不因边界戛然而止，它与景区周边社区有着千丝万缕的联系。涉及的内容包括社区成员的经济收益、社区与游客的关系、对社会文化资源真实性与完整性的保护等。

第五，协助管理人员进行实际操作。处理景区的管理问题不仅仅需要传统的自然科学知识，还需要相关的社会科学知识（例如社会学、心理学、人类学、人文地理学以及有关娱乐和休闲的研究等）来管理景区和保护区的游人活动。对这些情况和问题加以系统的分析，建立整体的管理运作模式，是现在各国国家公园与保护区普遍采用的方式。

7.1 概念体系

7.1.1 旅游体验

“体验”是一个心理学名词，但是体验的含义远远超出了心理范围。自从战略地平线 LLP 顾问公司的创始人帕恩二世和吉尔墨[1]在《哈佛商业评论》中喊出“欢迎来到体验经济时代”，体验经济正以其巨大的魅力向我们走来。两位作者以其长远的目光确立了经济价值演变过程的四个阶段：商品、货品、服务和体验。体验经济的典型特征是：消费是一个过程，消费者是这一个过程的产品，当过程结束的时候，记忆将长久保存对过程的“体验”，消费者愿意为这种体验付费[2]。旅游产品的本质是向旅游者提供一种或多种经历和体验，体验是基于生理反应的一种现象，这种体验在本质上是个人的，是一种个性化需求，是一个人达到情绪、体力、智力甚至是精神的某一特定水平时，意识中所产生的美好感觉。[3，4]因此体验经济时代的来临预示着旅游产业更快的发展以及旅游产品更丰富的创新。旅游体验就是当一个旅游者经过一番周详的计划而最终举步离家时，他是在开始一段体验过程。在这个过程中，他经过不断地与外部世界发生联系和互动，从而取得有关外部世界的知识，并在某种颤动的心灵愉悦中获得旅游需要的满足。这样一个过程，即是旅游个体通过与外部世界取得联系而改变其心理水平并调整其心理结构的过程。[5]这种体验是旅游者的内在心理活动与旅游客体（这里的客体即旅游吸引物）所呈现的表面形态和深刻含义之间

1 B. Joseph Pine Ⅱ and James H. Gilmore. The Experience Economy. Harvard Business Review, 1998
2 邹统钎. 体验经济时代的旅游景区开发与经营模式. 商业经济与管理，2003(6)
3 贝恩特・施密特著. 体验式营销. 张愉等译. 北京：中国三峡出版社，2001
4 陈才. 旅游现象的基本矛盾.旅游学刊，2000(6)
5 谢彦君. 基础旅游学. 北京：中国旅游出版社，1999

相互交流或相互作用后的结果，是借助于观赏、交往、模仿和消费等活动方式实现的一个时序过程。因此，旅游体验的这种复杂性，表明在旅游体验过程中，实际上涉及旅游者对旅游对象意义不同层次的把握。旅游体验质量可以理解为游客在旅游活动中所追求到的快乐的程度。旅游体验质量取决于游客的旅游体验能力，旅游体验能力一方面受游客个体的旅游经验、生活能力、知识、性格等主观因素影响，另一方面受旅游目的地的“舞台”（服务）与道具（产品）质量等客观因素的影响。[1]

7.1.2 游客忠诚

忠诚是一个心理学的范畴，它代表了顾客对某一产品或服务高强度的心理依恋，包含着对这一产品或服务性能、品质等的信任，以及在需要该类产品或服务时，首选购买该产品或服务的责任；在忠诚这一心理指导下购买该产品或服务的行动和对该产品或服务的宣传推介。同时，根据顾客忠诚定义的维度，我们可以把游客忠诚定义为，游客对某一旅游目的地有所偏爱，在未来一旦有闲暇时间及可自由支配收入的情况下，就会对该目的地的旅游产品产生重复购买或对该旅游目的地的旅游产品和服务进行宣传推介的行为。该定义中的“偏爱”指的是游客的态度取向，而“重复购买”即是游客的重游行为。[2]这里所指的游客包含三个层次的概念，即（1）内部游客，包括景区的员工和合作伙伴等；（2）外部游客，即接受过本景区旅游产品或服务的游客，包括当前游客与流失客户等；（3）潜在游客，包括社会大众及竞争对手的游客。

7.1.3 游客责任

游客责任是指游客在旅游体验中应当承担的对旅游目的地的责任。旅游体验在带给游客快乐的同时，也可能带来对旅游目的地及其利益相关者的负面影响，这些负面影响可能针对环境、企业经营秩序、社区文化等各个方面。旅游目的地有责任为游客创造优质的旅游体验，而游客也应约束与调整自身行为，降低旅游活动的负面影响，提高旅游目的地满意度。[3]

7.1.4 游客管理

游客管理是指旅游管理部门或机构通过运用科技、教育、经济、行政、法律等各种手段组织和管理游客的行为过程。游客管理的目标是，在不破坏旅游

1 甚莉. 旅游景区游客体验研究：[学位论文]. 南京：南京师范大学，2003
2 邵炜钦. 旅游目的地游客忠诚机制模式构建. 旅游科学，2005(6)
3 何方永. 城市游客管理：[学位论文]. 成都：四川大学，2005

地资源环境质量的前提下，最大限度地满足游客需求和提供高质量的游客体验，同时实现旅游地经济、社会和环境三大系统的可持续发展。游客管理有助于旅游管理部门更加全面深入地了解现有和潜在的游客需求偏好，建立科学的管理决策机制，提高旅游目的地经营管理水平，因而具有重要的理论和现实意义。作为一个新兴的研究领域，游客管理涉及行为学、环境学、管理学、社会学、心理学等众多学科。[1]

7.2 游客管理研究综述

7.2.1 国外游客管理研究

《旅游研究纪事》（Annals of Tourism Research，AOTR）和《旅游管理》（Tourism Management，TM）是国外旅游研究成果发表的重要阵地，能够反映国外旅游研究领域的最新进展。通过检索表明，国外旅游目的地游客管理的理论和实证研究主要集中在以下几个方面：游客需求和偏好（Visitor Demand Preference）；游客行为管理（Visitor Behavior Management）；游客容量管理（Visitor Carrying Capacity Management）；游客安全管理（Visitor Safety Management）；游客体验管理（Visitor Experience Management）；游客冲击管理（Visitor Impact Management）等几个方面。

关于游客管理较为系统的研究成果有：英国学者迈拉•沙克利（Myra Shackley）所著的《游客管理：世界文化遗产管理案例》（Visitor Management -Case Studies from World Heritage Sites）是迄今为止全球唯一系统论述游客管理的专著；保罗•弗•金•易格尔斯（Paul F. J. Eagles）的《公园游客管理概念的演变》（《产业与环境》2002 年第 3 期），该文章阐释了游客管理的起因，游客管理内涵的演变并对其发展趋势作了预测；迈里尼•范•德•唐克（Mylne van der Donk）的《保护区网络公园游客管理框架》（Framework visitor management for PAN parks），以法国的麦克图尔公园（Mctourl）为例，研究了游客管理的策略。[2]佩吉[3]（Page）将游客管理作为实现可持续发展旅游的一种手段并讨论了游客管理的内容，管理策略和工具。卡欧文（Colvin）描述了一个真正的生态旅游者应具有的特点。格朗特[4,5]（Grant）将游客管理的方法归纳为硬性措施与

1 曹霞，吴承照. 国外旅游目的地游客管理研究进展. 北京第二外国语学院学报，2006(1)
2 http//www.owio.wau.nl
3 张建萍. 生态旅游理论与实践. 北京：中国旅游出版社，2003
4 史蒂芬•佩吉等著. 现代旅游管理导论. 北京：电子工业出版社，2004
5 刘莉等译. 现代旅游管理导论. 北京：电子工业出版社，2004

软性措施两种管理形式。美国旅行商协会（ASIT）编辑了《生态旅游十戒》、《拯救我们的地球》、《低影响度假准则》，加州地区责任旅游中心发行了《旅游者伦理规范》，加拿大旅游协会（TIAC）还较为完整地制定了一套涉及旅游者、旅游业和 5 个旅游部门的环境伦理规范。[1]

美国和加拿大的国家公园在实践中探出了较为系统的游客管理方法，包括四个理论框架[2]：游憩机会序列（ROS）、可接受改变的极限（LAC）、游客冲击管理（VIM）及游客活动管理过程（VAMP）。这四个理论框架至今仍指导着世界上众多同类型的旅游目的地的游客管理。LAC 理论用以解决游憩环境容量问题，它主要是用来在绝对保护（Absolute Protecting）和无限制游憩利用（Unrestricted Recreational Use）之间寻求一种妥协和平衡。ROS，它是解决资源保护与游客体验之间关系的一种技术，与 LAC 理论紧密相连，可以用它来给不同的游客体验（visitor experience）制定目标，是一种描述如何在一个资源保护地内，管理不同区域的旅游活动的方法。VIM 产生于对旅游承载力的文献研究，目的在于为公园的管理者提供一个将国家公园中的环境问题及游人体验考虑在内的管理游人影响的方法。VAMP 基于这样的理念：解说和游人服务是影响旅游经历的重要因素，应该用专业的方式来管理解说和游人服务。VAMP 框架以游人活动形式为中心，把一项特别活动参与者的社会、人口统计特征联系起来，与该活动的环境要求及影响这项活动的趋势联系起业，从而为参与同一活动的不同旅游者提供不同的服务。[3]在现代旅游业中，也有学者认为旅游规划和服务质量才是游客管理最有效的手段。[4]

另一个研究热点是游客管理的内涵与模式。通过文献检索和归纳整理，将现在的游客管理总结了三种模式：

（1）"环境导向"型游客管理模式。在这种模式下，游客管理被认为是一种调整游客行为使其符合旅游地特征以保证环境与资源不受破坏的活动。游客管理的主要目标就是通过某种手段防范或阻止游客可能的不良行为而实现环境保护。环境导向型游客管理模式是以环境保护为价值取向，在管理方法上倾向于采用一些硬方法。环境导向型游客管理模式确保环境与资源受旅游影响最小，因而适用于那些生态环境脆弱的生态旅游地、遗产型城市等。但是，这种游客管理模式按照环境特征约束游客的行为，忽视游客的旅游体验质量，影响游客的旅游质量，降低了目的地对游客的吸引力，不利于旅游地的可持续发展。[5]

---

1 吴必虎. 区域旅游规划原理. 北京：中国旅游出版社，2001

2 杨锐. 试论世界国家公园运动的发展趋势. 中国园林，2003(3)

3 同 2。

4 刘莉等译. 现代旅游管理导论. 北京：电子工业出版社，2004

5 Mylene van der Donk. Visitor management for PAN parks. www. panpark. com. 2000

（2）“游客导向”型游客管理模式。此种模式以游客为价值取向，以提高游客的体验质量为目标，整个景区的功能与项目设计都围绕游客进行。主题公园等现代人造景区是游客导向型游客管理模式的典型适用地。大多数传统旅游目的地不能完全采用这种游客管理模式，因为它通常忽视环境与资源的保护。[1, 2]

（3）“环境—游客导向型”游客管理模式。环境导向型游客管理模式与游客导向型管理模式都只适用于特殊的旅游目的地。为了在保护资源或环境的同时能满足游客的旅游需求，环境—游客导向型游客管理模式应运而生。Mylene van der Donk（2000）认为游客管理就是努力在保持环境质量的同时实现基于各种旅游体验的游客满意的过程。环境—游客导向型游客管理模式适用于几乎所有的旅游地，是一种相对成熟的游客管理模式，它将旅游系统中最重要的两个参与要素——环境与游客纳入同一个管理系统中，实现了环境保护与游客满意的双重目标。

游客管理的运行机制主要包括了游客管理的主体、对象、方法与工具、效果评估等内容。Mylene van der Donk（2000）为荷兰一个受保护公园网络（PAN parks）成员公园制定了一个游客管理计划，在这个计划中，他系统地介绍了游客管理的内涵、目标、对象、方法与工具以及评估系统[③]。但这种系统研究相当少。无论是学者还是管理者最感兴趣的都是游客管理的方法与工具，因而此类成果相当突出。

7.2.2 国内游客管理研究

国内关于游客管理研究成果中，张健华的硕士论文《生态旅游区游客管理研究》（福建农林大学硕士论文，2003）、袁南果的硕士论文《黄山风景名胜区游客影响管理模式研究》（清华大学硕士论文，2004）和何方永的硕士论文《城市游客管理研究》（四川大学硕士论文，2005）是迄今为止国内对游客管理较为系统与专业的研究。

张晓萍、何昌邑等的译著《游客管理：世界文化遗产管理案例》将国外对游客管理的研究系统地引入国内，对国内未来的游客管理研究将会产生很大的影响。

生态旅游与遗产旅游是国内研究游客管理的主要阵地，游客行为与游客管理方法仍是研究的重点。

张建萍认为旅游者管理的目标是要塑造“有责任的旅游者”，并对“有责

1 刘莉等译. 现代旅游管理导论. 北京：电子工业出版社，2004

2 陶犁等译. 城市旅游游客管理. 天津：南开大学出版社，2004

任的旅游者”提出了具体的要求[1]。为了达到保护环境的目的，钟林生等人[2]提出“生态旅游者的保护性旅游”的概念，并将其与传统大众旅游者的非保护性旅游行为作了比较。吴学灿[3]在论述云南省自然保护区旅游发展时认为，对进入保护区旅游的游客的管理是实现保护区可持续发展的对策之一。李毅[4]认为，进入保护区的游客是纯粹的外来侵入者，他们对生态系统的干扰可能导致生态平衡被破坏，因而游客管理必须成为自然生态旅游管理的重要内容。

符全胜[5]将游客管理作为中国文化自然遗产地管理的评估指标之一，认为游客管理包括游客服务质量、解说系统与游客安全三个方面，但未作深入解释。少量学者从旅游体验的角度对游客管理进行了研究。符全胜在《中国自然文化遗产管理评价指标体系初探》（《人文地理》2004 年第 29 卷第 5 期）中认为，现代游客管理是以游客满意为中心的游客体验管理，并对保护地影响游客满意度的因素作了分析，探讨了保护地游客满意度的测评模式。徐红罡[6]在研究中国非消费型野生动物旅游时，指出要促进非消费型野生动物旅游的可持续发展，要加强对游客关于野生动物科学知识的教育与解说，以提高游客的旅游体验。

游客管理的工具或手段与游客行为引导与规范也是国内学者研究游客管理的重点[7]。吴必虎[8]认为，游客管理可分为直接管理与间接管理两种方式。张建萍列举的生态旅游者的管理措施有：通过导游或宣传手段对旅游者进行教育；通过法规、法律、制度等手段对旅游者行为进行制约；通过技术手段加强对生态旅游者的管理。李毅[4]提出了游客管理的五种措施，即严格控制游客量，有效控制游客活动，加强对游客的宣传和教育，重视导游管理和培训。张健华[9]认为，要强化游客的环境保护意识实现对游客的管理。李萌等[10]认为，游客不文明行为是景区管理的一个部分，并对游客不文明行为的表现、产生原因与管理措施作为基础性研究。吴必虎、余青[11]认为，旅游者对旅游资源、旅游设施的破坏，使旅游环境遭污染的现象广泛存在，因而必须对旅游者的不良行为加以积极引导和管理。刘亚峰、焦黎认为，在我国旅游景区提高游客管理水平应当重视游

---

1 张建萍. 生态旅游理论与实践. 北京：中国旅游出版社，2003

2 钟林生等. 论生态旅游者的保护性旅游行为. 中南林学院学报，2002(6)

3 吴学灿. 自然保护区旅游开发的生态影响. 云南环境科学，1998，17(3)

4 李毅. 自然保护区生态旅游管理对策. 生态经济，2002(12)

5 符全胜. 中国文化自然遗产管理评价的指标体系初探. 人文地理，2004，29(5)

6 徐红罡. 中国非消费型野生动物旅游若干问题研究. 地理与地理信息科学，2004(3)

7 何方永. 城市游客管理：[学位论文]. 成都：四川大学，2005

8 吴必虎. 区域旅游规划原理. 北京：中国旅游出版社，2001

9 张健华. 森林公园在旅游市场竞争中如何增强自身的吸引力. 林业经济问题，2000(20)

10 李萌等. 游客不文明行为初探. 北京第二外国语学院学报，2002(1)

11 吴必虎，余青. 西部旅游发展应高度重视生态环境、社会文化和经济影响问题. 桂林旅游高等专科学校学报，2003，14(1)

客管理规划、提高具体的游客管理技术及加强景区工作人员的管理和培训。[1]吴恒、孙小珂[2]认为，游客的容量对游客满意度以及对节庆活动成功与否有着至关重要的作用。

通过对国内外游客管理研究的简单回顾，可以得出以下几点结论：

（1）旅游目的地游客管理的研究并不十分系统。表现为系统性研究游客管理的文献极少，大都是仅仅涉及了游客管理中某个部分。

（2）游客管理研究对象主要是资源型目的地，尤其是保护地，它们的共同特征是生态与文化环境的脆弱性，游客管理由于成为一个无法回避的问题而受到学者与管理者的共同重视。

（3）对于游客行为对环境的影响，国外要比国内研究得更细致和深入。国内有关游客行为对环境影响的研究较为简单，往往仍停留在对环境影响表面结果的简单概述上，而进行实地调查得出结论的文献相对较少，另外对环境影响的评估方面的研究显得较为薄弱。

（4）国外对于公园或游客的管理已经有了大量的模型和工具，但是这些工具都或多或少地存在这样或那样的缺陷，而且离旅游目的地游客管理的实际运用还有一定的差距。国内对于旅游目的地的游客管理工具和技术的研究显得更为薄弱，大都表现为泛泛而谈，仅仅提出了游客管理的一些建议和措施。

总的来说，国内对游客管理还没有系统的研究，因此，加强游客管理的理论研究，指导旅游目的地游客管理既是对旅游理论研究的贡献，也将推动目的地旅游的可持续发展。

7.3 我国游客管理现存的问题

分析我国游客管理现状，尽管全国各地都实施了一系列游客管理措施，但还存在诸多问题，主要集中在以下几个方面：

（1）对规划中管理作用的错误认识。某些旅游地管理者、决策者以及政府主管部门，错误认识规划的作用。有时出于自身利益的追求，同时也由于传统规划自身存在的种种局限，使得规划得不到切实的实施，而且通常仅仅被看成空间布局的指导文本、图纸，甚至沦为上报的必要程序而被束之高阁，而不是真正体现规划管理的本意，即为了实现风景名胜区的发展目标而制订的一定时期内的系统性的优化行动计划的决策过程，进行更有效的管理与引导，促使

1 刘亚峰，焦黎. 旅游景区游客管理探讨. 新疆师范大学学报（自然科学版），2006(3)

2 吴恒，孙小珂. 论节庆活动的游客管理. 武汉大学学报（哲学社会科学版），2006(4)

风景名胜区持续、健康的发展。

（2）管理者们还没有意识到游客对旅游景区已经产生了很大的压力甚至破坏。现在我国旅游景区的游客管理还停留在传统、基本的阶段，管理者的关注点还是在怎样把大批的游客吸引到景区来以及简单的人数统计与控制。至于游客到达后，会怎样活动，会对景区自身，以及景区周边区域产生怎样的影响，带来正面还是负面的效益，缺乏全面的考虑。往往形成游客“一拥而来，一哄而散”的局面，使景区变得混乱，受到破坏。

（3）很多有关游客管理方面的理论认识落后或不准确。例如，环境容量在我国已是非常熟悉的概念，管理者通常认为容量就是在维持资源永续生产的前提下，所能容纳的总游客量。这样，只要有了容量的概念，就可以轻易定出单位土地面积上的游客数目，用以控制游憩使用以及对自然环境的冲击。但实际上，这个课题的研究是非常复杂的，涉及太多的相关因素，决不是数字所可以涵盖和解决的。同时由于涉及过多变量，一个改变带来的就是全局的变革，其内在复杂的相互关系已不是单纯的计算所能控制得了的。另外，旅游活动的种类、管理能力的高低、游客的素质都会对自然状况和旅游品质造成影响，因此有必要从“数字游戏”中跳出来。类似这类的理论认识不足还包括其他方面，例如时空分布、解说教育等等，亟待改进与提高。[1]

游客管理中存在的问题在很大程度上阻碍了旅游业的健康发展，因此，加强游客管理的理论研究，指导其实践活动，使游客管理运行起来，对推动旅游目的地可持续发展意义重大。

7.4 游客管理创新模式——人本管理模式

旅游业是一项人的产业。旅游者是人，顾客或消费者以及他们的行为是否可以预见取决于他们所处的环境，但这些行为都服从于人类行为的一般变化。旅游体验或旅游产品的交换则完全取决于人，并且这些行为通常涉及与很多来自不同环境、不同地点和不同文化背景的人们的接触。根据旅游业的特点，本书作者提出游客管理的新模式——人本管理。

7.4.1 人本管理的原则

1. 人本管理的核心是对人的管理

从管理的内容看，人本管理强调的是了解和满足人的需要，注重人际关系

1 袁南果. 黄山风景名胜区游客影响管理模式研究：[学位论文]. 北京：清华大学，2004

沟通和交互作用。至于为改进和完善游客的心智模式而进行的培训和教育，为改善游客与“人”的关系而进行的游览环境的改善和文化氛围的塑造等各项措施，也是以促进“人”的自由全面发展为中心目的来组织实施的。也就是说，人本管理活动事实上就是一种置人于管理过程中心的优先地位。

从管理的关系来看，尽管旅游企业成员和游客在游客管理活动中扮演着不同的角色，但是，这种不同的角色都以对方的活动作为自己活动存在的前提。

从人本管理的本质来看，人本管理就是以人为本的管理哲学和管理制度。人作为社会自然历史过程的产物，作为社会关系的产物，是社会一切财富的创造者，是社会进步、生产力发展和景区管理整个活动中最能动、最活跃的因素。

2. 重视人的个性需求

人本管理必须研究人，尤其是游客的个性需要、期望及对其行为的驱动作用，研究游客行为与游客满意度之间的相互关系。所谓游客的个性需要，既包括个人生理、安全、社交、受尊敬和自我实现的五层次需要论，又包括个人想要按高标准行事的愿望。所谓游客的期望，是个人对行为的期望、对行为结果所导致的满足感的期望。无论是个性需要还是个人期望，它们都是作为个人的一种内心紧张和焦虑的整体性状态而客观存在。为了减轻内心的紧张、缓解焦虑等状态，人们就会采取相应的行动。这种行动的发生，表明个人的需要、愿望或期望成了人们行为的内在驱动力。

3. 人与自然和谐发展

景区发展的手段和措施有所不同，这正是我们所确定的人本管理以其特有的管理哲学和管理制度而赋予的全新的手段和措施，在竞争中取胜，并实现人与自然和谐发展的理想境界。

7.4.2 人本游客管理的构成要素

从图 7.1 可以看出，人本游客管理模式受到游客自我管理、利益相关者管理、游客差异管理与忠诚管理、景区文化与品牌塑造、人本管理的体制保障等多种因素的影响。

1. 游客自我管理

管理与自我管理结合起来，就能使人本管理成为旅游目的地实质的管理活动，全体成员因此都成为人本管理的主体，从而避免了以往管理活动中管理人员一厢情愿的倾向性和管理成效的不可控性。显然，这是旅游目的地推行人本管理并力求取得预期成效所必需的。所谓游客自我管理是指，游客对自己的思

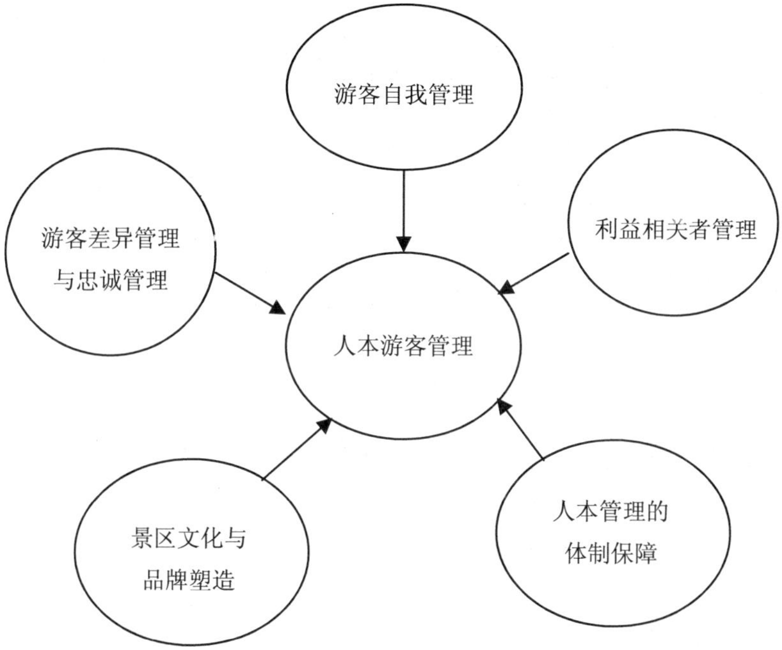

图 7.1 人本游客管理的构成要素

想和行为表现进行管理以导向人本管理宗旨的活动。游客通过自我管理，可以主动而积极地参与到旅游目的地的保护中去，并发挥自身的作用，激发自己的潜能。因此，自我管理是一种有效地体现人本管理宗旨的管理环节和管理方式，是游客从自身出发参与人本管理的活动。缺少了自我管理这一环节，就等于放弃了让游客主动配合，积极投身于人本管理的机会，就可能使人本管理流于形式，混同于一般的管理。

要使自我管理取得成效，加强游客责任管理就尤为重要。这里，强调游客责任不仅起到让游客认识和掌握景区的概况，而且使游客在自我管理中实现由管理客体向管理主体角色的转换，使游客有能力、有意识地对自身的思想和行为表现有一个客观的认识和评价。在此基础上，游客还应与景区的规范和要求相对照，以此调整或修正自己的思想和行为，达到自我管理，实现自我发展与景区发展的结合。游客的这种自我反省、自我监督与自我组织的内在素养既是在自我管理的实践中锤炼提高的，又是在景区系统而又有目的地加以主导下造就的。

2. 利益相关者管理

旅游作为一个综合性的产业，与其有关联的行业和集团组织很多，因此比起其他很多行业来说，旅游业所涉及的利益相关者相当复杂，包括：当地政府、旅游企业、旅游者、媒体、当地社区、社会公众和其他一些组织机构。但是这些利益相关者与旅游目的地的关系密切程度是不一样的，他们所具有的影响力也不同。如图 7.2 所示，有的群体或组织对旅游目的地的生存和发展具有决定性的影响，有的则相对较弱。[1]那些具有绝对影响的群体或组织通常都与旅游目的地有着直接的利益关系。图 7.2 中各主体所处位置表示其本身的重要程度，旅游景区和旅游者（而不是当地社区）处于中心位置；图中箭头的粗细表示其关系的主次程度，其中旅游景区和旅游者之间的关系占主体。[2]

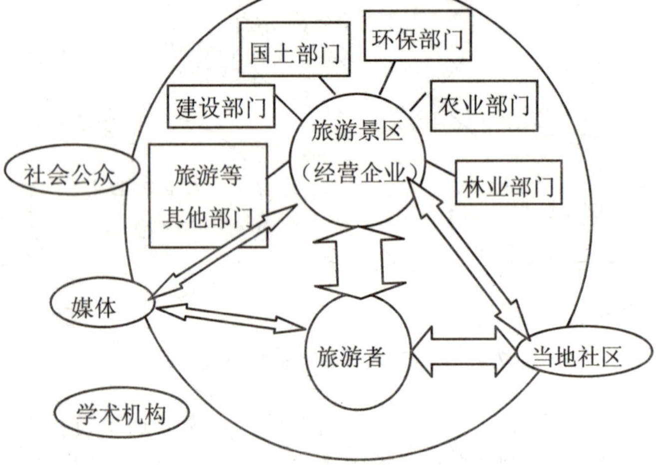

图 7.2　我国旅游目的地利益相关者

3. 游客差异管理与忠诚管理

以人为本的管理必然是从尊重管理成员的个性差异、实施有效的差异管理开始的。因此，游客的个性既可以是旅游目的地滚动发展的资产，也可以是目的地营运的“亏损黑洞”。任何一概的抑止和分而治之，都无助于游客的个性差异转化为目的地财富。以人为本、注重人际关系的管理和尊重成员个性差异前提下的因势利导，则有益于理顺目的地组织内部关系，有益于工作中的相互沟通和协作，使冲突得到了疏通，使各自的长处得到了发挥。

游客忠诚的基础就是获得高度的满意感。游客忠诚主要有以下三种表现形式[3]：（1）重复性消费，指游客不止一次地游览某特定景区和重复消费的行为，

1 夏赞才. 利益相关者理论及旅游社利益相关者基本国谱. 湖南师范大学社会学报，2003(3)
2 宋瑞. 我国生态旅游利益相关者分析. 中国人口资源与环境，2005(1)
3 邹益民，黄晶晶. 自然旅游景区关于游客忠诚度培养的深层探讨. 技术经济与管理研究，2004(5)

是最具普遍意义上的“回头客”现象，这也是最直观、当今企业认识最深的忠诚表现行为；（2）拉动性消费，指游客因对特定景区的认同，而自发产生的向周围群体宣传和推介该景区产品，从而影响他人消费的行为，这种行为产生的结果也可以简单理解为“口碑效应”；（3）排他性消费，一般指消费者极少购买（甚至不购买）或者影响周围群体少购买其他企业同类产品和服务的行为，在景区旅游产品中主要表现为游客认同该产品在众多旅游产品中突出优势的心理倾向。

影响游客忠诚的因子有很多，既包括旅游地生命周期阶段、旅游地开发市场导向程度、旅游地休闲度假旅游产品比重等旅游地内部因素，也包括宏观经济形势、政策导向、决策者行为等外部因素。[1]

4. 景区文化与品牌塑造

文化与品牌塑造是指人本管理既要注重游客和利益相关者工作、生活等“硬件”环境的完善与修正，又要注重价值取向、团队精神、道德信念等内在的“软性”的景区文化氛围的塑造与提升。一个旨在使人本管理取得预期成效的景区是不应偏废于外在的硬性环境或内在的软性的氛围的单方面的提升与塑造，而应该将两方面的工作有机地结合起来，为激发游客和利益相关者的积极性、主动性和创造性以及为推进景区的自由和全面发展创造条件。我们完全可以将外在的硬性环境和内在的软性氛围的塑造合称为景区文化的建设。在这个意义上，景区文化将对游客和利益相关者的行为表现和个性发展起着整合、导向、凝聚、规范和激励等作用。景区品牌塑造是为了确定景区品牌的独特风格和个性，给游客传达独到的体验信息，并以其特有的魅力与其他景区相区别。游客体验要素是品牌定位与品牌营销的基础，景区品牌塑造关注游客体验要素，体现了以人为本的思想。由于文化与品牌的塑造在人本管理中具有的重要作用，因此也必定成为人本管理的基本方式之一。

5. 人本管理的体制保障

人本管理的体制保障是指通过旅游目的地总体结构的层次性、运行机制的科学性和运行环节的衔接性的设计和构造，使人本管理渗透到目的地经营管理的各个层次和环节中去，使人本管理从理念确立到政策形成和实际营运，与目的地环境保护、经营和发展的营运体系合为一体，从而使人本管理的有效运作得到体制性保证。因为人本管理不是目的地管理新增的一项内容，因此有必要让人本管理的理念和对策渗透到目的地营运的各个层面和环节之中去，从而使人本管理统领目的地的一切工作。为此人本管理的架构必然要与目的地组织架

1 邵炜钦. 旅游目的地游客忠诚机制模式构建. 旅游科学，2005(6)

构合为一体。理想的目的地组织架构应围绕着人本管理的有效运作来构架，以求达到以人的发展来推动目的地发展的根本目的。景区经营者和员工、游客和景区制度是景区实现人本管理的三大支点。景区经营者、游客以及员工三者的利益既是对立的又是统一的，任何一方利益的多得或利益的损失，都会打破三者利益关系的协调，所以，需要完善的制度来维护和制约这种利益关系的协调。景区经营者是人本管理的关键，他们对景区的战略目标、行政政策、人事任免、景区文化等有决策权。游客管理中是否体现人本管理的理念，完全取决于他们对人本管理的认识。游客和景区员工是人本管理的根本。游客既是管理的主体又是管理的客体，作为管理的客体他必须遵守景区的管理规定，作为管理的主体他必须有正确的自我管理理念，所以，他是人本管理的关键和根本。景区员工是人本管理的根本是指，员工是企业的核心，是企业发展的目的，是价值和剩余价值的创造者，因此，要关心员工，尊重员工，充分发挥员工的工作主动性、积极性和创造性。规章制度是人本管理实现的保障，景区人本管理是通过各种经营管理制度来实现的。只有制定和落实各种人性化的制度，人本管理才能落到实处。

7.4.3 人本管理模式的内涵

结合游客管理影响因素及传统游客管理模式的优缺点，根据系统的观点，有必要将游客与旅游目的地利益相关者放在同一协调的系统中，构建人本管理模式。

人本游客管理模式的内涵如下：

（1）游客管理本质上是对“人”的管理。在旅游业中，“人”是由旅游管理者、旅游服务从业人员、当地居民和旅游者四者组成。游客的旅游过程实际上是游客与其他“人”产生关系的过程。一般认为，旅游是人们离开其居住地到异地旅行和暂居所引起的各种现象和关系的总和。也就是说它不仅包括旅游者的活动，而且也涉及这些活动在客观上所产生的一切现象和关系。[1]

（2）实现人本管理的三大支点。游客、利益相关者和环境保护是旅游目的地实现人本管理的三大支点。游客、利益相关者和环境三者的利益既是对立的又是统一的，任何一方利益的多得或利益的损失，都会打破三者利益关系的协调，所以，需要完善的制度来维护和制约这种利益关系的协调。

7.4.4 人本管理模式的目标

可持续旅游是一个有机的整体（图 7.3），它的实现，取决于旅游目的地资

---

1 袁国宏. 旅游业可持续发展的动力系统研究. 旅游科学，2004(3)

源、环境、人口、经济、社会等的可持续发展，而人则处于可持续发展各要素的中心环节，最初和最终目标都是实现人自身的持续发展，服从和服务于人自身的持续发展。人本管理的目标就是实现快乐体验与可持续发展的有机融合，实现游客、社区与环境共赢。

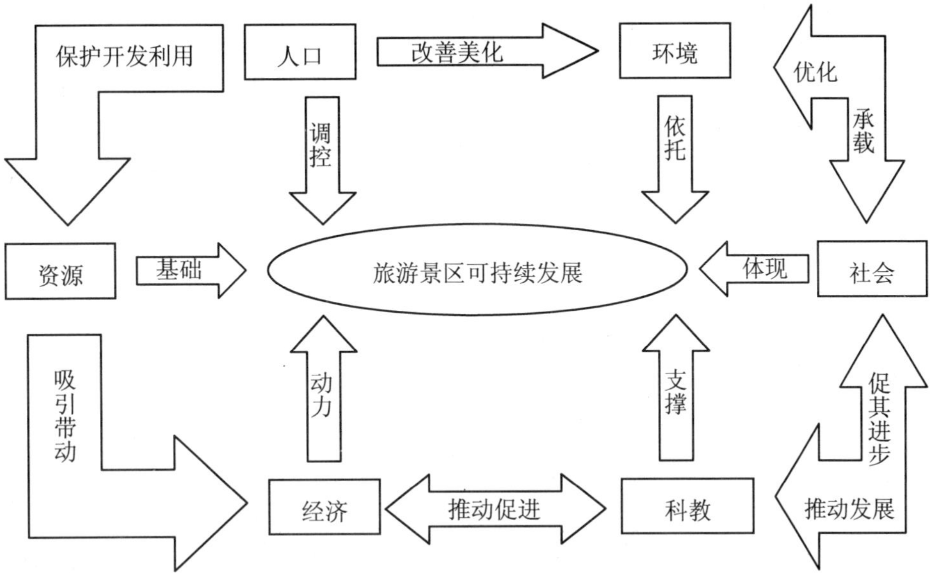

图 7.3 旅游景区可持续发展系统结构图

7.4.5 人本游客管理模式的优点

若将人本游客管理模式与传统的游客管理模式加以比较，将会发现，前者比后者更为成熟。

1. 人本游客管理突出对“人”的管理

人是“宇宙之精华，万物之灵长”。活生生的人在旅游业的发展中本身就是一道亮丽的风景线。无论是游客、旅游经营者、管理者，还是普通的从业人员，乃至平民百姓，他们文化素养的高低、行为举止的优雅与否对于旅游目的地的发展都具有举足轻重的作用。人本管理模式就是突出对“人”的管理，以提高游客、旅游经营管理者、旅游从业人员的文化素质为手段，实现快乐体验与可持续发展的有机融合，达到游客、社区与环境共赢。

2. 实现了利益主体的利益均衡

公平合理的和谐发展必然拒绝单一利益主体或某几个利益主体的单边强势发展。在旅游目的地实现和谐发展，绝不意味着要求各个利益群体都在平均主义的背景下循规蹈矩，社会不能有任何的差距和不平衡。人本管理追求的公平与和谐，是通过激发各个利益群体的创造活力，在相互之间利益关系合理均衡的基础上解决旅游目的地自然资源开发中的矛盾与冲突。

3. 实现利益主体的多赢

所谓利益主体的多赢是指，如果利益相关者的结构组成与利益均衡是符合和谐发展的，那么，其间的每个利益相关者不仅对其在系统中的价值地位满意，同时也有在现存和谐发展安排下，为利益整体的优化做出自己应有贡献的责任和意愿，进而表现出一种和谐互动的良性状态，利益主体的多赢符合每一个相关主体的利益；反之，互相联结的利益主体，则将表现出一种不可调和的利益冲突。利益主体的多赢是和谐发展所追求的良性态势，是人本管理在发展过程中实现利益共同体的价值优化体现。

7.5 度假区游客管理案例

我国的度假区研究还没有涉及度假者管理的内容，已有的景区管理研究中缺乏针对度假区的研究。俱乐部管理是属于经营领域的，与我们考虑的问题有所差别。

兴隆山距兰州 40 公里，既是国家级自然保护区、风景名胜区，又是兰州知名的旅游地。同时景区内有官滩沟、石门、石佛沟等多个度假区（村），更是兰州市民主要的假日度假地。兴隆山的游客绝大多数是假日旅游的兰州市民，因此研究兴隆山的游客管理与度假区的游客管理具有高度一致性。

7.5.1 兴隆山游客忠诚管理体系建立的原则[1]

在建立游客忠诚管理体系时，主要遵循三个原则：

（1）保证游客的行为不会给兴隆山带来不可接受的负面影响。

在具体实施中，主要是规定游客的某些具体行为，明确地告知游客，哪些活动禁止进行，哪些活动提倡进行，怎样进行等等。通过当地专业人员的引导、解说，使得游客顺利地开展活动。

这样能够保证游客的游览行为不会对兴隆山景区的生态环境产生不可接受的影响与破坏。因为游客的游憩活动与景区的资源直接相关或间接关联，如果以上活动与利用和保护资源的目标一致并对环境只产生较小的影响，该游憩活动就是管理单位所鼓励的；相反，如果是不符合这些条件的利用方式，管理

1 陈丽丽. 旅游目的地游客管理模式研究——以兴隆山景区为例：[学位论文]. 兰州：西北师范大学，2006

机构需要进行严格妥善的监控、评估与限制，严重者予以禁止。

（2）尽量提高游客满意度，实现高品质的游览效果。

如果对游客的游览活动不加以组织，常常会带来不便，使得游客满意度大打折扣。例如，游客对游览区没有充分科学的了解，根本无法判断合理的游览地点和路线，使得游览陷入混乱。另外，游客在游览过程中相互间会有视觉、声音等方面的影响，如果不对这些游客行为加以引导和限制管理，会干扰各自正常的游览活动，降低游客旅游品质。

（3）在游客忠诚管理的设置中，环保活动与游客忠诚是融合的贯穿在一起的。

并不是完全分为一部分措施保护环境，另一部分提高游客体验，而是相互交织的。例如为了保护环境而有序地组织游客游览的同时，也为游客提供了一套科学舒适的游览过程。

7.5.2 游客忠诚管理体系的内容

图 7.4 是在研究游客忠诚管理时，建立的初步框架，概括了理论上该管理体系应当涉及并解决的内容。

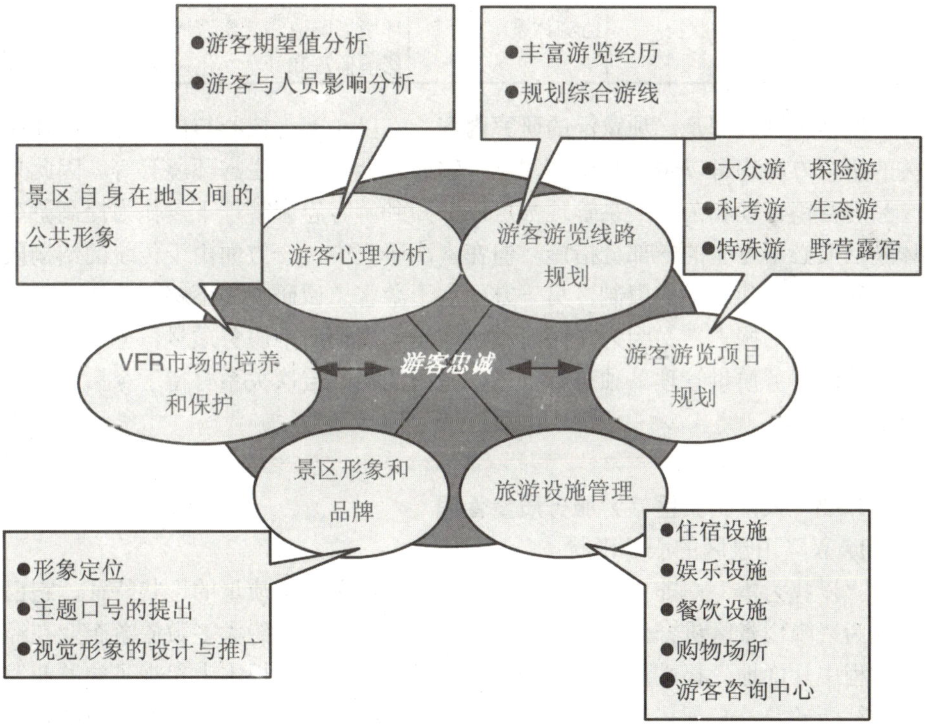

图 7.4 游客忠诚管理框架图

根据上述游客忠诚管理框架所涵盖的内容，再针对兴隆山景区的现存问题与所能提供的管理水平，建立了游客忠诚管理体系（表 7.1）。

表 7.1 兴隆山风景区游客忠诚管理体系

制定出发点	管理分类	管理内容说明
侧重于管理游客具体行为	游客行为管理	在总体范围和不同具体空间分别规定详细的游客行为要求
侧重于组织游客游览行为	旅游产品管理	设定一系列的游客游览组织方式，引导游客积极开展活动
侧重于提高工作人员的管理	旅游服务质量管理	抽出作为一章单独说明
侧重于提高游客的品牌忠诚度	品牌营销管理	主打“陇右第一名山”这一品牌，建立游客的品牌忠诚度
侧重于提高旅游服务设施的管理水平	旅游服务设施管理	设定一系列管理措施，提高公共设施的服务水平
侧重于与周边社区的管理	景区公共关系管理	注重管理景区在地区间的公关形象，处理好与当地居民的利益关系，培养居民对景区的信赖和忠诚
评价具体工作的开展状况	监测体系	环境影响监测、游客满意度监测、经济影响监测和社会文化影响监测

游客忠诚管理是一项宽泛的研究内容，它以游客为核心与出发点，与其相关的所有方面均可以纳入其研究领域。例如社会经济、生态环境等等。因此景区品牌营销管理和公共关系管理都可以并归到游客忠诚管理下，作为提高游客体验品质必不可少的一部分措施。但在本次研究中，一方面由于传统的结构限制和研究深度和篇幅的限制，另一方面由于游客忠诚研究尚不够充分和成熟，只是阶段性的探索，又因为在兴隆山游客满意度调研中服务质量得分最低，因此将旅游服务质量管理单独进行讲述，之间的相互层次关系有待于今后进一步验证、实践。

7.5.3 兴隆山景区旅游服务质量管理

1. 兴隆山景区的服务现状

“以我为本”而非“以人为本”是兴隆山旅游服务质量的现状特征，它已经成为兴隆山景区进一步发展和繁荣的重要障碍。景区绝大多数旅游企业在经营过程中片面地、极端地追求着经济利益最大化，而从根本上忽视了旅游业发展的社会效益，忘记了起码的人性化服务，偏离了服务企业经营的一般准则，也从根本上动摇了兴隆山景区长远发展的根基。

基于对兴隆山景区游客满意度的调查，现将景区旅游服务质量现状归纳为以下5点：

（1）旅游高峰期游客过多

每年5月到10月为旅游旺季，尤以7～9月为最旺，重要的景点游客人满为患。除了假期的原因之外，这主要是因为兴隆山景区的对外宣传主要集中在这几个月。

旅游高峰期游客过多，加重了自然生态环境的负担，同时也降低了旅游服务的质量。一方面直接造成重要景点观赏时的拥挤和旅游设施使用时的等待现象，另一方面也使服务人员忙于应付或过于疲劳而怠慢了游客，导致游客对景区服务质量评价的下降。而且，人们进行旅游活动，希望通过游玩获取尽可能高的愉悦，得到满意的旅游体验，使自己有限的资金和闲暇时间产生最大效应。目前，旅游高峰期从兴隆山归来的游客抱怨，"景区的景色确实美，但人太多，游玩的兴致在人流中都消耗殆尽了"，严重影响了游客的旅游体验。

（2）服务提供与游客需求的偏差

兴隆山作为国家4A级景区，生态资源和自然环境的保护是重中之重，而对景区的旅游功能还缺乏足够的认识，对旅游特殊的服务性及细分市场了解甚少，从而造成部分服务提供与游客需求的偏差。

首先，景区管理者在设计服务功能的前期决策过程中，难以切身考虑到旅游者的特殊需求及旅游所特有的功能，因而不能正确识别细分市场的特殊需求，导致制定或承诺的服务质量无法满足旅游者的需求。如：为追求商业上的利润导致景区内旅游纪念品售卖点过多，而旅游纪念品的定位又不够新颖独特；在大多数游客关注的食品供应上，菜品又显得不够美味精致。

其次，目前所提供的旅游服务功能的层次还较低，除了完成景区基本的观赏风景、提供各种旅游设施和商品外，还没有关注到较为高层次的旅游服务，如：针对游客个人情况提供特色服务、第一时间的快捷服务、忙碌时也保持对游客的高度响应性等，而这些服务往往可以形成游客的惊喜，从而达到超出游客期望的旅游体验。

再次，兴隆山的对外宣传以 7、8 月的夏季风光为主。夏季是兴隆山独特的自然景观最为突出的时节，其他月份的景观与之相比有一定区别。游客往往带着从媒介宣传形成的最高期望来到兴隆山，这也容易形成感知上的差异。

（3）服务人员素质有待提高

①服务素质偏低

第一线旅游服务人员的基本素质包括外在和内在两个方面。外在素质主要指服务人员的仪表仪容、行为举止；内在素质是指服务人员的人文素质和职业素质，即文化水平、文明程度、道德修养、专业知识、服务意识、服务态度、服务技能等。服务素质程度较低是造成服务差异的直接原因，使其在服务技能、服务素养、专业知识和特殊事件处理等方面的能力较差，因而无法达到其职位的服务标准。

②服务理念的偏差

首先，服务人员对“服务”理念的理解不全面，产生了认识上的偏差。仅将旅游服务工作看成了一种机械性的重复，没有意识到其实这是一种极富创新性的工作，可以根据游客的不同偏好、不同需求来调整其服务目标和方法。

其次，仅将“服务”理解为替他人提供一种劳动和帮助，将服务的重要性定位在旅游地景观、旅游设施之后处于配角地位。因而导致被动的服务状态，没有积极、主动、热情地向游客提供优质服务。

③缺乏强烈的职业情感

旅游服务从业人员中大部分是将现在所从事的工作作为一种谋生的手段，较少是出于对旅游事业的热爱。缺乏对所从事工作的热爱，就难以确立对工作地的归属感。强烈的情感作为动力系统中的一个重要因素，在人们的活动过程中发挥着调节、激励的作用。那些未能在工作中找到乐趣和动力的服务人员，其服务就容易造成差异现象。

且近年来在服务业大力推广的一句口号“顾客就是上帝”，使一些服务人员产生“服务工作低人一等”的感觉，缺乏对所从事工作的自豪感，特别是有时候遇到较为刁钻的游客时，心情难以平复，直接影响工作质量。

④“被雇佣者”心态

对于仅把所从事的工作作为一种谋生的手段的旅游服务从业人员而言，缺乏对旅游事业的热爱，因此只是抱着一种“被雇佣者”心态，这种心态使其无法发挥“主人翁”的态度，把游客当作像是到自己家中做客的客人一样由衷的欣喜和欢迎。

同时，年复一年，日复一日地重复机械化的旅游服务工作，使服务人员缺少新鲜感，极易产生强烈的厌倦情绪。

（4）服务规范化和标准化不够

现行的服务质量体系缺乏相应的规章制度，服务规范化和标准化程度不高，缺乏国外先进旅游管理观念和模式。其中由国家旅游局出台的旅游景点管理服务规范重点都集中在旅游环境、有形设施方面，对于旅游服务要素的其它方面由于难以量化而规定较少。同时景区难以通过规范和标准来培养和要求员工，虽然制定了内部规范，也因缺少必要的落实和考评措施及服务标准的可操作性较差，缺少相应的应急或补救措施或条款，造成服务人员没有按照标准提供服务。

由于多方面的因素，兴隆山景区还存在多头管理。景区分属不同的上级管理系统，如建委、林业局、畜牧局、文物局、环保局等，反而旅游局还无权对景区进行管理。多头管理也加大了服务规范化和标准化的难度。

（5）督促、检查措施力度不足

因旅游服务工作具有无形性、多变性、不可储存性等特点，服务人员在向游客提供服务时服务质量不好监控，不易度量，服务水平容易波动。同时因服务工作劳动强度大且单调、重复，容易产生惰性，造成管理者在不在现场、检不检查会出现较大的服务差异。因此在管理上强调走动式管理和员工的自律相结合，随时发现并纠正服务提供中的问题。

但作者在兴隆山实地调查的过程中，许多一线工作人员反映，除两个旅游黄金周外，管理者平时较少亲临现场，也很少和游客直接交流以掌握服务质量的真实水平，对服务质量的监督、检查不到位。此外，没有把服务质量督促、检查的工作放在重要位置也是造成督促、检查措施力度不足的原因之一。

2. 提高服务质量的措施

对于兴隆山景区服务质量出现的 5 大问题，作者建议从以下 5 个方面采取措施来予以纠正。

（1）游客容量控制

①加强利用景区内的现有旅游线路并适当开辟新的旅游线路，以疏导目前较为集中的游览格局。

②加强对兴隆山不同季节、不同时段旅游景观特征的宣传。如 12 月到翌年 2 月旅游淡季，兴隆山雪山冰峰奇特壮丽，自有独特风情吸引游客前来。加强淡季旅游宣传，不但可缓解旺季游客过多，也可以增加淡季旅游收入。

③加强周边景区的旅游合作项目，在一定情况下可达到景区外节流游客的作用。

榆中县内旅游资源丰富，有官滩沟旅游景区、石门沟旅游景区、青城小三峡旅游景区、唐家峡旅游景区等优秀景点。进行旅游项目合作对在旺季节流一部分游客是非常可行的。实地调查得知，“五一”、“十一”黄金周真正的游客数峰值往往出现在 5 月 2、3 日两天和 10 月 2、3 日两天，若能通过旅游项目合作加大对其他旅游景点的宣传力度，吸引一部分游客先前往周边景区游玩再去兴隆山，则可实现兴隆山峰值期游客人数的减少及其他景点的增收。对游客而言，大老远跑来多游玩一处景点且花费时间不多那又何乐而不为。

（2）游客服务期望管理

①深入了解游客期望

游客期望受到旅游目的地口碑、游客个人需要和游客过去经历的影响。兰州市现有 4A 级景区 2 处，兴隆山为其中之一，游客往往寄予很高的期望值。而游客的旅游目的多种多样，如欣赏自然风光、休闲度假、开拓眼界、增长知识、健康疗养、宗教朝拜等。目的不同对服务提供的期望自然也有区别。而且游客过去的旅游经历也会形成预先的服务期望，会通过与别的旅游景区的服务感受进行比较而形成对服务质量的评价。

景区管理者需要深入了解游客期望，而不是根据自己的主观愿望来制定服务标准和服务特色。这就要求管理人员作好调研工作，深入了解游客需要哪些服务特色，关注哪些服务属性，以及希望景区采取哪些措施来解决服务过程中出现的各种问题等等。

②创造“惊喜”体验

游客对服务的满意度是通过把所接受的服务感知与对服务的期望相比较而度量出的。当感知超出期望时，服务被认为具有特别质量，创造了“惊喜”的旅游体验。从上文的游客满意度调查分析中我们已知，在各要素上均存在一定的差距。但同时我们也可看到，游客在这些方面的期望值也非常高，想实现游客期望应该说有一定难度。但是，由于国内旅游还处于大众旅游的层面，对于个性化关怀的需求，大多数游客的意识还不强，如果在这方面提高服务质量，较易达到甚至超出游客期望而创造出“惊喜”体验。

（3）提升服务人员的服务质量

服务人员的服务质量是导致游客感知的根本环节，是建立服务质量管理体系的前提和保证。必须以科学的手段和运用科学的方法，依赖服务人员的广泛参与和支持，有效提高景区旅游服务质量。

①服务质量教育与培训

服务质量教育和培训的内容包括服务质量意识教育、服务质量知识培训和服务专业技能培训。

A. 服务质量意识教育

提高服务质量意识是质量管理的前提，直接关系到组织服务质量目标的成败。因此，质量意识教育被视为服务质量教育培训的首要内容。质量意识教育的重点是：使各级服务人员理解其工作在服务质量体系中的作用和意义；其工作结果对游客感受和企业信誉的影响；以及采用何种方法可以实现与其岗位直接相关的服务质量目标。

服务质量意识教育的内容包括：服务的概念和特性、服务质量的概念、相关法律法规、实现质量的意义和作用、服务质量责任、职业道德等。

B. 服务质量知识培训

服务质量知识培训是服务质量教育和培训的主体，景区质量管理人员应对所有从事与服务质量有关的员工进行不同层次的服务质量知识培训，包括服务质量管理体系、ISO9000 国际标准、《风景名胜区管理暂行条例》、《旅游区（点）质量等级的划分与评定》、旅游景点服务规范及考核标准等。在培训过程中本着分层施教、分岗施教的原则，对不同岗位、不同层次的员工提出不同要求，规定不同内容。实施全体员工服务质量培训时，针对领导的培训以质量法律法规、经营理念为主；针对管理人员和技术人员的培训以服务质量管理理论和方法为主；针对一线服务人员的培训以保证其本职工作的服务质量的知识为主。

C. 服务专业技能培训

服务专业技能是指，为实现较高的服务质量所需的服务提供步骤、方法、态度与技巧等。良好的专业技能和操作水平是保证服务质量的基础。对于不同岗位的员工服务技能不同，但对于同一层次、同一岗位的员工培训要求大致相同。旅游从业人员必须经过系统培训后方能持证上岗。

②完善激励机制

旅游业的独特性表现在：员工是旅游产品的一部分。没有满意的员工，就没有满意的游客。要让工作人员的服务质量有所提高，仅有高质量、高标准的要求是不够的，还需完善激励机制。

A. 关心员工的成长，充分认识到员工自我实现、自我发展的要求，为他们提供学习和交流的机会。在工作中给予更多自主权和自由发挥的余地，充分调动员工的积极性。

B. 做好服务人员的后勤工作。笔者在调研中得知在旅游旺季的 5～10 月份，景区工作人员几乎是没有假期的，天天坚守岗位无暇顾及家人和孩子。管理者除了在精神上给予鼓励之外，还要积极为员工排忧解难，帮助他们解决生活中的各种矛盾，使其能够将精力集中到工作上来。

C. 采用合理激励措施，使物质激励和精神激励相结合，调动员工的工作积极性。

（4）服务质量标准化管理

旅游服务质量标准，即对服务应达到的要求、规格等做出技术性规定，最好加以量化，以便能科学的进行度量。

首先，在企业中确定“服务规范”，即企业的服务质量应达到怎样的标准，对提供的所有服务进行定性和定量、完整而精确的描述，并将其作为内部操作、管理、质量监督、检查的依据。确定“服务规范”可实现以下目标：保证游客以适当的价格获取相应的产品和服务；使服务人员明确企业对服务质量的追求目标；防止服务管理者在管理中的随意性和盲目性。

其次，进一步规定服务人员的“服务提供规范”，即对所提供的服务制定

"如何提供该项服务"的方法和步骤，让员工在了解了"服务规范"后，可以进一步明确自己的工作职责、岗位要求、服务内容、具体操作方法，使他们对自己的服务提供过程有一个明确的参照标准，防止服务人员在服务提供时的服务质量波动和差异。

（5）服务质量监控

①关注游客信息反馈

关注游客游玩后的感受，进行调查和分析以加强后期服务管理。这样不但可减少游客游玩后的抱怨和投诉，还有利于树立景区形象，对保持老顾客与开发新客源都十分重要。因此，作为管理者要及时收集和处理反馈信息，以避免和改进服务提供中出现的不足之处。收集游客反馈可采取多种手段，如：在游客旅游结束即将离开景区时主动与游客直接交流访谈，或发放质量调查问卷、意见征集单，设立游客投诉中心等。在征询游客意见或建议后，可送上小礼品或针对游客反馈信息发回执单，使游客感到自己的建议受到重视，这样做不但可降低感知差距，还有可能形成良好的"口碑"，提高游客忠诚度；对企业而言，也可以及时发现服务管理系统中的漏洞，及时改进和提高旅游服务质量。

②服务质量监督常规化

应用科学的服务质量监督评价工具。定期使用 SERVQUAL 量表来获得游客对旅游服务质量的评价，并通过不同时期的调查掌握服务质量改进的情况。如果与其他衡量服务质量的方法结合使用，效果会更好，如：服务蓝图、因果图等。

服务质量监督主体一般通过内外两个系统来进行：内部系统指管理者根据服务规范和服务提供规范要求员工自检或部门自检；职能部门对职责范围内的巡检和质检部门的专项检查。外部系统可以根据游客的随机访谈，问卷调查或通过第三方评价请专家进行暗访来查找问题。在具体操作中应注意：突出自检，让员工有被信任感并培养自律性；在收集游客意见时，采取自愿形式；质检结果要和考评挂钩，体现监督工作的严肃性。

思考题

1. 试述游客管理的含义。
2. 度假区环境管理模式的核心内容与特点是什么？
3. 度假区人本管理模式的内涵、原则是什么？
4. 度假区服务质量与游客忠诚度的关系怎样？

本章重点文献

1. 刘莉等译. 现代旅游管理导论. 北京：电子工业出版社，2004

2. 吴必虎. 区域旅游规划原理. 北京：中国旅游出版社，2001

3. 张建萍. 生态旅游理论与实践. 北京：中国旅游出版社，2003

4. 谢彦君. 基础旅游学. 北京：中国旅游出版社，1999

5. 史蒂芬・佩吉等著. 现代旅游管理导论. 北京：电子工业出版社，2004

6. 陶犁等译. 城市旅游游客管理. 天津：南开大学出版社，2004

7. 保罗・弗・金・易格尔斯(Paul F.J.Eagles). 公园游客管理概念的演变. 产业与环境，2002，24（3）

8. Myra Shackly. Vistor managerment into the 21st century. Tourism Management. 1996,17(5)

9. B. Joseph Pine Ⅱ and James H. Gilmore. The Experience Economy. Harvard Business Review, 1998

10. 邹统钎. 体验经济时代的旅游景区开发与经营模式. 商业经济与管理，2003（6）

11. 邵炜钦. 旅游目的地游客忠诚机制模式构建. 旅游科学，2005（6）

12. 曹霞，吴承照. 国外旅游目的地游客管理研究进展. 北京第二外国语学院学报，2006（1）

13. 杨锐. 试论世界国家公园运动的发展趋势. 中国园林，2003（3）

14. Mylene van der Donk. Visitor management for PAN parks. www. panpark. com. 2000

15. 钟林生等. 论生态旅游者的保护性旅游行为. 中南林学院学报，2002（6）：64～66

16. 吴学灿. 自然保护区旅游开发的生态影响. 云南环境科学，1998，17（3）

17. 符全胜. 中国文化自然遗产管理评价的指标体系初探. 人文地理，2004，（5）.

18. 徐红罡. 中国非消费型野生动物旅游若干问题研究. 地理与地理信息科学，2004，（3）：85

19. 李毅. 自然保护区生态旅游管理对策. 生态经济，2002（12）

20. 张健华. 森林公园在旅游市场竞争中如何增强自身的吸引力. 林业经济问题，2000，20（4）

21. 李萌等. 游客不文明行为初探. 北京第二外国语学院学报，2002（1）

22. 吴必虎，余青. 西部旅游发展应高度重视生态环境、社会文化和经济影响问题. 桂林旅游高等专科学校学报，2003，14（1）

23. 宋瑞. 我国生态旅游利益相关者分析. 中国人口资源与环境，2005（1）

24. 邹益民，黄晶晶. 自然旅游景区关于游客忠诚度培养的深层探讨. 技术经济与管理研究，2004（5）

25. 袁国宏. 旅游业可持续发展的动力系统研究. 旅游科学，2004（3）

26. 夏赞才. 利益相关者理论及旅游社利益相关者基本国谱. 湖南师范大学社会学报，

2003（3）

27. 何方永. 城市游客管理：[学位论文]. 成都：四川大学，2005

28. 袁南果. 黄山风景名胜区游客影响管理模式研究：[学位论文]. 北京：清华大学，2004

29. 甚莉. 旅游景区游客体验研究：[学位论文]. 南京：南京师范大学，2003

30. 陈丽丽. 旅游目的地游客管理模式研究——以兴隆山景区为例：[学位论文]：兰州：西北师范大学，2006

8

滨海旅游度假区

学习目的

海滨度假区是世界度假区的主要形式，发展相对成熟。通过学习了解海滨度假区研究的现状、成果；国外海滨度假区发展的历史与成就；我国发展海滨度假区的有利条件与机遇；中国海滨、海滩资源及其开发利用；我国已建成经营的海滨度假区。

主要内容

■ 滨海度假区研究综述

国外海滨度假区的研究内容很广泛，特别重视社会问题、环境问题的研究，对这些成果进行了梳理。我国的海滨度假区研究重视资源评价、规划等领域，体现了开发初期的特点。

■ 国外海滨度假旅游发展

介绍了国外海滨度假区发展良好国家的情况，不同国家海滨度假区的特点。

■ 我国滨海旅游度假区开发条件分析

从海洋条件、海岸条件、自然旅游资源、人文旅游资源、经济技术、社会等条件全面分析了我国发展海滨度假区的有利条件。

■ 海滩与海水浴场评价

介绍、评价了欧洲海滩评价的技术体系，对“蓝旗”评价体系进行了重点介绍。对我国目前使用的评价体系、标准及执行进行了较为详细的说明。

■ 世界著名海滩

介绍了10个世界知名的海滩。

■ 中国最美的海岸

重点推荐了《中国国家地理》2005年评选出的中国最美的八大海岸。

■ 中国滨海旅游度假区

8.1 滨海度假区研究综述

8.1.1 国外研究进展

国外对滨海旅游度假区的研究成果丰硕，涉及滨海旅游度假区的方方面面，郑雅频（2007）、辛健（2007）等作了综述。Butler（1980）提出巴特勒度假发展模型之后一段时期内，有关滨海旅游度假区的研究主要集中在旅游度假区发展的生命周期问题及影响旅游度假区生命周期中各阶段的主要因素，Phyllis（1983）研究了不同国家文化对旅游者在度假区内行为的影响。Klaus（1985）、James（1988）、Keith（1990）等人对度假营地的发展进行了详细的介绍。进入90年代，对于滨海旅游度假区的研究更趋于多元化了。Hana（1991）等人则对滨海度假区的景观设计予以关注，James（1993）从度假区旅游业发展与度假区其他行业的影响具体问题进行了论述，Geoffrey（1996）等人对度假区居民对旅游业的态度表示关注，Howard（1997）从犯罪、安全、毒品、同性恋等具体问题开展研究，体现了人文的关怀。随着度假区环境问题的日益严重，环境保护、度假区面临的问题引起研究者的重视，Cooper（1990）分析了英国滨海度假区所面临的问题，Wong（1998）指出未经规划的滨海度假区的发展对滨海环境已经产生了许多负面的影响，特别是对于岛屿来说，由于其资源和地域的限制，对其的影响就更大，Sharply（2000）以地中海沿岸的塞浦路斯为实例，分析了住宿质量和数量对滨海旅游度假区发展的影响。

21世纪以来，对旅游度假区的研究主要体现在度假区内度假旅游与其他旅游方式，如生态旅游、文化旅游、探险旅游等综合开发，其中文化在滨海旅游度假区开发中越来越受到人们的关注，Rodrigo（2002）从人类学的角度，指出了度假区文化的调适问题。

度假区的研究也有从分散到综合的过程，Edward Inskeep等编著的《旅游度假区的综合开发模式——世界六个旅游度假区开发实例研究》一书中有很多关于滨海旅游度假区开发建设的论述，美国城市土地利用协会（ULI）编著的《度假区开发设计手册》一书中，对度假区开发建设进行了全面、细致的论述，其中包括对滨海度假区的开发历史、市场分析、土地利用规划和项目设计、及度假区经营与管理等问题的论述。

8.1.2 国内研究进展

我国滨海旅游度假区的研究始于20世纪90年代，早期以海滨旅游资源开发为主，周宁、李铮生（1990a, 1990b）研究了滨海旅游与游憩开发，保继刚（1991）分析了海滨沙滩旅游资源开发的空间竞争问题。1992年，国务院批准试办12个国家级旅游度假区，之后度假区研究的文献猛增，其中以滨海度假区研究为多。我国滨海度假区研究文献，相关的硕士学位论文大多进行过综述，且基本相似。另外，在滨海旅游资源丰富的一些省区，还有组织地进行过大规模研究，山东曾邀请世界旅游组织编制了《山东海滨度假旅游规划》，福建、广东也组织过全省的海滨度假旅游规划。

8.2 国外海滨度假旅游发展

欧洲是海滨度假旅游的发源地，20世纪初，地中海沿岸度假胜地成为世界著名海滨旅游中心。“二战”后，以中产阶段为主要消费群的现代海滨度假旅游逐步兴起，发展成为国际旅游的主流。据世界旅游组织统计，2002年，世界入境旅游人数7.15亿人次，居前4位的法国、西班牙、美国和意大利占30%，均为海滨度假旅游发达国家。目前仅地中海沿岸每年接待国际游客上亿人次，其中85%流向西班牙、意大利、法国和土耳其的海滨[1]。

“旅游王国”西班牙拥有海岸线8 000多公里，其中24%为沙滩，沿海海滨和岛屿上共有沙滩2 000多处。金色海岸、白色海岸、阳光海岸、闪亮海岸、巴利阿里和加纳利群岛等众多度假地，在国际上久负盛名。

世界第一旅游大国法国，南临地中海，西濒大西洋，堪称度假旅游者的天堂。法国每年外出度假人数占全国60%以上，有一半的人选择去海滨地区度假。据法国旅游行业的统计数字，2005年接待国际游客7 500万，位居世界旅游目的地国家排行榜首位，占世界旅游市场的10%以上，旅游收入340亿欧元。

意大利海岸线 7 300 公里，海滨旅游十分发达。海滨旅游占国内旅游的65%，占国际旅游的55%。

岛国马耳他面积316平方公里，人口约37万。该国将美丽的海岛风光与深邃的历史文化结合起来，大力发展度假旅游，年接待国际游客 100 多万人

1 胡建伟. 国际滨海度假旅游的发展策略研究. 广西社会科学，2006(3)

次，超过其人口的 3 倍，旅游收入相当于经济总量的 1/3，旅游业税收占财政收入的 22%，提供了全国 1/3 的就业岗位，其中海滨度假旅游对旅游业的贡献率接近 50%。

南太平洋岛国新西兰，由十几个大小岛屿组成，是海洋文化的典型代表。北部亚热带海湾岛屿星罗棋布，海岸景色独特，温泉城众多。该国对旅游业高度重视，将旅游业确定为新经济主导产业。

澳大利亚是地球上最小的大陆，也是最大的海岛，海岸线长达 36 000 公里。特殊的地理、气候条件，使各类沙滩、海湾和海岸景观丰富多彩、独具特色，是海滨度假旅游的胜地，黄金海岸、大堡礁举世闻名。

巴西是世界上最大的热带国家，8 000 公里的海岸线上分布着众多风景绚丽的海滩。该国充分发挥多姿多彩的热带风光、独具风韵的人文景观优势，发展海滨度假旅游。旅游业成为近年来巴西发展最快的行业之一。

墨西哥是世界十大著名旅游国之一，沿海岛屿众多，海岸线 16 000 多公里。20 世纪 70 至 80 年代，墨西哥政府选择 5 处荒凉的海滩，开发建设了坎昆、洛斯卡沃斯等 5 个大规模的海滨度假区，在国际上开创了政府规模开发度假区的成功范例。游客到墨西哥旅游，第一目标就是海滨。

美国海岸线长 22 680 公里。东部、西部和东南海滨拥有众多迷人的海滨度假地。美国 2.3 亿人口，每年去海滨旅游者达 1 亿人次以上。2005 美国接待入境游客 4 600 万人次，居世界第 3 位。夏威夷地处北太平洋，由 132 个岛屿组成，海岸线长度达 1 500 英里，年均气温 25℃～30℃，是世界著名的旅游度假地。州政府税收、劳动就业、居民个人收入大都依靠旅游业的贡献。[1]

8.3 我国滨海旅游度假区开发条件分析

我国海岸线漫长，海域面积广阔，人类开发历史久远，形成了我国海岸带及其丰富的旅游度假资源。

8.3.1 海岸线绵长、多港湾

中国是个陆地大国，又是个海洋大国。我国大陆东部边缘，从北向南依次分布着渤海、黄海、东海和南海四个边缘海。我国拥有近 300 万平方公里的管辖海域，相当于 30 个浙江省的陆地面积。而连接这片蔚蓝色海洋国土和青翠色陆地国土的，则是蜿蜒绵长的海岸线。它自辽宁的鸭绿江口朝西南向

1 山东省旅游局《关于国际滨海度假旅游考察报告》2004

迤逦而下，绕过辽东半岛，经河北，过天津，向东到达山东；而后它经过山东半岛，沿江苏、上海、浙江、福建东界，一路南下；在广东汕头附近，它转变为西向，顺广东、广西的南限，曲曲折折地走向北仑河口，全长 18 000 多公里，南北跨越 20 个地理纬度（从北纬 20°到北纬 40°）。按从北到南沿海各省、市、区的所属计算，辽宁 2 100 多公里，河北约 500 公里，天津 100 多公里，山东 3 000 多公里，江苏 1 000 多公里，上海约 200 公里，浙江 2 200 多公里，福建 3 300 多公里，广东 4 300 多公里，广西约 1 500 公里。若把沿海的岛屿海岸线也计算在内，岛屿海岸线 1.4 万公里，我国的海岸线总长度则为 32 000 多公里。从拥有海洋资源的绝对数量来看：我国陆地海岸线长度为 1.8 万公里，居世界第四位；大陆架面积位居世界第五，200 海里专属经济区面积为世界第十。

中国海岸线曲折，多海湾。以杭州湾为界，之北是以平原性海湾为主，数量少，规模面积大，开阔壮观，如辽东湾、渤海湾、莱州湾、海州湾等；而在它之南，多为山地丘陵基岩性海湾，数量多，范围则小，狭长而海岸曲折，如三门湾、罗源湾、钦州湾等。中国的海湾究竟有多少很难讲清，但大体而言，面积在 10 平方公里以上的海湾有 150 余个（表 8.1）。

表 8.1　中国主要海湾

省级区域	海　湾	所属海洋
辽	辽东湾	渤海
津/冀	渤海湾	渤海
鲁	莱州湾、威海湾、荣成湾、胶州湾、黄家塘湾	渤海、黄海
苏	海州湾	黄海
浙	杭州湾、三门湾、台州湾、隘顽湾	东海
闽	福宁湾、三沙湾、罗源湾、兴化湾、平海湾、湄洲湾、 泉州湾、深沪湾、围头湾、料罗湾、定台湾、岱嵩湾、浮头湾、东山湾（东山内澳）、苏尖湾、诏安湾、大埕湾	东海
粤	拓林湾、广澳湾、海门湾、靖海湾、神泉湾、碣石湾、红海湾、大亚湾、大鹏湾、深圳湾、黄茅湾、广海湾、镇海湾、雷州湾、流沙湾	南海
桂/粤	北部湾	南海
琼	三亚湾、凌水湾	南海

资料来源：根据 http://www.wikilib.com 整理

8.3.2 自然旅游资源数量丰富、类型齐全

我国地势西高东低，由陆地向海洋逐渐降低。陆上众多的河流东流入海，

大量的入海泥沙直接影响着海岸、岸滩的生长发育。由于我国陆域和海域都很辽阔，漫长的海岸线南北穿越沿海各种不同的地质构造和地貌单元，这不仅决定了沿海地区自然环境类型的多样性，而且造就了各海区不同岸段别具特色的海岸、地质、地貌和自然风光。

我国海岸线类型复杂，除了没有高纬度地区特有的冰川海岸外，其他世界各国所有的海岸自然风貌我国均有。

1. 绰约多姿的热带海岸

我国华南沿海地处低纬地区，气温高，发育形成了相应的红树林海岸和珊瑚礁海岸，这是热带海岸所特有的自然景观。

（1）风情万千的红树林海岸

红树林海岸是生物海岸的一种。红树植物是一类生长于潮间带的乔灌木的通称。红树植物主要分布在我国华南和东南的热带、亚热带沿岸。我国海南岛红树植物最为丰富，种类最多，为 37 种；广西、广东、台湾次之；福建更次之；到了浙江则仅有人工引进种植的了。红树植物自然生长的北界在福建厦门，在此以南，红树林海岸发育很好，海南岛东海岸的文昌一带红树植物郁郁葱葱，树高 12～13 米；在此以北，红树林海岸稀少，呈灌木丛出现，失去景观价值。

（2）奇特的珊瑚礁海岸

由于我国热带海域辽阔，所以珊瑚礁在我国分布较广，造礁珊瑚的种类也不少，在我国，珊瑚在南海诸岛、海南岛、台湾岛及澎湖列岛沿岸、广东和广西沿岸均能见到。其中环礁主要分布在南海诸岛，岸礁主要分布在海南岛、台湾岛及澎湖列岛沿岸和广东、广西沿岸。台湾地区造礁珊瑚种类远多于其他地区，这与该地区长期受太平洋黑潮暖流的影响有关。

岸礁横向可以分为三个带，自岸向海依次为：珊瑚礁海滩带，礁平台（即潮间带珊瑚礁坪），活珊瑚带。珊瑚礁海滩带则位于高潮位附近，由珊瑚砂砾组成。它原为礁平台的一部分，由于礁平台向海发展，它滞留在后才遭浪蚀所成。珊瑚礁平台位于潮间带，表面平坦，且近低潮面。活珊瑚带位于水下岸坡，也是现代珊瑚生长的地段。珊瑚礁的功能较多，在珊瑚礁区建立海洋动物园、自然保护区，即是人们的旅游胜地。

2. 峰回水转的基岩海岸

我国东部多山地丘陵，它的延伸入海，边缘处顺理成章地便成了基岩海岸。在杭州湾以南的华东、华南沿海都能见到它们的雄姿，而在杭州湾以北，则主要集中在山东半岛和辽东半岛沿岸。我国的基岩海岸长度约 5 000 公里，约占大陆海岸线总长的 30%。此外，在我国的第一、第二大岛的台湾岛和海南岛，其基岩海岸更为多见。

基岩海岸的主要特点从平面上看，岸线曲折且曲率大，岬角（突入海中的尖形陆地）与海湾相间分布；岬角向海突出，海湾深入陆地。海湾奇形怪状，数量多，但通常狭小。一般岬角处以侵蚀为主，海湾内以堆积为主。由于波浪和海流的作用，岬角处侵蚀下来的物质和海底坡上的物质被带到海湾内来堆积。基岩海岸的主要特点从垂向上看，由于陆地的山地丘陵的被海侵入，使岸边的山峦起伏，奇峰林立，怪石峥嵘，海水直逼崖壁。

沧海桑田，上下千万年。千万年的风吹浪打，千万年的潮至汐退，使得基岩海岸形成极其独特的海蚀地貌。在岁岁不止的风浪的作用下，软硬不一的岩石组成的基岩海岸便会造出许多让人惊心动魄的地貌景观：有的海岸向海一侧是陡峭的断崖，称海蚀崖；有的海蚀崖前面有一个相对比较平坦的沙滩，称为海蚀滩；有的海蚀崖前面有一个相对比较平坦的石滩，称为海蚀平台；有的在岸边、海上竖立着孤独的石柱子或高耸岩体，称为海蚀柱，如青岛海滨的石老人、芝岛的石公公、屺姆岛的将军石、山海关的姜女坟和海南岛三亚附近的“南天一柱”等。此外，还可以在海蚀地貌中见到不少洞穴，称为海蚀洞、海蚀穴等等，形态种种。一系列的海蚀地貌构成了重要的风景地貌旅游资源，具有极高的观赏价值。

3. 貌似戈壁的砂砾质海岸

砂砾质海岸通常为堆积性海岸，所以这类海岸的沿岸往往沙堤、沙坝、沙丘等地貌经常能见到。特别是在华南沿岸的某些地段，由于高温湿润和风化强烈，常受暴流冲刷，物质供应丰富，常形成一系列沙堤、沙坝和沙丘，与沿岸的绿树相映成趣。另外，淤泥质平原海岸局部地段也发育着砂砾质海岸。来到砂砾质海岸边，低头细观，满目都是黄灿灿或白茫茫的砾石沙粒，你便会觉得来到了戈壁荒野。这类海岸介于基岩海岸和淤泥质海岸之间，以砾石和沙子为主要的物质组分。不过它在区域分布上却不广泛，常形成海水浴场。

4. 广阔坦荡的淤泥质海岸

平原海岸是由河流、海流及波浪等动力因素作用下由泥沙堆积而成，其中的砂质海岸地势平坦、沙质匀细平软、海水清澈、风浪小，为开展以海水浴为主的海上文体旅游活动提供了有利的条件。与基岩海岸和砂砾质海岸迥异，淤泥质海岸呈现的是另一番景象：沿岸通常看不到一座山，向陆一侧是辽阔的大平原。淤泥质海岸一般分布在大平原的外缘，海岸修直，岸滩平缓微斜，潮滩极为宽广，有的可达数十公里。海岸的组成物质较细，大多是粉沙和淤泥。沿岸有许多入海河流。在沿岸附近、河口区经常可见古河道、泻湖或湿地等淤泥质海岸所特有的地貌景观。

此外，由于海陆气象交错以及局部地形的影响，我国沿岸还形成了一些独特的景观资源，如神秘的海市蜃楼等，具有较高的观赏价值。

8.3.3 人文旅游资源品位较高、历史悠久

我国沿海岸地区开发历史悠久，具有浓厚华夏历史、文化、民族风情和宗教色彩，在漫长而广阔的沿海地区广泛分布着丰富的海洋文化遗存，构成滨海旅游资源的重要组成部分。从原始社会到奴隶社会再到封建社会，留下的遗迹不胜枚举，都具有很高的考古价值。天后妈祖成了人们海上的保护神，"四大佛教名山"之一的普陀山位于舟山群岛，"道教第二丛林"的青岛崂山太清宫等成为宗教发展的场所。万里海疆同时又是抵御外敌入侵的前沿阵地，在我国历史上近海曾发生了一系列海战，在沿海地区留下了丰富的史迹。

8.3.4 滨海气候复杂多样

我国绵延18 000千米的大陆海岸线和14 000公里的岛屿岸线呈南北纵向布列态势跨越温带、亚热带和热带三大气候区域。它们又具体分为暖温带、北亚热带、中亚热带、南亚热带、北热带、中热带。[1]

暖温带：辽宁、天津、山东和苏北灌溉总渠以北的江苏海岸带；

北亚热带：苏北灌溉总渠以南江苏海岸段、上海和浙江象山港以北的海岸带；

中亚热带：浙江象山港以南至福建闽江口以北岸段；

南亚热带：福建闽江口以南、雷州半岛以北的福建、广东、广西岸段；

北热带：雷州半岛、海南岛的北部和中部，北界经过湛江北部的高州、化州、阳江；

中热带：海南岛南部的三亚、陵水和乐东等县的大部分。

由于处于不同气候带中的各个滨海地区拥有最佳旅游气候存在着时间上的差异，这样就使我国滨海地带在一年四季变化之中拥有众多可供游人选择的具有最佳气候的地区，形成了滨海气候条件优越，南北互补的有利格局。

8.3.5 众多海滨城市

沿大陆海岸线，有许多优良海湾和港口城市，自北而南是：大连、秦皇岛、天津、烟台、青岛、连云港、南通、上海、宁波、温州、福州、厦门、广州、湛江、北海等。它们形成了一个由不同类型城市构成的城市带。这个城市带拥

1 范业正，郭来喜. 中国海滨旅游地气候适宜性. 自然资源学报，1998(4)

有30多个地级市、4个省会城市、5个计划单列市和2个直辖市，其中包括了15个沿海开放城市和4个经济特区城市。滨海城市中有3个200万人口以上的超大城市、3个100万人口以上的特大城市及7个50万人口以上的大城市。滨海城市人均收入在全国最高，这些地区理所当然地成为我国游客发生量最大的地区。

滨海城市也是我国主要的旅游接待地。广阔的海洋和风光绮丽的滨海地带令人留连忘返。充分利用大海的自然风光，开发海滨旅游，也是人们利用与开发海洋资源的一个重要方面。渤海海滨的北戴河、秦皇岛；黄海海滨的大连、烟台、青岛和连云港；东海海滨的普陀山和厦门；南海海滨的深圳、北海和海南的天涯海角等都是重点开发的海滨度假旅游区，每年都有大批的海内外旅游到这些地方旅游。

8.4 海滩与海水浴场评价

8.4.1 海滩评价

作为一种旅游产品，海滩是由海滩地貌、水体、生物、气候气象、人文等多种资源要素组成的集合体。海滩是人们海滨度假的首选吸引因子。

度假区的沙滩要求在长度、频度、砂粒大小、水质、水温等方面满足一定条件。

如何客观、科学、系统、全面地评价海滩旅游资源质量一直是地理界和旅游界的热门话题。在这方面，国外进行大量研究，建立了一系列较成功的和实用的评价体系或模型。国内学者也作过一些工作，但未形成完善体系。

李占海等（2000）的《海滩旅游资源质量评比体系》一文对此进行了总结分析，文章重点介绍了国外现有主要海滩旅游资源质量评价体系：

欧洲"蓝旗"评价体制 "蓝旗"评价体制（欧洲环境教育联邦委员会采用）共有26个指标，其中水质7个、环境教育和信息6个、海滩旅游资源管理13个。1993年后，水质标准由强制性（I级）提高到指令性（G级）。必须达到的强制指标有：水质和采样点信息展示，管理部门的海岸环境教育活动，对汽车、垃圾倾倒、非法野营、狗进入海滩的管理等。要求做到的指标有：足够的垃圾收集点、海滩每日清扫状况、进入海滩的安全性、卫生设施、救生设备和人员、紧急救护等。建议提供饮用水、电话厅、残疾人服务设施等。1994年，欧洲有1 454个海滩被授予蓝旗。

海岸整洁奖评制度　始于 1992 年，由英国海岸整洁组织制定。奖励对象为海滩胜地和欠发达地区的乡村海滩。获奖海滩必须满足设施、管理、海滩整洁、水质方面的高要求。海滩胜地的评价指标有 29 个，乡村海滩 13 个，主要包括水质、海滩、潮间带、安全、清洁、管理、信息、教育等。水质必须满足 I 级，对满足 G 级水质标准的给予海滨大奖。1998 年，全球有 249 个海滩被授予海滨奖。

优良海滩标准　是由英国海洋保护学会提出的，主要评价海滩水质，分为五级。接受推荐的海滩必须达到的最低标准是四级（即 100%通过 I 级，80%通过 G 级）。有些水质达五级的海滩，因不满足其他条件而未被推荐，如：海滩信息不足、有污染源或杂物、海浴条件危险等。该组织对达到四级水质并满足其他评价条件的海滩给予推荐和详细描述。1995 年，英国共有 98 个海滩受到推荐。

哥斯达黎加评价体系　用于区分海滩大众适宜性和个体适宜性，有 113 个评价因子，分 6 组，每一组又分有益类和有害类。每一因子得分范围 0 到 4，海滩最后排名得分由有益因子得分总和减去有害因子得分总和。

李占海等认为欧洲“蓝旗”制评价因子较少，不够深入。英国海岸整洁奖评制对不同开发程度的海滩采用不同评价体系。优良海滩标准不符合某些评价标准的海滩，不予推荐。有的评价体系选取的因子较多，但对海滩因子进行有益和有害类划分及对评分标准的规定带有主观性。有的评价体系的评价角度较全，但对海滩自然、生物因子的评价相对较少，不够全面。此外，把对旅游活动产生不同影响的因子划归在一起，使分类较混乱。作者借鉴国内外评价体系的优缺点，从与国际海滩接轨、利于游客选择旅游地和海滩管理的角度出发，试图建立适合我国的海滩旅游资源质量评价体系。

以海滩地为核心，包括其周围重要景点，采用分层次综合、定性定量相结合等方法，将影响旅游活动、体现旅游管理的因子，包括重要偏好因子，纳入评价体系，经增添、筛选、引用，最后确定 80 个因子。运用层次分析法，将因子分为两大类：一类是旅游资源条件，主要评价旅游资源的规模、特殊度、美学观赏价值、康娱价值、组合条件、聚集条件，依据因子性质和成因的不同，分 5 个亚类；另一类是旅游资源的可利用条件，主要由设施、管理及影响人身健康、安全的因子组成，分 3 个亚类（表 8.2）。采用六级制评分规则，因子得分范围 0 至 5，分值越高，质量越好；分值为 0，表示因子状况对某些旅游活动有较大限制，或对人体健康安全有较大不良影响和伤害，定名为超标因子。

表 8.2 中国海滩旅游资源质量评价体系及因子

得分	0（超标因子）	1	2	3	4	5
一、旅游资源条件（大类）						
1. 地貌亚类（14 个因子）						
（1）平均低潮位时滩面宽度（m）		50～100	100～150	150～200	200～300	＞300
（2）平均高潮位时滩面宽度（m）		20～50	50～100	100～150	150～200	＞200
（3）海滩长度（m）		200～500	500～1000	1 000～1 500	1 500～2 000	＞200
（4）高潮线以上的平均坡度（°）		8～12	6～8	4～6	2～4	＜2
（5）中潮线到水深 1m 处的距离		20～40	40～80	80～160	160～240	＞240
（6）平均高潮线以上物质		砂砾	粗砂	中砂	中—细砂	细砂
（7）平均高潮线以下物质		砂砾	粗砂	中砂	中—细砂	细砂
（8）海滩的弯曲度		平直	微弯	较弯	弯	螺线型
（9）向海的开阔度		小	较小	较大	大	很大
（10）沙子的色彩		黑	暗灰	浅灰	红棕	白/金黄
（11）海滩的冲淤状态	严重侵蚀	严重加积	明显加积	微蚀	微积	平衡
（12）向海景观		很差	差	一般	美	很美
（13）向陆景观		很差	差	一般	美	很美
（14）沙浴康乐价值		很低	低	较高	高	很高
2. 水体亚类（9 个因子）						
（15）水温（℃）		＜19/＞35	＜23/＞32	＜(23～25)/＞30	25～28	28～30
（16）水色		黑/褐色	暗灰色	浅灰色	浅绿/蓝色	蔚蓝
（17）水透明度（m）		0.3～1	1～2	2～3	3～4	＞4
（18）潮差（m）		3～3.5	2.5～3	2～2.5	1.5～2	＜1.5
（19）沿岸流强弱（m/s）	＞0.5	0.30～0.45	0.20～0.30	0.10～0.20	0.05～0.10	＜0.05
（20）裂流强弱（m/s）	＞0.5	0.30～0.45	0.20～0.30	0.10～0.20	0.05～0.10	＜0.05
（21）裂流数量（个/km）		≥6	5	3～4	1～2	无
（22）海浴康乐价值		很低	低	较高	高	很高
（23）海上运动的适宜性		限制很大	限制较大	较适宜	适宜	很适宜
3. 气候气象亚类（13 个因子，较适宜的旅游期内）						
（24）温度（℃）		7～27	10～15	15～25	18～24	21～24
（25）日照（h/d）		5～6	6～7	7～8	8～9	＞9
（26）空气的洁净度	很不洁净	不洁净	较不洁净	较洁净	洁净	很洁净
（27）平均风速（m/s）	＞5	3.5～5	2～3.5	1.5～2	1～1.5	＜1
（28）降雨量（mm/月）		150～250	100～150	60～100	30～60	＜30

续表

得分	0（超标因子）	1	2	3	4	5
（29）适宜期的长度（个月）		1～2	3～4	5～6	7～8	>9
（30）日温差感受		不舒服	较不舒服	较舒服	舒服	很舒服
（31）温湿指数		<5/>30	5～10 或 27～30	10～15 或 25～27	15～18 或 22～25	18～22
（32）奇特、美丽的天象		极少	很少	较少	较多	很多
（33）天空的颜色		灰色	浅灰色	浅蓝色	蔚蓝	湛蓝
（34）空气的气味		异味很浓	异味较浓	无	宜人	极宜人
（35）日光浴的康乐价值		很低	低	较高	高	很高
（36）空气浴的康乐价值		很低	低	较高	高	很高
4. 生物亚类（6 个因子）						
（37）沿岸野生动物种类（种）		<5	5～10	10～15	15～20	>20
（38）可观赏野生动物数量（个）		<10	10～30	30～60	多	很多
（39）动物的观赏性（色、形、声）		很低	较低	较高	高	很高
（40）沿岸植被种类		5～10	10～15	15～20	20～25	>20
（41）沿岸植被覆盖度		25%～40%	40%～55%	55%～70%	70%～85%	85%
（42）植物的美感（色、形、味）		很低	较低	较高	高	很高
5. 人文资源亚类（8 个因子）						
（43）海滩区位		很差	差	一般	优越	很优越
（44）知名度		县级	市级	省级	国家级	国际级
（45）民俗风情的吸引力		极小	很小	较小	大	很大
（46）大型活动的吸引力（文娱、节庆等）		极小	很小	较小	大	很大
（47）海滩装饰物的美学价值（雕塑等）		很低	较低	较高	高	很高
（48）文物、古迹、建筑的游览价值		很低	较低	较高	高	很高
（49）海滩区的历史文化因缘		极少	很少	较少	丰富	很丰富
（50）人造景观与自然的协调度		很低	较低	一般	高	很高
二、资源的可利用条件（大类）						
1. 基础设施与管理亚类（14 个因子）						
（51）中心城镇与外界的交通方式（汽车、火车、飞机、船）	很难进入	无	一种	两种	三种	四种
（52）交通终点到海滩的距离（m）	>2 000	1 500～2 000	1 000～1 500	500～1 000	250～500	<250
（53）是否允许车辆/动物进入海滩	全部允许	部分允许		极少允许		不允许

续表

得分	0（超标因子）	1	2	3	4	5
（54）水上运动产生的干扰	很强烈	强烈	较强烈	较小	很小	无
（55）近海滩建筑/城市化程度		很高	高	低	较低	很低
（56）海滩平均拥挤程度（人/100m^2）		60～80	40～60	20～40	10～20	＜10
（57）使用洗手间的方便程度	很不方便	不方便	较不方便	较方便	方便	很方便
（58）洗手间的卫生状况	很不干净	不干净	较不干净	较方便	干净	很干净
（59）使用冲洗室的方便程度	很不方便	不方便	较不方便	较方便	方便	很方便
（60）冲洗室设备卫生质量	很差	差	较差	较好	好	很好
（61）餐馆及饮水	很不方便	不方便	较不方便	较方便	方便	很方便
（62）椅、太阳床（人/个）		50～70	30～50	15～30	5～15	＜5
（63）服务水平及质量	很差	差	较差	较好	好	很好
（64）食、宿、购、娱的条件	很差	差	较差	较好	好	很好
2. 安全亚类（10个因子）						
（65）安全标志	无或很不健全	不健全	较不健全	较健全	健全	很健全
（66）进入海滩过程中的安全性	无或很差	差	较差	较高	高	很高
（67）急救设施及救生设备	无或很少	少	较少	较充足	充足	很充足
（68）社会治安	很差	差	较差	较好	好	很好
（69）危险动物出现状况（年/次）	多次/年	1～5	5～10	10～15	15～20	无
（70）植被的危害性	很大	较大	较小	很小	极小	无
（71）危险天气（次/游期内）	很多	5～10	3～5	1～3	极少	无
（72）危险性悬崖峭壁	很多	较多	较少	很少	极少	无
（73）水下危险地形、地物	很多	较多	较少	很少	极少	无
（74）沙中天然有害物质的危害	很大	较大	较小	很小	极小	无
3. 卫生亚类（6个因子）						
（75）大气质量	重污染	轻污染		尚清洁	清洁	很清洁
（76）水质	重污染	轻污染		尚清洁	清洁	很清洁
（77）沙子/底质的污染状况	重污染	轻污染		尚清洁	清洁	很清洁
（78）噪声（交通/工商）（分贝）	70	50～60	40～50	30～40	20～30	极小/无
（79）蚊、蝇等害虫	很多	较多	较少	很少	极少	无
（80）赤潮的发生频率（年/次）		≤1	2～5	5～10	10～15	无

资料来源：李占海，柯贤坤，周旅复，王爱军. 海滩旅游资源质量评比体系. 自然资源学报，2000(3)

8.4.2 沙滩浴场评价

不同的学者提出的评价标准不同，傅文伟（1994）提出的一个评价体系相对简洁，如表 8.3 所示。

表 8.3 沙滩浴场评价项目及指标

评价项目			指标			
			一类	二类	三类	四类
地形	沙滩	长度（m）	>1 000	1 000～500	500～200	<200
		涨潮线上宽度（m）	>200	200～100	100～30	<30
		面积（ha）	>30	30～10	10～3	<3
		坡度（°）：前滨	<2	2～5	5～10	>10
		滩肩	<5	5～10	10～30	>30
		颗粒成分（%）（粗/中/细/粉砂比）	<5/20～25/65～70/10～15	其中粗砂或粉砂较高	粗砂太高（>15%）或粉砂太高（>30%）	颗粒成分比例失调
		沙滩有害组分或杂质	无或极少	很少	有一定含量	较多
	后腹地	地貌类型	平地缓坡	岗丘	低山陡坡	陡岩绝壁
		面积（km²）	>1	1～0.5	0.5～0.1	<0.1
水象	水质	透明度（m）	>1	0.6～1	0.3～0.6	<0.3
		洁净度（ppm）	<1	<1	1～2	1～2
		（CDD，大肠菌）（个/L）	<1 000	1 000～3 000	3 000～7 000	<10 000
		油膜（ppm）	无	无	肉眼难以辨明	（左右）
	波浪	浪高频率（m）	<0.3	0.3～0.5	0.5～0.8	>0.8
	生物	普通生物（藻类，浮游物）	游泳区域内基本无或极少	很少	较少	较多
		有害生物（鳄鱼，海蜇等）	无	无	少见 要保护	有 要防护措施
气象	日照	年晴日数（天）	>100	100～70	70～40	<40
		其中夏季晴日数（周）	>10	10～5	5～2	<2
	温度	气温（℃）	30～32	28～34	25～36	<25，>36
		水温（℃）	28～30	25～28	23～25，>30	<23，>32
	风	风向频率 风速（m/s）	<1	1～3	3～5	>5

注：沙滩颗粒成分：粗砂>0.5mm，中砂 0.5~0.25mm，细砂 0.25~0.125mm，粉砂 0.125~0.063mm

资料来源：傅文伟. 旅游资源评估与开发. 杭州：杭州大学出版社，1994. 70～71

8.4.3 海水水质的分类与标准

1. 海水水质分类

按照海域的不同使用功能和保护目标，海水水质分为四类：

- 第一类　适用于海洋渔业水域，海上自然保护区和珍稀濒危海洋生物保护区。
- 第二类　适用于水产养殖区，海水浴场，人体直接接触海水的海上运动或娱乐区，以及与人类食用直接有关的工业用水区。
- 第三类　适用于一般工业用水区，滨海风景旅游区。
- 第四类　适用于海洋港口水域，海洋开发作业区。

2. 海水水质标准

各类海水水质标准列于表 8.4。

表 8.4　海水水质标准　　（mg/L）

序号	项目	第一类	第二类	第三类	第四类
1	漂浮物质	海面不得出现油膜、浮沫和其他漂浮物质			海面无明显油膜、浮沫和其他漂浮物质
2	色、臭、味	海水不得有异色、异臭、异味			海水不得有令人厌恶和感到不快的色、臭、味
3	悬浮物质	人为增加的量≤10	人为增加的量≤100		人为增加的量≤150
4	大肠菌群≤（个/L）	10 000 供人生食的贝类养殖水质≤700			—
5	粪大肠菌群≤（个/L）	2 000 供人生食的贝类养殖水质≤140			—
6	病原体	供人生食的贝类养殖水质不得含有病原体			
7	水温（℃）	人为造成的海水温升夏季不超过当时当地 1℃，其它季节不超过 2℃		人为造成的海水温升不超过当时当地 4℃	
8	pH	7.8～8.5 同时不超出该海域正常变动范围的 0.2pH 单位		6.8～8.8 同时不超出该海域正常变动范围的 0.5pH 单位	
9	溶解氧>	6	5	4	3
10	化学需氧量≤（COD）	2	3	4	5
11	生化需氧量≤（BOD_5）	1	3	4	5
12	无机氮≤（以 N 计）	0.20	0.30	0.40	0.50
13	非离子氨≤（以 N 计）	0.020			

续表

<table>
<tr><th>序号</th><th colspan="2">项目</th><th>第一类</th><th>第二类</th><th>第三类</th><th>第四类</th></tr>
<tr><td>14</td><td colspan="2">活性磷酸盐≤
（以 P 计）</td><td>0.015</td><td colspan="2">0.030</td><td>0.045</td></tr>
<tr><td>15</td><td colspan="2">汞≤</td><td>0.000 05</td><td colspan="2">0.000 20</td><td>0.000 50</td></tr>
<tr><td>16</td><td colspan="2">镉≤</td><td>0.001</td><td>0.005</td><td colspan="2">0.010</td></tr>
<tr><td>17</td><td colspan="2">铅≤</td><td>0.001</td><td>0.005</td><td>0.010</td><td>0.050</td></tr>
<tr><td>18</td><td colspan="2">六价铬≤</td><td>0.005</td><td>0.010</td><td>0.020</td><td>0.050</td></tr>
<tr><td>19</td><td colspan="2">总铬≤</td><td>0.05</td><td>0.10</td><td>0.20</td><td>0.50</td></tr>
<tr><td>20</td><td colspan="2">砷≤</td><td>0.020</td><td>0.030</td><td colspan="2">0.050</td></tr>
<tr><td>21</td><td colspan="2">铜≤</td><td>0.005</td><td>0.010</td><td colspan="2">0.050</td></tr>
<tr><td>22</td><td colspan="2">锌≤</td><td>0.020</td><td>0.050</td><td>0.10</td><td>0.50</td></tr>
<tr><td>23</td><td colspan="2">硒≤</td><td>0.010</td><td colspan="2">0.020</td><td>0.050</td></tr>
<tr><td>24</td><td colspan="2">镍≤</td><td>0.005</td><td>0.010</td><td>0.020</td><td>0.050</td></tr>
<tr><td>25</td><td colspan="2">氰化物≤</td><td colspan="2">0.005</td><td>0.10</td><td>0.20</td></tr>
<tr><td>26</td><td colspan="2">硫化物≤
（以 S 计）</td><td>0.02</td><td>0.05</td><td>0.10</td><td>0.25</td></tr>
<tr><td>27</td><td colspan="2">挥发性酚≤</td><td colspan="2">0.005</td><td>0.010</td><td>0.050</td></tr>
<tr><td>28</td><td colspan="2">石油类≤</td><td colspan="2">0.05</td><td>0.30</td><td>0.50</td></tr>
<tr><td>29</td><td colspan="2">六六六≤</td><td>0.001</td><td>0.002</td><td>0.003</td><td>0.005</td></tr>
<tr><td>30</td><td colspan="2">滴滴涕≤</td><td>0.000 05</td><td colspan="3">0.000 10</td></tr>
<tr><td>31</td><td colspan="2">马拉硫磷≤</td><td>0.000 5</td><td colspan="3">0.001</td></tr>
<tr><td>32</td><td colspan="2">甲基对硫磷≤</td><td>0.000 5</td><td colspan="3">0.001</td></tr>
<tr><td>33</td><td colspan="2">苯并（a）芘≤
（μ/L）</td><td colspan="4">0.002 5</td></tr>
<tr><td>34</td><td colspan="2">阴离子表面活性剂
（以 LAS 计）</td><td>0.03</td><td colspan="3">0.10</td></tr>
<tr><td rowspan="5">35</td><td rowspan="5">*放射
性核
素
（Bq/L）</td><td>^{60}Co</td><td colspan="4">0.03</td></tr>
<tr><td>^{90}Sr</td><td colspan="4">4</td></tr>
<tr><td>^{106}Rn</td><td colspan="4">0.2</td></tr>
<tr><td>^{134}Cs</td><td colspan="4">0.6</td></tr>
<tr><td>^{137}Cs</td><td colspan="4">0.7</td></tr>
</table>

摘自《中华人民共和国国家标准海水水质标准》（GB 3097—1997）。

8.4.4 海水浴场环境监测、评价

国家海洋局每年自 5 月 1 日至 11 月 30 日，对我国沿海 23 个重点海水浴场的水质状况及未来三天的健康指数、游泳适宜度和最佳游泳时段依据海水浴场环境监测技术规程（附件 8.1）进行监测、评价与预报。通过中央电视台、国家海洋局政府网、人民网、新浪网等媒体发布。2007 年国家海洋局环境监测的我国沿海 23 个重点海水浴场综合环境等级如表 8.5 所示。

表 8.5 2007 年我国重点海水浴场综合环境等级

浴场名称	健康指数	水质	适宜、较适宜游泳时间（%）	不适宜游泳的主要因素
三亚亚龙湾海水浴场	95	优	85	天气不佳
海口假日海滩海水浴场	84	良	82	天气不佳
防城港金滩海水浴场	85	良	91	—
北海银滩海水浴场	92	优	94	—
湛江东海岛海水浴场	89	良	84	天气不佳
广东江门飞沙滩海水浴场	97	优	84	天气不佳
深圳大小梅沙海水浴场	85	良	52	雾霾天气
广东汕尾红海湾海水浴场	96	优	74	天气不佳
广东南澳青澳湾海水浴场	95	优	88	天气不佳
广东阳江闸坡海水浴场	90	良	83	天气不佳
福建东山马銮湾海水浴场	87	良	95	—
厦门黄厝海水浴场	83	良	90	—
福建平潭龙王头海水浴场	73	良	55	风浪偏大
温州南麂大沙岙海水浴场	95	优	81	风浪偏大
舟山朱家尖海水浴场	96	优	86	天气不佳
连云港连岛海水浴场	97	良	76	天气不佳
山东日照海水浴场	98	良	71	天气不佳
青岛第 海水浴场	95	良	86	视程较差
威海国际海水浴场	94	良	80	水温偏低
烟台金沙滩海水浴场	92	良	81	水温偏低
北戴河老虎石海水浴场	82	良	86	天气不佳
大连金石滩海水浴场	98	优	62	水温偏低
葫芦岛绥中海水浴场	92	良	87	天气不佳

资料来源：国家海洋局政府网《2007 年中国海洋环境质量公报》

8.4.5 我国海滨度假区海洋环境监测、评价

国家海洋局每年 4 月 24 日至 10 月 30 日对我国沿海 16 个重点滨海旅游度假区的环境状况指数和专项休闲（观光）活动指数组织监测评价，开展预报工作。在旅游卫视、中国教育电视台等媒体发布。其依据是环境状况指数（包括水质指数和海面状况指数）和各类休闲（观光）指数的赋分分级说明（满分为 5.0），各级划分如表 8.6 所示。

表 8.6 海水浴场环境状况

年平均水质指数	环境状况	游憩活动适宜性
5.0～4.5	极佳	非常适宜开展休闲（观光）活动
4.4～3.5	优良	很适宜开展休闲（观光）活动
3.4～2.5	良好	适宜开展休闲（观光）活动
2.4～1.5	一般	基本适宜开展休闲（观光）活动
1.4～1.0	较差	不适宜开展休闲（观光）活动

资料来源：国家海洋局政府网《2007 年中国海洋环境质量公报》

2007 年国家海洋局政府网《2007 年中国海洋环境质量公报》公告的我国沿海 16 个重点滨海旅游度假区的环境状况指数和专项休闲（观光）活动指数监测评价如下：

辽宁营口仙人岛森林公园旅游度假区 度假区水质优良，年平均水质指数为 4.1。海面状况优良。度假区综合环境质量优良，年平均休闲（观光）活动指数为 4.0，很适宜开展各类休闲（观光）活动，尤以开展海滨观光和沙滩娱乐活动为佳。

山东大连金石滩旅游度假区 度假区水质极佳，年平均水质指数为 4.8。海面状况良好。度假区综合环境质量良好，年平均休闲（观光）活动指数为 3.3，适宜开展各类休闲（观光）活动，尤以开展沙滩娱乐活动为佳。影响各类休闲（观光）活动的主要因素是水温较低，以及降雨导致的天气不佳。

河北秦皇岛亚运村滨海旅游度假区 度假区水质良好，年平均水质指数为 2.8，部分水体营养盐含量超二类海水水质标准。海面状况良好。度假区综合环境质量优良，年平均休闲（观光）活动指数为 3.5，很适宜开展各类休闲（观光）活动，尤以开展沙滩娱乐和海钓活动为佳。影响各类休闲（观光）活动的主要因素是水体富营养化和水温较低。

山东蓬莱阁旅游度假区 度假区水质极佳，年平均水质指数为 4.9，海面状况良好。度假区综合环境质量优良，年平均休闲（观光）活动指数为 3.6，很

适宜开展各类休闲（观光）活动，尤以开展沙滩娱乐和海钓活动为佳。影响各类休闲（观光）活动的主要因素是水温较低。

山东烟台金沙滩旅游度假区 度假区水质极佳，年平均水质指数为 4.5，海面状况良好。度假区综合环境质量优良，年平均休闲（观光）活动指数为 3.7，很适宜开展各类休闲（观光）活动，尤以开展沙滩娱乐和海滨观光活动为佳。影响各类休闲娱乐指数的主要因素是水温偏低。

山东青岛石老人旅游度假区 度假区水质良好，年平均水质指数为 2.9，部分水体存在无机氮含量超海水水质二类标准的现象。海面状况良好。度假区综合环境质量良好，年平均休闲（观光）活动指数为 2.6，适宜开展各类休闲（观光）活动。影响各类休闲（观光）活动的主要因素是部分水体无机氮含量超标和海草漂浮物引起的水质波动，以及水温较低等。

江苏连云港东西连岛旅游度假区 度假区水质良好，年平均水质指数 2.7。水体无机氮含量超海水水质二类标准，部分水体超海水水质四类标准。海面状况良好。度假区综合环境质量优良，年平均休闲（观光）活动指数为 3.6，很适宜开展各类休闲（观光）活动，尤以开展海底观光和海钓活动为佳。影响各类休闲（观光）活动的主要因素是水体富营养化和降雨导致的天气不佳。

上海金山城市沙滩滨海旅游度假区 度假区水质较差，年平均水质指数为 1.0，水体富营养化严重。海面状况优良。度假区综合环境质量优良，年平均休闲（观光）活动指数为 4.1，很适宜开展各类休闲（观光）活动。尤以开展海上观光、海滨观光、沙滩娱乐、海钓和渔家乐活动为佳。影响各类休闲（观光）活动的主要因素是水体富营养化。

浙江嵊泗列岛名胜区 度假区水质优良，年平均水质指数为 3.5，水体无机氮含量超海水水质二类标准。海面状况优良。度假区综合环境质量优良，年平均休闲（观光）活动指数为 4.3，很适宜开展各类休闲（观光）活动，尤以开展海滨观光和沙滩娱乐活动为佳。

福建平潭旅游度假区 度假区水质优良，年平均水质指数为 4.1，海面状况良好。度假区综合环境质量良好，年平均休闲（观光）活动指数为 3.4，适宜开展各类休闲（观光）活动，尤以开展海滨观光活动为佳。影响各类休闲（观光）活动的主要因素是风浪偏大。

福建厦门环岛东路海域旅游度假区 度假区水质良好，年平均水质指数为 3.2，部分水体存在无机氮含量超海水水质二类标准的现象。海面状况优良。度假区综合环境质量优良，年平均休闲（观光）活动指数为 4.3，很适宜开展各类休闲（观光）活动，尤以开展海上观光、海滨观光、海上休闲和沙滩娱乐等活动为佳。

厦门鼓浪屿旅游度假区 度假区水质良好，年平均水质指数为 3.2，部分水体存在无机氮含量超海水水质二类标准的现象。海面状况优良。度假区综合环境质量优良，年平均休闲（观光）活动指数为 4.4，很适宜开展各类休闲（观光）活动，尤以开展沙滩娱乐、海上观光、海滨观光和海上休闲等活动为佳。

广东湛江东海岛省级旅游度假区 度假区水质优良，年平均水质指数为 4.1。海面状况优良。度假区综合环境质量优良，年平均休闲（观光）活动指数为 4.3，很适宜开展各类休闲（观光）活动，尤以开展海底观光、海滨观光、海上休闲和沙滩娱乐等活动为佳。

深圳大小梅沙旅游度假区 度假区水质优良，年平均水质指数为 4.4。海面状况良好。度假区综合环境质量良好，年平均休闲（观光）活动指数为 3.2，适宜开展各类休闲（观光）活动。影响各类休闲（观光）活动的主要因素是雾霾天气。

广西北海银滩旅游度假区 度假区水质极佳，年平均水质指数为 4.7，海面状况优良。度假区综合环境质量极佳，年平均休闲（观光）活动指数为 4.5，非常适宜开展各类休闲（观光）活动，尤以开展海底观光、沙滩娱乐、海上观光和海滨观光等活动为佳。

海南三亚亚龙湾旅游度假区 度假区水质极佳，年平均水质指数为 5.0。海面状况优良。度假区综合环境质量优良。年平均休闲（观光）活动指数为 4.4，很适宜开展各类休闲（观光）活动，尤以开展海底观光、海滨观光和沙滩娱乐等活动为佳。

8.5 世界著名海滩

澳大利亚黄金海岸 黄金海岸位于澳大利亚东部海岸中段、布里斯班以南，它由一段长约 42 公里、10 多个连续排列的优质沙滩的组成，因沙滩为金色而得名。那里气候宜人，日照充足，特别是海浪险急，适合于进行冲浪和滑水活动，是冲浪者的乐园，也是昆士兰州重点旅游度假区。那里旅游设施齐全，有各种各样的游乐场、赌场、酒吧、夜总会、海洋世界和主题公园。

墨西哥坎昆海滩 坎昆是世界著名的海滨渡假胜地，位于加勒比海北部，尤卡坦半岛东北角，三面环海，岛长 21 公里、宽约 400 米。白色沙滩由珊瑚风化而成的细沙构成，周边还有大量古玛雅人的历史遗迹，如奇琴伊查的金字塔、唯一的海边玛雅遗址土伦和以瑰丽壁画著称的帕伦克，以及女人岛和赫雷卡特考古生态主题公园等。海面平静清澈，海水深浅不一，呈现出白色、天蓝、深蓝、黑色等多种颜色。坎昆城分为城区和旅馆区两部分，城区在内陆，是当地居民的居住地，而旅馆区则建在岛上，希尔顿、凯悦、喜来登、万豪等世界奢华的酒店都能在那里看见。

夏威夷海滩 夏威夷海滩位于火奴鲁鲁岛上，海滩区东起钻石山下的卡皮欧尼拉公园，西至阿拉威游艇码头，长约一英里。这里有蔚蓝的海岸，细致洁白的沙滩，摇曳多姿的椰子树，干爽宜人的气候，丰富的水上活动，到处林立的高级度假饭店，再加上当地的音乐及舞蹈，使其成为世界上最有名的海滩之一。

斐济海滩 斐济位于西南太平洋中心。陆地总面积 1.8 万多平方公里，由 332 个岛屿组成，多为珊瑚礁环绕的火山岛，其中 106 个岛有人居住，主要有维提岛和瓦鲁阿岛等。年平均气温为 22℃～30℃，属热带海洋性气候，常受飓风袭击。斐济地跨东、西半球，180 度经线贯穿其中，因而成为世界上既是最东又是最西的国家。普通的大海是蓝色的，但是斐济的大海因为无数奇形怪状、色彩斑斓的热带海鱼在水里畅游，将大海搅得五彩缤纷，形成彩色的海洋。

泰国普吉海滩 普吉岛形状似一颗椭圆的珍珠，长 48 公里，宽 21 公里，是泰国最大的海岛。沙滩分布在整条海岸线，椰林、橡胶树林点缀其间。普吉岛的西海岸遍布原始洁净的沙滩，可欣赏各种珊瑚和海洋生物。每个沙滩都有各自的优点和魅力。普吉岛是一个由阳光、碧海和沙滩组成的乐土，岛上不同地点的度假酒店，提供齐备的水上活动，包括帆船、潜水、钓鱼、浅水潜泳、滑浪风帆、滑水及其他运动。

西班牙加那利海滩 西班牙的海岸沿线有长达 1 930 多公里的海滩，这些海滩的差异是十分惊人的：有的与森林相伴，有的布满沙丘，有的则隐蔽在小海湾内。西班牙现有 100 多个欧洲一流的海滩，其中加那利海滩就是其中之一。

加那利群岛由大加那利岛、特内里费岛、兰萨罗特岛、拉帕尔马岛、富埃特文图拉岛、耶罗岛、戈梅拉岛等 7 个主岛和其他小岛组成。加那利海滩上分布着大量的沙丘和棕榈树，是当今欧洲最吸引旅游者的海滩之一。

加勒比海沿岸海滩 加勒比海是沿岸国最多的大海。在全世界 50 多个海中，沿岸国达两位数的只有地中海和加勒比海两个。地中海有 17 个沿岸国，而加勒比海却有 20 个，包括中美洲的危地马拉、洪都拉斯、尼加拉瓜、哥斯达黎加、巴拿马，南美有哥伦比亚和委内瑞拉、大安的列斯群岛的古巴、海地、多米尼加共和国以及小安的列斯群岛上的安提瓜和巴布达、多米尼加联邦、特立尼达和多巴哥等。这些国家大多具有魅力无穷的海滩，牙买加尼格瑞尔海滩就是其中之一。牙买加位于加勒比海的西北部，海岸线长 1 220 公里，素有“泉水之国”之称。著名旅游城市蒙特哥贝附近的尼格瑞尔海滩，有着 17 英里长迷人的白海滩，被称作是世界上最美丽的海滩之一。尼格瑞尔海滩属热带雨林气候，年平均气温27℃。

法国海滩 法国南部的地中海，海岸终年阳光明媚，沙滩绵延不断，海岸由沼泽和沙丘相间的沙滩构成。法国海滨的主要活动是旅游，高品质的海滨地带，连绵起伏的山峦高地、历史名城及乡村，使法国成为欧洲和世界的第一旅游大国。

巴西里约热内卢海滩 里约热内卢共有72个海滩，总长度约为90公里。其中以弗拉门戈海滩、科巴卡瓦那海滩、博达弗戈海滩、伊巴内马伊—莱布隆海滩和巴哈海滩最为著名。巴哈海滩长达18公里，是全城最长的海滩。科巴卡瓦那海滩是里约热内卢最繁华、最漂亮的海滩，长4公里，宽数百米，沙子雪白纯净，海水非常平静，像长约1.5公里的费拉门戈海滩一样，是游泳的好去处。100多座不同星级的旅馆是科巴卡瓦那海滩的特色。而与之毗邻的3.5公里长的伊巴内马伊—莱布隆海滩，波涌浪高，适合于冲浪。

佛罗里达海滩 佛罗里达的名称来自西班牙语，其义是“多花的地方”，州的别名叫做“阳光之州”。它是美国大陆最偏南的州，南端已具有热带气候性质，中部及北部是副热带气候，温暖无冬，是美国东岸各州之避寒胜地。这里吸引人的主要有迪斯尼世界、爱普卡中心、环球影城、海洋世界、棕榈滩、罗德岱堡等。

8.6 中国最美的海岸

《中国国家地理》“中国最美的地方”之中国最美八大海岸：

亚龙湾（海南三亚） 亚龙湾位于中国最南端的热带滨海旅游城市——三亚市东南面25公里处。

亚龙湾气候宜人，冬可避寒、夏可消暑、自然风光优美、青山连绵起伏、海湾波平浪静、湛蓝的海水清澈如镜，柔软的沙滩洁白如银。“三亚归来不看海，除却亚龙不是湾”这是游人对亚龙湾由衷的赞誉。亚龙湾属典型的热带海洋性气候，全年平均气温25.5度，绵软细腻的沙滩绵延伸展约8公里，海滩长度约是美国夏威夷的3倍。海水能见度10米以上，海底珊瑚礁保存十分完好，生活着众多形态各异，色彩缤纷的热带鱼种，属国家级珊瑚礁重点保护区。海湾面积66平方公里，可同时容纳10万人嬉水畅游，数千只游艇游弋追逐，可以说这里不仅是滨海浴场而且也是难得的潜水胜地。

野柳（台湾基隆） 野柳位于台湾岛基隆西北方约 15 公里处，是一个狭长的海岬；陆上部分 53 公顷，海域部分 404 公顷。野柳奇岩是世界奇观之一，它是波浪侵蚀、岩石风化及海陆相对运动、地壳运动等地质作用的影响乃生成罕见的地形、地质景观，极具观赏、研究价值。化石，古代生物的遗体（如骨骼、牙齿、外壳等）或遗迹（如足迹、钻孔等），埋藏在沉积物中，经过很长时间岩化作用后，形成化石。

野柳的海蚀平台上常见到沙线类的海胆化石，外形成圆盘状。另外一种生物活动的痕迹化石也有，外形仿佛是一根根的砂棒。这些生痕化石密集的岩层，指示当初沉积的环境是富于生物活动的环境，生物的活动扰乱了岩层层理的发育。

成山头（山东荣成） 成山头风景旅游区位于荣成市成山山脉最东端，故而得名成山头。成山头海拔 200 米，南北长 2 公里，东西宽 1.5 公里，面积 2.5 平方公里。这里与韩国隔海相望，仅距 94 海里，是陆海交接处的最东端，是最早看见海上日出的地方，所以被誉为“太阳启升的地方”，又有“中国好望角”之称。成山头三面环海，一面接陆，群峰苍翠连绵，大海浩瀚碧蓝，峭壁巍然，巨浪飞雪，气势壮观，是理想的旅游避暑胜地。1988 年，它被国务院批准为“国家级风景名胜区”。

东寨港红树林（海南琼山） 东寨港国家级自然保护区面积达 3 337.6 公顷，是中国 7 个被列入国际重要湿地名录的保护区之一，可以乘船观赏到国内最大的海上森林，那些长着奇形怪状树根和枝干的野菠萝树，以及与其休戚共生的各种迁徙鸟类和丰富的海产。多数时候，东寨港海岸每天有 2 次潮水涨落（半日潮），每月有 2 次大潮和低潮，其他时间潮水起伏不大；低潮可以看到红树林的根部和泥地，高潮可以看到红树林的树冠；潮水大涨大落和潮水小涨小落，景致各不一样。

昌黎黄金海岸（河北） 昌黎黄金海岸自然保护区是国务院 1990 年 9 月 30 日批准建立的首批五个国家级海洋类型自然保护区之一。该区位于河北省东北部秦皇岛市昌黎县沿海，面积 300 平方公里，分陆域和海域两部分，其中陆域北起大蒲河南岸，南至滦河口北岸，东起低潮线，东西纵深 2～4 公里，面积 91.5 平方公里。海域部分北起北纬 39°37′，南至北纬 39°32′，西起低潮线，东至东径 119°37′，面积 208.5 平方公里。保护区的主要保护对象为沙丘、沙堤、泻湖、林带和海洋生物等构成的沙质海岸自然景观及所在海区生态环境和自然资源，是研究海洋动力过程和海陆变化的典型岸段，具有重要的生态价值，科研价值和观赏价值。

这里的沙质海岸分布有40余列沙丘，最高处达44米，为全国海岸沙丘的最高峰。陡缓交错的沙丘，绵延无尽的沙滩和碧蓝的大海、构成了国内独有、世界罕见的海洋大漠风光。被动物分类学家誉为“活化石”的文昌鱼是本区底栖动物的优势种，在浅海10～12米等深线附近栖息密度达到1 035尾/平方米，是目前我国文昌鱼分布密度最高的地区之一。具有重要的保护价值。这里是鸟类的王国，全国几乎1/3以上的鸟类都可在这里见到踪影，其中属于国家重点保护的鸟类就有68种之多。是“世界珍禽”黑嘴鸥的主要栖息繁殖地之一。

维多利亚海湾（香港） 香港素有“东方明珠”美称，是举世瞩目的美丽的海港城市。这里蓝天碧海，山峦秀丽，自然风光优美动人。香港的港口地理位置优越，是少有的天然良港。被宣布为港口的香港水域共15处，其中最著名的是维多利亚港湾。

香港的主要港口是维多利亚港，它位于维多利亚海峡近岸，港区海底多为岩石，泥沙少，航道无淤积。港区水域辽阔，可以同时靠泊50艘巨轮。港区水深大，平均水深为12.2米，万吨级的远洋巨轮可以全天候进出港口。港内有三个海湾和两个避风塘能躲风避浪。另外，由于九龙半岛向南伸入海中，消减了风浪，使港区相对平静。

维多利亚港湾地处香港岛与九龙半岛之间，这里港阔水深，自然条件得天独厚。水域总面积达59平方公里，宽度从1.2公里到9.6公里不等，可以停泊远洋巨轮。维多利亚港有三个主要出入水道，是进入香港的门户，维多利亚港目前有72个供远洋轮船停靠的泊位，其中有43个可供长达183米的巨轮停泊。整个港区开发的码头和货物装卸区总长度近7公里，进出港的轮船停泊时间只需十几个小时，效率之高为世界各大港口之冠。香港港口的助航设施以及港口通信设备也是十分先进和完备的。

崇武海岸（福建惠安） 崇武古城座落在泉州市惠安县东南24公里的崇武半岛南端。近年来，崇武半岛优雅的环境，渔村的民俗，引起了许多游客的广泛兴趣；而半岛上这座巍峨的古城，更吸引了无数专家、学者和游客不远万里，慕名而来。崇武位于福建省东南沿海的突出部，三面临海，西连陆地，地势起自大雾山脉，婉蜒起伏，十分壮观。它夹在湄州湾与泉州湾之间。往北与莆田的南日、湄州互为犄角；往南与晋江的永宁、祥芝互为犄角；东临台湾海峡。近处海域遍布岛屿与礁石，地形复杂，易守难攻，是个战略位置十分显著的国防要塞，历来为兵家必争之地。

登上崇武古城的最高处，可以望得见金沙碧水的“半月沉湾”和“西沙银蛇”天然海滨浴场，而海岩边维妙维肖的“神龟戏水”，多彩绚丽的海螺贝壳，孤岩兀立的“峰后险石”，以及那“白鹤升天”、“狮石照晚”、“玉碧传音”，更使人如临仙境。每当大浪时分，那惊涛拍岸、卷起千堆雪的景象令人心荡神摇，而当那风平浪静的时刻，几星鸥鹭、三五帆点缀在画一般的海面上，更令人赞叹大自然的造化。据记载："崇武大海中，春二、三月常蜃楼海市，如楼阁人马，千形万状，仿佛烟云之中，久之乃散".崇武古城还以"石雕之乡"而驰名。

大鹏半岛海滩（广东深圳） 大鹏半岛东临大亚湾，与惠州接壤，西抱大鹏湾，遥望香港新界，陆域面积294.18平方公里，海岸线长133.22公里，森林覆盖率76%，拥有独特的山海风光、旅游资源、丰富的人文资源、明显的区位优势和巨大的发展潜力。由于生态资源得到严格保护，大鹏半岛成为深圳市目前面积最大、保存最为完好的生态乐土。

东冲、西冲 位于深圳大鹏半岛最南端，离市区七八十公里，是相隔仅十五分钟车程的两个海港。东冲行政村由6个自然村组成，村里本地人不到500人，是深圳唯一不通省级公路的村。西冲行政村由8个自然村组成，村民以养殖业和捕鱼为生。两个海港偎依在七娘山下，烟雾缭绕，水清沙幼，被驴友称为深圳的天堂，而村落里的海鲜小酒馆亦让游人流连忘返。迄今为止，到东冲和西冲的人并不多，归航渔船上的人家享尽了这东边两个海的仙境。细白沙滩、湛蓝海水，因没有被开发，东西冲的景色有着最原始最淳朴的自然之美。它是深圳的"黄金海岸"。

8.7 中国滨海旅游度假区

辽宁大连长兴岛旅游度假区 位于瓦房店市西面，距市区65公里，由两座大桥连接岛陆。全岛四大天然海滨浴场水碧浪缓、滩平沙优。长兴岛海滨公园已成为辽南地区著名的避暑胜地。横山横卧渤海之滨，"横山远眺"与"龙口甘泉"被誉为"复州（瓦房店别称）八景"之一。万里长城将南海岸辟出25平方公里的原始林地，成为休闲狩猎的好去处。游艇俱乐部、海上垂钓区、跑马场、空中飞行俱乐部等体育健康娱乐项目吸引了八方游客。长兴岛大桥气势宏伟，风力发电站成为力的象征，国际绿城景色诱人，古迹与现代人文景观相映成趣。近百处度假村、别墅群和通信、商务、金融、卫生等服务功能日趋完善。现以形成98处度假村和别墅群，可同时接待食素游客3万余人，旅游旺季每日接待游客5万余人。

辽宁大连三山岛旅游度假区 位于市中心以东距陆地6.7海里的海面上。由大山岛、二山岛、三山岛组成，三岛总面积3.32平方公里，海岸线长40

公里。

三山岛沙滩、礁石、岩壁错落有致，度假海滨数以万计的遮阳蓬、遮阳伞，五光十色，流光溢彩。海水清澈见底，浪平水缓，水上拖伞、海上帆板、海上快艇、水下轻潜等活动众多。海产资源丰富，野生植物、中草药品种繁多，可食用的野果、植物随处可见。岛上还建有热带植物馆，让游人置身北国也能领略到南国椰子林、芭蕉树的风光。

三山岛是海鸥的天然栖息地，岛上集聚着上万只海鸥，夕阳西照，波光潋艳，群鸥翔集，放眼海中，突兀海面的三山岛瑰丽神奇，海雾升腾，如海市蜃楼，堪称人间仙境。直升飞机、游艇、观景平台、岛上栈道、阳光温海游泳池、网球场、康乐中心、尊贵海景别墅、名人会所等，则让游客感受到海岛度假胜地的现代化气息。

天津海滨旅游度假区 素有“海滨温泉”美称的天津海滨旅游度假区位于天津市塘沽区高沙岭东面，又叫做海滨浴场，是目前中国最大的人工海滨浴场之一。这里建有全中国规模最大、15 米高的具有三个直滑道和两个旋转滑道的冲水滑梯。

这里的沙滩极为平缓，坡度仅为千分之一，故潮差很大。潮涨时，平缓的沙滩形成水深适宜的辽阔天然浴场，泳客可到大海远处畅泳。潮退时露出 2～3 公里宽的沙滩，成为赶海的理想之地。浴场的面积约 18 万平方米，从海岸向海滩修筑了一条宽 10 米、长 600 米的引堤，连接引堤的是一个与海岸平行的 50 米宽、5.5 米高、520 米长的人造沙滩。游人在宽阔平坦的沙滩上可尽情享受拾贝、捉鱼、抓蟹等乐趣。

这里有温泉游乐宫、儿童嬉水乐园；有青年人喜爱的惊险刺激的空中跳伞、自架摩托艇、多功能复合水滑梯、海上花瓣等水上竞技运动；有游客参与性的娱乐活动，俄罗斯风情歌舞表演、海上网球、沙滩排球、足球，还为垂钓爱好者提供了海上垂钓园。看日出、浴温泉、观海听涛、休闲度假，可尽享海滨温泉独特魅力。

山东烟台金沙滩旅游度假区 为山东省第一个省级旅游度假区，10 多公里长的沙滩金黄细软，而得名金沙滩。这里滩长、坡缓、沙细、水平，是良好的海水浴场。林带郁郁葱葱，山水林滩相映成趣。主要有天街广场、国际海水浴场、七彩城嬉水乐园、秦始皇东巡宫等。度假区内服务设施完善，现有三星级饭店两座，度假别墅、公寓楼，娱乐设施齐全，为良好的海滨度假去处。

山东烟台养马岛旅游度假区 位于烟台牟平城区以北 9 公里的黄海之中，有跨海长堤与陆地相连。岛上风景秀丽，气候宜人，四季分明，现已辟为省级旅游度假区。除蓝天、碧海、沙滩等自然景观外，还有可容纳万名观众的跑马场。每周六、日全天举行有奖赛马，比赛采用自动马闸起跑、摄像跟踪监视、终点裁判机判定、大面积彩色屏幕图像及数字显示等国际先进设施。此外，还能参与骑马、古式马拉车、射箭、射击等娱乐项目。

山东海阳旅游度假区 海阳旅游度假区位于中国山东半岛中南部，南临黄海，总面积 12 平方公里，规划控制面积 26 平方公里，为省级旅游度假区。度假区境内基础设施完备，腹地广阔，地势平坦，以凤山为中心，两侧各有万米金色海滩呈弧形对称。酷似一只展翅欲飞的凤凰。

度假区内有烟凤一级公路、青威高速公路、高尔夫路、海滨路、留凤路等纵横交错，交通极为便利。区内有货港和渔港各一个。

度假区内旅游资源极为丰富，有万米海滩浴场，有占地 1 300 多亩的 18 洞苏格兰式滨海高尔夫球场，有明初的与天津卫、威海卫齐名的大嵩卫遗址，还有碧霞元君祠、滴翠园、神童山、海市蜃楼、凤台日出、菩顶仙迹、千里仙岛等等。区内水产资源也极为丰富，度假区拥有海岸线 9 公里，浅海养殖面积 500 余亩，盛产海参、对虾、鲍鱼、海蟹、文蛤等各类海珍品。

山东乳山市银滩旅游度假区 乳山市银滩旅游度假区位于乳山市东南部，距市区 10 公里，位于中国著名旅游开放城市青岛、烟台、威海三市的中心地带，南濒黄海，与日本、韩国隔海相望。银滩旅游度假区始建于 1992 年，1994 年 7 月被山东省人民政府批准为省级旅游度假区，2002 年 11 月被国家旅游局批准为国家 4A 级旅游区。银滩旅游度假区具有得天独厚的旅游资源，属典型的暖温带海洋性气候，冬无严寒，夏无酷暑，春季温暖，秋季凉爽，年平均气温 11.4 摄氏度。在海岸线全长 20 公里的带状规划区内，林秀海碧，礁奇滩曲，山、海、岛、礁、滩、泉、林、河俱全。绵延 20 公里的沙滩，坡缓滩平，沙质细腻松软，洁白如银，“银滩”因而得名。

山东天鹅湖旅游度假区 天鹅湖旅游度假区位于山东半岛最东端的荣成市成山卫镇，是 1995 年 12 月经山东省人民政府批准兴办的省级旅游度假区。

天鹅湖旅游度假区，东连国家级风景名胜区成山头，南有鬼斧神工难就的花斑彩石，北依万亩林海，截海为湖拱起的沙滩，外海为长达 6 公里的天然海水浴场，水清沙细，滩缓浪柔。自然环境静雅宜人，年平均气温 11.8°C，四季分明，冬暖夏凉，是清心养性之地。

山东环翠旅游度假区 省级旅游度假区，位于威海环翠区西海岸。度假区两面环山，两面临海，山水相依，林海相恋，鸥燕绕岛，白浪舔沙，地理位置优越，交通便利，距威海市中心仅 8.5 公里。整个度假区被规划为七个功能小区。度假区内已建成的景点主要包括：中央电视台威海影视文化城、绿海岸娱乐中心、匹特博俱乐部、海湾大桥等。海湾大桥两侧屹立着亚当和夏娃的雕塑，仿佛在阐释这个地方的多情和浪漫。

山东青岛石老人旅游度假区 位于山东半岛青岛市区东部，温带海滨度假区类型，冬暖夏凉，风景宜人，总面积 10.8 平方公里，1992 年被国务院批准为国家级旅游度假区（详情见国家级度假区）。

山东凤凰岛（薛家岛）旅游度假区 凤凰岛旅游度假区是山东省人民政府批准设立的省级旅游度假区，位于青岛经济技术开发区内。度假区内阳光、大海、沙滩、绿地交相辉映，是海上游乐、陆地游玩、夏季游泳、冬季游览的旅游胜地。度假区规划面积 9.8 平方公里，呈东北西南走向的狭长半岛，海岸线长 54 公里，东北部为山地，中部为平原，西南部为丘陵，像一只展翅欲飞的凤凰，横卧在黄海之滨。凤凰岛旅游度假区可分为山里景区、金沙滩景区、银沙滩景区及竹岔岛景区。其中最长的一处因沙质金黄故得名“金沙滩”，长 3.5 公里，宽 300 米，水清滩平，沙细如粉，已辟为海水浴场，是目前旅游度假区中的重要旅游景点之一。这里不仅自然景观优美，人文景观也十分丰富，明朝大将军薛禄之故里就在旅游度假区内。

山东田横岛旅游度假区 田横岛位于即墨市东部海域的横门湾中，总面积 1.46 平方公里，海岸线长 8 公里，距青岛码头 68 公里。田横岛是一座美丽而又神奇的历史名岛，它的得名缘于一桩惊天动地，壮美凄绝的千古传奇。

田横岛不仅以其特有的历史文化与人文精神称名于世，其优越的地理位置、宜人的气候特征、旖旎的海岛风貌、丰富的海产资源也使之不负盛名。岛上空气清新，苍松滴翠，温暖湿润的海洋性气候造就了冬暖夏凉的人间胜境；岛上南北两坡风格迥异，南坡岬湾相间，礁奇水秀，是垂钓的绝好去处，北岸湾深、港静，是游泳、帆船、摩托艇等海上运动项目的极佳场地；田横岛周围的海域是富饶的海上牧场，盛产鲍鱼、扇贝、海带等海产品。

山东山海天旅游度假区 山海天旅游度假区位于日照市新市区东北部的黄金海岸，南有世帆赛基地，北有日照海滨森林公园，西连日照大学科技园，是省级旅游度假区，规划陆地面积 10 平方公里，规划控制面积 74 平方公里。

山海天旅游度假区依山傍海，山色、海景、天色共为一体，自然资源分布广泛，历史文化积淀深厚，区内 17.5 公里的海岸线呈带状分布，礁石与沙滩相间排列，金色沙滩宽广松软，怪石肖像妙趣横生，太公岛和桃花岛宛若两颗明珠镶嵌在近海域内，令人神往。

江苏连云港连岛海滨旅游度假区 连云港连岛海滨旅游度假区位于黄海之滨海州湾畔的连岛，与连云港港口隔海相望。全岛东西长 9 公里，面积 7.57 平方公里，森林覆盖面积达 80%，海岛自然风光秀丽迷人。

连岛海滨旅游度假区是国家级风景名胜区云台山海滨景区的重要组成部

分。这里有江苏最佳的天然优质海滨沙滩、汇萃青山、碧海、金滩、茂林、奇石于一体的海滨胜境——苏马湾生态园。

连岛海滨浴场是江苏省最大的天然优质海滨浴场。这里金滩碧海，风和浪柔，标准海水游泳温度期长达80天，是海内外游客的避暑胜地，更是开展水上运动、水上娱乐的绝佳去处；人迹罕至的苏马湾山林繁茂葱郁，静谧幽深；遍布潮边的海奇石各具形态，妙趣横生；鳞次掩映于山坞翠色之中的渔家楼宅和荡漾在粼粼海面上的扁舟渔帆，展现出独具风情的渔村风韵；刻写着汉代文明的东连岛琅琊刻石和表现现代人伟大创造力的神州第一提令千万游客流连往返。2002年被评为国家4A级旅游区。

福建湄洲岛旅游度假区 湄洲岛位于莆田市中心东南42公里，距大陆仅1.82海里，是莆田市第二大岛，陆域面积14.35平方公里。1992年10月被国务院批准为国家旅游度假区（详情见国家级度假区）。

广东第一滩旅游度假区 第一滩旅游度假区是广东省首批省级旅游度假区，有“东方夏威夷”之称。度假区内有12公里长，沙质洁白细软、宽阔平缓的沙滩，沿沙滩外侧是连续不断宽达800～1 000米的沿海防护林带。这条防护林带，于20世纪60年代营造，是我国第一条人工营造成功的沿海防护林带，具有极高的声誉。度假区曾举办过多届世界和全国女子沙滩排球赛，在国内外享有较高的声誉。度假区形成了海滨浴场区、海上运动区、海滨度假区和中心广场区四个功能区，开发了海水浴、日光浴、海上运动、沙滩排球、度假疗养等旅游项目。

东海岛旅游度假区 这里面向南太平洋，可观日出；一条28公里长的海滩，蔚为壮观；渡假区内有55 000亩护林带，绵延于海滩边，即是驰名中外“南海绿色长城”的绝佳处；东海岛的人龙舞有“东方一绝”之称，更是令中外游人赞叹不已！

东海岛旅游度假区的海滩海水洁净，海沙粗细适中，松软洁净，且有多种对人体有益的矿物质，进行沙浴可以治疗各种皮肤病。此外，渡假区有丰富的地下温泉，游玩之余，在宾馆、别墅配置的温泉浴池泡一泡，定能泡出个好心情，浴出个好身体。

独具南国海滨风情的椰林清吧园，是渡假区的又一景观。游入在这里乘凉、观海、品尝多种美味小食，伴着习习的海风拂面而来，令人心旷神怡，悠然自得。

广西北海银滩旅游度假区 位于北海市南部海滨，距北海市区8公里。北海银滩度假区由三个度假单元（银滩公园、海滩公园、恒利海洋运动度假娱乐中心）和陆岸住宅别墅、酒店群组成。海水浴、海上运动、沙滩高尔夫、排球、足球等沙滩运动以及大型音乐喷泉观赏、旅游娱乐等是北海银滩旅游度假区的主要内容（详情见国家级度假区）。

海南亚龙湾旅游度假区 亚龙湾国家旅游度假区是我国唯一具有热带风情的国家级旅游度假区，位于中国最南端的热带滨海旅游城市——三亚市东南面 25 公里处。度假区规划面积 18.6 平方公里，是一个拥有滨海公园、豪华别墅、会议中心、高星级宾馆、度假村、海底观光世界、海上运动中心、高尔夫球场、游艇俱乐部等国际一流水准的旅游度假区（详情见国家级度假区）。

三亚湾旅游度假区 素有“椰梦长廊”美誉的三亚市三亚湾旅游度假区。她远离都市的喧嚣，尽享乡村的宁静。南临碧海，三亚凤凰国际机场近在咫尺（8 分钟即可到机场）。四季花枝摇曳、绿影婆娑，宛若置身仙境，加之阳光明媚、空气清新，尽展热带海滨城市之精髓。伸手即可触摸大海，弯腰可抓螃蟹、拾海螺、贝壳，漫步沙滩可看潮涨潮落。

三亚大东海旅游度假区 大东海旅游区位于距三亚市区 3 公里的兔子尾和鹿回头两山之间。月牙形的海湾，辽阔的海面晶莹如镜，只见白沙融融，阳光、碧水、沙滩、绿树构成了一幅美丽的热带风光图画。这里四季如春，水暖沙平，冬季平均水温 18 摄氏度，是冬泳避寒胜地和度假休闲者进行潜海观光、海水浴、阳光浴的理想之地，被国家旅游局评为中国“四十佳”旅游景点之一。

区内海滨度假旅游设施集中而配套，有嬉水乐园、旅游潜艇码头、潜水和跳水基地等，可常年进行多种水上活动和沙滩运动，是目前海南颇具规模的热带海滨旅游度假区。

海南琼海博鳌旅游度假区 博鳌港，港域辽阔，地势险要，水情复杂，它是万泉、龙滚、九曲三条河流汇拢而来，继而流入大海的必经之口，万泉河出海口中有东屿、鸳鸯两个岛屿，使博鳌港水中有岛，岛中有水，波光错落，景色秀丽。这里，沙滩广阔平坦，柔软洁白；海面水色湛蓝，港门岩群屹立；海岸绿林成带，椰树挺立，炊烟袅袅。远眺这绵蜒 10 多里的海湾滩岸，无异于上苍编织的一条五彩缤纷的绸带，不少中外旅游名家认为，这里是世界上河流出海口自然景观保持最完美的一个地方。

海南三亚蜈支洲岛度假中心 迷人的热带风情，作为中、高端旅游者必选的海南旅游景点，蜈支洲岛集热带海岛旅游资源的丰富性和独特性于一体。

岛上绮丽的自然风光，极具特色的各类度假别墅、木屋及酒吧、网球场、海鲜餐厅等配套设施，和已开展的包括潜水、半潜观光、海钓、滑水、帆船、帆板、摩托艇、香蕉船、独木舟、拖曳伞、蹦跳船、沙滩摩托车、水上降落伞、沙滩排球、沙滩足球等 30 余项海上和沙滩娱乐项目。

蜈支洲岛座落于三亚市北部的海棠湾内、距三亚林旺镇后海村 2.7 公里的海面上，北与南湾猴岛遥遥相对，南邻号称天下第一湾的亚龙湾，距三亚市中心 30 公里，三亚凤凰国际机场 38 公里，紧邻海南东线高速公路，交通便利快捷。

附件 8.1 海水浴场环境监测技术规程

（国家海洋局，2002 年 4 月）

1 范围

本技术规程规定了海水浴场环境质量的监测方法和质量要求。本规程适用于中华人民共和国管辖海域内的海水浴场。

2 规范性引用文件

下列文件中的条款通过本规程的引用而成为本规程的条款。凡是注日期的引用文件，其随后所有的修改单（不包括勘误的内容）或修订版均不适用于本规程，然而，鼓励根据本规程达成协议的各方研究是否可使用这些文件的最新版本。凡是不注日期的引用文件，其最新版本适用于本规程。

GB 3097 海水水质标准

GB XXXX 海洋沉积物质量

GB 12763.2 海洋调查规范 海洋水文观测

GB 12941—91 景观娱乐用水水质标准

GB 17378.2 海洋监测规范 第 2 部分：数据处理与分析质量控制

GB 17378.3 海洋监测规范 第 3 部分：样品采集、贮存与运输

GB 17378.4 海洋监测规范 第 4 部分：海水分析

GB 17378.7 海洋监测规范 第 7 部分：近海污染生态调查和生物监测

海洋赤潮监测技术规程 国家海洋局，2002 年

3 总则

海水浴场监测包括四个方面的内容：

浴场开放前，海水浴场环境状况的初步调查，主要为定性资料的获取；

浴场开放前对浴场环境质量进行全面、系统监测；

浴场开放期间，选择有代表性的水文气象和海水质量参数进行定期的监测；

有突发性事件发生时进行的应急监测。

海水浴场的水体与人体直接接触，其环境质量应当符合 GB 3097《海水水质标准》和 GB XXXX《海洋沉积物质量》中的相关要求，即作为海水浴场的海水水质应满足或优于第二类海水水质的要求，海水浴场的沉积物质量应满足

第一类海洋沉积物的质量要求。对浴场的环境质量进行切实有效的监测和管理，并及时发布监测结果和评价结论，以保证游泳者的健康和安全。

海水浴场环境质量监测的重点在于浴场的水质，对于浴场的沉积物质量若无特殊需要，一般不要求进行监测。若有证据表明，浴场的沉积物质量可能会对游泳者的身体健康造成危害或具有潜在的危害，则可按 GB XXXX《海洋沉积物质量》中的监测项目和分析方法，对浴场的沉积物质量进行监测和评价。

海水浴场的水文气象要素变化直接影响游泳者的生命安全，需要对现场的海洋环境进行实时监测，为海水浴场环境状况预报提供科学依据，通过综合分析，提出切合实际的海水浴场环境状况预报，加强管理，以保证游泳者的健康和生命安全。

4　海水浴场环境状况初步调查

在每年浴季开始前，应对拟在本浴季开放的海水浴场进行环境状况的初步调查，对可能影响浴场用水水质的污染源进行调查，同时对其他可能影响游泳者身体健康和人身安全的因素加以分析和评估。附录 A（略）列出了进行海水浴场环境状况初步调查时，要求评估的项目及调查报告的具体格式。一般要求在浴季开始前 15 天完成该调查报告。

在对海水浴场进行调查、分析时应注意：

——污水处理不当、粪便或化学物质排放或溢入水体，对浴场的水质产生的环境质量风险；

——调查海水浴场周围所有的排污口，包括市政雨水、农业废水或径流的排放口；

——调查海水浴场周围的可能会危及游泳者人身安全的危险隐患；

——初步估算本浴季游泳者的密度、水深的变化；

——水质随降雨所产生的波动。

建立信息反馈机制，确保一旦市政或工业废水、污水处理设施发生故障，可能会引起海水浴场的水质恶化时，能及时通知相关的管理机构和管理人员，并采取相应的对策。

根据上述评价结果，在海水浴场环境状况初评报告中“公告建议”一栏将对该海水浴场的环境状况进行初步的综合评估，给出综合评价结论。

5　海水浴场开放前的系统监测

在浴季开始前 15 天，完成对海水浴场环境质量的全面监测工作。

5.1 监测参数

海水浴场的监测参数分为微生物参数、物理参数、化学参数、有毒微藻四类，具体监测项目详见附表 8.1。监测参数要覆盖所有的必测项目和根据浴场的具体情况筛选出的选测参数。

附表 8.1 海水浴场系统监测的参数和分析方法

类别	监测参数	分析方法	引用标准
微生物参数	粪大肠菌群	发酵法	GB 17378.7
物理参数	水温	表层水温表法 多参数水质测定仪法	GB 17378.4
	盐度	电导法 多参数水质测定仪法	GB 17378.4
	漂浮物质	目测法	GB 12763.2
	色、臭、味	感官法	GB 17378.4
	透明度	目测法	GB 17378.4
	水色	比色法	GB 17378.4
化学参数	pH	pH 计电测法 多参数水质测定仪法	GB 17378.4
	油类	紫外分光光度法	GB 17378.4
	挥发性酚	4—氨基安替比林分光光度法	GB 17378.4
	溶解氧	碘量法 多参数水质测定仪法	GB 17378.4
	氨或非离子氨[a]	（1）靛酚蓝分光光度法 （2）次溴酸盐氧化法	GB 17378.4
	砷[b]	原子荧光光度法	GB 17378.4
	镉	无火焰原子吸收分光光度法	GB 17378.4
	总铬	无火焰原子吸收分光光度法	GB 17378.4
	铅	无火焰原子吸收分光光度法	GB 17378.4
	汞[c]	原子荧光光度法	GB 17378.4
	硝酸盐	（1）镉柱还原法 （2）锌镉还原法	GB 17378.4
	磷酸盐	磷钼蓝分光光度法	GB 17378.4
有毒微藻[d]		显微镜鉴定技术	GB 17378.4

a 根据 GB 12941—91 中规定，在水温高于 20℃，pH≥8 时，须采用非离子氨作为控制水质的指标，换算方法见 GB 3097 中的规定；

b 修改的 GB 17378.4 中对原子荧光光度法测定海水中的砷进行了明确的规定；

c 修改的 GB 17378.4 中对原子荧光光度法测定海水中的汞进行了明确的规定；

d 有毒微藻的监测方法见《海洋赤潮监测技术规程》中的相关规定。

其中必测项目为：粪大肠菌群、水温、水色、透明度、pH、盐度、溶解氧、漂浮物质。其余均为选测项目。

确定选测项目时，可根据海水浴场的实际情况，包括：浴场的环境现状、排污口调查资料、海域多年历史资料等，对选测监测参数进行适当的增减，以能反映本海水浴场的海水质量状况为宜。

5.2 监测时间

各海水浴场应在浴季开始前 15 天，对海水浴场的环境质量进行一次全面的监测。

5.3 采样站位

根据随机均匀、重点代表的站位布设原则，布设的调查断面和站位应基本均匀分布于整个浴场，同时应覆盖整个海水浴场。调查的主断面应设在往年每天平均就浴人数最多的地方，每个海水浴场的监测站位总数不得少于 3 个站位。采样站位应包括浴者密度最大的点，以及易受外部粪便污染的外围点。

5.4 样品的采集方法

样品的采集按照 GB 17378.3 和 GB 17378.7 中的相关规定执行。采集表层水样，建议采集的样品深度为水表层下 30cm。微生物样品的采集需在无菌状态下进行。

5.5 样品的分析方法

样品的分析方法和所引用的标准见附表 8.1。

5.6 监测结果

样品的监测结果按附录 B（略）中的要求进行填报。

5.7 海水浴场开放前环境质量评价

根据所得监测结果，采用单因子评价法，对海水浴场的环境质量进行全面的评价。

6 海水浴场开放期间的常规监测

6.1 监测时段

海水浴场开放期间对浴场实施定期监测，浴季结束时终止监测。

6.2 监测参数

必测项目为：粪大肠菌群、水色、透明度、pH、溶解氧、盐度、漂浮物质、水温、潮时、潮位、波浪、风力、总云量、降水。

6.3 监测频率、时间、站位布设

其中粪大肠菌群、水色、透明度、pH、溶解氧、盐度、漂浮物质的测定方法见附表 8.1，这些参数每周二、周五各测定一次，采样站位按本附件 5.3 节中的相关规定执行，样品的采集方法按本附件 5.4 节中的相关规定执行，样品应在当日游泳者密度最大时（如下午二三点钟左右）采集。若粪大肠菌群的浓度呈周期性波动（如：受污水定时排放或潮汐周期变动所产生的影响），除了要在游泳者密度最大时采样，在设定采样时间时，也需将该周期性变动因素纳入考虑中。

水温、潮时、潮位、波浪、风向、风速、总云量、降水量的监测时间定为每天的 8 点、14 点（北京时）。监测方法见附表 8.2。

附表 8.2　海洋水文气象要素监测方法

要素名称	监测方法和引用标准
水温	GB/T 14914—94（海水浴场现场监测）
潮时	GB/T 14914—94（用当地监测站资料比测）
潮位	GB/T 14914—94（用当地监测站资料比测）
波浪	GB/T 14914—94（海水浴场现场监测）
风向	GB/T 14914—94（海水浴场现场监测）
风速	GB/T 14914—94（海水浴场现场监测）
总云量	总云量分四级，分别为晴、少云、多云、阴
降水量	降水量分为小雨、中雨、大雨

6.4　监测结果

样品的监测结果按附录 C（略）中的要求进行填报。

6.5　综合评价

根据对海水浴场水文气象要素、海水水质要素的监测结果，对海水浴场环境状况进行综合分析，做出该海水浴场适宜、较适宜、不适宜游泳的 24 小时综合评价预报和水温、浪高、高低潮时预报。

6.6　监测数据传输

（略）

7　应急监测

在海水浴场开放期间，出现下列情况之一，即需采取相应的对策，对海水浴场的环境质量进行应急监测：

——当发现水质出现明显恶化趋势时，需对相关参数进行监测；

——当地出现与水传播有关的疫情时，需加强海水浴场微生物数量的监测，根据不同的疫情，选择相应的微生物监测参数，如沙门氏菌、肠道链球菌、病原体等参数进行监测；

——周围海域一旦发生突发性事件，如溢油、赤潮等，则也需根据实际情况，对浴场的环境质量进行有针对性的监测。

应急监测时所选择的监测参数和监测频率根据突发事件和海水浴场的实际情况而定。

8 海水浴场年度监测报告

上述监测工作完成后，应根据附录 D（略）的要求，在每年浴季结束后的 30 天内提交年度监测报告

思考题

1. 海滨度假区的核心竞争力是什么？
2. 试比较我国四大海域度假条件。
3. 分析海南岛度假旅游发展的有利条件与不利因素。
4. 海滩管理的主要问题与手段是什么？

本章重点文献

1. 池雄标. 滨海旅游理论与实践. 广州：中山大学出版社，2004
2. 傅文伟. 旅游资源评估与开发. 杭州：杭州大学出版社，1994
3. 张广海，邢萍，刘洋印. 我国滨海旅游发展战略初探. 海洋开发与管理，2007(5)
4. 周宁，李铮生. 海滨旅游与游憩开发（一）. 城市规划汇刊，1990a，(2)
5. 周宁，李铮生. 海滨旅游与游憩开发（二）. 城市规划汇刊，1990b，(3)
6. 保继刚海滨沙滩旅游资源开发的空间竞争分析：以茂名市沙滩开发为例. 经济地理，1991(21)
7. 胡建伟. 国际滨海度假旅游的发展策略研究. 广西社会科学，2006(3)
8. 马灿云. 秦皇岛市沿岸海水浴场水质现状分析及污染防治对策. 海洋环境科学，1997，16(2)
9. 赵宁羲，杨达源. 海滨旅游度假区的生理环境评价. 海洋科学，1996，(6)
10. 陈春华. 海甸岛东北部岸滩海域开发旅游资源的环境质量综合评价. 南海研究与开发，1992，9(3)
11. 李悦铮. 辽宁沿海地区旅游资源评价研究. 自然资源学报，2000，15(1)
12. 栾维新，潘建纲. 论海南省滨海旅游业的开发途径. 南海研究与开发，1992，(3)
13. 李占海，柯贤坤，周旅复，王爱军. 海滩旅游资源质量评比体系. 自然资源学报，2000(3)
14. 郑雅频. 福建省滨海旅游度假地优化发展研究：[学位论文]. 福州：福建师范大学，2007
15. 黄梅. 即墨市滨海旅游可持续发展研究：[学位论文]. 青岛：青岛大学，2006
16. 辛健. 滨海型旅游度假区竞争力分析与评价指标体系构建：[学位论文]. 西安：陕西

师范大学，2007

17. Butler R. W. The concept of a tourist area cycle of evolution: implications for management of resource. Canadian Geographer, 1980, 24(1): 5～12

18. Phyllis Passariello. Neveron Sunday? Mexiean tourists at the beaeh. Annals of Tourism Researeh, 1983(l)

19. Klaus J. Meyer-Ardent. The Grand Isle，Louisiana resort cycle. Annals of Tourism Research, 1985(3)

20. James D. Strapp. The resort cycle and second homes. Annals of Tourism Research, 1988(4)

21. Keith G Debbage. Oligopoly and the resort cycle in the Bahamas. Annals of Tourismres, 1990(4)

22. Hana Ayala. Resort hotel landscape as an international megatrend. Annals of Tourism Researeh, 1991(4)

23. James Mark. Exacting resort developers to create non—tourism jobs. Annals of Tourism Researeh, 1993 (3)

24. Geoffrey Wall. Linkages between Tourism and Food Production. Annals of Tourism Researeh, 1996(3)

25. Howard Hughes. Holidays and homosexual identity. Tourism Management, 1997

26. Cooper C. P. Resorts in decline: the management response. Tourism Management, 1990, 11(1)

27. P. P. Wong. Coastal tourism development in Southeast Asia: relevance and lessons for coastal zone management. Ocean & Coastal Management, 1998(8)

28. Richard Sharply. The influence of the accommodation sector on tourism development: lessons from Cyrus. Hospitality Management, 2000(9)

29. Rodrigo de Azeredo Grunewald. Tourism and cultural revival. Annals of Tourism Researeh, 2002(4)

相关网站

中国海洋信息网（http://www.coi.gov.cn/）

中国海洋网（www.chinasea.net.cn）

海洋科技信息网（www.haiyang.net.cn）

国家海洋局外网（www.soa.gov.cn）

南海海洋网（www.scssinfo.com）

9

温泉旅游度假区

学习目的

了解温泉的类型、旅游价值，国外温泉度假区建设，我国温泉开发的历史及现代温泉度假区建设，熟悉我国温泉度假区管理的部门与方式。

主要内容

■ 温泉度假资源

介绍了温泉的医疗价值与旅游开发，不同类型的温泉资源。

■ 中国温泉资源

中国温泉的地理分布、各省的温泉资源。

■ 国外温泉旅游度假区建设

早期的温泉疗养地、传统的温泉旅游度假区、现代的温泉旅游度假区。

■ 中国历史上的温泉开发

北京小汤山温泉开发、辽宁汤岗子温泉开发、云南安宁温泉开发。

■ 中国温泉度假区建设

广东温泉度假区、北京温泉度假区、全国4A级度假区、温泉度假村。

■ 中国“温泉之乡”

中国国土资源部、中国矿业联合会，中国“温泉之乡”评选标准、组织及其管理。

■ 我国温泉旅游度假区

■ 温泉旅游标准研究

《重庆市温泉旅游服务质量规范标准》

9.1 温泉度假资源

9.1.1 温泉及其成因

通俗地讲，温泉就是从地底涌出的天然热水。当泉水的温度高于当地年平均气温时称为温泉[1]。温泉的定义，由于气候、纬度、海拔高度的变化，各国采用的标准稍有不同。中国、日本、南非和南美洲的一些国家采用的是25℃以上，英国、法国、德国、意大利等欧洲国家采用的是20℃以上，美国则采用21.1℃以上的地下矿泉为温泉。基于温泉沐浴是温泉旅游中的核心产品，因而我国广东省2006年颁布的《温泉旅游服务规范》中，对沐浴温泉有专门的定义，即水温高于或等于40℃，含有对人体有益微量元素的地下温热水或出露泉[2]。

根据日本于1948年颁布的《温泉法》，温泉是从地下所涌出的水温高于25摄氏度的热水、矿水以及水蒸汽或其他的气体（碳化氢为主要成分的天然瓦斯除外），并满足表9.1所列项目中的任何一项。

表 9.1 日本《温泉法》规定温泉水中的成分要求

物质名称	含有量（毫克/千克）	物质名称	含有量（毫克/千克）
溶解物质	≥1 000	氟离子	≥2
二氧化碳	≥250	砷酸氢根	≥1.3
锂离子	≥1	偏亚砷酸	≥1
锶离子	≥10	总硫磺	≥1
钡离子	≥5	偏硼酸	≥5
铁离子	≥10	偏硅酸	≥50
锰离子	≥10	碳酸氢钠	≥340
氢离子	≥1	氡	≥20 （100亿分之一居里单位）
溴离子	≥5		
碘离子	≥1	镭	≥1毫克/亿

资料来源：转引自：廖杨. 试述温泉旅游的内涵及其特征. 财经界. May，2007，245

温泉是地热的一种，地热资源是一种宝贵的矿产资源，我国对地热资源的勘察与研究始于20世纪70年代，经过30多年的工作，基本查明了我国地热资源形成与分布特征。原地矿部水文地质工程地质研究所分别于1965年和1979年

1 刘军. 温泉类度假村核心竞争力研究：[学位论文]. 广州：暨南大学硕士学位论文，2005

2 廖杨. 试述温泉旅游的内涵及其特征. 财经界，2007(5)

编制了中国矿泉图并开展了中国地下热水的分带性研究。这些工作，都为科学合理地开发利用地热资源提供了保障，形成了以羊八井地热发电利用，天津、西安、北京地热供暖利用和东南沿海地热疗养利用为代表的地热资源利用主格局。

温泉的形成，有两种原因：一是地壳里面的岩浆作用或是火山爆发时产生的，因为火山爆发后，就变成了不会再爆发的死火山了，但是地壳运动高起来的地面，地底下还有没冷掉的岩浆，就会不停地冒出热气。如果热气很集中，再加上有缝隙的含水岩层，就会因为热变成了高温的热水，而且还会有蒸气。这种原因所形成的温泉叫做硫磺盐泉，又叫做硫磺泉。二是地面水渗透的循环作用产生的，就是雨水下到地面时，往地底下渗透，变成了地下水。但是地下水受到地壳里面的热气影响就变成了热水，当热水温度变高，就会冒出地面形成温泉。这种原因形成的温泉大部分出现在山谷中，叫做碳酸盐泉。

9.1.2 温泉的种类[1]

温泉的分类方式有许多种，常见的分类方法可以以化学组成、地质、物理性质、温度，来分类。

依照温泉的所在环境来区分温泉，可以将温泉归类为火山型温泉和非火山型温泉。

温泉可以根据所在地质构造类型或生成的地质环境分为火山区温泉、深层岩区温泉、变质岩区温泉、沉积岩区温泉。

温泉按其酸碱度（pH 值）可分为：酸性温泉（pH 值在 3 以下，如果 pH 值为 1 就属于强酸）、弱酸性温泉（pH 值在 3～6 间）、中性温泉（pH 值在 6～7.5 间）、弱碱性温泉（pH 值在 7.5～8.5 间）、碱性温泉（pH 值在 8.5 以上）。

温泉按其化学组成特征可分为氯化温泉、碳酸氢盐泉、硫酸盐泉、混合温泉。

温泉按其分泌方式通常可归纳为普通泉、间歇泉、沸泉、喷泉、喷气泉、热泥泉。

依温度依温泉流出地表时与当地地表温度差，可分为低温温泉、中温温泉、高温温泉、沸腾温泉四种。

9.1.3 温泉的医疗功效

温泉自古就是人们用来作为水疗及养生的天然资源，温泉中含有丰富的矿物质，不仅对多种疾病有治疗作用，而且有保健、美容、护肤、疗养之功效。通过浴用、饮用、吸入等多重用途，可以使人解除病痛、消除疲劳、焕发青春

1 中国温泉旅游度假网（http：//www.rjtt.com）2008-2-5

活力。但是不同的泉质中含有不同的矿物质，对各种病症的疗效也不同(表 9.2)。碳酸泉对神经衰弱、慢性疾病、慢性膀胱炎等的治疗有所帮助，但对胃溃疡、胃酸过多、下痢却有不良反应；硫磺泉对慢性关节炎、神经痛、糖尿病有良好的物理治疗作用，但对肺结核、下痢有不良反应。

表 9.2 不同温泉的医疗功效

温泉类型	主要成分	使用方法	主要功效
单纯泉	各种成分都有，但含量都不大	浴用	神经痛，风湿，皮肤病，骨折，外伤保养
		饮用	轻度胃炎，利尿功效
碳酸泉	CO_2	浴用	高血压，心脏病，更年期障碍，不孕症
		饮用	肠胃病，便秘，利尿功效
重碳酸土类泉	Ca^{2+}, HCO_3^-	浴用	过敏性疾病，慢性皮肤病，荨麻疹
		饮用	痛风，尿管结石，膀胱炎，尿糖病，慢性胃肠炎
重曹泉	Na^+, HCO_3^-	浴用	伤口，烧伤等
		饮用	胃肠病，胆囊炎，早期肝硬变等
食盐泉	Na^+,Cl^-	浴用	神经痛，风湿，寒症，跌打损伤，挫伤，不孕症
		饮用	胃肠病
		吸入	慢性支气管炎，咽喉炎
硫酸盐泉	SO_4^{2-}	浴用	跌打损伤，烧伤，割伤，慢性湿疹
		饮用	糖尿病，中风，动脉硬化，肥胖症，便秘
铁泉	Fe^{2+}, HCO_3^-	浴用	风湿，更年期障碍，慢性湿疹，脚气
		饮用	贫血（喷出后立即饮用）
明矾泉	Al_3^+, SO_4^{2-}	浴用	慢性皮肤病，手脚多汗症，静脉瘤
酸性泉	H^+	浴用	脚气，疥癣，不孕症
		饮用	低色素性贫血
硫磺泉	S	浴用	心脏病，动脉硬化，白蜡病，风湿，慢性皮肤病，糖尿病
		饮用	解毒作用，便秘，其他
放射能泉	Ra	浴用	痛风，神经痛，植物神经失调症
		饮用	利尿功效，肝功能不全

资料来源：中国温泉旅游度假网（http：//www.rjtt.com）

温泉若要有治病和保健功能，一定要满足以下几个条件：含有一定浓度的矿物质，每升水中含有固体成分在 1 克以上；含有一定量的气体，如二氧化碳、硫化氢、氡等；含有一定量的微量元素，如铁、碘、溴、氟等。只有具备了以上几个条件的温泉，才称得上是有保健和治疗功能的医疗矿泉。温泉主要有化学疗效、物理疗效、心理疗效三大医理疗效。

9.2 中国温泉资源

中国温泉资源十分丰富，且类型齐全，已发现的矿泉和温泉约有 3 000 多处，遍及全国各地，主要分布大致可分为藏滇热水带、台湾热水带、东南沿海热水带、胶辽热矿水带、南北热矿水带、汾渭热水带等，作为旅游景区的开发前景可观。目前，云南省发现温泉 931 处，居全国首位，其次为西藏自治区和四川省，温泉数分别为 306 处和 305 处，可并列全国第二位，广东省和福建省的温泉数分别为 282 处和 172 处，居全国第三位和第四位，湖南省和台湾省温泉数分别为 130 处和 105 处，居全国第五位和第六位。

9.3 国外温泉旅游度假区建设

9.3.1 早期的温泉疗养地[1]

早在罗马帝国时期，温泉的治疗作用就已受到人们的重视，并由希腊人、土耳其人和罗马人传播到北非海岸、希腊、土耳其、德国南部、瑞士以及英国。1326年，第一个温泉疗养地“斯巴”（SPA）在比利时南部一个靠近列日的小镇缘起，SPA后来演化成为温泉旅游度假区的代名词。1562年，W. 特纳医生著书论述了巴斯（Bath）温泉和欧洲大陆各处温泉的对各种病症的疗效作用。1626年，E. 法罗又宣传了斯卡伯勒地区查利比特矿泉质量高。温泉因此受到了众多“求治”人的欢迎，数量惊人的温泉疗养地在欧洲涌现，其中最著名的当数英国的巴斯温泉。早期的温泉疗养地是温泉旅游度假区的雏形，温泉的治疗作用成为吸引众多旅游者的主要因素，因此医疗专家的宣传作用对温泉疗养地的发展起了关键的作用。此时的温泉疗养地旅游功能单一，开发的一些住宿设施和温泉浴室疗养设施较为简陋。

9.3.2 传统的温泉旅游度假区[2]

17世纪晚期，英国温泉开发兴盛是伴随着国家经济整体增长的，资本主义自由经济扩张，政治安定，都市余暇生活丰富整体复兴而得到发展的。英国伦敦西部著名的温泉度假城Bath，18世纪由一个衰落的羊毛加工城演化为目前仅

1 王华，彭华，吴立瀚. 国内外温泉旅游度假区发展演化模式的探讨. 世界地理研究，2004(3)
2 王艳平，山村顺次. 中国温泉资源旅游利用形式的变迁及其开发现状. 地理科学，2002(1)

次于伦敦的消费性都市，就是其很好地利用了温泉资源。最初去那里的是富有的人们，其需要特殊的住宿，显示他们的成功，一改过去16世纪为治病而至的景象。现在的Bath已是世界著名的温泉观光大都市。

德国温泉具有浓厚的疗养、保养机能，在温泉地看不到英国那种强烈的消费现象。然而随着社会保险制度的改革，去温泉治疗的人数开始减少，一些面向女性美容等新"温泉产品"被宣传。但是，总的来说，德国保持了温泉疗养风格。

东欧在温泉利用方面历史悠久，匈牙利早在罗马时代就开始了，至17世纪已建有面向贵族、妇人、吉普赛人、农民的温泉治疗设施，今日匈牙利依然被称为世界温泉的故乡。前苏联、捷克、斯洛伐克、罗马尼亚同样有着丰富的温泉资源，社会主义建设时期，温泉在工会组织的团体休养方面起到了相当大的作用。1986年前苏联已有16 000个温泉疗养院及保养所，可同时接待250万人来访。

在美洲，早期的欧洲移民效仿欧洲的SPA也开发了许多有名的温泉，如美国北方纽约州的Saratoga Spa、南方西弗吉尼亚州和弗吉尼亚州的White Sulphur Spa和HotSpa等，享用温泉成为当时人们的一种时髦。此时的SPA仍然以温泉治疗为导向，到SPA的旅游者主要是富有的上流社会；同时为了迎合上流社会的需要，各种高档的住宿设施、娱乐设施和服务设施如戏剧院、歌剧院、舞厅、图书馆、娱乐场、赛马场、野营地以及供休闲散步的公园急剧增加。此时，SPA已经不仅仅是温泉治疗的场所，而演化成为集治疗和休闲娱乐功能于一体的温泉旅游度假区。

9.3.3 现代的温泉旅游度假区

19世纪以来，随着中产阶级规模的扩大，可自由支配的财富的增多，便捷交通的出现，尤其是工业化和城市化的快速发展，大都市生活环境日益恶化，使大众休闲康体旅游需求快速增长，具有医疗性质和保健性质的温泉旅游度假区因此迎来了新的发展机遇。20世纪20年代，以温泉治疗为主导的传统温泉旅游度假区开始向以温泉治疗和休闲娱乐并重发展的现代温泉旅游度假区转变。温泉旅游在世界范围内得到发展，其中尤以美国和日本的温泉旅游度假区最为闻名。大多数温泉旅游度假区都选址于自然环境良好的地区，不仅建设了高档次的康体中心，配备现代化的疗养设备、诊所、疗养院和治疗设施，提供专业化的疗养医师、舒适的住宿条件、一流的饮食服务等，而且还增加了现代化的休闲娱乐旅游项目，如高尔夫球场、滑冰场、赛马场、会议中心、游乐场所和豪华沙龙等。温泉地周边的自然环境作为休闲娱乐的场所同时受到严格的保护，此外，在日本，形式多样的“温泉节”及各种文化活动在温泉旅游度假区举行，并形成了独特的“温泉文化”。温泉旅游度假区的游客则由上层阶级向中层阶级和工人阶级扩展。度假区的规模因此也随之扩大，旅游功能日趋多样化，并发展成为多功能综合性的大型旅游度假区。[1]

9.4 中国历史上的温泉开发

中国是世界上温泉资源最丰富的国家之一，同时又是最早开发利用温泉的国家之一，中国的温泉文化更是灿烂辉煌，为世人所注目。

中国温泉利用从帝王开始，帝王泡温泉的最早记载，要数黄帝。在安徽的黄山，有处黄山温泉，古称“灵泉”、“汤泉”、“朱砂泉”，由紫云峰下喷涌而出，与桃花峰隔溪相望，传说轩辕黄帝就是在此沐浴七七四十九日羽化升天的。据民间传说：轩辕黄帝在黄山温泉洗过澡，头发由白变黑，返老还童，黄帝极为高兴，便称黄山温泉为“灵泉”。从此，该温泉闻名四海，向来有我国东南名泉之称。唐代诗人贾岛曾发出“遐哉哲人逝，此水真吾师”的感慨。“一道出遥岑，潺湲古到今。雪天声泻玉，月夜影摇金。岁旱施功大，民痾被泽深。浮丘与轩帝，仙迹可追寻。”这是北宋进士凌唐佐所写的《黄山汤泉》。

如果抛开传说与野史，单从正史来看，中国利用温泉可追溯到六千年前“神农”时代。西汉史学家司马迁在《史记》中曾记载，公元前四千多年“神农氏尝百草之滋味，知水泉之甘苦，令民之所避就”。及后，公元前500至600年，春秋时期的教育家、思想家孔子在《论语》中记载：“暮春者，春服既成，冠者五人，童者六七人，浴乎沂，风乎舞雩，泳而归。”浴乎沂，意即在曲阜以南的沂水中泡浸温泉，可见孔子也是中国温泉文化最早的倡导者与实践者之一。

与帝王渊源最深的，应该是陕西的华清池。华清池是国内有文字记载开发利用最早的温泉，恐怕也是人们最耳熟能详的温泉，素有“天下第一温泉”之称。秦始皇、唐太宗、唐玄宗等杰出帝王，都与之结下不解之缘。华清池位于临潼县南骊山西北麓，距西安市30公里。古时，这里已是长安附近的旅游胜地。“骊山温泉自三代末显于世”，2 800年前骊山温泉就被发现，西周时，这里的温泉已被名为“星辰汤”。幽王曾在此建有离宫，秦始皇当上中国的第一个皇帝的时候，又在这里修筑离宫，引泉入室，起名“骊山汤”。西汉武帝时扩建为离宫，东汉江衡在“阳春三月，百草萋萋”之时，“适骊山，观温泉，浴神井，风中峦”大赞此地“壮厥之独美，思在化之所原，览中域之珍怪，无斯水之神灵”，

1 王华，彭华，吴立瀚. 国内外温泉旅游度假区发展演化模式的探讨. 世界地理研究，2004(3)

写下了《温泉赋》，赞美了温泉的“六气淫错，有疾疠兮。温泉汩焉，以流秽兮。蠲除苛匿，服中正兮。熙哉帝载，保性命兮”的功德，是当时赞美骊山温泉的名赋。骊山温泉经汉、隋、唐历朝帝王修扩，至唐玄宗时，宫室扩建并纳汤池于其中，宫室改名“华清宫”，汤池从此也改叫“华清池”。

在北魏《水经注》中记载的温泉共有31处，其中12处可以疗养。在这部中国最早的水文专著中作者按温度的不同将温泉分成五个等级，依次为“暖”、“热”、“炎热特甚”、“炎热培甚”、“炎热奇毒”。如“炎热特甚”可以将鸡、猪等动物的毛去掉，“炎热培甚”能使人足部烫烂，“炎热奇毒”的泉水可以将稻米煮熟。此外，在《水经注》里多次提到“大融山石出温汤，疗治百病”、“温水出太一山，其水沸涌如汤”等，从这些文献资料当中都可以断定在北魏时代，温泉已经开始被人们发现与利用。

中国历史上，温泉较大规模的利用，起源于秦汉而盛于唐。唐太宗贞观十八年（645 年）在骊山又营建了许多宫阁，如“汤泉宫”等。后改名为“华清宫”，规模更为宏伟、富丽，有二阁、四门、四楼、五汤、十殿。唐玄宗每年冬天携杨贵妃来此游宴、沐浴。诗人白居易曾在名诗《长恨歌》中赋：“回眸一笑百媚生，六宫粉黛无颜色。春寒赐浴华清池，温泉水滑洗凝脂。”随着玄宗的频繁巡幸，华清宫周围商贾云集，形成了京城东侧的新型城市。

往后，则有康熙、乾隆的沐汤故事。清朝皇帝每次去清东陵必先去沐浴“汤泉”，康熙帝曾做诗赞美道：“汤泉泉水沸且清，仙源遥自丹砂生，沐日浴月泛灵液，微波细浪流踪峥”。

民国时期的舆地学家，曾对我国的温泉资源进行过粗略的统计，共约 630 处，分布 24 行省[1]。大力开发的温泉有重庆的南北温泉、南京的汤山温泉、南京江浦的汤泉、贵州的息烽温泉、云南各地的温泉。至解放前，我国已形成北京小汤山、辽宁汤岗子、广东从化和南京汤山四大温泉疗养地。

9.4.1 北京小汤山温泉开发

小汤山位于昌平卫星城东南14.3公里，小汤山镇所辖行政村。辽代成村。因此处山丘较小，仅有海拔50米高。山麓有温泉，古人称热水为“汤”，故名小汤山。村落依山而建，也就以山为名。

小汤山温泉出露在元古界雾迷山组灰岩裂隙中，泉水温度为 24～52 摄氏度，钻孔水温为54摄氏度。水的化学类型为重碳酸钠钙型水，氟的含量为每升2.5～6.2 毫克，pH 值 7.5，含有微量放射性元素镭及氡。小汤山温泉浴后有益

---

1 王淑良等著. 中国现代旅游史. 南京：东南大学出版社，2005

身体健康，能够治疗关节炎和皮肤病，对心脏血管、神经、消化系统疾病也有显著疗效。每年春天前来洗“桃花浴”的各方各界人士络绎不绝，小汤山也因此驰誉古今，名闻遐迩。

明朝中期，小汤山温泉辟为皇家禁苑；清康熙五十四年（1715年）建汤泉行宫。在泉源处开凿方池，九尺见方，衬砌汉白玉，围以石栏，供皇室、显宦洗浴。乾隆年间扩建时，称原行宫为前宫，并向北拓地建起一座清幽的园林，称为后宫，小汤山行宫布局上十分讲究，前宫遍布殿宇楼阁，富丽堂皇，是皇帝处理政务、饮宴大臣和安寝之所；后宫则山青水秀，绿树浓荫，曲径通幽，堂轩亭阁点缀其间，错落有致；一座小山掩映在千竿翠竹之中，因名竹竿山，山阴石壁上镌刻着乾隆皇帝的御笔“九华分秀”。因有温泉常年润洽，水土得天独厚，物产也很奇特，其佼佼者是金边莲和白花藕。金边莲生长在后宫掬泉亭畔的池塘中，初夏时节，盛开的荷花边上天然生长着一圈金钱，十分富丽娇艳。此处生长的鲜藕则比别处早几个节令成熟，是皇宫内廷享用的佳品。村中农家引温泉之水养殖的莲藕，虽然莲花不生金线，鲜藕却可早熟，始终是供奉内廷的贡品。

1900 年秋，汤泉行宫被八国联军侵略炮火毁成一片废墟。民国初年，袁世凯的长子袁克定来此僻暑，将前宫稍事修葺，并盖起一座浆黄色的两层西式洋楼。1918 年，民国总统徐世昌等一批达官贵人在前宫、后宫相继建起了私人别墅，徐世昌还题刻了“汤山别业”的汉白玉匾额。1919 年，民国政府以每年八百金的价格将汤泉行宫遗址租给清王室。经过整修，前宫辟为汤山饭店，附设汤山浴池；后宫建成汤山公园。从此，寻常百姓得以进入这座皇家禁苑。

北伐胜利后，蒋介石召集冯玉祥、阎锡山、李宗仁、白崇禧等人，于1928年7月11～12日在汤山饭店召开裁兵仁义（又称编遣善后会议）。由于双方意见相去甚远，会议不欢而散。1933年夏，在长城抗战的怀柔战役中，傅作义将军把指挥所设在小汤山附近的肖家村，而在汤山饭店架设起通讯天线，每天有数辆军用吉普车频繁进出汤山饭店，以迷惑日军的特工侦察。抗日战争时期，汤山饭店和汤山公园再遭劫难，从此一蹶不振。解放后，人民政府在汤山饭店和汤山公园的旧址上圈地460亩，建起了疗养院，才使这座古老的皇家园林重获新生。

解放前，小汤山除了汤山饭店和汤山公园，只有一条南北走向的小街，街边是几家小商店、饭馆和旅店，主要接待来此观光的游客和洗温泉的客人。解放后，小汤山的市政建设才逐年发展起来，坑坑洼洼的土路和低矮简陋的街边小店被宽阔平坦的柏油路和整齐宽敞的商业服务设施所取代。党的十一届三中全会以来，乡镇企业蓬勃发展，不同经济体制的企、事业单位相继落户小汤山及其周边地区，开发地热资源，发展洗浴、医疗保健、采暖、特种种植和养殖事业。小汤山再度崛起，步入辉煌。

9.4.2 辽宁汤岗子温泉开发

汤岗子温泉的历史可谓源远流长。相传，唐朝太宗李世民率兵东征，途经此地，征途遥远，将士们疲惫不堪。唐太宗李世民的坐骑马失前蹄，不想竟踏出一泓清澈的泉水。将士们在此安歇休整，洗浴征尘，神奇的泉水将疲劳一扫而光，军队士气大振。当即，李世民登上身后小岛的亭阁，凝视东方许愿："如果我东征得胜归来，必将重新修建此亭。"果然，此次东征大获全胜。唐太宗李世民不忘许下的诺言，命人重修此亭，名叫"祈愿亭"。

辽、金时曾在此设"汤池县"，县以泉而得名。据传金太宗也曾来这里"坐汤"。温泉附近有明崇祯三年所立《娘娘庙碑》，明崇祯年间，汤岗子温泉以其"名池秀峰"之誉吸引了众多善男信女争相进香，各地商贾也云集于此。清乾隆年间，乾隆皇帝三次回盛京祭祖，途经汤岗子也曾驻跸沐浴。

中日甲午战争和日俄战争期间，日军和俄军先后占领汤岗子地区，侵略者看中了这里神奇的泉水，建立官兵疗养所，以供将兵疗伤。1904 年俄军库洛巴特钦将军在汤岗子温泉地设立官兵疗养所。1905 年 8 月 30 日，日军大山大将的总司令部自大连移设于此地半成的房屋，谓"满州军总司令部"，并把此地兼做"陆军转地疗养所"。

民国初年，日本的"满铁株式会社"设计并建造了以温泉为中心的大公园，当时公园面积已达 536 764 平方米，成为当时伪"满洲国"著名的游乐场所。日本裕仁天皇的叔叔、二弟、三弟及日本驻奉天（沈阳）总领事大桥东一等都曾数次来此避暑享乐。

20 世纪初期，满铁又修建了玉泉馆和对翠阁。1931 年 11 月 13 日，溥仪曾到这里的对翠阁楼上住了一个星期，又于 1932 年 3 月 6 日，在由旅顺赴长春的途中，偕同皇后婉容及满清遗老遗少第二次来到汤岗子，下榻对翠阁。

新中国成立后，汤岗子温泉一度成为全国最大的疗养胜地和慢性病治疗中心。占地 64 万平方米，拥有床位 1 300 张，职工近千人。这里是国家卫生部认定的全国物理康复医师培训基地，同时也是辽宁省康复中心及辽宁省康复医学研究会所在地，中华医学会的《中华理疗杂志》编辑部也设在这里。通过与俄罗斯、日本、韩国等国家进行广泛的合作，这里已逐渐走向世界，成为国际康复理疗胜地。

9.4.3 云南安宁温泉开发

安宁温泉又名碧玉泉，相传在 1 400 多年前东汉时即已发现。这里山川秀丽，环境幽静，盆塘泉水，深可及腹。由于泉水水色湛绿，光洁如碧玉，故有“碧玉泉”之称。安宁温泉坐落在安宁县境玉泉山麓，螳螂州畔，与曹溪名刹隔江相望。温泉的南面，数十公尺长的环云崖矗立路旁河边，树藤交错，洞室累累，历代韵士的摩岩石刻荟萃成海。明谪滇状元杨升庵说它有“七美”，即为：清澈如镜、石池天成、浮垢自去、不积苔污、温凉适宜、沏茶极佳、宜煮酒烹饪。

温泉的水温在 42～45 摄氏度之间，且无硫磺味，日流量约 6 000 吨；含重碳酸钙、镁、钾、氡等微量元素，宜浴宜饮，对皮肤病、风湿性关节炎和多种肠胃疾病均有疗效，被明代文人杨慎誉为“天下第一汤”。著名的地理学家徐霞客曾将其嘉许为“第一池”。现已成为著名的旅游疗养胜地。

安宁温泉开发见于记载，是在元代。据《元混一方舆览胜》“安宁州”条载：“云南诸郡，汤池 17 所，惟安宁州者最。石色如碧玉，水清可鉴毛发，虽骊山玉莲池远不及。”元刑部主事赵琏（字伯器）有《温泉漱玉》诗：“泉出安宁最，潜阳溢至和。盎温深在沼，清泚滀盈科。下土丹沙伏，傍崖碧玉磨。气暄移井，色莹转银河。洗濯空炎瘴，径行入雅歌。远人沾惠旧，此去足恩波。”此诗对安宁温泉在当时人们心目中的地位，泉水的温暖清盈，碧石如玉与水光斗奇，明沙净砾清澈见底，浴后能治炎瘴等等，都作了艺术的概括。

安宁温泉的天生丽质，虽经发现，但毕竟由于其地处边陲，并不为人所注意。元末时才盖上数间茅屋。安宁温泉的真正扬名始于明代。永乐年间李绶曾加以修建，当时的情况是“塘可半亩，碧玉居其中，水没其上尺许，浴者辄浮水坐碧玉上为快”。

9.5 中国温泉度假区建设

新中国成立后，20世纪50年代开始，政府机关、专业工会、厂矿企业、部队等相继在温泉地建立各种温泉疗养院，到60年代中期我国温泉疗养院（所）大量发展，最高达到百余所。北方以辽宁省为多，有丹东五龙背温泉、营口熊岳温泉、鞍山汤岗子温泉。南方则以广东和福建的温泉疗养院居多。

改革开放后，随着旅游业的发展，温泉地开发，由休疗养功能向休闲度假旅游发展，由此出现了第一批温泉旅游度假区。如从化温泉、中山温泉、深圳石岩湖温泉、清远银盏温泉和黄花湖温泉、珠海“海泉湾度假城”等温泉旅游度假区等。具不完全统计，国内目前大大小小的温泉度假区（村）有400余家，仅广东省就有80多家温泉度假区（村）先后营业，每年接待近千万人次，受到广大消费者的欢迎，形成了广东旅游主导产品之一。继广东之后，北京、天津、重庆、湖南、湖北、河南、河北、云南、海南、陕西、江西、福建、四川、浙江等都纷纷建立温泉度假村开发温泉旅游，并掀起了国内温泉旅游的热潮。[1]

目前，温泉度假区（村）数量最多的是广东（表9.3），其次是北京（表9.4）。

表 9.3 广东温泉度假区（村）一览

恩平金山温泉	南雄龙华山温泉度假村	富都温泉度假村
新会古兜温泉度假村	华宇温泉度假村	佛冈黄花湖温泉度假区
海泉湾度假城	曹溪温泉·假日度假村	西江温泉度假村
韶关南华温泉	惠东白盆珠温泉度假村	怀集温泉漂流度假村
和平温泉之都	湛江海滨宾馆	石岩湖温泉度假村
清远新银盏温泉	合溪温泉	金日温泉度假村
新兴龙山温泉	春都温泉度假村	白云机场温泉度假邨
汤湖热矿泥山庄	连州大东山温泉	广东省中山市中山港温泉度假村
广东省惠州市海滨温泉度假区	广东省广州市从化望谷温泉度假村	广州市高山温泉度假村
普宁市盘龙湾温泉度假村	惠州海滨温泉旅游度假区	新兴青山绿水温泉
开平香江温泉度假村	丰顺千江温泉酒店	广东省惠州市龙门地派温泉度假村
金水台温泉度假村	南雄青嶂山温泉度假村	
樵春山庄	广东省英德奇洞温泉度假村	佛冈颐和温泉度假山庄
阳西咸水矿温泉	林丰温泉山庄	东山湖温泉度假村
莲花山温泉度假村	恩平温泉乐园	广东省增城金叶子度假酒店
南海东方麒麟温泉山庄	广东省韶关市乳源丽宫国际温泉酒店	广州市从化新温——流溪温泉旅游度假区
广东省台山康桥温泉		

资料来源：中国温泉在线（http://www.wq18.com）

1 刘军. 温泉类度假村核心竞争力研究：[学位论文]. 广州：暨南大学，2005

表 9.4 北京温泉度假区（村）一览

芙蓉宾馆	八达岭温泉度假村	京东第一温泉度假村
凤山温泉度假村	南宫温泉水世界	天龙源温泉
天野温泉度假村	北京运河苑温泉饭店	春晖园温泉度假村
北京花水湾磁化温泉度假村	华能培训中心	九华山庄
龙脉温泉度假村	北京大唐官厅温泉培训中心	蟹岛绿色生态度假村
温都水城	凯富温泉俱乐部	北苑宾馆
京瑞国际温泉酒店	元远温泉宾馆	龙湖温泉酒店
神韵温泉宾馆	金龙温泉公寓	北方温泉会议中心
碧溪温泉饭店	东阳温泉酒店	圣世苑温泉大酒店
西提国际·半岛温泉酒店	北京天龙源温泉家园	郁金香温泉花园度假村

资料来源：中国温泉在线（http://www.wq18.com）

至2007年底，全国有48个4A级度假区，其中温泉度假区（村）为16个，占三分之一（表9.5，表9.6）。

表 9.5 中国 A 级温泉景区

景区名称	A 级	所属地区	年度
巢湖市金孔雀温泉旅游度假村	4A	安徽	2005
厦门日月谷温泉主题公园	4A	福建	2005
湖北汤池温泉旅游景区	4A	湖北	2005
广州从化碧水湾温泉度假村	4A	广东	2005
新会古兜温泉旅游度假村	4A	广东	2005
张家界江垭温泉度假村	4A	湖南	2003
江门金山温泉旅游度假区	4A	广东	2002
大连安波温泉旅游度假区	3A	辽宁	2001
鞍山汤岗子温泉旅游度假区	3A	辽宁	2001
桂林龙胜温泉旅游度假区	3A	广西	2001
郴州悦来温泉	3A	湖南	2005
茂名西江温泉度假村	3A	广东	2005
重庆天赐温泉生态旅游景区	3A	重庆	2005
遵义枫香温泉	3A	贵州	2005
沙湾县温泉旅游区	3A	新疆	2005
春晖温泉度假村	2A	北京	2001
巢湖汤池温泉度假区	2A	安徽	2001
华宁象鼻温泉度假村	2A	云南	2001
中甸天生桥温泉景区	2A	云南	2001
水富县西部大峡谷温泉旅游区	2A	云南	2001
塔城沙湾温泉旅游区	2A	新疆	2001
保康县汤池峡温泉度假区	2A	湖北	2002
博州博格达温泉度假村	2A	新疆	2002

续表

景区名称	A级	所属地区	年度
吉安安福武功山温泉山庄	2A	江西	2002
省林甸温泉疗养院	2A	黑龙江	2003
唐山乐亭县祥云湾海滨温泉度假村	2A	河北	2005
吉安安福武功山温泉山庄	2A	江西	2005
原平大营温泉景区	1A	山西	2002
廊坊茗汤温泉度假村	4A	河北	2006
郴州市汝成温泉福泉山庄	4A	湖南	2006
郴州天堂温泉	4A	湖南	2006
韶关市曹溪温泉假日度假村	4A	广东	2006
恩平市锦江温泉旅游度假区	4A	广东	2006
南宁九曲湾温泉景区	4A	广西	2006
重庆统景温泉风景区	4A	重庆	2006
庐山天沐温泉度假村	4A	江西	2006
庐山龙湾温泉度假村	4A	江西	2006
宜春明月山温泉风景名胜区	4A	江西	2007
明月山天沐温泉度假村	4A	江西	2007
湛江蓝月湾温泉度假村	4A	广东	2007
惠州市龙门温泉旅游度假区	4A	广东	2007
惠州市龙门南昆山温泉旅游大观园	4A	广东	2007
重庆海兰云天温泉度假区	4A	重庆	2007

资料来源：中国旅游网（www.cnta.com）

表 9.6　A 级温泉度假村

景区名称	A级	所属地区	年度
广州从化碧水湾温泉度假村	4A	广东	2005
张家界江垭温泉度假村	4A	湖南	2003
茂名西江温泉度假村	3A	广东	2005
春晖温泉度假村	2A	北京	2001
巢湖汤池温泉度假区	2A	安徽	2001
华宁象鼻温泉度假村	2A	云南	2001
保康县汤池峡温泉度假区	2A	湖北	2002
博州博格达温泉度假村	2A	新疆	2002
唐山乐亭县祥云湾海滨温泉度假村	2A	河北	2005
廊坊茗汤温泉度假村	4A	河北	2006
庐山天沐温泉度假村	4A	江西	2006
庐山龙湾温泉度假村	4A	江西	2006
明月山天沐温泉度假村	4A	江西	2007
湛江蓝月湾温泉度假邨	4A	广东	2007
重庆海兰云天温泉度假区	4A	重庆	2007

资料来源：中国旅游网（www.cnta.com）

9.6 “中国温泉之乡”

中国矿业联合会牵头组织的“中国温泉之乡”评审活动始于 2003 年，目的是引导人们合理利用矿产资源和保护自然环境，以实现经济社会的可持续发展。申报“中国温泉之乡”必须满足四个条件：必须对温泉进行勘查评价，摸清水质和水量等资源条件；必须已经进行综合的开发利用；必须产生经济效益和社会效益；必须对生态保护做出贡献。截至目前，我国已有 8 个“中国温泉之乡”，依次分别是广东省恩平市、黑龙江林甸县、海南省琼海市、北京小汤山镇、湖南省郴州市、广东省清远市、河北省雄县、山东省威海市。[1]

恩平是第一个被命名为“中国温泉之乡”的地方，在这里发现了四处温泉带，建成了锦江温泉、帝都温泉、金山温泉等众多在南粤享有声誉的温泉。恩平是著名的侨乡，周边旅游景点丰富，距离开平碉楼、立园、赤坎古镇不远，附近的石头村很具特色。

黑龙江林甸县地热资源的静态储量为 1 810 亿立方米。2004 年 7 月，在国土资源部和中国矿业联合会共同组织的“中国温泉之乡”评审会上，大庆市林甸县被正式命名为“中国温泉之乡”，林甸县成为继广东恩平市之后，全国第二个被命名的“中国温泉之乡”。

2005 年 8 月，海南琼海市荣膺“中国温泉之乡”。此乃中国第三，海南首个。

北京小汤山镇为我国第四个“中国温泉之乡”。

郴州市地热资源极为丰富，形成以郴州市为中心，汝城、永兴、宜章、资兴等县市区均有地热水，深度不足百米。该市已采、露的天然温泉点达 40 余处，年自流水量 2 300 万立方米，温泉温度较高，水温大部分在 40～60 摄氏度，最高可达 98 摄氏度。温泉水中含有多种矿物质，多种微量元素，总矿化度每升大约 800 毫克，具有很高的医疗价值。其中，汝城热水温泉是我国水温最高的热泉之一，也是华南地区最大的热田；永兴悦来温泉，开发出罕见的冷、热鸳鸯泉；汤市温泉、龙女温泉等也都特点鲜明。2005 年 10 月 28 日，中国矿业联合地热专业委员会正式通知湖南省郴州市委、市政府，郴州申报“中国温泉之乡”已通过专家评审，郴州成为国内第五家“中国温泉之乡”。

广东清远市有丰富的地热资源，温泉水质优良、类型多样，具有发展特色旅游积极的自然资源条件。该市目前共有开发价值的温泉多达 20 余处。2006

1 中国温泉在线（hppt//www.wq18.com）2008-2-5；中国温泉之乡的称谓，各类文献十分混乱，此处以中国温泉之乡官方网站为准。

年 3 月清远市（地级市）荣获殊荣。是第六个“中国温泉之乡”。

河北雄县地热资源丰富，是华北地区最大的地热田，温泉具有五个突出特点面积广、贮量大、埋藏浅、温度高、水质优等特点，达到“国家医疗热矿水标准”，具有很高医疗价值。1989 年，雄县被国家确定为全国中低温地热资源综合开发利用示范区。河北雄县在 2006 年 3 月份通过中国矿业联合会的审核，成为我国第七个“中国温泉之乡”。

威海市温泉资源丰富，开发利用规范。全市天然温泉遍布境内，开发利用较好的有市区温泉一条街、环翠温泉汤、文登七里汤、呼里汤、乳山的小汤泉等。其中尤以市区温泉一条街最为著名。其水温一般在 50 摄氏度左右，最高可达 83 摄氏度，矿化度高达 17 克/升，含有多种矿物质和微量元素，为国内罕见。医疗价值居诸泉之首，历来为沐浴者和医疗者所推崇。经国土资源部批准，山东省威海市成为中国矿业联合会命名的第八个“中国温泉之乡”。

“中国温泉之乡”评选由中国矿业联合会负责，需经国土资源部批准。申报及审批程序见附件 9.1。

9.7　我国温泉旅游度假区

吉林省长白山温泉旅游度假区　长白山温泉有“神水”之称，含有大量硫化氢和多种微量元素，具有较高的医疗价值，对肠胃病、皮肤病、高血压、心脏病和妇科病疗效尤其显著。长白山温泉属于高热温泉，多数泉水温度在 60 摄氏度以上，最热泉眼可达 82 摄氏度。当中十分著名的是长白温泉、梯云温泉、锦江温泉和湖滨温泉，是沐浴和疗养的理想场所。其中，位于长白山腹地的中国人参之乡扶松县的长白山温泉疗养院，拥有先进的医疗设备，是我国东北地区集特色医疗、温泉洗浴、生态旅游、资源开发一体化的康复疗养旅游度假胜地。

内蒙古阿尔山海神圣泉旅游度假区　阿尔山位于内蒙古东北部，横跨大兴安岭西南山麓，是一座新兴的边境旅游疗养城市。这里分布着世界上第二大的矿泉群。其中最大的就是海神圣泉疗养院矿泉群，有 48 眼温泉，可治疗风湿、类风湿、皮肤病、心血管疾病等。矿泉分为南北两个泉群，南部为冷泉群，主要是放射性氡泉和偏硅酸泉；北部为冷泉、温泉、热泉、高热泉相间的温泉群，主要是重碳酸钠泉、放射性氡泉、偏硅酸泉等。

阿尔山矿泉群 48 眼温泉各有出处，且冷热殊异；最低 1.5 摄氏度，最高 48.5 摄氏度，温差 47 摄氏度，最相近的两泉仅距 0.3 米，水温温差却在 14 摄氏度以上。48 眼泉中，温度低于 25 摄氏度的冷泉有 25 个；温度为 25.1～37 摄氏度的温泉 12 个；温度为 37～42 摄氏度的热泉 10 个；42～48 摄氏度的高热泉 1 个。这样分布密集且温差悬殊功能各异的矿泉，在世界上也是罕见的。48 眼温泉除了重碳酸钠泉、偏硅酸、放射性氡泉之外，还有硫酸泉、食盐泉、铁泉、明矾泉、硫磺泉、碘泉等。这些泉具有较丰富的氡、氟、锂、锶等人体必须的微量元素，通过皮肤进入体内，改善身体循环，促进新陈代泄，调整内分泌和神经系统等，从而起到保健、治疗功效。

阿尔山温泉早在几百年前就为科尔沁草原、呼伦贝尔草原及蒙古草原上的游牧民所发现和利用。清咸丰三年（1853 年）黑龙江呼伦贝尔总管府派人考察、勘测，并于此后开始修建经营，从此阿尔山温泉得到正式开发和利用

遵化皇家汤泉旅游度假区 遵化市西北汤泉村东，距县城 18.5 千米，历史上曾是皇家洗浴之地，因泉水四季沸腾如汤，方称“汤泉”。早在 1 300 多年前就被开发利用的汤泉拥有悠久的历史，现在的汤泉周长约 23 米，四周由大理石砌成，池上有石栏，旁边便是“流杯亭”。若在亭中设宴，将盛酒的酒杯放在亭下环形石槽内，杯随水漂，在“漂杯”的过程中，水烫酒热。这种流杯饮酒之法，古已有之，但利用温泉“流杯”，却是汤泉的一大特色。

宁波南溪温泉旅游度假区 南溪温泉旅游度假区是经浙江省政府批准设立的省级旅游度假区。在宁波市宁海县境内，拥有广阔的森林资源，周围涉及卧龙谷、仙人谷、闻莺谷、锦绣谷等景区，环境极其幽静。

丰富的地热资源使这里闻名遐迩，泉水来自于地下 158 米处，四季恒温 49.5℃，水中主要含氡并含有锂、氟等 20 余种矿物质。度假区内建有温泉山庄，以及其他一些配套设施。

宁海县与宁波市相距 70 千米，南距台州 70 千米。自古以来、它就是宁波到台州的必经之地。省道和沿海高速公路都穿宁海而过。“天童、育王，东方大港；蒋母墓道，温泉洗澡。”从这两句顺口留中可知“温泉洗澡”是宁波旅游不可或缺的内容。

浙江武义溪里温泉度假区 武义溪里温泉已被浙江省人民政府批准为省级温泉旅游度假区。度假区规划总面积 8 平方公里，由温泉资源开发保护区、温泉沐浴休闲区、温泉健身疗养区、温泉康体竞技区、温泉高级住宅区等功能区块组成。现已建成温泉取供水工程、清水湾温泉度假村、小溪里温泉浴吧等项目。

武义温泉日涌量 6 000 多吨。水温 42.6℃～45℃，水质透明，无色无味，泉流如溪。含有氟、硫、锶、钼、铁等 20 多种有益人体的微量元素，对皮肤病

和心血管、神经、消化等系统疾病有良好的治疗康复作用。温泉度假区内有多种规格的泡池、浴吧，温泉山庄的每个房间都供温泉水。

惠州市铁泉旅游度假区 原名龙门温泉旅游度假区，地处于惠州市龙门县龙田镇，度假区占地58万平方米，建有亚洲最大的温泉康乐中心，有“亚洲第一泉”之称。度假区设有露天温泉泡浴、温泉水上文化乐园（水国迷城）、别墅旅馆、风味餐饮、商务会议、理疗保健、休闲娱乐、郊野闲情等多种服务项目。

龙门温泉有十分丰富的温矿泉水资源，水温高达78°C，水中含有丰富的铁矿物质元素，对神经性骨痛、风湿病、腰肌劳损、肌肉萎缩、肠胃病等多种疾病有显著疗效，为东南亚罕有的医疗性温泉，故又有“黄金泉”的美誉。

龙山温泉旅游度假区 龙山温泉位于广东省新兴县城镇龙山下，距县城12公里。

龙山温泉是广东省内稀有的硫氢化物泉，泉口出水温度高达72.8摄氏度，水中含硫磺、氡、二氧化钠等矿物质，比一般泉水轻软，因含有氡这种放射性微量元素，故对皮肤病、风湿性关节炎、多种心血管病有特殊之疗效。

恩平市锦江温泉旅游度假区 在“中国温泉之乡”——广东恩平，锦江温泉镶嵌在恩平市大田镇。交通便利——距广州180公里，距恩城22公里，距开阳高速公路圣堂出口18公里，恩城出口12公里；周边旅游景点丰富，有碉楼、立园、石头村等等。这里座拥群山，泗水归堂。左傍锦江水库，右邻七星坑原始森林，方圆几十里山峦起伏，绿野满目。自然生态完好、几近原始，深山绿野里更是民风古朴……

锦江温泉的地下温泉储水量异常丰富。日涌出水量超5 000立方米，储水量达10 000立方米。泉水温度近70度，水质清澈，晶莹爽滑。富含硅酸、氟、锂、锶、溴、碘、氡、硫等十几种对人体健康有益的微量矿物质元素。尤其在锦江温泉中含有益人体健康的微量元素氟、氡及硅酸同时达到和符合国家命名标准，在热矿泉开发利用中极为难得，有其极高的医疗保健价值。

锦江温泉占地720多亩，以动感温泉为主题：有大型温泉冲浪、温泉漂流、冷热温泉瀑布、超声波按摩喷泉、梦幻跳舞泉、大型温泉泳池，奇妙独特的冰泉、温泉特色养生园及温泉香薰SPA等；建筑上有超豪华的三栋锦江一号楼和有着欧陆风情为主的豪华别墅与古朴雅趣的木屋别墅相映成趣；有四星级标准豪华气派的君紫楼、君悦楼山水相依；有中西餐厅、大型会议厅、专业的理疗按摩等完善的配套设施及康乐设施。

从化仙沐园温泉旅游度假区 广州从化仙沐园造浪温泉乐园座落于从化市温泉镇流溪河边，位于闻名遐迩的从化温泉旅游区内；广州从化仙沐园温泉是我国稀有名泉，温泉从流溪河底涌出温度高达73摄氏度，含有20多种矿物质和微量元素，水质晶莹、无色无味，对人体具有促进新陈代谢、增强体质；对人体关节炎、脊椎炎、神经炎、大脑皮层疲劳、妇科病等30多种疾病有辅助疗效，被美誉为“岭南第一温泉”。度假区是一个享受温泉保健、浸浴、冲浪、戏水、游泳等综合性大型乐园；占地面积约为38亩。园内分别建有大型冰冻温泉水冲浪池、纯日本特色的东瀛区、适合中老年人的中国特色中药浴、适合年青人浪漫情怀的温泉热河、四彩滑梯和温泉水泳池等；园内还建有西餐厅、露天食坊、茶艺馆、商场等配套服务设施。

从化仙沐园温泉共有各种特色温泉38种，包括“牛奶泉”、“当归泉”、“咖啡泉”、“薄荷泉”、“人参泉”和“灵芝泉”等，可同时容纳2 000人沐浴。

惠州市海滨温泉旅游度假区 度假区总占地面积1 000亩，度假区三面环山，与巽寮湾隔山相望，环境优美，地势起伏延绵，平湖峡谷交错，到处山泉清冽，遍山林木青苍，空气清新。这里温泉游乐区以海洋文化为主题，70余种大小、功能不一的露天温泉池，星罗棋布于海滨园林之中：有温馨浪漫的情侣池屋；有健身调元的各式加料养身温泉，可以在养身区里的大海龟的肚子里泡长寿泉，也可以躲在大葫芦里享受中药浴，还可以在大紫砂壶里享受香茶浴。此外，温泉区还设有最富有海洋文化特色的各类温泉池，如大海龟、螃蟹、海豚、海虾、海马、海螺、海龙、鲨鱼、鱼疗、大贝壳、海鸟、珍珠等特色温泉池；还有各类儿童娱乐温泉、死海浴、冲浪、漂流等动感激情温泉项目，构成了全新的情趣秒生的海洋温泉天地，既有中式园林格调，又具亚热带的海滨风情。

从化温泉旅游度假区 位于广州北部约75千米处，又名流溪河温泉，是闻名海内外的风景区与疗养胜地，而且，经广东省政府批准，已在此设立省级旅游度假区。现在的从化温泉旅游度假区占地近30平方千米，由河东与河西两部分组成。从化温泉拥有泉眼十多处，股股热泉被人们引入住地房宅之内，供人淋浴使用。之外，景区内起伏的山峦，以及点缀于山野林间的亭台、楼阁、廊坊，都给人以美感。众多的自然景观与人文胜迹，如香粉瀑、飞虹瀑、白大瀑、聚贤亭、玉宇亭等，以及射击、狩猎、烧烤、快艇、游湖等娱乐项目，成了游人关注的焦点。度假区内除了各种温泉疗养设施外，还集食、住、行、购、娱、游于一体，是一处多功能型的休闲度假场所。

西江温泉度假区 西江温泉度假村座落于南国玉都——信宜市郊北界镇西江岸边，西江温泉故此得名，距茂名市中心12公里，村之四周群山起伏，峰峦叠翠，风光秀丽，景色迷人，村前西江蜿蜒，河水清澈。如此山青水秀、鸟语花香之地，大自然景色与田园风光交映生辉之所，真可谓不是桃花源，胜似桃花源。西江温泉自然水温高达 80 摄氏度以上，露天泉涌 100 多处，月流量近 10 万立方米，其中最大的一个泉眼，每小时流量约 60 立方米，地下热源达两平方公里。西江温泉度假村，占地面积 400 多亩，环境优美，格调高雅。

度假村中还有宾馆、别墅、自然温泉区、大小会议中心、贵宾浸身雅室等。自然温泉景区又分为童趣区、情侣区、瀑布区。有游泳池、贵妃池、药物健身池、药物理疗池、牛奶美容池。并设有多种规格的豪华客房、中西餐饮、歌厅舞池、会议接待及篮球、网球、羽毛球、乒乓球、射箭等场所。

南田温泉旅游度假区 位于三亚市东大门，距三亚市区 20 公里，是三亚的“美丽后花园”与神秘的蜈支洲岛隔海相望，东靠南湾猴岛，南靠亚龙湾，坐落于东海岸海棠金三角上。南田温泉，平均水温 57.6 摄氏度，属低温温矿水，温泉水中富含有益人体健康的二氧化硅、硫化氢、氨、偏硅酸、锂、锶、锰、锌、砷、氟等气体和矿物质元素，其中氟含量 2.04～7.7mg/L，偏硅酸含量 68.5～117.5mg/L，均达到命名矿水浓度标准，氡含量 44.36～59.86Bq/L，达到医疗价值浓度标准，因此属于氟硅型医疗热矿水。

琼海官塘温泉度假区 位于白石岭山脚下，距东线高速公路琼海温泉出口处 3 公里，总面积 20 多平方公里。温泉热矿水，日流量达万吨，温度 70℃～90℃。泉水有益元素丰富，属含氟、硅、锶的低矿化度、低铁的氯化物重碳型热矿泉水，可用于医疗、疗养、沐浴等。目前，区内已建造了四家温泉度假型酒店。

兴隆温泉旅游度假区 是海南开发最早的温泉旅游度假区，早在 80 年代海南建省之前，这里就成为了著名的温泉旅游度假区。有泉眼十几处，水温四季保持 60℃。温泉水含丰富的矿物质，对皮肤病、关节炎和神经衰弱症等有治疗作用。附近有兴隆热带花园、热带植物园和东南亚风情村等休闲观光点，已成为吃、住、玩、浴多功能配套，具有相当规模的温泉旅游度假区。

龙胜温泉旅游度假区 龙胜温泉旅游度假区是经广西壮族自治区批准设立的省级旅游度假区，它位于距桂林 137 千米的群山环绕之地。温泉水温在 45℃～58℃之间，其流量达 180 吨 / 小时。因为水中富含锂、锶、铁、锌、铜等十余种微量元素，对心血管病、神经痛、关节炎、糖尿病、痛风、皮肤病、妇科病等均有治疗及保健作用，经常饮用温泉水不仅可以防止动脉硬化，还有一定的抗衰老作用，被国家地矿部、轻工部、卫生部鉴定为天然饮用矿泉水。现在，地处幽谷之中的度假区已是人们旅游、疗养、保健、休闲、避暑的胜地，被人们誉为“山林桃源”。

桂林龙胜温泉旅游度假区 著名的龙胜温泉座落在龙胜县城东北方向 33 公里的龙胜温泉国家森林公园内。龙胜温泉之特色，在于它优美的环境和优良的水质。这些鲜活闪亮的热泉来自 1 200 米深处的岩层，从古藤垂挂、老树蟠曲的山腰上喷涌而出，仿佛从一座偌大的蒸馏塔蒸馏出的水一样纯净，一尘不染，胜似琼浆玉液。

花水湾温泉旅游度假区 花水湾温泉位于四川成都大邑县西岭雪山脚下，四面环山，遍山碧绿，景色秀美，冬暖夏凉，气候宜人。花水湾温泉旅游区是一个集旅游、观光、康疗、假、休闲、商贸、会务、探险、娱乐于一体的温泉旅游区。水温高达 68 摄氏度，富含硫磺、碘、锂、偏硼酸及氯化纳（古海水）等珍稀矿物质，有极高的医疗保健价值。经过卫生部门检测，达到国际和国内复合型医疗泉标准。

花水湾温泉旅游区已具有较大规模和形成群体效应。各类高中档宾馆、酒店、度假村、花水湾温泉区，绵延数公里。如花水湾温泉宾馆具有设计独特的三叠温泉池、典型游泳池，有 80 余套高档套房和标准间，以及掩映在翠绿丛中的豪华别墅、家庭别墅群，配套有会议厅、卡拉 OK 夜总会、水吧、酒吧、棋牌室、美容按摩室、芬兰温泉浴等，是商务、旅游、休闲、娱乐的理想去处。

9.8 温泉旅游标准研究

为了从温泉旅游的资源 列服务规范、服务要求、设备设施、卫生要求、安全防范、人才培养等具体的操作过程，建立一套系统的、科学的、行之有效并具有前瞻性的标准体系，保证温泉旅游这个新兴行业朝着健康经营和可持续发展的方向前进，制定地方性和全国性的服务规范是非常必要的。2006 年 4 月 18 日中国首部温泉服务地方标准在御温泉诞生，并于当年 7 月 1 日实施。

2007 年 11 月 4 日，港中旅集团公司在 2007 中国国际旅游交易会上推出温泉服务标准；2007 年 11 月 22 日，《重庆市温泉旅游服务质量规范标准》（附件 9.2）向市民征求意见……

全国性的温泉旅游服务标准亦在酝酿中。

附件 9.1 中国温泉之乡（地热城）申报及审批程序

一、申报“温泉之乡”或“地热城”必须满足的条件

1. 由有资质的专业地质勘查单位进行了详细地热地质勘查，地热资源条件已查明，提出资源评价报告。报告由有资质的评审机构进行了评审并已在国土资源行政主管部门备案。探矿权、采矿权权属没有争议。

2. 温泉流量稳定、常年枯期流量大于10 000 m^3/d，或井采地热流体允许开采量大于10 000 m^3/d，产能大于30MW。

3. 地热流体、温泉水质稳定，含多种有益人体健康的微量元素，有一项或多项组分含量达到医疗矿水“命名矿水浓度”标准（GB/T13727—92天然矿泉水地质勘探规范附录B），不含危及人体健康的有害元素或组分，具备医疗矿水的开发利用条件。

4. 地热流体、温泉温度稳定，不受年气温变化的影响，多年温度变化不大于2℃。

5. 以天然出露的温泉为开采利用对象的，应保持温泉的自然流出状态，需部分井采的，则应以不影响（破坏）温泉的天然流出景观和历史文化遗迹为限度，并在温泉的开发区及其泉域内建立了有效的符合规定要求的资源保护区。以井采方式开发利用的，对开采总量及水位（头）年下降速度进行了严格控制。

6. 地热资源开发利用充分、工艺流程合理、技术先进、经济、社会与环境效益显著，达到了国内领先水平，形成了有特色的温泉文化。开发利用地热、温泉的企业及其相关产业已形成规模，其产值在当地经济中占有一定的比重，对当地的经济发展起到了推动作用。

7. 对地热资源的开发利用实行了统一规划、统一管理，资源配置合理，建立了严格的管理制度，保持了对地热资源的均衡开发与可持续利用。对利用后的地热尾水及废弃水排放实行了严格管理，达到了国家规定的排放标准，不对环境造成污染。

8. 建立严格的动态监测制度，对地热井水位、温泉流量及水温、水质动态变化定期进行了监测，掌握其年度变化特征和多年变化趋势。

二、申报及批准程序

1. 申报命名中国温泉之乡（地热城），由地热田或温泉所在地的县（市）级政府部门向所在省（自治区、直辖市）矿业联合会（矿业协会）提出申请。

2. 所在省（自治区、直辖市）矿业联合会（矿业协会）对申报材料进行核实并提出命名中国温泉之乡（或地热城）的推荐意见，报送中国矿业联合会。

3. 由中国矿业联合会中国温泉之乡评审委员会办公室（设在中国矿业联合会地热开发管理专业委员会）对申报材料进行审核，并向中国矿业联合会领导提出与命名活动有关的下步工作意见和建议。

4. 对符合申报要求的申报地，由中国温泉之乡评审委员会组织专家组（8～9人）对其进行实地考察并向评审委员会提出实地考察评价报告。

5. 由中国温泉之乡（地热城）评审委员会召开专门会议，听取申报地有关情况介绍，对申报材料、推荐意见、实地考察评价报告等进行审议，提出评审意见，向评审领导小组提出是否命名的意见和建议。

6. 经评审委员会全体成员表决通过的“中国温泉之乡（地热城）”申报地，由评审领导小组审定，中国矿业联合会会长签发下文命名“中国温泉之乡”或“中国地热城”。

7. 经正式下文命名的“中国温泉之乡”或“中国地热城”，申报单位可选择适当时机举行挂牌仪式；对地热（温泉）勘查开发做出贡献的单位（个人）予以树碑；对“中国温泉之乡”的进一步发展与建设向中国矿业联合会做出承诺。

8. 中国矿业联合会对命名为“中国温泉之乡（地热城）”的所在地实行监督管理，对做得好的在行业范围内给予表扬和推广；做得不足的提出进一步改进的建设；有损“中国温泉之乡（地热城）”荣誉的也可撤销其“中国温泉之乡（地热城）”的命名。

附件 9.2 《重庆市温泉旅游服务质量规范标准》

（征求意见稿，2007 年 11 月 20 日）

1 范围

本标准规定了重庆市温泉旅游的水资源开发、服务项目、功能区域与设施设备要求、安全要求、卫生要求、服务人员要求、服务质量监测与持续改进、服务规范标准的管理。

本标准适用于重庆市的温泉旅游服务业。

2 规范性引用文件

下列规范性文件中的条款，通过本规范的引用而成为本标准的条款。凡是注日期的引用文件，其随后所有的修改单（不包括勘误的内容）或修订版均不适用于本规范。但根据本标准达成协议的各方研究成果可使用这些文件的最新版本。凡是不注日期的引用文件，其最新版本适用于本规范。

GB/T 18971 旅游规划通则

GB/T 17775—2003 旅游景区质量等级的划分与评定

GB/T 14308 旅游饭店星级的划分与评定

GB/T 10001.1 标志用公共信息图形符号 第 1 部分：通用符号

GB/T 10001.1 标志用公共信息图形符号 第 2 部分：旅游设施与服务符号

LB/T 001 旅游饭店用公共信息图形符号

GB 9664 文化娱乐场所卫生标准

GB 9665 公共浴室卫生

GB 9667 游泳场所卫生标准

GB 9668 体育馆卫生标准

3 术语和定义

下列术语和定义适用于本规范。

3.1 沐浴温泉

是一种由地下深处自然或钻井涌出地表，水温等于或高于 40℃，含有对人体有益的微量元素如锶、氡、硫化氢、偏硅酸等的地下温热水或出露泉，可直接用于人类生活设施，如沐浴等。

3.2 温泉旅游

到温泉旅游度假区或温泉旅游饭店（含温泉会所），以沐浴温泉为主要目的和主要内容，以体验温泉和感悟温泉文化为主题，达到康体、养生、度假、休闲和娱乐目的的旅游活动。

3.3 温泉旅游度假地

是指为旅游者提供与温泉旅游相适应的旅游服务项目，以达到康体、养生、度假、休闲娱乐为目的的温泉旅游度假区或温泉旅游饭店（温泉会所）。

4 温泉水资源开发和利用

4.1 凡温泉水中含有对人体有益的微量元素如锶、氡、氟、硫化氢、偏硅酸等，其中至少含有 3 种或以上，水温至少在 40℃以上的温泉可进行温泉水资源运用，开发温泉旅游业。

4.2 开发利用温泉水资源应进行规划，温泉旅游规划应以温泉旅游资源为基础，符合 GB/T 18971 的要求，并达到一定的特色。

4.3 开发利用温泉水资源应取得区县（自治县）及以上政府部门颁发的规划许可证、土地使用权证、采矿许可证、取水许可证、安全许可证等有效证明。

4.4 丌发利用温泉水资源应充分了解温泉水资源的日出水量、水温、泉质、功效等信息，做到有效、合理利用。

4.5 开发利用温泉水资源应坚持和遵循可持续发展原则。

4.6 温泉旅游度假地应不断提档升级，按照 GB/T17775—2003 旅游景区质量等级的划分与评定的标准，完善服务设施，创建国家 A 级旅游景区。

5 温泉旅游服务项目

5.1 温泉旅游度假地应提供与温泉旅游相适应的旅游服务项目，并对所提供的服务项目进行精心策划，确保温泉旅游的服务质量。

5.2 温泉旅游度假地提供的服务项目应有：

——以体验温泉文化为主体的沐浴温泉活动；

——围绕温泉开展的各项文化或康体活动；

——有关沐浴温泉资源的介绍；

——介绍并提供各式温泉产品；

——介绍沐浴温泉的注意事项。

5.3 温泉旅游度假地依托旅游景区所涉及的标准部分，按《GB/T17775—2003 旅游景区质量等级的划分与评定》中的AAAA级旅游区标准参考执行；所涉及的餐饮、客房、会议、购物、娱乐、休闲等服务项目，其标准按《GB/T 14308 旅游饭店星级的划分与评定》中的四星级或五星级饭店标准参考执行。

6 温泉功能区域与设施要求

6.1 总则

6.1.1 温泉旅游度假地的营业场所应配有提供温泉旅游服务的，符合国家相关标准的设施和设备，并加强管理，确保宾客实现温泉旅游的目的。

6.1.2 温泉旅游度假地要突出自己特色，建立独具特色的温泉旅游文化品牌。

6.1.3 温泉旅游整体设施布局合理，与温泉旅游的全过程相协调。

6.1.4 温泉旅游度假地应设置完善的说明系统，标识清晰、醒目、美观、有艺术感，各种指示用和服务用文字至少用规范的中英文同时表示，并符合GB/T 10001.1 的要求。

6.1.5 温泉旅游度假地应在宾客集中地设置醒目的温泉科学洗浴指南。

6.1.6 温泉旅游度假地应建立完善的卫生保健系统。

6.1.7 温泉旅游度假地应建立完善、安全的抢救救援系统。

6.1.8 温泉住宿区域的三层以上建筑物要有数量充足的高质量客用电梯，轿厢装修高雅，另配有服务电梯。

6.1.9 主要公共区域有闭路电视监控系统。

6.1.10 有应急供电系统和应急照明设施。

6.1.11 有空调设施，各区域通风良好，温湿度适宜。有与本温泉旅游度假地相适应的计算机管理系统。公共区域有残疾人出入通道，配备轮椅，能为残疾人提供必要的服务。

6.1.12 温泉专业设施设备维护和保养，由取得国家相应资质证书的员工操作。

6.2 温泉的交通设施

6.2.1 可进入性良好，交通设施完善，进出便捷。

6.2.2 有与温泉景观环境相协调的旅游停车场。

6.2.3 停车场设在温泉营业场所附近，面积与营业场所的接待规模相适应。

6.2.4 地面硬化，有条件的应设置生态停车场，划有车位标志和回车线。

6.2.5 有专人管理和指挥停车。

6.3 温泉的环境设施

6.3.1 温泉景区建筑布局合理，建筑物体量、高度、色彩、造型与景观相协调。出入口主体建筑有格调，与景观环境相协调。周边建筑物与景观格调协调，或具有一定的缓冲区域或隔离带。

6.3.2 环境氛围良好。绿化覆盖率高，植物与景观配置得当，景观与环境美化措施多样，效果良好。

6.3.3 温泉的各项设施设备符合国家关于环境保护的要求，不造成环境污染，不破坏旅游资源和游览气氛。

6.3.4 引导标识（包括导游全景图、导览图、标识牌、景物介绍牌等）设置合理，造型有特色，与环境相协调。

6.3.5 旅游公众信息资料（如温泉景区画册、音像制品、导游图等）特色突出，内容丰富，制作良好，实时更新。

6.3.6 游客公共休息设施布局合理，数量充足，设计精美，有特色和艺术感。

6.3.7 邮电服务。能接收手提电话信号。

6.3.8 旅游购物。购物场所布局合理，建筑造型、色彩、材质有特色，与环境协调；进行集中管理，环境整洁，秩序良好，无围追兜售、强买强卖现象；对商品从业人员有统一管理措施和手段。

6.4 温泉的沐浴区设施

6.4.1 温泉接待区

6.4.1.1 温泉沐浴接待区设游客服务中心，设置服务总台、影视介绍系统等服务设施，为宾客提供沐浴咨询、安全须知、登记、结账、行李保管等服务。

6.4.1.2 有中英文对照引导标识、沐浴区全景图，有温泉水资源水温、泉质、功效介绍，有营业时间、价格等信息介绍，保证宾客在沐浴前获取相关信息。

6.4.1.3 有温泉沐浴知识介绍，其内容应包括：

a）必须先淋浴洁身，以保持温泉水质卫生及让宾客身体更适应水温，洗去皮肤汗渍更易于吸收温泉水中的矿物质；

b）选择适宜自己的温泉池浸泡，一般从低温到高温，每次浸浴约 15 分钟即应上岸稍作休息，可喝水补充身体水份后再次浸浴，超过 42 摄氏度的温泉浸浴时间不宜超过 10 分钟；

c）初次浸浴温泉如出现口干或胸闷等不适感觉，应立即上岸休息，补充水份或饮品以缓解身体不适；

d）身体强健者可在浸浴温泉的同时与冷泉交替浸泡，对刺激皮肤、收缩或扩张毛孔、加速新陈代谢有作用；

e）沐浴温泉后用清水冲洗身体，但不要用香皂或皂液，以保存皮肤表面所吸收的矿物质。

6.4.1.4 温泉入口处应设置中英文对照的“沐浴温泉安全须知”，内容应包括：

a）凡患有心脏病、高血压、急性肺炎、急性支气管炎、急性扁桃腺炎、急性中耳炎、发烧的急性感冒患者等不宜入池浸浴温泉；

b）隔离性的急性传染病如梅毒、淋病患者及结核病患者，不得入池浸泡温泉；

c）癌症、白血病患者不宜入池浸泡温泉，因会刺激新陈代谢，导致身体加速衰弱；

d）糖尿病患者不宜入池浸泡温泉；

e）严重湿疹、皮肤炎及皮肤有溃烂伤口者，应选定泉池单独浸泡，以免传染他人；

f）酗酒者不宜入池浸浴温泉；

g）女性月经期、怀孕期不宜入池浸浴温泉；

h）干性皮肤者，浸浴温泉不宜太久。

6.4.1.5 应有泳衣、泳裤、毛巾等沐浴用品出售。

6.4.1.6 应有供宾客休息、等待等设施，如桌椅、沙发等。

6.4.1.7 应有为宾客提供贵重物品保管的设施。

6.4.2 更衣室

6.4.2.1 应分设男女更衣室。

6.4.2.2 更衣室内应配备牢固及编号等标识清晰的衣橱，衣橱的数量要与宾客的流量相适应，做到一人一橱一锁，游客和工作人员两人同时开锁，应设有座位便于宾客更衣。

6.4.2.3 应提供相应的化妆设施及用品。

6.4.2.4 更衣室内墙壁牢固，清洁明亮，地面平整、干爽、防滑。

6.4.3 淋浴区

6.4.3.1 应分设男女淋浴区。

6.4.3.2 淋浴区内卫生整洁、灯光明亮。

6.4.3.3 应配置洗发水、沐浴露等洗浴用品。

6.4.3.4 浴室内应设有毛巾钩等。

6.4.3.5 应设置与营业场所面积和宾客容量相适应的卫生间。

6.4.3.6 有冷水和暖水调控设备。保持室内空气流通，无异味，淋浴间的空间合理、通道畅通。

6.4.3.7 墙壁应进行防水处理，地面排水畅通，具有防滑功能。

6.4.4 沐浴温泉区

6.4.4.1 沐浴区的温泉池数量要求：露天大型温泉泳池至少一个，中小型温泉池至少各一个；室内温泉泳池至少一个，各具特色的室内温泉小浸泡应在通往沐浴温泉区的必经走道中设浸脚消毒池。

6.4.4.2 应在员工通道设置消毒毡。

6.4.4.3 温泉池

a）温泉池必须醒目地标明深水区、浅水区；

b）应设置相应的台阶及不锈钢扶手，便于宾客出入；

c）应配有完善的给水、排水、溢水设施；

d）应具有保温和防渗漏处理；

e）池边应光滑无棱角；

f）地板应使用防滑材料；

g）室内温泉空间要高，并有通风换气、防存雾滴水功能；

h）温泉池内的出水口处应有明显温度标识。

6.4.4.4 温泉区毛巾架应装有与客流量相适应的披巾、毛巾，应配备与客流量相适应的服务人员。

6.4.4.5 温泉饮水处应设在温泉池附近，便于宾客饮用。

6.4.4.6 新流入的温泉水应采用自然降温处理，以保持温泉原有水质。

6.4.4.7 露天沐浴温泉区应为宾客提供背景音乐，夜晚应设置夜间灯光照明。

6.4.5 沐浴温泉休息区

6.4.5.1 露天休息区

a）温泉池附近应设置供宾客休息的座椅、桌子等设施；

b）根据当天天气状况，提供与营业场所主体设施格调相协调的遮阳伞、雨具等设施；

c）应设置饮水机等设施，便于宾客饮用。

6.4.5.2 室内休息区

a）配备有软座、茶几、电话、影视或音响等设备，并设有报纸、期刊、杂志书架，设有服务员工作台；

b）具备为宾客提供饮水、饮料及食物的服务功能。

6.4.6 公共卫生间

6.4.6.1 设置在营业区内，装饰与整体环境相一致，便于宾客使用。

6.4.6.2 数量、分布应与营业场所的面积和宾客流量相适应。

6.4.6.3 通风良好，光线明亮，清洁卫生。

6.4.6.4 应有专供残疾人使用的通道和男、女卫生间。

6.4.6.5 提供必要的卫生用品。

6.5 温泉的住宿设施

6.5.1 总体要求

6.5.1.1 住宿设施布局和功能划分合理，设施使用方便、安全。

6.5.1.2 内外装修采用高档材料，工艺精致，具有突出风格。

6.5.1.3 有中央空调（别墅式度假住宿设施除外），各区域通风良好。

6.5.1.4 有公共音响转播系统；背景音乐曲目、音量适宜，音质良好。

6.5.1.5 设施设备养护良好，无噪声，达到整洁、卫生和有效。

6.5.2 前厅

6.5.2.1 有与饭店等级规模相适应的前厅和总服务台；面积宽敞，与沐浴温泉的接待能力相适应。

6.5.2.2 前厅风格独特，装饰典雅，色调协调，光线充足。

6.5.2.3 前厅 24 小时提供接待、问询和结账服务；提供留言服务；提供一次性总账单结账服务（商品除外）；24 小时接受客房预订。

6.5.2.4 提供饭店服务项目宣传品、客房价目表、中英文所在地交通图、所在地旅游景点介绍、主要交通工具时刻表及相应报刊。

6.5.2.5 有饭店和客人同时开启的贵重物品保险箱。保险箱位置安全、隐蔽，能够保护客人的隐私。

6.5.2.6 设门卫应接员，18 小时迎送客人。

6.5.2.7 设专职行李员，24 小时提供行李服务。有小件行李存放处。

6.5.2.8 设大堂经理，18 小时在岗服务；有管理人员 24 小时在岗值班。

6.5.2.9 有商务中心，代售邮票，代发信件，提供电报、传真、复印、打字、国际长途电话和电脑出租等服务。

6.5.3 客房

6.5.3.1 至少有 40 间（套）可供出租的客房。

6.5.3.2 有 70%的客房的面积（不含卫生间）不小于 20 平方米。

6.5.3.3 装修豪华，有高档软垫床、写字台、衣橱及衣架、茶几、座椅或沙发、床头柜、床头灯、台灯、落地灯、全身镜、行李架等高级配套家具。室内满铺高级地毯，或优质木地板或其他高档地面材料。采用区域照明且目的物照明度良好。

6.5.3.4 客房门能自动闭合，有门铃及防盗装置，张贴应急疏散图。

6.5.3.5 房间内应24小时提供“三水”（冷水、热水、温泉水）入室。

6.5.3.6 卫生间装有高级抽水恭桶、梳妆台（配备面盆、梳妆镜和必要的盥洗用品）、浴缸并带淋浴喷头，配有浴帘。水龙头冷热水、温泉水标识清晰。采取有效的防滑措施。采用高档建筑材料装修地面、墙面和天花，色调高雅柔和，采用分区照明且目的物照明度良好。有良好的低噪音排风系统，温湿度与客房适宜。配有电话副机、吹风机。

6.5.3.7 有方便使用的电话机，可以拨打国际、国内长途电话，并备有电话使用说明和所在地主要电话指南。

6.5.3.8 提供国际互联网接入服务，并有使用说明。

6.5.3.9 有彩色电视机，播放频道不少于16个，画面和音质良好。备有频道指示说明；播放内容应符合中国政府规定。

6.5.3.10 有客人可以调控的音响装置；有防噪声及隔音措施，效果良好。

6.5.3.11 有至少两种规格的电源插座，方便客人使用，并提供插座转换器。

6.5.3.12 有内窗帘及外层遮光窗帘。

6.5.3.13 有与饭店等级相适应的文具用品。有服务指南、价目表、住宿须知、所在地旅游景点介绍和旅游交通图、与住店客人相适应的报刊。

6.5.3.14 客房、卫生间每天全面整理1次，每日或应客人要求更换床单、被单及枕套，客用品和消耗品补充齐全，并应客人要求随时进房清扫整理，补充客用品和消耗品。

6.5.3.15 床上用棉织品（床单、枕心、枕套、棉被及被衬等）及卫生间针织用品（浴巾、浴衣、毛巾等）材质良好、工艺讲究、柔软舒适。

6.5.3.16 提供开夜床服务，放置晚安致意品。

6.5.3.17 客房内设微型酒吧，提供适量酒和饮料，备有饮用器具和价目单。

6.5.3.18 提供留言及叫醒服务。

6.5.3.19 提供衣装干洗、湿洗、熨烫及缝补服务，可在24小时内交还客人。16小时提供加急服务。

6.5.3.20 有送餐菜单和饮料单，24小时提供中西式送餐服务。

6.6 温泉的餐饮设施

6.6.1 餐厅

6.6.1.1 有布局合理、装饰豪华的中餐厅，能提供反映当地风情的特色餐饮。

6.6.1.2 有独具特色、格调高雅、位置合理的咖啡厅（或简易西餐厅）。能提供自助早餐、西式正餐。

6.6.1.3 有宴会单间或小宴会厅。能提供宴会服务。

6.6.1.4 餐具按中西餐习惯成套配置，无破损，卫生、光洁。

6.6.1.5 菜单及饮品单装帧精致，完整清洁，出菜率不低于90%。

6.6.2 厨房

6.6.2.1 位置合理、布局科学，传菜路线不与其他公共区域交叉。

6.6.2.2 墙面满铺瓷砖，用防滑材料满铺地面，有地槽、有吊顶。

6.6.2.3 冷菜间、面点间独立分隔，有足够的冷气设备。冷菜间内有空气消毒设施。

6.6.2.4 粗加工间与其他操作间隔离，各操作间温度适宜，冷气供给充足。

6.6.2.5 有必要的冷藏、冷冻设施，生熟食品及半成食品分柜置放。有干货仓库并及时清理过期食品。

6.6.2.6 洗碗间位置合理。

6.6.2.7 有专门放置临时垃圾的设施并保持其封闭，排污设施（地槽、抽油烟机和排风口等）保持清洁通畅。

6.6.2.8 厨房与餐厅之间，有起隔音、隔热和隔气味作用的进出分开、自动闭合的弹簧门。

6.6.2.9 采取有效的消杀蚊蝇、蟑螂等虫害措施。

6.7 温泉娱乐、康体、会议设施

温泉度假地应设有与本温泉特色相配套的娱乐、康体、会议设施设备，其设施设备要与温泉住宿设施的档次相适应，并提供相应服务，突出自己特色。

7 安全要求

7.1 设施要求

7.1.1 温泉旅游的各区域设施设备的设置应以确保宾客人身安全为原则。

7.1.2 建立健全各项安全管理制度并严格执行，制定安全事故应急处理预案。

7.1.3 建立紧急救援机制，设立医务室，并配备医务人员。设有突发事件处理预案，应急处理能力强，事故处理及时、妥当，档案记录准确、齐全。

7.1.4 应保证宾客交付保管的行李物品的安全，发现易燃、易爆、有毒或其他违禁物品应及时报告并按规定进行妥善处置。

7.1.5 确保温泉所用品质量合格，定期检查，防止霉变、变质现象发生。

7.1.6 购置的各种物品及设备、设施等应是符合国家有关标准要求并经国家法定部门检验合格的产品。

7.1.7 所有间隔和装饰材料应使用阻燃材料。

7.1.8 对高温区、深水区等危险源应采取安全防范措施，配有相关警示标志。

7.2 消防安全

7.2.1 符合国家消防安全法规要求，保证消防设施齐备、完好，专人管理。

7.2.2 消防通道、紧急出口畅通无阻，疏散指示标志规范、明显。

7.3 安全检查及紧急救护

7.3.1 每天应进行安全例行检查并做好记录。

7.3.2 制定防暴雨、防雷电、防火、防疾病等的应急措施，并配备应急队伍。

7.3.3 配备专职安全队伍，保护游客人身及财产安全。

7.3.4 安装应急供电、供水系统，在主要通道和出入口设置应急照明设施。

8 卫生要求

8.1 整体公共卫生要求

8.1.1 符合 GB 9664、GB 9665、GB 9667、GB 9668 标准。

8.1.2 建立健全卫生责任制度和卫生检查制度。

8.1.3 制定防鼠、防蝇、防蟑螂等措施。

8.1.4 公共区域、草坪、花坛无杂物，无积水。

8.2 各区域的卫生要求

8.2.1 温泉接待区应保持环境整洁、干净、舒适。

8.2.2 更衣室

8.2.2.1 室内地面应无积水，通风条件良好。

8.2.2.2 应定期对衣橱及其他用具进行清洗、消毒。

8.2.3 淋浴区

8.2.3.1 应保持宾客使用的沐浴设施设备清洁卫生。

8.2.3.2 应有严格的宾客用品更换、洗涤、消毒制度。浴巾、客服、拖鞋等一客一换，清洗消毒按 GB/T 14308 的规定执行。

8.2.3.3 应保持室内排水、通风设施良好，温度、湿度适宜。

8.2.3.4 应提醒宾客先淋浴后沐浴温泉，保证温泉水质卫生。

8.2.4 沐浴温泉区

8.2.4.1 应保持浸脚消毒池水的氯含量在 5～10mg/L，每 4 小时更换一次。

8.2.4.2 应定时监控温泉水质、水温。

8.2.4.3 应根据客流量定时清洗、消毒温泉池并更换温泉水。

8.2.4.4 应保持地面清洁卫生，无污迹、积水。

8.2.5 客房、餐厅等区域的卫生

按 GB/T 14308 旅游饭店星级的划分与评定的四星级相关标准执行。

8.2.6 卫生间卫生

8.2.6.1 室内设施应完好，无缺损，不漏水。

8.2.6.2 室内应无污物、无异味，墙壁、隔板、门窗等清洁无刻画。

8.2.6.3 便器应及时冲水，保持干净。

8.2.7 公共垃圾箱（桶）

应保持完好、装袋、有盖，表面干净无污渍，箱（桶）内垃圾及时清理。

9 服务人员要求

9.1 基本要求

9.1.1 直接为宾客提供服务的人员应受过高中或以上的学历教育。

9.1.2 身体健康，并具备年度体检健康合格证书。

9.1.3 应受过旅游专业知识培训，具备相应的服务技能。

9.1.4 专业岗位人员须持有相关资格证书。

9.1.5 统一着装，服饰整洁，佩戴服务标牌上岗，仪容仪表端庄、大方。

9.2 职业道德要求

9.2.1 遵守旅游职业道德，遵纪守法。

9.2.2 对客人礼貌、热情、友好，一视同仁。

9.2.3 尊重客人的宗教信仰和风俗习惯。

9.2.4 以人为本，文明礼貌，优质服务，保护宾客和企业的合法权益。

9.3 技能要求

9.3.1 管理人员和技术人员应当经过旅游知识和住宿、餐饮、康体等知识的培训，熟悉并掌握本岗位业务知识和操作技能。

9.3.2 具有按服务流程接待宾客的能力，做到表情自然、亲切，微笑服务。

9.3.3 用普通话进行沟通交流，做到语言文明、简洁、清晰，涉外人员具备基本的外语会话能力。

9.3.4 对客人提出的要求暂不能解决时，应耐心细致解释，不能推诿、应付。

9.3.5 直接为宾客提供服务的人员应具备基本的急救知识和技能。

10 服务质量管理、监测与持续改进

10.1 经营管理

10.1.1 管理体制健全，经营机制有效。

10.1.2 旅游质量、旅游安全、旅游统计等各项经营管理制度健全有效，贯彻措施得力，定期监督检查，有完整的书面记录和总结。

10.1.3 管理人员配备合理，高级管理人员均应具备大学以上文化程度。

10.1.4 具有独特的产品形象、良好的质量形象、鲜明的视觉形象和文明的员工形象，确立自身的品牌标志，并全面、恰当地使用。

10.1.5 培训机构、制度明确，人员、经费落实，业务培训全面，效果良好，上岗人员培训合格率达100%。

10.1.6 投诉制度健全，人员、设备落实，处理及时、妥善，档案记录完整。

10.1.7 注重资源和环境的保护。科学管理游客容量；空气质量达GB 3095—1996的一级标准；噪声质量达到GB 3096—1993的一类标准；地面水环境质量达到GB 3838的规定；污水排放达到GB 8978的规定。

10.2 内部监测

10.2.1 应制定服务质量监测计划，规定监测项目、方法、频次。

10.2.2 应严格执行监测计划并记录，定期进行质量分析，严格质量奖惩制度。

10.3 外部监测

10.3.1 建立服务质量监督机制，设立意见簿（箱），公布投诉电话号码。

10.3.2 认真及时处理投诉，建立投诉记录档案，将处理结果及时通知投诉者。

10.4 持续改进

根据内外部监测结果，持续改进服务质量，并接受旅游行政管理部门的监督。

11 温泉旅游服务规范标准的管理

11.1 由重庆市旅游局负责实施温泉旅游服务规范标准。

11.2 由重庆市旅游局按照温泉旅游服务规范标准，每一年对温泉旅游经营者的温泉旅游服务质量复核一次，对服务质量好的温泉开展质量评优、定级，授予温泉旅游服务质量等级奖励证书和标牌，其格式和内容由重庆市旅游局另行制定和实施。

11.3 重庆市温泉旅游服务规范标准由重庆市旅游局负责修订和解释。

11.4 重庆市温泉旅游服务规范标准自×年×月×日起试行。

（资料来源：重庆旅游局政府公共信息网 http://www.cqta.gov.cn）

思考题

1. 试述温泉的形成、类型及旅游价值。
2. 试分析我国温泉资源分布及其原因。
3. 为什么广东和北京温泉度假区集中？

本章重点文献

1. 王艳平，山村顺次. 中国温泉资源旅游利用形式的变迁及其开发现状. 地理科学，2002, 22(1): 102～109

2. 魏小安. 旅游目的地发展实证研究. 北京：中国旅游出版社，2002

3. 田玉堂. 度假村的理念与操作实务. 北京：中国旅游出版社，2003

4. 吴必虎. 区域旅游规划原理. 北京：中国旅游出版社，2001

5. 王立民，安克士编. 中国矿泉. 天津：天津科学出版社，1993

6. 郭来喜. 中国的矿泉旅游资源. 中国科学院地理研究所. 旅游地理文集. 1982, 117～125

7. 刘振礼，王兵. 新编中国旅游地理. 天津：南开大学出版社，1996. 35

8. 华南师范大学区域与城镇计划研究中心. 广东省从化市旅游发展总体规划. 广州：广东科技出版社，1998

9. 辛艺峰. 顺应自然・延续文脉・重塑环境——热水温泉风景旅游区总体规划. 城市规划汇刊，1996(6): 50～55

10. 蒿惊雷. 温泉的延意——珠海御温泉的设计构思与设计运作初探. 南方建筑，2001(2)

11. 黄郁成. 试论温泉旅游资源的综合开发. 江西社会科学，2003(9): 206～208

12. 张建忠，杨新军. 旅游度假区康体休闲与康复养生项目的开发模式——以安宁市温泉旅游度假区为例. 泰安师专学报，1998, 11 (2): 62～66

13. 冯威，张丹丹等. 温泉旅游地的发展态势分析——构筑休闲型的温泉度假空间. 云南财经大学学报，2003, 17 (5) : 20～22

相关网站

中国温泉网（http://www.hotspring.net.cn）

中国温泉旅游网（http://www.zgwqlyw.com）

北京地热温泉网（http://www.bjdire.com.cn）

中国温泉商务网（http://www.china-hotspring.com）

从化温泉网（http://www.chwq.com）

北京滑雪温泉网（http://www.cts2008.com）

大连温泉网（http://www.0411spa.com/）

台湾温泉查询网（http://www.taiwanspa.com/）

假日温泉网（www.91wenquan.com）

中国温泉旅游网 http://www.eptour.com

中国温泉旅游度假网 http://www.rjtt.com/

温泉 SPA 泡汤旅游网（http://hotspring.network.com.tw/）

温泉旅游管理咨询网（http://www.wq519.com/）

10

城郊休闲度假区

学习目的

掌握城市郊区度假旅游的特点、优势；了解城郊度假区选址、建设的要求。

主要内容

■ 文献综述

国外集中于大都市郊区游憩地的配置模式研究；国内研究较为丰富，有对城郊休闲旅游发展态势的研究、对城郊休闲旅游类型及特点的研究、对城郊休闲旅游开发与经营的研究、对城郊休闲旅游发展中存在问题的研究。

■ 城市周边地区发展休闲旅游产业的基础和条件

■ 城市周边的非都市化地区具有的优势

■ 城郊休闲度假旅游的特点

城郊休闲旅游的出行距离短、城郊休闲旅游以散客游为主、城郊休闲度假游所产生的效用高、城郊休闲度假旅游的客源市场稳定、城郊休闲旅游的综合性强、城郊休闲度假旅游具有娱乐性、参与性强的特点。

■ 城郊休闲旅游度假区的类型

观光游览型、休闲度假型、专题游乐型。

■ 城郊休闲度假旅游区的开发与设计

■ 城郊休闲旅游度假地的运营管理

■ 城郊休闲度假区的营销管理

■ 城市周边度假区经营研究

10.1 文献综述

10.1.1 国外研究

在环带状模型基础上，西方地理学家和景观学家提出了大都市郊区游憩地的配置模式：罗多曼理论模式及克罗森和吉·来奇（Clawson & J. Knetsch）模式。前者是在对自然公园研究的基础上提出的。罗多曼注意到："游憩业开展的直接结果，是都市公园和在城市近郊建立起来的绿色地带式小公园。同时形成一个规律，就是距离城市越远，则建立了愈来愈大的自然公园和游憩地供人们更久地停留。在郊区游憩地的建设过程中，出现了依据游憩者行为特征建设游憩地功能区的深层次开发。"[1]他提出了自然公园配置的"极化生物圈"的理论模式。1966年克罗森和吉·来奇提出3个圈层模式：空间利用者指向地域、中间地域和资源指向地域，即都市区、近郊乡村游憩地、远郊区。该模式主张在都市区修建都市公园和运动场；在近郊建设康乐公园、田园公园、农村博物馆、主题公园。远郊游憩区类型主要有：国家森林公园、国家公园、城市野营公园、狩猎场、野生地域和特殊保护地。除了罗多曼、克罗森、吉·来奇之外，还有一些国外学者与机构进行过城郊休闲旅游的研究。注意到研究者对城郊旅游发展的忽视，McKenzie在一份讨论城乡接合部发展的文献中谈及了城郊旅游现象[2]；澳大利亚移民与文化交流部（DIMA）将城乡接合部接待城市居民的临时性游憩来访视为该地区的主要功能之一[3]；Weaver曾提出过类似环城游憩带这样的城市居民出游的同心圈层结构[4]；Ball观察到，在大伦敦外围形成了环形的游憩地带[5]；在前苏联，环绕城市周边的游憩地带在1980年代初就已经为地理学家所注意[6]。

10.1.2 国内研究

目前国内关于城郊休闲旅游的研究比较重视，取得了一些成果。

1. 对城郊休闲旅游发展态势的研究

---

1 王云才，郭焕成. 略论大都市游憩地的配置. 旅游学刊，2002，16(2)

2 Mckenzie, F. Growth. Management or Encouragement? A Critical Review of Land Use Policies Affecting Australia's Major Exurban Regions. Urban Policy and Research, 1996, 15(2)

3 DIMA. Australia's Population Trends and Prospects 1996. Canberra: Department of Immigration and Multicultural Affairs, 1997

4 Weaver, D. B. Model of Urban Tourism for Small Caribbean Islands. Geographical Review, 1993, 83(2)

5 转引自：山村顺次. 新观光地理学. 大明堂，1995

6 Preobrazensky, V. S., and V. M. Krivosheyev. Recreational Geography of the USSR. Moscow: Progress Publishers, 1982

陈辉（1998）调查了成都市郫县的“农家乐”。一年内，该县的“农家乐”收入 2 000 多万元，成为农村一大支柱产业。作为休闲旅游的农家乐已成为城郊农民致富奔小康新的经济增长点。他认为其他旅游产品缺乏变化性，常年如此，游客一旦去过，难有再游的兴趣，而“农家乐”休闲旅游产品最具可变性，四季不同，甚至是月月有异，游客不易产生厌倦心理，可保持持久的热情，游客“回头率”高；“农家乐”同时具有生产和旅游两个功能，而其它休闲旅游产品的生产功能很差或根本不具备生产功能。叶岱夫、陈岳裕（1998）通过对我国城郊旅游的研究发现，城郊旅游资源的最大吸引力在于环境优美的自然景观，并以此构成城里人重复多次出游的条件。赵振斌（1999）在《人文地理》杂志上发表题为《双休日休闲旅游市场特征及产品开发》的文章，认为目前我国居民消费的恩格尔系数还比较高，我国处于国内旅游的初级发展阶段。这一阶段国内旅游的特点应是短程、短时、少花费，周末休闲旅游正具有这些特征。因此，双休日休闲旅游应成为我国当前国内旅游的主要形式，并对双休日休闲旅游市场的特征，双休日休闲旅游产品的类型作了阐述。刘群红（2000）认为：旅游目的正在从传统的开阔眼界，增长知识向通过旅游使身心得到休息、放松、陶冶生活情趣等转变。因此以休闲为主要目的的休闲旅游成为旅游业中的热点和支柱，休闲旅游具有广阔的市场前景，并认为休闲旅游的客源市场呈现出大众化和多元化的趋向。吴必虎（2001）对上海的环城游憩带（ReBAM）进行了研究，研究发现，旅游成本与土地租金的相互作用是决定环城游憩带区位的主要力量，而游憩需求、投资偏好和政策导向是影响环城游憩带形成与发展的主要因素。田喜洲（2002）认为，郊区“农家乐”休闲旅游具有交通、环境、价格、特色、饮食、娱乐等方面的优势。郭程轩（2004）认为，我国城市内部休闲用地普遍不足，以城市生态休闲带为龙头发展环城或城郊观光旅游度假带是非常必要和可行的。魏小安（2005）认为，构造环城市休闲游憩带是对城市居民休闲空间的扩展。郭程轩、胡伟平（2006）进一步对广州市居民外出休闲行为进行了研究，发现 80%的城市居民对城市外围的绿色和水有着强烈的偏好。张立明、赵黎明（2006）从北京、上海、深圳、广州、成都、武汉等城市郊区旅游发展的现实中看出：城市郊区已经成为人们出游目的地中增长最快的区域，并成为城镇居民外出休闲和度假旅游的首选。吕君、刘丽梅（2006）的研究认为，城郊休闲度假旅游因具有距离近、路途耗时少、可重复消费等特点，更适应我国经济发展水平和现行休假制度，备受我国居民的青睐，从而成为我国旅游市场上的新亮点，发展速度快发展势头好。梁慧（2006）的研究中，分析了我国城郊旅游开发较好的六大城市（北京、上海、广州、深圳、成都、重庆）的城郊旅游地，发现其分布大致处于以城市为中心，以 2 小时可达距离（200

公里左右）为半径的不规则环形带内。蔡银莺、张安录（2007）以武汉市石榴红农场为例对城郊休闲农业景观地游憩价值进行了估算，发现开发休闲观光使农地的单位土地效益倍增，相对于纯农地的经济产出而言，农业景观地年均游憩效益是传统蔬菜种植业单位收益的 15.7 倍，是休闲农场目前单位土地经营性收入的 6 倍，农业景观地的游憩价值远远高于其经济产出价值，是农地资源价值构成中无法忽略的重要组成部分。

2. 对城郊休闲旅游类型及特点的研究

陈传康（1996）提出城市周边旅游带的概念并做了开发实证研究。任开荣（2007）的研究中，把城郊休闲度假旅游地的概念界定为：主要以城市居民为服务对象发生在与中心城市交通联系便捷的郊区，旅游功能相对完整独立，具有一定规模和游览条件，为游憩、休闲、养生康复、娱乐等目的而设计、经营的，能提供相当旅游设施和服务，用以为游客创造一种特殊的环境与经历的旅游目的地整体。

王洁平（1996）对城郊休闲农业的利用形态作了分类：（1）农产品直接利用型；（2）农作过程利用型；（3）农业环境利用型；（4）农村文化利用型。梁慧（2006）把我国的城郊旅游地分为以下三种类型：观光游览型、休闲度假型、专题游乐型。胡明（2007）认为，目前我国一些城市周边已经开发出来的乡村旅游类型有：农家乐、观光农园、休闲农场、农业公园和森林公园。卢冬梅、简王华（2007）根据对城郊各个休闲旅游景区活动项目及其特色的分析，把城郊休闲旅游区大致分为 6 类：观光农业园型、休闲度假型、森林生态公园、古迹民俗文化、农家乐型、农园采摘型。

梁慧（2006）在研究中阐述了城郊旅游的特点：（1）城郊旅游地具有综合性强的特点；（2）城郊旅游地客源以散客为主，团队为辅；（3）城郊旅游地旅游项目的设置体现了游客参与性强的特点。任开荣（2007）从城镇居民客源市场出发，认为城郊休闲度假旅游具有如下特征：（1）旅游距离短、耗时少；（2）城郊休闲度假旅游主要是居民在周末或黄金周的自费出游，它属于散客旅游，表现为携带妻和子的家庭游、甜甜蜜蜜的情侣游以及三五成群的朋友结伴游等形式。（3）具有较强的生态特征以及健康、环保的时尚追求。

3. 对城郊休闲旅游开发与经营的研究

邵黎明等（1998）认为，城郊旅游地的经营管理应向知识化、信息化、网络化的方向发展。马勇等（2000）指出，对于以近距离乡村旅游者为目标市场的乡村旅游产品，由于旅游者与旅游地的自然人文环境差异不大，乡村旅游产品的设计应着眼于紧密结合城市人的休闲需要。韩百娟（2002）分析了我国居民的旅游消费特征和环城市带开发休闲旅游产品的条件，发现环城市（特别是大城市）地带将是较长时期内城镇居民进行休闲度假旅游的首选目的地。并提出环城市带休闲旅游产品开发应注意的几个问题：（1）注重针对散客市场服务；（2）以满足中档需求为主，兼顾高低档；（3）充分发挥农民的积极性。唐代剑等（2005）提出，活动内容与游览组织是乡村旅游能否成功开展的关键，城郊乡村旅游规划中要运用情景规划，为游客设计体验“舞台”和“场景”。李包相等（2006）对浙江“十里梅坞”休闲空间的研究认为，休闲空间越是具有复合性就越具有休闲属性；休闲空间是社会空间，它往往与生活空间、生产空间、交往空间交织与复合；景观设计是休闲空间整合的重点。孟明浩、顾晓艳等（2006）认为，休闲化是城郊型乡村旅游地产品开发的趋势。梁慧（2006）对城郊旅游地的开发进行了探析，得出如下结论：城郊旅游在发展布局上可形成三个圈层，市区边界为第一圈层，侧重以山水园林、主题公园、游乐场所为主，发展健身、休闲、体验型城郊旅游；第二圈层是近郊，可因地制宜发展农业生态旅游、工业旅游等；第三圈层为远郊，要建成自然保护区、森林公园和休闲度假旅游的分布地带。张立明、赵黎明（2006）的研究也得出了相类似的结论：城市边缘地带的土地利用要以主题公园、康乐游憩地等动感娱乐型旅游为主；城市近郊区主要开发郊野公园、农村博物馆、滨水度假村、观光农业园等；城市远郊区主要开发国家森林公园、野生动物园、风景名胜区、自然生态保护地等以自然资源与生态环境保护为主的旅游地。另外，他们引用了一些大城市城郊休闲旅游开发实例对此进行了印证。孟明浩等（2006）提出，应从主题形象定位、旅游形象口号设计、旅游形象要素设计、旅游形象传播等方面着手为城郊型乡村旅游地营造乡村意象。黄燕玲、黄震方（2007）对南京市城市居民休闲度假旅游需求进行了研究发现，对休闲度假有偏好的居民更乐于进行活动参与类型的旅游活动；偏好休闲度假的居民更喜欢两至三人的度假，不希望出行人数在四至十人间。在此基础上研究者认为：休闲度假产品设计以两至三人的家庭休闲度假游、自助游或以企事业单位为单元十人以上团体度假游较受欢迎；娱乐因素、情感、体验等应渗透到产品和服务之中，最终休闲度假旅游是要达到“三养”的目的：即养身、养心、养智。胡明（2007）认为在城郊乡村旅游业的开发与运营中应遵循如下几条原则和标准：即“环境生态化、产品本土化、节目多元化、效益复合化、服务‘家庭化’”。任开荣（2007）认为要建立社区居民参与城郊休闲度假旅游开发机制、经营管理机制和利益分配机制，了解社区居民的合理经济要求，并赋予他们一定的开发决策权，让社区居民真正成为城郊休闲度假旅游发展的参与者和决策者，进而成为城郊休闲度假旅游的受益者。卢冬梅、简王华（2007）认为，城郊休闲度假旅游主要以本市和周边城市的客源为主，这就要求休闲旅游的产品定位于中低档次，与本地居民的休闲方式和消费水平相适应；为满足区内一部分高消费阶层和国外游客的需求，可适度开发高档休闲娱乐设施，使城郊休闲旅游健康、持续地发展。并建议开通和完善各旅游景区的旅游交通专线车或在市区建立专门的旅游集散中心，定时定点设专车接送，减少游客花在路途上的时间。刘平（2007）指出城郊生态休闲旅游要根据生态旅游的不同类型，在深入调查研究环境、气候、农业资源的基础上，针对资源特色进行合理规划，形成“一村一品一业”城郊休闲旅游格局。杨载田、邓育武（2007）对湖南城郊型休闲农业的可持续发展进行了探索，认为城郊休闲旅游应突出天趣、闲趣、野趣以及“农”味、“野”味和“乡土”味；应形成“省——市（地区）——县（区）——休闲农业项目”规划体系，而且每个层次的项目规划都应统筹全局、相互协调，并要选准目标市场，根据其各自的区域资源环境优势，突出风格和特色，以树立鲜明的旅游主题形象。

4. 对城郊休闲旅游发展中存在问题的研究

喻学才（1998）在《建筑论坛》上发表文章指出，休闲旅游的高消费是一个误区，有些消费者不是花钱买享受，就是花钱买虚荣；发达地区人们想冲出大都市这座围城，而城郊农村休闲旅游规划的决策部门却千方百计的要让休闲旅游地和大都市的生活方式接轨。冉斌（2004）对我国休闲旅游的研究结论是：中国的旅游产业结构亟待调整，中国的休闲旅游产品和旅游装备生产体系亟待加强；通过发展休闲产业可以缓解旅游产品在市场上所表现出来的供不应求现象，在客观上也丰富了旅游的内涵，扩大了经营范围，促进了经济的发展，也满足了人的多方面消遣享乐的需要。吴克祥等（2004）根据发达国家旅游市场观光旅游只占30%，休闲旅游和户外运动占70%以上份额的现实，认为我国旅游业发展还停留在观光游览的单一模式上，限制了人们的消费；随着我国居民自由时间的增多，可支配收入的增加，休闲观念的形成，对休闲旅游的需求正在成为一种主流趋势；多层次的旅游休闲需求要求改变单一观光型旅游产品开发模式，应该构建以休闲活动为主体的旅游产业发展新模式。吕君等（2006）指出了城郊休闲旅游开发中的一些缺憾：许多城郊旅游淡化了带泥土气息的“农味”，相当一部分“农家乐”的布置和陈设并不是城市居民想象中的那种茅屋、矮墙、锄头、菜种的真正农家小院，而是“马赛克”贴墙的院落，卡拉OK室、棋牌室、游客住宿部以及花园盆景园应有尽有。游客至此，仿佛不是置身于广袤的田野和农庄，而是像到了都市里某个微型度假村。卢冬梅、简王华（2007）在对南宁城郊休闲旅游进行分析的基础上，指出了城郊休闲旅游中存在的一些问题：休闲活动方式单调缺乏主题，资金投入不足宣传不到位，市场定位不够准确文化内涵不足，休闲旅游资源保护不到位等。

10.2 城市周边地区发展休闲旅游产业的基础和条件

休闲度假旅游有两种实现方式：一是远离常住地到异地、异国去休憩、疗养，二是在居住地附近即城市郊区或城市周边地区进行休闲、娱乐、康体等活动。前者耗时长，花费多。而城郊休闲度假旅游的特点是：距离近、路途耗时少、可重复消费。相比较而言，城郊休闲度假旅游更适合目前我国的经济发展水平和现行休假制度。近些年来，城市周边的休闲度假旅游已成为我国旅游市场上的新亮点，其发展速度快，发展势头好。

1. 对于大部分市民来说，城市周边的大众休闲度假更为现实

目前在我国，虽然温饱问题已经解决，但大多数城市居民的剩余收入还是比较有限的，扣除吃、穿、用等必需消费后，真正能用于行和游方面的消费并不多。远程旅游的花费对其来说还是数目比较巨大的。然而，由于巨大的工作和生活压力，严重的环境污染，拥挤的生活空间，缺少亲近大自然的机会，疏远的人际关系等问题，大多数城市居民都期望在闲暇时间通过旅游休闲来提高自己的生活质量，希望能有一种“价廉”的、大众化的休闲度假方式，以满足其回归自然、消遣度假、康体娱乐、修养身心、猎奇求异、发泄情感、玩乐斗趣的休闲旅游需求。但由于部分城市居民的平均经济收入还不足以支撑长距离、多目的地或长滞留时间的出游方式，所以他们通常会选择那些出游半径较小的旅游目的地，在城市附近的郊区，或在靠近城市的环城游憩带内实现自己旅游度假的愿望。城市周边的度假旅游产品将会很好地适应大部分城市居民的经济收入水平和休闲旅游需求，成为城市居民的一种经常性消费和一种新的时尚。[1]

另外，我国与旅游息息相关的民航、铁路、公路、航运交通业还很不发达，遇假期供应十分困难，也限制了城市居民的远距离出游。从而也使城郊度假旅游占据了一定的优势。

2. 有限的闲暇时间使市民的大部分休闲旅游活动发生在近距离范围之内

地理学家分析了旅游需求与旅行距离的关系，推导出休闲需求曲线[2]。城市居民周末的休闲旅游活动通常都发生在城郊乡村度假带。

目前，虽然我国人民的余暇时间有了较大的改善，但毕竟我国还属于发展中国家，还处于市场经济发展的初级阶段，生产力的发展还较多地依靠工作时间以及人力资源的积累。因此，我国的城市居民目前还没有非常充裕的闲暇时间，且现有最多的闲暇时间都分散地分布于各个周末。随着休闲旅游成为人们

---

1 陶卓民，是丽娜，沈俪. 南京市农业旅游市场需求分析与市场定位研究. 华东经济管理，2003，17(1)

2 吴承忠，韩光辉. 国外大都市郊区农村休闲需求及旅游发展特点研究. 地域研究与开发，2004，23(5)

生活的一个组成部分、一项基本的需求，市民在周末的休闲旅游活动也会越来越多、越来越频繁。由于时间的关系，近郊的旅游目的地就会成为首选，这些市民们越来越多、越来越频繁的休闲旅游活动也将会集中在城市周边的地区发生。吴必虎等的研究发现也从一个侧面佐证了这一问题：在全国所有的乡村旅游度假中，84%集中分布在距城市中心 100km 范围内[1]。

3. 旅游者对旅游产品偏好的改变

随着时间的推移，旅游消费者对旅游产品与旅游目的地的偏好在不断的发展变化。传统旅游热点景区人满为患，致使消费者对旅游的许多期望，诸如舒适、放松、愉悦等，不但没有得到满足，反而由于游客过多而造成了种种损害。消费者的消费偏好就发生了变化，导致各城市近郊旅游人数猛增。

居民旅游花费的变化也会导致对旅游产品消费偏好的转变，当居民花费收入的更多比例进行旅游消费时，将导致观光游向包括休闲度假游在内的其他旅游方式转变，而度假休闲游的出游距离通常比较近[2]。随着居民收入的增加，由于恩格尔系数的降低，其旅游花费的增加速度将超过收入的增加速度，其对短距离度假休闲旅游产品的需求也会上升。

旅游者需求偏好的诸多变化将带来城市郊区休闲旅游度假产品的开发与城市周边旅游业的发展。种种现象表明，在我国已开始出现由传统的纯观光旅游向休闲度假旅游转型，居民的休闲、度假活动已逐渐往城市郊区转移[3]。郊区及城市周边地区的周末短期度假和节假日休闲旅游市场前景广阔。

4. 城市周边的休闲度假旅游是一种城市居民可重复消费的旅游产品

新的科技进步和新的技术，使人类拥有了越来越多的闲暇时间和经济收入，人类的休闲旅游需求也越来越强烈，一个大众化的休闲时代即将到来，即使是在满足“衣食住行”等民生永恒的基本要素时，人们也要求同时得到文化的品位、精神的寄托、情感的满足等休闲体验。休闲旅游将是这个大众化休闲时代的一个重要的经济形态，它将成为人们的一种经常性行为，和日常生活的一个必要组成部分。在我国，由于城乡之间存在差距，城市居民正在或即将先于农村居民进入休闲时代。在大众化的休闲时代，由于受空间的约束，只有城市周边地区的休闲度假旅游产品才能满足居民对休闲旅游的经常性需求，城市居民可以利用自己的闲暇时间对城郊的休闲旅游产品进行重复消费。所以大众化休闲时代，城市居民经常性旅游休闲活动的大部分将会发生在城市周边地区。

---

1 吴必虎，黄琢玮，马小萌. 中国城市周边乡村旅游地空间结构. 地理科学，2004，24(6)

2 滕丽，王铮，蔡砥. 中国城市居民旅游需求差异分析. 旅游学刊，2004，19(4)

3 张力仁. 论我国城市郊区休闲度假旅游的发展. 韶关学院学报（社会科学版），2002，23

10.3 城市周边的非都市化地区具有的优势

1. 城市周边的非都市化地区是城市天然的“后花园”

我国城市地区的人口高度密集，与国外同规模城市比较用地水平很低。例如伦敦用地水平为400 m^2/人，而我国百万人口以上城市人均用地水平多在60～90m^2。城市里高楼林立、道路密布、人烟密集、环境喧闹，人们长期处在单调的环境之中、处在时间与空间的压迫下，在日益远离自然生态环境的困惑之中生存[1]。在此形势下，城市居民开始有了回归自然的欲望和念头。但同时，人多地少是我国的一个基本国情，我国人均享有的绿地空间仅41m^2，而且近几年由于城市化建设加剧，不少绿地用作他用，使绿地空间更显紧张[2]。从长远来看，我国大部分城市居民不可能像西方发达国家的居民那样拥有大面积的、绿地空间广阔的独户住宅，在自己的住所实现人与自然的交流与沟通。郊区是距都市人最近的自然界，因此我国城市居民与自然的交流，享受大自然的乐趣就只能到城市周边的非都市化地区去实现了。

城市郊区的生态景观类型丰富多样，有：森林、草地、农田、果园、河流、湖泊、山地、村落及人工文化景观等。这里环境优美：开阔的郊野空间，清新的空气，江河湖泊、绿草森林、鲜花烂漫、鸟虫啁啾等令城市居民所向往。还有一些郊区拥有风景胜地、寺庙古刹、名人陵墓等景观，更是为郊野增添了几分色彩。一年四季不断变换色彩的田园风光，祥和、怡情的农家生活也同样吸引着城市居民。郊区农民热情好客的传统习俗能使游客感受到乡村的亲切和温情，多姿多彩的民俗文化风情向来访者展示其无尽的魅力。所以城市周边的非城市化地区，就像是城市居民的一个巨大的天然后花园一样，以其五彩缤纷的面貌，天人合一的乡村意境，绚丽多姿的自然景色，远离喧嚣的宁静，舒适恬淡的生活氛围吸引着城市居民。城市居民可以在这样一个天然花园之中，暂时忘却生活的烦恼、工作的压力、竞争的惨烈、事业的沉浮，而尽情陶醉于山水之间、乡野之中。

就像是陶渊明《桃花园记》中所描写的一样，广大城市郊区的非城市化地区的生活节奏跟城市居民平常的生活节奏完全不同。城市生活和工作使人处于紧张状态，而城郊这个都市的后花园可以使人们精神放松；城市生活使人与人之间关系淡漠，甚至存在尔虞我诈，城郊的都市后花园则可以使人们感觉到人与人之间的和谐共处与协作友爱；城市生活的头绪繁多使人们越来越困惑和迷

1 叶岱夫. 对我国城郊旅游功能及相关问题的探讨. 城市问题，2000，98(6)

2 孟明浩，顾晓艳. 近年来国内关于城郊旅游开发研究综述. 旅游学刊，2002，17(6)

失自我，而城郊乡村的朴实生活可以使人感到生活的纯真。

在人类居住区对花园的需求从古到今都是普遍的，古代的城市地区人口密度小，许多商贾、官宦的住所都建有或大或小的，供主人闲暇时间游玩的花园。在现代社会，城市的各单位、各住宅小区都建有规模形式不同的花园。然而由于高度的城市化，在城市内的各个小型花园，甚至公园内，人们已无法感受到自然界的本来面目，无法彻底从城市生活的繁杂中解脱出来。而城市周边的原始地区则可以使城市居民感受到彻底不同于城市的自然环境与生活环境，使身心得到彻底的放松与休息。而且随着社会经济的发展，人们有了更为丰富的休闲娱乐需求，其中有些休闲娱乐活动是城市内的小型花园或公园所无法开展的。只有郊区这个都市的后花园才可以较好地满足当前城市居民的休闲旅游需求。

由于我国人多地少的现实，以及私人小汽车的普及在我国还需要很长的一段时间。城市将是居民的主要集中居住地，城市的一个主要功能将还是居住功能。但这不能说城市居民就没有了休闲需求，上文已述及，城市居民的休闲需求会越来越强烈。那么郊区将会充分发挥其休闲的功能，将扮演城市居民后花园的角色。

2. 土地租金和旅行成本的双重作用使我国的休闲旅游开发将集中指向城市周边地区

吴必虎根据旅游目的地的特征，将其分为两种基本类型：城市型目的地（urban destination）与胜地型目的地（resort destination）。[1]一般情况下，传统的观光旅游大多指向离开城市一定距离的胜地型目的地。城市居民在其惯常环境之内或其周边区域的休闲活动要比前往胜地型目的地的活动来得频繁，把城市周边区域的旅游休闲目的地就称为城市型目的地。除了传统的观光旅游产品之外，城市型目的地还开发大量新兴旅游产品，这些新兴休闲旅游产品包括日常游憩设施、康体休闲娱乐、夜生活、体育旅游与文艺演出、会议展览博览旅游、购物旅游、周末近距离度假旅游等。这些城市型旅游目的地为城市居民提供密集、高频的出行机会，是城市居民主要的游憩活动空间。这种城市型旅游休闲目的地，多分布在城市郊区，环绕在城市外围，处于近城乡镇景观之中，与中心城市交通联系便捷，具有观光、休闲、度假、娱乐、康体、运动、教育等不同功能。其中周六前往、入住一宿、周日返回式的出游方式被称为“一夜游度假模式”。这种环绕城市周围的城市型旅游目的地也被称为环城游憩带（Recreational Belt Around Metropolis, ReBAM）。从 80 年代起，中国东部沿海一些大城市周边就开始相继出现了 ReBAM 现象。现在全国的大部分大中城市

---

1 吴必虎. 大城市环城游憩带（ReBAM）研究——以上海市为例. 地理科学，2001(4)

周边都已经或者正在形成这种环城游憩带。

城市周边的环城游憩带是旅游供给与需求在空间上相互作用的结果。是在土地租金和旅行成本的双向力量作用下，投资者和旅游者达成的一种妥协。因为离开城市距离越远，级差地租越低，投资商的资金压力越小；但是离开城市越远，旅游者的旅行成本越大，其出行意愿和实际出游率越低，最终在某个适当的位置形成游憩区域。在不同发展水平的国家之间，由于旅行成本和城市土地价格在空间上的变化速度的不同，ReBAM（或 RAS）所处的位置也有差别：作为旅游客源地，西方的城市具有较高的出游能力，城市的出游腹地远远大于中国这样的发展中国家的城市，居民的出游半径大于中国公民，因此其 RAS 距离城市中心的距离远于中国城市居民。而中国城市居民的出游半径较小，主要集中在城市附近，相对较近的 RAS 构成了 ReBAM。旅游供给与需求之间，土地租金和旅行成本之间的相互作用使我国城市周边地区的旅游开发具备了现实条件，城市周边地区将成为我国休闲旅游开发的主要地区。所以城市周边地区应该牢牢抓住这一旅游业发展的机遇，推动地方经济的发展。

3. 城市周边的旅游业有极其广阔的客源市场

城市是人口集中分布的地方。城镇居民的经济收入水平也相对比较高，消费能力比较强；随着双休日的推行，小长假的增加，带薪休假制度的实施，城镇居民有了越来越多的闲暇时间。我国许多城市城镇居民的出游率都已经超过100%，并呈逐年增长的态势。

10.4 城郊休闲度假旅游的特点

1. 城郊休闲旅游的出行距离短

城郊休闲旅游一般发生在距离客源地，即中心城市 2 小时车程范围之内，是游客出行距离相对较短的一种旅游活动。受城市集聚、辐射作用的影响，城郊地区交通较为便利，许多城郊休闲度假地有通往城市中心的公交专线。短的出行距离和较为便利的交通条件使城市居民的出游轻松而且方便。

2. 城郊休闲旅游以散客游为主

城郊休闲度假旅游的形式有携妻带子的家庭游、甜蜜浪漫的情侣游、三五成群的结伴游、奖励性旅游、商务会议度假游等，但以前三种散客游的旅游形式居多。城郊休闲度假游中由旅行社组织的团队旅游数量很少。以散客游为主的城郊休闲旅游符合当前大众化的旅游趋势，在进行旅游产品开发与营销推广过程中应针对城郊休闲旅游的这一特点，开发适销对路的旅游产品。

3. 城郊休闲度假游所产生的效用高

游客在旅游过程中所获得的效用与游客在路途中花费的时间成反比，与游客在旅游景区、景点停留的时间成正比，游玩时间/路途时间的值越大，则旅游效用越大。在城郊休闲度假旅游中游客的路途旅行时间是很短的，即使是一日游，游客也可以在休闲旅游度假区停留很长的时间，因此城郊休闲度假旅游是一种效用很高的旅游产品。

4. 城郊休闲度假旅游的客源市场稳定

经济的发展，社会的进步使休闲度假成为人们的一种普遍需求。城市居民的休闲需求旺盛，这一点在北京、上海、广州、深圳、重庆、成都等我国的一些大城市得到了很好的印证。郊区休闲旅游度假区是城市居民触手可及的地方，可以满足城市居民经常性的旅游需求，其客源市场是持久而稳定的。

5. 城郊休闲旅游的综合性强

当前，观光旅游正在向集观光、文化、休闲、度假、保健、娱乐于一体的旅游模式转化。城郊休闲度假旅游应该集自然风光游览、度假娱乐、休闲体验、疗养健身、体育运动、科普教育等多种旅游休闲功能于一体，全方位满足城市居民的需要。

6. 城郊休闲度假旅游具有娱乐性、参与性强的特点

城郊休闲度假不同于观光旅游，需要靠娱乐性、参与性、体验性的旅游设施与项目来吸引游客、满足游客。目前大城市周边开展的城郊休闲旅游项目如采摘、农事体验、骑马、漂流、狩猎、垂钓、蹦级、攀岩、划草、皮划艇、彩弹搏击等均体现了城郊旅游娱乐性、参与性强的特点。

10.5 城郊休闲旅游度假区的类型

1. 观光游览型

城郊观光游览型旅游地有自然观光地和工业观光地两种类型。自然观光地主要由城市近郊或远郊的山地景观、水域风光、田野景象等旅游资源整合组成，在这种旅游区当中，游客可以充分亲近大自然，缓解生活压力。像城郊的各种观光农园、河流湖泊、野生动植物园、山岳峡谷、森林花圃，乃至乡村农田、果园、菜园、茶园等均可经过开发成为城郊观光游览型旅游资源。城郊的一些工业生产基地也可以开展工业观光旅游项目，如武汉就开展了神龙汽车—可口可乐饮料—香满楼牛奶—康师傅方便面等生产过程观光游。

2. 休闲度假型

休闲度假旅游有两种实现方式：一是远离常住地到异国、异地去度假、疗养，二是在居住地附近即城郊地区进行休闲、娱乐、康体等活动。前者耗时长，花费多，而城郊休闲度假旅游具有距离近、交通方便、重游率高等特点，更适应我国经济发展水平和现行休假制度，倍受我国居民的青睐。城郊的休闲度假区包括城郊旅游度假区和乡村旅游地。

（1）旅游度假区。依托良好的自然环境在城郊建立的旅游度假区是城市居民周末和节假日消除生活快节奏带来的心理紧张和身心疲劳的好去处。城郊旅游度假区丰富的游乐项目给人们的不同爱好提供了广阔的选择空间。城郊各种类型的度假村以及为各种会议服务的会所便属于这种类型。

（2）乡村旅游地。我国的乡村旅游地开发均向融观光、考察、学习、参与、康体、休闲、度假、娱乐于一体的综合型方向发展。当前乡村旅游地开发的旅游项目有“农家乐”、“农事体验”、“农田认领”、“采摘”、“乡村民俗节庆旅游”、“观光农园”、“休闲农场”、“农业公园”等旅游项目。其中以“住农家屋，吃农家饭，干农家活，享农家乐”为主要特色，以观光农业、体验农业、体验农家生活等为重要内容的“农家乐”旅游项目在我国北京、上海、广州以及长三角、珠三角地区的大城市周围发展迅速。

3. 专题游乐型

专题游乐型旅游度假区主要指城郊各种类型的主题公园。主题公园作为一种特殊的旅游产品，属于人造景观的范畴。其开发多以现实的旅游需求为基础，核心主题明确，园内所有游乐项目围绕该主题展开。我国在20世纪90初曾出现了“人造景观热”，在一些大中城市出现了一批微缩景观、主题公园、野生动物园、海洋公园和水族馆等，如北京世界公园、北京愉然原始部落游乐园、无锡影视基地、苏州乐园、深圳华侨城等。

10.6 城郊休闲度假旅游区的开发与设计

1. 城郊休闲旅游开发的原则

（1）空间“场所”化

城郊休闲旅游的魅力在于为游客提供独特的体验。在城郊旅游度假区的规划中，要以主题为中心，运用情景规划，为游客设计体验“舞台”和“场景”。通过对旅游各个环节的设计，以主题贯穿整个旅游过程，暗示和引导游客进入特定的角色并沉浸其中，从而完成体验和旅游活动。城郊休闲旅游度假区应该是一个复合性的场所，在这个场所中自然与人文、山水与建筑、生产与生活、活动与交往、传统与现代、时尚与民俗相互交织在一起，构成当地居民的生产生活场所，同时是游客休闲、体验、观光、度假、购物、娱乐的场所。“场所”应该具有复合性的特点，它即是休闲空间、同时也是社会空间、生产空间、交往空间、心理空间和景观空间。相关研究发现，作为“场所”的休闲空间越是具有复合性就越具有休闲属性。

（2）项目特色化

城郊休闲旅游开发成功的关键是特色。城郊休闲旅游只有在内容和形式上充分体现出与城市生活不同的特色，才能最大程度地激发旅游者的需求动机。目前，城郊休闲旅游发展过程中无序开发、重复建设的现象严重，结果是一哄而起、一哄而散。许多城郊旅游景区“千人一面”、“一只曲子摆街”，结果门庭冷落，千呼万唤客不来。因此，城郊休闲旅游的开发规划应该研究特色、挖掘特色、强调特色，使特定地方的城郊旅游产品成为国内或一个区域之内唯一的、不可替代的产品。在区域范围内是要形成“省——市（地区）——县（区）——城郊休闲旅游项目”的规划体系；而且每个层次、项目规划都应统筹全局，相互协调；并要选准目标市场，根据其各自的区域资源环境优势，突出风格和特色，以树立鲜明的旅游主题形象。为了满足不同游客的心理需求，在规划形式上应将观光观赏、参与体验、休闲度假、乡村节庆综合考虑，以形成系列城郊型农业产品。

（3）环境生态化

在规划建设乡村旅游景区时，要千方百计维护、优化自然环境，发挥其生态功能。要严格保护山脉水系，严禁破坏地形地貌、炸山取石、填塞水系、污染水体；严格保护森林植被，严禁乱砍滥伐林木尤其是古树名木，积极绿化荒山荒坡，改造和丰富林相，在农家庭院养花种树；严格保护野生动物，严禁捕杀、干扰禽兽鸟类；严格保护空气质量，严禁生活、生产活动所产生的烟尘、粉尘及有害气体对大气的污染。通过以上措施，在景区内形成优美的景观景致和良好的生态系统，造就一片阳光充足、空气清新、水质良好和春绿夏荫、秋果冬花、鸟语花香、蜂飞蝶舞、鱼跃蛙鸣的诗情画意般的天地。

在规划建设人工环境时应做到：第一，建筑材料生态化。休闲度假区内的游步道，尽量使用本地产的片石、卵石、木材、沙砾等铺设；景区内的功能性建筑、亭、廊、桥、告示牌、说明牌、警示牌等多用竹木或仿竹木、茅草、稻草、藤本植物、枝蔓植物等建造，切忌大量使用不锈钢、铁衣、铜材、铝合金、玻璃幕墙、瓷板、马赛克等；池塘水沟溪流切忌裁弯取直，护堤工程切忌做成高直生硬的挡土墙，可以用石块砌成自然形态的驳岸，在岸边引种美人蕉、芦苇、菖蒲等对鱼蛙类吸附力强的水生和沼泽植物，模拟湿地生态；绿化、花化不搞公园化、城市化。第二，资源要循环利用。按照生态学“物质循环、能量转换、互惠共生”的原理，大力开发利用太阳能、风能、地热、沼气等再生能源；建立物质循环利用系统，建立桑基渔塘、庶基渔塘、鸡粪喂猪、猪粪喂鱼，和洗涤洗浴用水回收净化用于洗车、绿化、灌溉、洗厕所等循环利用模式；区内交通多用马、驴、牛车、轿子、电瓶车、电瓶船、水上自行车、山地自行车等不耗能和污染小的器具。第三，生产和供应有机和绿色食品，不以野味招来顾客。

（4）产品本土化

应该强调乡村旅游产品的个性与特色，强调它的乡土化、本土化，使其成为国内或一个区域之内唯一的、不可替代的产品。

首先应该准确把握本区及本地区具有比较优势的有形旅游资源。如山林水系、地质地貌、气候气象、古树名木、农舍房屋、家禽家畜、作物产品、家具农具、农耕技术、农副产品加工工艺等；深入发掘自身传统的人文资源，如民俗风情、乡土艺文、民间艺人、节庆活动和根祖文化、饮食文化，服饰文化、草根文化等。

其次应该植根于当地地脉、文脉、人脉，在对周边旅游产品和游客市场、游客心理需求调查分析的基础上，提炼确立产品主题，进行策划创意。

最后应该通过园林、道路、廊桥、亭阁、视窗、小品等建筑设施整合各种景源，凸显景观的独特属性；通过雕塑、模型、图片、标本、展览、操作示范等物化手段，展示独特的人文底蕴；通过营建独特的种养业生产、农副产品加工和手工业加工作坊，在提供现场指导的情况下，吸引游客的参与体验；通过对独特的绿色食品、农副产品、竹木石藤工艺品的品牌化包装，培育旅游购物市场。

（5）节目多元化

城郊休闲旅游度假区有了多元化的旅游节目，则可以针对不同的游客需求、不同时令节气，开展观光旅游、科教旅游、休闲度假旅游、缅怀追思旅游、假日节庆旅游，乃至青少年素质拓展旅游。

城郊休闲旅游度假区多元化的节目的开发，应从以下六个方面着力：

①利用优美的自然环境，旖丽的田园风光、粗犷的乡野山趣和森林江河、果园茶场、古宅民居、家具农具、乡间作坊等开发游览性节目。

②利用地方戏曲、民间歌舞、茶艺茶道、嫁娶婚庆、年节民俗、村规礼仪、家禽家畜表演、舞龙、舞狮、赛龙舟等开发观赏性节目。

③利用农作物、茶作物、林果作物、现代科技农业园、现代水产禽畜养殖

场、农副产品加工以及农耕文化图文、标本、实物的展示，开发观摩教育性节目。

④利用农田果园茶场劳作、农产品收获采摘、禽畜饲养、手工艺品制作以及捕捞、编织、刺绣、剪纸、制陶、做砖瓦等活动开发参与体验性节目。

⑤利用登山、游泳、垂钓、漂流、划船、棋牌、民间拳术兵器等活动，开发健身娱乐性节目。

⑥利用农家饭菜、绿色食品、风味小吃、地方酒茶等，开发农家旅馆、农家餐馆类食宿性节目。

（6）效益复合化

在城郊休闲旅游开发过程中，要协调好城郊旅游业和社会经济发展的和谐。用现代科学技术改造提升当地传统的种植业、养殖业，使其成为新颖的产业景观。按园林化的要求，在菜园、果园、茶园中，增设便利游客游览、采摘、休憩的步道、亭廊、桌椅。用果树、速生丰产树种、经济林木做行道树，用葡萄、弥猴桃、瓜果搭成凉亭和长廊，用花卉苗木苑、盆景美化环境和农家庭院，使绿化美化工程实现农业产业化。把农副产品和风味食品的加工，竹器、木器、铁器、夏布的制作和竹编、草编、织造、刺绣、剪纸等民间工艺品的生产，农作物、水果的收获、采摘等，包装开发成游客观赏的景点、参与体验的平台。把村民作为流动的景观、风俗民情的体现、乡土文化的载体来展现，实现村民与游客的互动；把村民培养成旅游开发、经营、管理与服务的主体，实现富余劳力的就地转移，促进农民提高素质、转变观念、开发潜质，增长市场经济的才干。

（7）服务家庭化

人性化服务，是旅游接待服务的基本要求，城郊休闲度假旅游应在此基础上更进一步，实现接待服务的“家庭化”。实现“家庭化”服务，必须具备“干净卫生、安全便捷、温馨舒适、经济惠实”四个条件：

干净卫生。彻底改变垃圾随意抛放、柴草乱堆乱放、猪牛狗鸡粪便随处可见、污水横流、蚊蝇乱飞、厕所脏臭等“脏、乱、差”的城郊乡村环境；食品、饭菜、饮料、餐具、厨房、餐厅等符合国家食品和饮食卫生安全标准；村民尤其是旅游从业人员讲究仪容仪表、衣着发饰，干净清爽。

安全便捷。旅游功能设施完备；游客进入景区后，随时随地感受到交通便利、通信便利、停车便利、行走便利、活动便利、游览娱乐便利、购物就医便利，甚至于投诉便利；感受到游览安全、娱乐安全、采摘安全和人身财产安全。

温馨舒适。无论是旅游从业人员，还是普通村民，都应尽地主之谊，履主人之责，视游客为亲人，热情、友好、礼貌、坦诚、与人为善，使游客油然而生“走亲戚”、“回娘家”的亲切感、温馨感；为游客服务的过程中，热情而不夸张，隆重而不铺张，文明而不做作，传统而不粗略，规范又有灵活，使游客倍感自在和舒适。

经济惠实。诚信服务、生熟同一、童叟无欺、价廉物美，做到合理定价、低廉收费，坚决杜绝假冒伪劣、强买强卖，使游客乐于消费、重复消费、综合消费。

2. 城郊休闲旅游度假区的开发定位

（1）空间定位

城郊休闲度假旅游地以城市为中心，呈三个圈层分布，从开发导向上来看，从城市中心出发，由内到外，依次为市场导向、市场和资源相结合导向，以及资源导向。在城郊旅游开发中，第一个圈层即城市边缘地带应侧重以山水园林、主题公园、游乐场所为主，发展健身、休闲、体验型城郊旅游，如深圳华侨城集团开发的锦绣中华、中华民俗文化村、世界之窗和欢乐谷等主题公园，上海的环球影城、梦幻乐园，武汉的水族馆和地球村等均位于其城市的边缘地带；第二个圈层即城市近郊区，可因地制宜发展农业生态旅游、工业旅游、郊野公园、农村博物馆、滨水度假村、观光农业园等；第三个圈层即远郊区可主要开发国家森林公园、野生动物园、风景名胜区、自然生态保护地等以自然资源与生态环境保护为主的旅游地。

（2）档次定位

大众化的旅游产品开发档次不能定位过高，否则就会使广大城市居民对旅游产品“望之莫及”，如果城郊休闲旅游档次定位太高，会限制游客的到访率，从而使城郊休闲旅游度假地失去其应有的意义，影响到景区的经济效益。城郊休闲度假旅游是一种大众化的旅游产品，主要以本市和周边城市的客源为主，这就要求休闲旅游的产品定位于中低档次，与本地居民的休闲方式和消费水平相适应。为满足区内一部分高消费阶层和国外游客的需求，可适度开发高档休闲娱乐设施，使城郊休闲旅游健康、持续地发展。我国有许多城郊休闲旅游度假地对产品开发的定位有误，导致了一些景区盲目发展豪华高档休闲度假产品，经营状况并不理想。

各城郊休闲旅游区还应该根据自身的市场定位进行更深入的宣传营销活动，如中高档次的休闲度假山庄（村）可针对企事业单位进行宣传，档次较低的景区可以到大中专院校、普通社区等搞宣传活动，提高景区的知名度，吸引不同层次的游客。

（3）客源市场定位

城郊休闲旅游开发的客源市场定位很重要。无疑，庞大的城市人口是城郊休闲旅游的巨大客源市场，在城市密集的地域，城郊休闲旅游区可同时作为几个城市的出游目的地。城郊旅游度假区应以本市和周边城市的客源为主，在产品设计上要与本地居民的休闲方式和消费习惯相适应，不能盲目套用别的地方的标准。

城郊休闲度假产品设计应以两至三人的家庭休闲度假游、自助游、休闲体验游，以企事业单位为单元十人以上团体度假游为主。

10.7 城郊休闲旅游度假地的运营管理

1. 城郊休闲度假旅游的运营模式

“公司+农户”的运营模式对于城郊休闲旅游业而言是一种较为理想的运营模式。“公司+农户”模式中的公司既可以是经营城郊休闲旅游业的龙头企业，也可以是由乡村各经营户共同出资参股的公司。因为小型的个体农户力量分散，难以形成集聚优势，很难有实力进行城郊休闲度假旅游的大规模投资建设和营销宣传，难以启动城市郊区的休闲旅游产业。“公司+农户”的形式或者以雄厚的资金吸附分散的人力、财力、和物力，或者以巧妙的组织形式把城郊分散的人力、财力、物力集中起来，开发运营城郊休闲度假旅游，使城郊的旅游产业得以形成。在“公司+农户”的运营模式中，要以法律的、政策的、制度的手段切实保障当地居民对休闲旅游业的参与。

“公司+农户”模式中的公司主要负责以下业务：承担游客中心的接待；对外营销；制定服务标准、服务价格并监督各经营户执行；负责公共设施的投资建设及维护管理；统一管理各经营户的内部结算；统一办理各种营业许可证；统一对各类经营人员培训与考核；统一采购客户用品，统一洗涤床单、被套、毛巾、浴巾等客户用品。一些大型的游乐设施和活动项目可由公司提供。“公司+农户”模式中的农户具体从事游客的接待与各项服务，经营采摘、农事体验、农家生活体验、休闲娱乐等旅游项目。农户参与旅游业经营是对城郊休闲旅游接待“家庭化”要求的实现。

灵活多样的个体农户在提供人性化、感情化、多样化服务方面比规模庞大的公司更有优势。而公司在公共设施投资、规范服务、大规模宣传营销、大型项目建设方面更有优势。因此“公司+农户”的城郊休闲旅游运作模式可以扬长避短，合理配置资源，促进旅游区健康、稳定、持续发展。

餐馆、旅馆由各经营户自己投入经营，公司按月对各经营户进行统一结算。对餐馆、旅馆及餐饮、住宿混合经营的家庭旅馆按不同的比例进行结算，大部分由经营户留存，其余上交公司，用于公司管理费用、支付有关税费、年终对经营户的再分配、发奖金等用途。

2. 城郊休闲度假旅游运营的可持续化管理

（1）品牌化管理

随着市场经济的发展，价格竞争将逐渐过渡到以文化为内涵的品牌化竞争。在激烈的旅游市场竞争中，城郊旅游资源具有遍在性特点，吸引力小，加上开发雷同，产品单一，市场竞争激烈。要想使特定的城郊休闲度假旅游产品得到持续发展，旅游经营者就应该摆脱小农意识，树立品牌化营销观念，通过景区建设的精品化、旅游服务的优质化以及旅游形象的鲜明化等途径，逐渐建立良好的城郊休闲旅游品牌。如此便可扩大影响，形成滚雪球式的发展效应。

（2）环境保护

旅游业不再被认为是“无烟产业”，而是“浓烟滚滚”。在我国的旅游发展过程中，环境污染、生态失调、资源浪费现象屡见不鲜，盲目式、掠夺式的开发行为大量存在。城郊的生态环境对城郊休闲度假旅游来说是至关重要的，在城郊旅游发展过程中，生态保护、资源的合理开发利用、环境治理、水源保护等处于旅游开发的核心地位，也是城郊旅游可持续发展的根本保证。“现代创伤”一旦造成，就很难再恢复原貌。为了旅游产业的可持续发展，我们要科学开发、规范管理，保护好旅游景区的自然环境和人文环境，防止人为破坏和污染环境，防止景区承载量过大，努力创造无破坏、无污染、无公害。使人身心都得到满足的休闲旅游环境。在进行休闲度假旅游地的开发时必须要坚持可持续发展战略，各级政府等权力机关和部门应出面协调并给予政策支持，使城郊休闲度假旅游资源和景区环境得到有效的保护。此外，还要培育旅游者的环境保护意识、生态旅游意识和旅游经营者的绿色经营管理理念。只有各个利益相关者都行动起来，环境保护才能得到真正的落实。

（3）社区参与

社区的广泛参与有利于城郊休闲旅游目的地的可持续发展。在城郊的休闲度假旅游中，多数旅游活动都与当地社区有关，因此，为了使城郊休闲度假旅游能得到和谐发展，须建立社区居民参与城郊休闲度假旅游开发机制、经营管理机制和利益分配机制，尊重当地社区居民对发展旅游的意见和建议，了解他们的合理经济要求，并赋予他们一定的开发决策权，让社区居民真正成为城郊休闲度假旅游发展的决策者和参与者，从而成为城郊休闲度假旅游的受益者。旅游业发展与社区发展的和谐是城郊休闲旅游区可持续发展的要求之一。社区的广泛参与有利于旅游区旅游产业集群的形成，有利于克服旅游业的脆弱性和敏感性，有利于增强城郊休闲旅游目的地的市场竞争力，有利于当地社区居民对旅游生态环境保护的重视。

（4）联合发展

未来城郊旅游地的开发将更多地依赖同一地区不同类型景区的比较优势驱动，走合作开发之路，有利于城郊旅游地的可持续发展。个体需要重新认识自己现实或潜在的竞争对手，寻找与竞争对手合作的结合点，建立复合化、多样化的竞争与合作关系，即把同一地区中的景区（点）联合起来开发，形成鲜明的旅游感知印象和旅游主题，争取游客的旅游认同感。同一地域范围内各个景区景点经营者的联合开发可以形成“1+1＞2”的协同效应。联合开发可以避免景区之间两败俱伤式的竞争，变恶性竞争为良性合作，整合旅游资源、扬长避短，突出特色，实现景区景点之间的共同可持续发展。

3. 城郊休闲度假旅游区的运营保障

（1）法规保障

各级地方政府要制定相关地方旅游法规，包括：关于城郊旅游规划实施保护的规定、关于在城郊休闲度假旅游景区（点）从事经营性服务的规定、关于郊区旅游资源和环境保护的规定、关于旅游从业人员必须持证上岗的规定、关于旅游从业人员培训的规定、整顿治理旅游市场办法、度假区文明标准、旅游行业管理办法等。在“有法可依”之后，还要做到“执法必严、违法必究”，于是就需要建立一支高素质的旅游执法队伍，还要完善旅游监督检查机制。只有这样，城郊休闲度假旅游地的开发才能在一个良好的市场环境下进行。

（2）监督保障

当地旅游部门要结合实际情况和市场需求，按照国家有关规定，会同工商、公安、卫生防疫部门一起，齐抓共管，制定城郊休闲旅游的管理办法，对农户及其他类型经营者开办的旅游景点、饭店、旅馆、娱乐场所等，统一颁发经营许可证和卫生合格证，并派专职人员随时进行抽样调查，对不合格的限期整改或予以取缔；按照旅游饭店的管理办法，对“农家旅馆”引入星级评定制度，并优先推荐服务态度好、接待设施优秀的高星级“农家旅馆”。以此促进农村旅游接待设施建设；各城郊休闲度假旅游区内要成立旅游质量监察小组，处理不法业主坑骗游客等等损害旅游形象的恶性问题，创造文明、安全、卫生的城郊旅游环境。[1]

（3）交通保障

城郊休闲度假旅游属于大众化旅游，大部分游客还无法实现自驾车出游，

1 段圣奎，李为科. 我国城郊农业旅游可持续发展探讨. 江西科技师范学院学报，2006(3)

因此，交通条件是否便利对游客的出游有巨大的影响，因此，城郊的休闲度假旅游区必须为游客提供交通保障，以此吸引更多游客的到来。建议开通和完善各旅游景区的旅游交通专线车，或在市区建立专门的游客集散中心，定时定点的派专车接送，减少游客花在路途上的时间，为城市居民的出游提供方便。各景区开通旅游专线车既能使游人感到便捷，又能提升旅游景区的整体形象，会对整个旅游业产生拉动作用。

10.8 城郊休闲度假区的营销管理

旅游业发展到今天，尽管旅游市场需求日益旺盛，但旅游产品、旅游项目也是越来越多，游客可选择的余地越来越大，各种旅游产品与旅游项目之间又有着较强的替代性。城郊休闲旅游度假区作为相对独立的经营实体，需要直接面对来自于市场的选择与挑战，需要将自己向市场推销，那种“酒好不怕巷子深”的想法必须改变，必须树立市场营销的观念，根据景区特征、游客消费特征和游客需求进行市场营销。

1. 城郊休闲旅游度假区的宣传营销

第一，设计城郊休闲旅游度假区的宣传标志。设立新颖、独特、有视觉冲击力的宣传标志有利于为旅游区树立鲜明的形象，有利于增强旅游区形象在市场上的识别率，有利于旅游区形象在市场上的渗透和传播。在设计好有自己特色的宣传标志后，应将其使用于自己的各种宣传标牌和宣传媒介之中。第二，应在城市人流密集区、主要交通干道、进入市区各主要道路的入口处、市区的各大宾馆和饭店悬挂或树立景区的宣传标牌。第三，在本市和周边市区的电视、报纸等媒体上投放城郊休闲旅游度假区的广告。第四，建立旅游区自己的网站、并和相关网站建立链接。第五，印制和发放旅游纪念册。第六，实行景区门票明信片制度。第七，印制反映城郊休闲景点和旅游项目的各类贺卡在市区的市场上出售。第八，向游客赠送宣传景区的音像光碟。第九，向现实和潜在游客赠送反映景区风光和娱乐活动的扑克牌等。

2. 建立城郊休闲旅游度假区的销售渠道

第一，直接在本市区或周边市区建立自己的销售门市。销售门市以宣传旅游景区、销售景区的旅游产品为唯一职能。第二，在本市区或周边市区设立隶属于城郊休闲旅游度假区的旅行社。该旅行社以向游客宣传、推广、出售城郊休闲旅游度假区的旅游产品为主要目标，同时也扮演像其他普通旅行社一样的角色，销售一些其他旅游产品。第三，在市区建立以“策划您的假日”为主题的服务社。成立以“策划您的假日”为主题的服务社，围绕城郊旅游休闲区的旅游项目为游客策划假日休闲娱乐活动，这样做将会充分体现旅游区的社会责任心和其所扮演的社会职能，把社会利益放在旅游区经济利益之前，会为城郊休闲旅游度假区赢得较高的社会声誉和社会影响，第四，与本市区乃至周边地区的一些旅行社合作，请这些旅行社代理销售示范点的旅游产品。这种销售方式的运行成本比较低，操作方便，但市场对旅游区的识别度将不会太高。

3. 实施一系列的营销活动

目前，事件旅游越来越受到人们的重视，许多国家、国内的许多省市和地区都在争取或策划制造一些事件新闻，以此为契机来促进地区旅游业的发展，提高地区的知名度。事实也证明，这些事件旅游对扩大旅游区的影响，为旅游区树立良好的市场形象，增加景区知名度有积极的作用。城市周边的乡村地区，保留有一些传统的民风民俗，有些生活习俗是城里人比较感兴趣但在城市当中又见不到的。如元宵节在许多乡下热闹非凡的舞龙舞狮活动在一些大城市是看不到的。乡村的许多风俗习惯都集中体现在各种节庆活动当中，如：婚嫁庆典，少数民族的各种集会，民间的一些庙会，有着悠久传统的端午节、中秋节、重阳节等的传统习俗。经过适当的策划与开发，这些节庆活动也可以成为城市居民来郊区休闲度假的吸引物。城市周边地区可以借助这些节庆活动，制造新闻事件，扩大宣传，增强自己的吸引力，提高自己的知名度。城郊休闲旅游度假地业可以借助自己的田园风光和农业生产场景策划一些节庆营销活动，如梨花会、桃花会、油菜花旅游节、瓜果节等；也可以推出中秋夜或田园赏月等活动；还可以邀请明星到来，举办大型文艺活动，以此来扩大影响，吸引游客。另外，城郊旅游休闲度假区还应该积极参与社会公益活动，扩大旅游区的社会影响。

4. 实行辅助营销策略

不以销售旅游区的旅游产品为直接目的举办一些活动项目，但这些活动的举办在客观上会促进旅游产品的销售和旅游区的繁荣，这种营销策略就被称为辅助营销策略。城郊休闲旅游区在为城市居民提供休闲旅游服务的同时，还在为城市居民提供生产生活服务，城郊旅游区在发展休闲旅游业的同时，应该想办法为城市居民多提供一些非休闲旅游性质的服务，如开展少年儿童书法、绘画、武术等培训班等，这些来城郊满足非旅游需求的城市居民会自然而然地变成休闲旅游消费者的一部分，从而扩大了景区的客源市场。

城郊休闲度假旅游区辅助营销的基本思路是：充分发挥城郊对市区的服务职能，采用围魏救赵的手段，靠增加人流、建立关系的方法来增加旅游区的客源数量。

10.9 城市周边度假区经营研究

兰州市官滩沟度假区开发经营案例

1. 官滩沟概况

官滩沟旅游区位于兴隆山国家级自然保护区境内，距兰州市 25 公里，面积 342 公顷，是以森林自然生态为主的新型旅游度假区。官滩沟系明代肃王牧马场旧址，旧称“肃府官滩”。景区自 1994 年开发建设以来，已累计投资 1 000 余万元，旅游景点不断丰富，服务设施日臻完善，目前已完全具备食、住、行、游、购、娱六大服务功能，主要活动和服务项目有：游览、赏景、野营、度假、夏令营、民族风情、科普教育、森林探险等，现已成为兰州近郊独具特色的旅游目的地。

官滩沟开发经营旅游产业有两大优势：第一，区位优势。官滩沟距离兰州近，在目前道路状况比较差的情况下，从兰州市中心到官滩沟需要 1 小时的时间。2006 年秋季，从和平镇到官滩沟景区的道路将被整修为平整的柏油马路，到那个时候，从兰州市中心到官滩沟景区只需要 40 分钟时间；第二，资源优势。官滩沟景区内为茂密的原始森林所覆盖，跟兰州市的城市环境截然不同，那里空气清新，鸟语花香，逗留于景区之内会令人心旷神怡。官滩沟海拔较高，盛夏季节，兰州酷暑难熬，而官滩沟则是气候凉爽，夏天官滩沟的气温比兰州市低 4 摄氏度左右，再加上森林对气温和空气湿度的调节作用，使这里成为兰州市许多市民向往的休闲度假旅游目的地。官滩沟的乡村地区，未受城市化的破坏与影响，乡村居民过着祥和宁静的生活，保留着传统的生活习俗与淳朴的民风，对外来者热情好客，城市居民可明显地感觉到他们的厚道与友好，这与兰州市城市居民的生活氛围有较大差异，这种异质的生活氛围与环境也构成了游客来此休闲旅游的吸引物；官滩沟内有可食用野菜 30 多种，可以让来此的城市居民真正体验到山珍野味，品尝到真正的绿色食品。

离官滩沟风景区最近的一个小村落，有 27 户居民，人均大约拥有 2 亩耕地，平均每户居民每年的农业收入为 5～6 千元左右，基本上每家每户都有剩余劳动力，官滩村居民的农忙时间至多占全年时间的 2/3，有充裕的闲暇时间从事副业经营。

2. 官滩沟旅游业的开发经营情况

（1）有少量到访者的未开发阶段

1994 年官滩沟风景区未开发建设之前，没有任何旅游接待设施，通往兰州的道路崎岖不平，进出官滩沟的车辆也比较少，可进入性差。当时我国的旅游业还处于刚刚发展阶段，人们普遍缺乏休闲旅游消费的意识，长期受实物经济思想的影响，有些人甚至对旅游业与旅游者持不理解的态度，闭塞落后的官滩沟地区更是缺乏发展旅游业的观念。但是，休闲旅游需求的确是埋藏在人们心灵深处的一种无法否认的潜在需求，随着兰州市经济的发展，有一部分人先富了起来，生活水平的提高以及闲暇时间的增多，使一些人的潜在旅游需求渐渐地浮出，他们主动在兰州市周边地区寻找一些空气清新、植被良好、山清水秀的地方去陶冶情操、调节生活、修养身心。官滩沟“酒好不怕巷子深”，其良好的天然生态环境很快就受到了一些休闲旅游领先者的青睐。据官滩沟当地的长者回忆，80 年代末 90 年代初，小小的官滩沟经常有三三两两的外来者造访，他们自带食物和饮料，来此的目的主要是看山、在森林中游玩。但那时零星的造访者还不足以刺激当地乡村居民从事旅游接待服务。当时没有专门为外来者提供服务的任何设施，即使连一个小卖部也找不到。外来者跟当地居民的接触也很少，通常是来也匆匆、去也匆匆，当地居民也从外来者那里没有丝毫获益。

（2）旅游开发之后的游客大量进入阶段

90 年代以来，各个省、市政府开始意识到发展旅游业的重要性，纷纷把旅游业作为发展地方经济的重要产业。在实物经济发展到一定阶段之后，旅游业越来越成为经济发展的新的推动力量，成为新的经济增长点和价值来源。鉴于官滩沟的资源魅力与兰州市居民的潜在旅游需求，榆中县兴隆山旅游管理局自 1994 年开始着手开发官滩沟的旅游资源，圈占了 342 公顷的林地，主要是开发了一些旅游景点，建立了餐饮及住宿接待设施。官滩沟的旅游资源被榆中县兴隆山旅游管理局开发之后，以前经常活动在被圈占林地中的当地居民无法自由进出风景区，其生活空间被压缩。当地居民被允许可以在风景区之内从事一些旅游经营活动：向游客出租马匹、摆设茶摊等，但他们经营收入的相当一部分以管理费的形式上缴景区管理机构。官滩沟风景区建成之后，作为一个品牌有很好的广告宣传效应。同时作为一个大规模企业，拥有雄厚的经济实力，可以投入一定的资本去做广告宣传，这一点是本地乡村居民所做不到的。在景区开发建成之后，官滩沟被越来越多的兰州市居民所了解，越来越多的兰州市居民在闲暇时间和节假日来官滩沟休闲度假旅游，官滩沟的旅游产业被正式启动。

（3）许多当地乡村居民参与旅游业接待经营的旅游业持续发展阶段

随着越来越多的旅游者来官滩沟休闲旅游，若干有眼光的当地居民很快抓住了这一商机，在自己的农田里或在自己的家里搞起了旅游接待服务。由于这些率先参与旅游业经营的当地居民取得了可观的经济收入，吸引越来越多的当地居民投入旅游业的生产经营之中。2005 年，整个官滩村大队有 56 户人家从事旅游业接待服务，其中有三十多户在自己的土地上以“农家乐”的形式独立从事旅游业经营。离官滩沟最近的一个村庄，总共 27 户人家，有 25 户都参与了旅游业经营，其中 13 户人家在自己的土地上独立从事旅游业经营。包括向游客出租马匹的农户在内，官滩村有 80%的农户都不同程度地参与旅游业经营。当地村民从事旅游业经营的方式主要有：摆设茶摊、小蒙古包、卡拉 OK、住宿接待、山珍野味饮食、出租马匹等。

2005 年寒假期间，作者对离官滩沟风景区最近的一个村庄的 8 户独立从事旅游业经营的家庭进行了采访（见表 10.1）。其中杨家两兄弟的经营状况最好，杨家老二已从事旅游接待业 7 年时间，2005 年，该户居民共计接待旅游者 850 多人次，旅游业经营收入的毛利为 1.75 万元，纯利润 1.06 万元；杨老大当年旅游业经营收入 1.5 万元，纯利润 9 300 元。据杨家老二反映：每年夏天旅游高峰期，他们家包括茶摊、蒙古包在内的 50 个座位全部爆满，后面来的客人无法接待，晚上家里用来接待客人的床位也没有空余，平时他们家的客人比其他人家多一些，但在旅游旺季，每个旅游接待户都能最大限度的接待游客。每户旅游经营者都有自己的常客和熟客。不同游客所喜好的旅游接待环境和氛围不同，在农户所从事的旅游接待过程中，旅游消费者和旅游业经营者面对面地交流与沟通，特定的旅游者有特定的性格特征和喜好，他们喜欢和特定的对象接触，不同的游客对不同的旅游经营者的认同是不一样的，再加上服务方面细微的差异，在长期的经营过程当中，不同的旅游经营农户形成了自己特定的回头客。据杨家老二介绍：他所接待的游客之中，有 30%以上的回头客。每年冬天本是旅游淡季，官滩沟基本上没有游客到访，但杨老二家的几个回头客会在冬天来一两次，有的甚至几次，这时候他们来杨老二家的主要目的是为了转换一下生活环境，体验一下农村生活或来沟内爬冰。对于其他的旅游经营农户，也会发生类似的情况。

表 10.1 2005 年官滩沟 8 户农户的旅游业经营收入

户 名	杨家 1	杨家 2	张家 1	张家 2	李家	陈家	张家 3	杨家 3
旅游业毛收入（元）	17 500	15 000	14 600	14 100	13 700	13 200	12 300	11 300
旅游业纯利润（元）	10 600	9 300	8 800	8 600	8 400	8 100	7 500	6 900
当年农业产值（元）	5 100	5 800	4 900	6 300	5 500	5 800	5 000	5 600
家庭全年总收入（元）	15 700	17 100	21 100	16 100	14 900	17 000	16 500	13 600
旅游收入所占比重（%）	67.52	54.39	41.71	53.42	56.38	47.65	45.45	50.74

资料来源：根据对官滩沟从事旅游业经营的 8 户农户的实地访问结果整理。

从表 10.1 可以看出：对于官滩沟的相当一部分村民来说，旅游收入已经成为其家庭收入的重要组成部分，旅游业使当地农村居民明显受益。

3. 官滩沟景区与当地农户的旅游业生产经营比较

官滩沟风景区隶属于榆中县兴隆山管理局，属于大型的旅游开发经营企业，在经营方式和经营绩效方面都和当地独立从事旅游业经营的农户有一定的差别。当地农户在景区内摆设茶摊，需要每月上缴 2 000 元钱，在景区内向游人出租马匹，每年需上缴 1 000 元钱，由于在景区内从事旅游业经营获利甚少，甚至没有获利，越来越多的当地农户不愿继续在景区之内从业，导致景区内的旅游业经营农户越来越少，而景区之外的独立经营农户越来越多。小规模的农户经营者善于和游客拉家常、扯关系、套近乎，可以按照客人的喜好及时调整自己的服务，对费用的收取也比较灵活，可以使游客切实地感受到友好与亲切的氛围，而这些都是风景区的经营所体现不出来的。随着经营时间的增多，独立从事旅游业经营的农户可以形成自己稳定的回头客，而到风景区去的游客，一般只会去一次，即使他们第二次来官滩沟，也会选择在农户家中进行消费。农户经营与景区经营的区别不仅仅体现在价格方面，更为重要的是农户经营的那种随意、那种友善的氛围、那种细腻的服务过程。每逢旅游旺季，风景区的餐饮与住宿价格会有大幅度的上涨，而农户经营者的服务价格基本保持不变，其中一个重要的原因是农户经营者所服务的游客，有相当一部分是自己的熟客和常客。根据作者的调查了解，2005 年 4～11 月，官滩沟度假区总共接待游客约 1.1 万人次，而同期各农户经营者共计接待休闲旅游者 2.0 万多人次，是风景区接待人次数的 2 倍。表 10.2 具体反映了风景区与农户经营者在旅游业经营方面的差异。

表 10.2　官滩沟旅游度假区与农户旅游经营者的对比

	人均花费（元）		服务的灵活性	游客的回头率	服务氛围	住宿环境	2005年接待人次
	住宿	餐饮					
风景区	40	35	灵活性差	很低	商业化	城市化	约 1.1 万
农户经营者	10	20	可及时调整	很高	友善、人性化	农村风格	约 2.0 万

资料来源：根据对官滩沟度假区及若干农户的访问调查结果整理。

4. 对官滩沟旅游业的展望与思考

（1）对官滩沟旅游业发展的展望

据官滩沟旅游风景区的经营者和从事旅游业经营的农户预测，如果官滩沟至兰州的道路被整修好，来官滩沟的游客将会增加至少 2 倍。目前去官滩沟的道路交通状况不好，影响了官滩沟的可进入性。在对兰州市 806 位居民的问卷调查中，给出了兰州市的十个休闲度假旅游目的地，选择官滩沟作为旅游度假目的地的人数最少，这主要是由于兰州市的大部分居民对官滩沟还比较陌生，甚至有相当一部分兰州市居民没有听说过官滩沟，这与官滩沟旅游区自身的可进入性差、对外广告宣传不够、开发经营时间短均有一定的关系。作为一个休闲度假旅游目的地，官滩沟正处于旅游产品生命周期的发展阶段，随着道路交通状况的改善，以及官滩沟在兰州市民当中知名度的提高，官滩沟的旅游业必将取得更进一步的发展。

（2）官滩沟旅游区开发经营中值得借鉴的经验

①官滩沟风景区的开发建设启动了官滩沟的休闲旅游产业。

官滩沟风景区未建成之前，也有少量分散的游客来此地观光旅游，但游客数量仍然不够旅游接待的规模。尽管目前官滩沟有很多当地的乡村居民直接独立从事休闲旅游业的生产经营，但如果预先没有风景区的开发与建设，则官滩沟旅游业的发展也就无从谈起，是风景区的开发建设吸引来了大量游客，形成了官滩沟休闲旅游的品牌，使官滩沟在兰州市居民中间的知名度与影响力逐渐扩大。由于分散的当地乡村居民在资金方面、思想认识与行动方面、对外的广告宣传方面都不能形成有效的积聚力量，即使当地存在非常富有潜力的休闲旅游资源，也不能让潜在的资源价值转化为现实的社会财富。由于乡村地区的各种力量分散，无法有效地启动地方旅游产业，因此，对于一个有特色资源的潜在休闲旅游目的地，其旅游业的发展需要外力启动。在官滩沟旅游区的发展过程中，榆中县兴隆山旅游管理局对官滩沟风景区的投资与开发建设，以及其凭借自己各种雄厚实力的对外宣传，有效地启动了官滩沟旅游业的发展。

②当地居民的广泛参与，可以延长旅游地的生命周期，使旅游目的地的发展比较稳定。

当地农户的小规模经营，可以使业主直接和游客面对面地交流和沟通，业主可以按照游客的需要，及时调整自己的经营方式和经营内容，从而不至于使休闲旅游目的地的旅游产品很快过时，不适应市场需求。大规模风景区的旅游业经营，游客所感受到的完全是一种商业化氛围；而在小型的农户经营中，除了商业化的内容之外，游客还可感受到一种友善与亲切的氛围，这种友善与亲切的气氛是商业化的都市人已久违了的心灵深处的一种永恒，它更富于人性化，从而不会使旅游目的地的存在与发展像商业炒作一样短暂。在长期的生产经营过程中，不同的小型农户经营者都会发展和培养出自己的常客、熟客、回头客，也就是说，旅游供给与需求双方的长期相互作用，会使不同的小型经营者适应于不同的细分客源市场，如此也可以增强旅游目的地的持久性与稳定性，而这一点是单个大型旅游企业所无法实现的。当地农户的旅游经营不是完全脱离第一产业的生产，而是在农业生产的基础上从事旅游业经营，使非实物经济依附于实物经济，从而使当地经济在旅游业萧条时不至于受到重创。

③在有休闲旅游资源的地方发展休闲旅游产业可以有效地促进地方经济发展。

离官滩沟最近的一个小村庄，27 户人家有 25 户从事旅游业经营，从表 10.1 可以看出，旅游业对当地居民收入增长的贡献是显著的。休闲旅游产业不同于传统的观光旅游，它所面对的消费者主要是附近的城市居民，休闲旅游的消费者主要以散客为主，不需要大规模的接待设施，同时休闲旅游消费也是一种大众化的消费，不需要十分高档的接待环境，因此分散的当地居民完全可以以各种各样的方式参与经营休闲旅游产业。因此休闲旅游是一种能使当地居民切实受益、有效促进地方经济发展的旅游业形式。休闲旅游目的地的开发，应该允许、鼓励、创造条件让当地居民广泛参与，直接独立从事休闲旅游产业的经营活动。有一些休闲旅游目的地的开发经营，压缩了当地居民的生存空间，恶化了当地的环境质量，但当地居民却从旅游业中获利甚少，这不符合构建和谐社会的要求。

（3）问题与思考

①当地农户经营者的服务水平需要提升。

官滩沟的旅游产业才刚刚起步，各农户经营者之间还没有形成有效的竞争与合作机制，各农户经营者还处在自在经营阶段。对官滩沟农户旅游经营者的调查发现，他们的经营方式还比较简单，都以向游客提供餐饮住宿接待服务为主，几乎没有参与性旅游项目，所以当地农户经营者的旅游服务还停留在最初级的层次和水平，其旅游经营服务技能与水平亟须提高。休闲旅游服务水平的提高，很大程度上依赖于经营者知识水平和业务素质的加强，因此对农户经营者进行专业性的培训是必要的。2006 年上半年，和平镇镇政府将支付车费，组织官滩沟从事休闲旅游经营的农户去湖南省学习参观，吸取湖南农村的休闲旅游业经营经验。这说明当地政府已经意识到了休闲旅游业对地方经济的促进作用，也意识到了分散农户的旅游业经营水平需要进一步提升。这一活动对提高官滩沟农户旅游经营者的服务水平和创新意识将会十分有益。

产业集群理论认为：如果把当今的生产看成是一个网络，那么网络的结点就是生产链上的相关企业、顾客和其他相关机构。生产链上结点的数量以及结点之间的联系越多，则信息流动就越频繁，创新的机会就越多，经过逐渐的扩散和演化就会形成一种富有竞争力的区域特征。休闲旅游目的地分散的、小规模的农户经营者可以使休闲旅游产业的经营主体多元化，也就是增多了旅游生产链上的结点，因此是有助于产业创新的。只要对官滩沟农户经营者进行专业化的培训和积极的引导，相信其在产业创新方面的优势一定会得以发挥。

②农户经营者的利益需要得到切实地保护。

在对官滩沟从事旅游经营农户的调查访问中，他们普遍担心的一个问题是：随着道路交通状况的改善，来官滩沟的游客将会越来越多，到那时外面将会有一些开发商把注意力投向官滩沟，外来开发商凭借其雄厚的经济实力以及专业化的服务水平，将会把当地小型农户经营者挤出市场。官滩沟农户旅游经营者所担心的事情是否会发生还需要进一步验证，但到官滩沟的道路交通状况将会改善、来这里的游客将会越来越多却是一定的。前已述及，休闲旅游产业对官滩沟农村经济发展的促进效果是显著的，这有助于城乡的协调发展，有助于解决当前的三农问题。因此，在官滩沟休闲旅游业的进一步发展中，农民的利益应该得到切实的保护。政府部门应该制定相应的政策，提高外来资本进入的门槛，保障农户从事休闲旅游经营的机会和权利。

思考题

1. 试述环城度假带及其影响因素。
2. 试述城郊度假区的微观区位选择。
3. 环城度假带土地开发与经营效益的关系怎样？

本章重点文献

1. 王云才，郭焕成. 略论大都市游憩地的配置. 旅游学刊，2002，16(2)

2. Mckenzie, F. Growth. Management or Encouragement? A Critical Review of Land Use Policies Affecting Australia's Major Exurban Regions. Urban Policy and Research, 1996, 15(2)

3. DIMA. Australia's Population Trends and Prospects 1996. Canberra: Department of Immigration and Multicultural Affairs, 1997

4. Weaver, D. B. Model of Urban Tourism for Small Caribbean Islands. Geographical Review, 1993, 83(2)

5. Preobrazensky, V. S., and V. M. Krivosheyev. Recreational Geography of the USSR. Moscow: Progress Publishers, 1982

6. 陈辉. 休闲旅游“农家乐”走向探析. 西南民族学院学报，1998，19（增刊）

7. 叶岱夫，陈岳裕. 当前城郊旅游开发存在问题及其发展方向的探讨. 惠州大学学报（社会科学版），1998，18(2)

8. 赵振斌. 双休日休闲旅游市场特征及产品开发. 人文地理，1999(4)

9. 刘群红. 发展我国休闲旅游产业问题的若干思考. 求实，2000(8)

10. 吴必虎. 大城市环城游憩带（ReBAM）研究——以上海市为例. 地理科学，2001，21(4)

11. 田喜洲. 休闲旅游“农家乐”发展探讨. 北京第二外国语学院学报，2002，107(1)

12. 郭程轩. 城市生态休闲带的开发与规划——以广州市帽峰山为例. 资源开发与市场，2006，22(1)

13. 魏小安. 中国休闲经济. 北京：社会科学文献出版社，2005

14. 郭程轩，胡伟平. 城市生态休闲带开发的功能与效应分析. 热带地理，2006，26(2)

15. 张立明，赵黎明. 城郊旅游开发的影响因素与空间格局. 商业研究，2006，338(6)

16. 吕君，刘丽梅. 我国城郊旅游开发现状及健康发展对策研究. 前沿，2006(9)

17. 梁慧. 城郊旅游地开发探析. 当代经理人，2006(9)

18. 蔡银莺，张安录. 城郊休闲农业景观地游憩价值估算——以武汉市石榴红农场为例. 中国土地科学，2007，21(5)

19. 陈传康. 城市旅游开发规划研究大纲. 旅游学刊，1996(5)

20. 任开荣. 城郊休闲度假旅游地开发研究. 绿色大世界，2007(8)

21. 王洁平. 对发展旅游休闲农业的思考. 旅游研究，1996(5)

22. 胡明. 搞好乡村旅游业，迎接城市休闲人——谈搞好乡村旅游业须遵守的几条原则. 新余高专学报，2007，12(2)

23. 卢冬梅，简王华. 南宁市城郊休闲旅游资源开发初探. 广西师范学院学报（自然科学版），2007，24(2)

24. 邵黎明等. 上海郊区旅游业发展对策研究. 地域研究与开发，1998(3)

25. 马勇，舒伯阳. 区域旅游规划——理论・方法・案例. 天津：南开大学出版社，2000

26. 韩百娟. 环城市带休闲旅游产品开发研究. 重庆三峡学院学报，2002，18(2)

27. 唐代剑，池静. 论乡村旅游项目与游览组织. 桂林旅游高等专科学校学报，2005，16(3)

28. 李包相，沈济黄. 城市近郊休闲空间整合的新理念——“十里梅坞”休闲空间规划实践. 建筑学报，2006(3)

29. 孟明浩，顾晓艳，蔡碧凡，俞益武，孙治. 城郊型乡村旅游地开发规划研究——以杭州富阳市白鹤村为例. 福建林业科技，2006，33(4)

30. 黄燕玲，黄震方. 城市居民休闲度假旅游需求实证研究——以南京为例. 人文地理，2007，95(3)

31. 刘平. 生态休闲：城郊新农村建设的范式探索——来自岳麓区梅溪湖街道的实践. 湘潮，2007，267(8)

32. 杨载田，邓育武. 湖南城郊型休闲农业可持续发展探索. 衡阳师范学院学报，2007，28(4)

33. 喻学才. 回归自然与休闲旅游. 建筑论坛，1998，16(4)

34. 冉斌. 我国休闲旅游发展趋势及制度创新思考. 经济纵横，2004，(2)

35. 吴克祥，李舟. 休闲旅游产业发展模式探讨. 商业时代（理论版），2004，267(8)

36. 陶卓民，是丽娜，沈俪. 南京市农业旅游市场需求分析与市场定位研究. 华东经济管理，2003，17(1)

37. 吴承忠，韩光辉. 国外大都市郊区农村休闲需求及旅游发展特点研究. 地域研究与开发，2004，23(5)

38. 吴必虎，黄琢玮，马小萌. 中国城市周边乡村旅游地空间结构. 地理科学，2004，24(6)

39. 滕丽，王铮，蔡砥. 中国城市居民旅游需求差异分析. 旅游学刊，2004，19(4)

40. 张力仁. 论我国城市郊区休闲度假旅游的发展. 韶关学院学报（社会科学版），2002，23(7)

41. 叶岱夫. 对我国城郊旅游功能及相关问题的探讨. 城市问题，2000，98(6)

42. 孟明浩，顾晓艳. 近年来国内关于城郊旅游开发研究综述. 旅游学刊，2002，17(6)

43. 叶岱夫. 对我国城郊旅游功能及相关问题的探讨. 城市问题，2000，98(6)

44. 段圣奎，李为科. 我国城郊农业旅游可持续发展探讨. 江西科技师范学院学报，2006(3)

11

滑雪度假区

学习目的

了解滑雪运动、滑雪产业及我国的主要滑雪度假区。

主要内容

■ 滑雪运动

■ 滑雪产业

■ 我国主要的滑雪度假区、滑雪场

11.1 滑雪运动

滑雪是一项既浪漫有刺激的体育运动。最早起源于寒冷多雪的北欧。为适应环境及求生避险，人们发明了雪上交通工具——滑雪板、雪橇及滑雪鞋等，它们的应用使人们可以在浩瀚的森林中方便地追寻猎物。“ski”一词意始于古挪威语 skith，为“雪鞋”之意，指形如窄木舟的滑雪板。13 世纪，滑雪成为挪威的国技；14～16 世纪，北欧诸国芬兰、挪威、瑞典以及俄国都曾利用滑雪作战；1780 年，挪威人努尔哈木利用软条制成两侧内弯的滑雪板，形成现代竞技滑雪板的雏形，拉开了竞技滑雪的序幕。1877 年，在奥斯陆成立了世界上第一个滑雪俱尔部。

我国的滑雪历史也很悠久，东北的鄂伦春人、赫哲人，西北的哈萨克人均擅长滑雪，凭滑雪技术狩猎、运输。唐代李延寿在《北史》书中写道：“气候严寒，雪深没马，地高积雪，惧陷坑阱，骑木而行”。为了防止行走时脚陷入雪中，人们脚下踩着木板走路。《新唐书》、《山海经》中也有我国东北和西北等地区的少数民族借助雪上滑行从事狩猎和生产劳动的记载。20 世纪 30 年代初，日本人在黑龙江省玉泉新建了我国第一个竞技和旅游滑雪场（现在的阿城体校滑雪场）[1]，现代滑雪产业从日本传入了我国东北地区。

滑雪运动的历史沿革，可划分为古代滑雪、近代滑雪、现代滑雪；从滑行的条件和参与的目的可分为实用类滑雪、竞技类滑雪和旅游类（娱乐、健身）滑雪。旅游滑雪是出于娱乐、健身的目的，受人为因素制约程度轻，男女老幼均可在雪场上轻松、愉快地滑行，饱享滑雪运动的无穷乐趣。由于高山滑雪具有惊险、优美、自如、动感强、魅力大、可参与面广的特点，故高山滑雪被人们视为滑雪运动的精华和象征，更是旅游滑雪的首选和主体项目。通常情况下，评估人们滑雪技术水平的高低，多以高山滑雪为尺度。

近期出现的旅游滑雪项目还有单板滑雪（双脚同踏一只宽大的雪板）、超短板滑雪、越野滑雪等。其中越野滑雪是在低山丘岭地带（平地、下坡、上坡各约占 1/3 长距离滑行，虽然远不如高山滑雪的乐趣和魅力，但从安全和健身角度而言，更具有广泛的参与性。超短板滑雪、单板滑雪比高山滑雪更具有刺激性，技术更灵活，在中国尚未普遍开展。

我国雪源地区广大，东北、华北、西北等地都有可开发的滑雪资源，但从滑雪旅游开发的各个角度来看，东北地区无疑是最具开发条件与实力的地区。

自然条件是滑雪场选址所必须考虑的重要因素之一。主要涉及地形和气候两大要素。东北地区多山，海拔高度达一千米左右的很多，如长白山脉、大兴安岭、小兴安岭、棋盘山等，很适合开展滑雪旅游。气候因素主要包括气温、风力、积雪日数、积雪深度和雪季长短五个要素。东北地区雪期长、雪质好，天然雪资源丰富，大部分地区从11月至翌年3月都以降雪为主，降雪日数为20至50天，雪季长达5个月之久；冬季积雪日80～120天，长白山、兴安岭及黑龙江北部地区可达150天以上；积雪较厚，最大深度为58～80厘米；冬季气温较低，即使最南端的辽宁省也达到了-18～-5℃，较好地延长了积雪时间，保持了积雪的深度。[2]

区位与经济因素也是滑雪旅游资源开发评价的重要因素之一。东北地区区位条件优越，有四通八达的运输网络和通信网络。东北地区是我国的老工业基地。经济已经渡过调整困难时期，东三省人均GDP、居民收入均高于全国平均水平，因此东北地区完全有经济能力开展和举办各种赛事，并对滑雪旅游进行深度和广度的开发。东北地区城市化水平较高，城市密集，基础设施也较为完善。东北地区的滑雪客源市场较为广阔，其中以国内游客为主，主要来自北京、

1 杨晶晶. 北京市滑雪场经济、社会、环境影响初步研究：[学位论文]. 北京：北京第二外国语学院，2006
2 韩静. 论东北地区滑雪旅游开发. 边疆经济与文化，2007(3)

广东及东南沿海一些城市和港澳台地区；国外市场则以东南亚的滑雪旅游者为主，也有少量的俄罗斯、日本和韩国的游客。

11.2 滑雪产业

1982年，当时国内规模最大的城区滑雪场——吉林市松花湖滑雪场建成并交付使用。1984年，桃山林业局兴建了黑龙江省第一家旅游滑雪场——桃山滑雪场。为了推动我国滑雪旅游的持续发展，1995年7月16～21日在吉林省由国家旅游局主持召开了全国滑雪旅游研讨会。我国的滑雪产业诞生于1996年，以亚布力旅游滑雪场（风车山庄）的建立为标志。1998年国家旅游局为完善我国旅游产品体系公布了《中国旅游业发展优先项目》，其中与滑雪旅游、冰雪度假有关的共6项，约占总项目（43项）的14%，为有计划、有重点地开发滑雪旅游资源，推进我国滑雪旅游尽快实现产品化并推向海内外市场指明了方向[1]。

经过 10 多年的发展，滑雪旅游体系日臻成熟，滑雪旅游接待人次连年实现两位数以上增长。仅黑龙江累计接待滑雪旅游者 1 150 万人次。其中，2006～2007雪季接待了来自 60 余个国家、400 万人次的滑雪旅游者，实现旅游收入 22 亿多元[2]。哈尔滨的冰雪旅游产品基本形成了冰雪艺术、冰雪文化、冰雪商贸、滑雪度假四大板块。近 40 家滑雪场所进行的滑雪、休闲度假活动及其他冰雪观光休闲活动等。同时滑雪产业链已经在中国开始形成。一是冰雪艺术设计队伍在扩大。目前主要有城市规划设计院、冰雪艺术中心、冰灯办设计中心和雪雕办设计中心等几支主力队伍。另外，还有社会上的大专院校、园艺部门的设计队伍。二是滑雪教育培训业稳步发展。主要有亚布力风车山庄、龙珠二龙山、吉华长寿山、华天乌吉密、平山神鹿等为主的多家滑雪俱乐部。中国亚布力风车山庄拥有中国规模最大的滑雪学校——亚布力国际滑雪学校。它成立于 1996 年，是中国第一家经过专业培训并具有培训教练员资格的学校，至今已培训教练员 1 000 余名。2006 年风车山庄有高级教练 100 余名，初、中级教练 100 余名，单板教练 30 余名。三是冰雪装备业异军突起。仅几年的时间，以索道、雪鞋、雪服为代表的装备企业纷纷出现，现已有索道公司 2 家、雪服生产企业 2 家、雪鞋生产企业 1 家，造雪压雪设备生产企业正在筹建中。四是冰雪旅游运输能力提高。目前铁路已基本通达 20 家滑雪场，等级公路通达 32 家滑雪场，

1 韩杰，韩丁. 对我国滑雪旅游若干问题的研讨. 经济地理，2001(4)

2 张若川，张爽. 向国际滑雪旅游胜地和世界冰雪旅游名都迈进. 中国旅游报，2007-12-7(1)

汽车租赁业渐趋成熟，旅游专用车辆近 500 辆、14 000 多座位。五是旅行社业规模壮大。现有的 150 多家旅行社都在经营冰雪旅游，几个大型滑雪场、主要冰雪景区都有自己的旅行社。六是冰雪房地产业发展迅速，仅亚布力滑雪旅游度假区内就有星级宾馆 5 家，并正在兴建 3 家五星级宾馆，龙珠二龙山、吉华长寿山、乌吉密、帽儿山、平山神鹿滑雪场除自己兴建了星级宾馆外，还带动周边家庭旅店、社会餐馆的建设。七是节庆会展经济快速升温。除冰雪节、滑雪节、冰洽会等冰雪节庆和会展活动之外，冰雪旅游也影响到了其他季节的节庆会展活动，吸引了北方城市市长会、国际滑雪论坛、中国企业家论坛、国际商务论坛等高规模的会展活动，推动了会展经济的发展[1]。

11.3 我国主要的滑雪度假区、滑雪场

1. 哈尔滨亚布力旅游度假区

黑龙江省 AAAA 级旅游区。亚布力滑雪旅游度假区位于黑龙江省东部尚志市境内，距哈尔滨 195 公里，属长白山山脉张广才岭地区。该区属中、低山丘陵区，整个地势由东向西北倾斜。属温带大陆性气候，四季分明，温差大。结冻期 10 月下旬，解冻期 4 月上旬。平均积雪厚度为 38.26cm，高山雪区可达 60cm 以上，是天然的避暑、滑雪旅游胜地。

滑雪场始建于 1980 年，隶属于黑龙江省体育运动委员会，主要由高山滑雪场、自由式滑雪场、跳台滑雪场、越野滑雪场和冬季两项滑雪场等五个竞技、训练场地和两个旅游滑雪场组成。滑雪中心分为两大滑雪区域：一个是亚布力竞技滑雪场，主要用于举办国际国内竞赛，也可供中、高级滑雪水平的滑雪者使用；另一区域是风车山庄滑雪场，主要是供不同水平的滑雪者进行旅游滑雪和一般性竞赛滑雪的。国家极地科学考察办公室（原名为国家南极科学考察办公室）的训练基地也设在这里。

亚布力滑雪旅游度假区自 1996 年 2 月成功承办第三届亚洲冬季运动会后，已闻名遐迩。目前，亚布力滑雪场是国内最大的滑雪胜地，总面积 368.67km^2，无论从雪道的数量、长度还是落差等方面，均是目前我国条件最好的滑雪场，也是我国目前最大的综合性雪上训练中心。2009 年，作为第 24 届世界大学生冬季运动会雪上项目的承办地，亚布力在度聚焦世界目光。

滑雪场具有良好的自然条件，群山环抱，林密雪原，景色壮观，整个滑雪场可分为竞技滑区和旅游滑雪区。全年对海内外游客开放。高山雪道海拔 1 300

1 杨杰. 以冰雪文化为支撑建设世界冰雪旅游名城——哈尔滨冰雪旅游回顾与展望. 中国旅游报. 2008-1-2(12)

多米，滑雪道全长3 080米，宽40米，并设有全封闭式吊箱和半封闭式吊椅索道。滑雪道坡度为22.6度，地势起伏。雪场内拥有高山跳台滑雪场地，花样滑雪场地，越野滑雪场地，冬季两项靶场等。

2. 吉林北大湖休闲度假区

吉林北大湖滑雪场位于吉林市永吉县五里河镇，距市区 56 公里，地处长白山余脉、松花湖自然风景区内，是我国重要的滑雪运动基地和滑雪旅游中心，中国首批 AAAA 级景区。曾成功举办过全国第 8 届、第 9 届冬季运动和第 6 届亚洲冬季运动会雪上比赛项目，得到了国内外高度赞誉和好评。

北大湖滑雪场有得天独厚的自然优势。这里山坡平缓，很少悬崖峭壁，海拔超过1 200米的山峰有9座，一年中积雪日达160天左右。积雪深度山上和山下不一，最厚可达 1.5 米。整个北大湖滑场区域三面环山，冬季避风好，有时近似无风状态，气候较为适宜。

北大湖滑雪场始建于1993年，规划面积17.5平方公里。北大湖滑雪场现有雪道总长度约30公里。其中高山雪道13条，总长度约20公里；环形越野、冬季两项雪道1条，总长度约10公里。高山雪道分为初、中、高不同级别，可满足不同水平滑雪爱好者的需要。雪道最大高度差达870米，具备承办任何级别国际赛事的自然条件。

北大湖滑雪场除滑雪外，本身没有太多的风景点可以旅游，但是吉林市的雾凇却以其“冬天里的春天”般诗情画意的美，同桂林山水、云南石林、长江三峡一起被誉为中国四大自然奇观。所以到吉林不但可以滑雪还可以欣赏美丽的“雾凇”，雾凇出现于每年的十一月下旬至翌年的三四月，约六七十次。北大湖滑雪场场地日接待能力达到6 000余人。住宿有准四星级的北大湖亚运村。

3. 哈尔滨二龙山滑雪旅游度假区

二龙山滑雪旅游度假区位于二龙山风景区的西部，依山傍水而建，使二龙山成为生态旅游与健身互补，四季度假和冬季滑雪兼顾，现代旅游设施与自然风光交融的多功能四季度假胜地。

二龙山滑雪场位于二龙湖南岸，望龙山为雪场的至高点，海拔266米，是龙珠集团集数家滑雪场的管理经验，扬长避短，在二龙山修建的新一代滑雪场。雪场具有完善的旅游服务设施，让您在皑皑白雪之中，尽情体会大自然的旖旎风光。

滑道位于龙珠滑雪场的右侧，自望龙山蜿蜒而下，全长1 200米，历经 15 处转弯，落差41米，由15个弯道组成。自行掌握新奇刺激，沿不锈钢滑道自山顶滑下，穿越碧草琼花，远眺湖光山色，感受新奇刺激，驰骋林间之妙。

4. 湖北九宫山滑雪度假区

湖北九宫山地区，所处区域与武汉、南昌、长沙三省会城市距离相当行车路线。九宫山离武汉 180 公里，离南昌、长沙 200 公里。武汉、南昌、长沙分别都有高速公路直通咸宁市，而且即将修建的高速公路经过九宫山下（行车路线）。

九宫山风景优美，植被非常茂盛，冬天温度不是很低，适合户外滑雪运动。九宫山有着奇幻的云彩风光和中国第二大山顶湖——云中湖。由此九宫山又被人们看成是丰富的负氧吧。湖北九宫山滑雪度假区全部工程完工后，滑雪度假区将成为集滑雪、滑冰、滑水、滑草、滑翔、滑道（旱地雪橇）等四季动感项目及住宿、餐饮、会议等配套服务项目为一体的休闲度假胜地。九宫山滑雪场夏季项目有滑草、滑草船、弹跳飞人等。

5. 洛阳伏牛山滑雪度假区

位于洛阳伏牛山老界岭北坡，坡顶海拔高度 2 100m，滑雪度假区的基地海拔高度 1 700m，总占地面积 600 万平方米，一期工程总投资 2 500 万元。四季动感皆宜的伏牛山滑雪度假区汇集了滑雪、滑冰、滑水、滑草、滑翔、滑道（旱地雪橇）、雪上飞碟、弹跳飞人、氦气球载人升空等多种娱乐设施，同时配有住宿、餐饮、会议等一系列的服务场所。

6. 长白山滑雪场

长白山滑雪场地处长白山自然保护区原始森林中，位于吉林省安图县二道白河镇，距长春市 500 多公里，距延吉市约 270 公里，距安图市约 190 公里。

滑雪场以长白山 16 峰为依托，南有天池、二道白河，东有圆池，北有地下森林等游览区，雪场高出海平面 1 640 米至 1 820 米。雪场自然条件非常好，风景优美。

长白山与五岳齐名，为关东第一山，素有“千年积雪万年松，直上人间第一峰”的美誉，旅游景点较多。长白山天池是我国最大的火山口湖，2005 年，被《中国国家地理》评为中国最美的五大湖之一。

此外，在黑风口滚滚黑石下面，有几十处大如碗口小有指粗的温泉群。它是长白山火山爆发留下的痕迹。数十个泉口终日不断从岩缝中喷出 60～82 摄氏度的热水，由于水中含有硫化物，把周围的岩石、沙砾染成金黄、碧蓝、殷红、翠绿等颜色，闪烁在蒸腾的热气中，显得格外悦目。在冬季，周围是一片银装素裹，冰天雪地，而这里确热气腾腾，烟雾袅袅，别有一番景致。滑雪与温泉结合是非常理想的度假区

7. 玉龙雪山旅游滑雪场

丽江玉龙雪山旅游滑雪场位于玉龙雪山东麓，距被联合国评定为“世界文化遗产”的丽江古城仅20公里，是距地球赤道最近、“最温暖”的天然高山滑雪场。一进丽江地界，第一眼就可看到它银光闪闪的俏影。

玉龙山滑雪场海拔在4 500～4 700米之间，四季积雪，东西向长1 000米，南北向宽600米，且雪质好，适合四季滑雪。温暖的气候及每年长达8个月（11月至次年6月）的雪期为中国乃至世界之最。玉龙雪山旅游滑雪场开展项目有：高山滑雪、初期滑雪（配滑雪教练）、雪地摩托车、雪地橡皮圈、大小雪橇及其它雪地娱乐项目。

8. 月亮湾滑雪场

哈尔滨月亮湾滑雪场座落在哈尔滨市区内，与美丽的太阳岛为邻，总占地面积20万平方米，设有2 000平方米的综合楼，是集餐饮、住宿、娱乐为一体的综合休闲和度假的场所。月亮湾滑雪场与新建成的“冰雪大世界”遥相呼应，东邻太阳岛雪雕园，北有东北虎林园，赏冰灯、看冬泳、游冰雪大世界、观雪雕、看东北虎，再去月亮湾滑雪场滑雪，已成为哈尔滨冬季旅游景观得一条热线。

9. 神农架滑雪场

神农架是一个十分古老而又充满神秘感的地方。她西接秦巴，东望荆襄，是长江中下游地区的水土涵养地，空气净化源，生物基因库。这里不仅藏龙卧虎，隐秀纳娇，而且空气清新，气候适宜，还有数不清的奇山异谷，奇花异卉。冬到神农架旅游，不仅可以领略到奇花异兽的神秘色彩，还可以饱览神农架银装素裹，白雪皑皑，冬雪冰挂等景观。

神农架旅游滑雪场在海拔2 000米高的神农架酒壶坪，是我国南方旅游滑雪场，配有初级和中级旅游滑雪下坡雪道，坡度5至15度。就其地理位置而言，神农架滑雪场是最接近东南沿海的一座滑雪场。非常适合武汉和华南的旅游者。

10. 净月潭滑雪场

位于长春市东南侧净月潭国家风景名胜区内。距市中心18公里，区域面积18平方公里，三面环林，一面临水，具有得天独厚的区位优势和旅游资源。

与众多滑雪场所不同，这里是“城市中的滑雪场”，与城市不同的是这里湖光山色、空气清新。滑雪场还有丰富多彩的冬季游乐项目。

11. 阿尔山滑雪场

内蒙古阿尔山市是一个袖珍边城，风光优美，冬季积雪时间长达6个多月，雪的质量好，是开展冰雪运动的理想场所。阿尔山滑雪场坐落在群山和森林环抱中，位于阿尔山市温泉街城区两侧，是具有国内一流水平的高标准滑雪场，是继黑龙江亚布力、二龙山滑雪场之后，建造的国内最好的滑雪场之一，已被确定为国家滑雪队训练场地。

阿尔山滑雪场由比赛训练场和滑雪娱乐场两大部分组成，滑雪比赛训练场是按照国际比赛标准设计修建的，有高山跳台、越野、自由式比赛训练场，滑雪娱乐场的雪道面积达 9 万多平方米，东山滑雪场、西山滑雪场都安装了索道，配备了造雪机，以及供滑雪人员使用的雪地摩托等。阿尔山滑雪场是目前内蒙古自治区唯一一家集各种比赛、训练和大众娱乐为一体的大型多功能滑雪场，是理想的冰雪运动、比赛、训练基地，是游人滑雪、戏雪、赏雪的乐园。

12. 北京周边地区滑雪场

北京经济发达，人口众多，市场需求广阔，滑雪经济发展迅速。1999 年，第一个滑雪场——石京龙滑雪场成立，现已发展到 10 余家，2004～2005 滑季共接待 100 万人次。

思考题

1. 我国滑雪旅游资源及其分布特点是什么？
2. 试分析北京滑雪度假发达的原因。

本章重点文献

1. 韩静. 论东北地区滑雪旅游开发. 边疆经济与文化，2007（3）

2. 韩杰，韩丁. 对我国滑雪旅游若干问题的研讨. 经济地理，2001（4）

3. 杨杰. 以冰雪文化为支撑 建设世界冰雪旅游名城——哈尔滨冰雪旅游回顾与展望. 中国旅游报，2008-1-2(12)

4. 杨晶晶. 北京市滑雪场经济、社会、环境影响初步研究：[学位论文]. 北京：北京第二外国语学院，2006

相关网站

中国滑雪网（http://www.ski163.com/）

北京滑雪网（www.bjski.cn）

新疆滑雪网（www.skixj.com）

亚布力滑雪网（www.yabuli.net）

12

国家级旅游度假区

学习目的

了解我国国家级度假区及其特点。

主要内容

- 大连金石滩国家旅游度假区
- 青岛石老人旅游度假区
- 江苏太湖旅游度假区
- 上海佘山旅游度假区
- 杭州之江旅游度假区
- 武夷山旅游度假区
- 湄洲岛旅游度假区
- 广州南湖旅游度假区
- 海南亚龙湾旅游度假区
- 北海银滩旅游度假区
- 昆明滇池旅游度假区

1992 年 12 月经国务院批准设立的国家级旅游度假区有 11 家[1]。

12.1 大连金石滩国家旅游度假区

金石滩国际旅游度假区，位于大连市区的东部，距老市区 58 公里。1992

1 现有文献中关于中国国家级旅游度假区的数目极其混乱，有 11、12、16 等多种说法。1992 年批准时为 11 个，后来江苏太湖分为无锡太湖度假区和苏州太湖度假区，实际上是 12 个。其他都没有依据，有些自称国家级度假区，但未经国家相关部门批准。

年正式建区，被评为国家旅游度假区。2000 年成为全国首家 4A 级旅游度假区。景点有：

金石滩地质博物馆（原赏石馆、毛主席像章陈列馆） 中国目前最大的藏石馆，号称“石都”，内藏珍品 200 多种近千件，其中的浪花石、博山文石、昆仑彩玉等均为中国之最。馆内由地球厅、海洋海岸厅、海岸带地质作用厅、海岸带生物进化厅、海岸带矿产资源厅、观赏石、多功能厅七大展区组成。通过大连海岸的形成、演化、发展以及与世界和中国海岸的对比，体现大连海岸的特色。

金石园 发现于 1996 年，因为是金黄色，所以称为“金石园”。金石园是金石滩著名的自然奇石地质景观之一。占地面积 3 万平方米，其中海石景观占地 2.4 万平方米。这里是风化海石积聚地，被人们称为“海蚀动物园”。游人置身园中，可领略曲径通幽、别有洞天的感觉。金石园形成于六亿年前的震旦纪，与金石滩闻名于世的龟裂石属于同一时期。由于地质运动和海陆的变迁，长期的海进海退和潮起潮落，使得岩石差异风化而形成了如今的面貌。

金石—发现王国主题公园 位于中国大连金石滩国家旅游度假区的黄金海岸附近，公园占地面积约 47 万平方米，由大连海昌集团和新加坡西瑞克石油有限公司投资兴建。由曾经参与迪士尼公园设计的美国 RPVA 公司规划设计，韩国三星爱宝乐园的管理团队参与管理运营，成为目前全国规模最大的、国际化的主题乐园。

金石－发现王国分为 6 大主题景观区和婚礼殿堂发现广场、传奇城堡、魔法森林、金属工厂、神秘沙漠和疯狂小镇。

发现广场 金石－发现王国的起点，小型表演营造出欢快热烈的氛围，可爱的卡通人物穿插其中陪您徜徉其间。广场外是美国大街，这里是将古典与现代完美结合在一起的维多利亚风格的建筑，这不仅是游客进出公园的通道，也是购买具有公园主题文化特色商品理想的购物场所。

传奇城堡 神秘的通道带领您进入魔法时代的古欧洲，推开沉重的城门，种种神奇的故事与魔法将在这里发生。幽暗的古堡伴随您走过惊险紧张的旅程，各式古罗马人物、异国风情让您尽收眼底。城堡中的游乐设施有飞天扫把、童话小火车、魂飞古堡。

魔法森林 美丽的绿色世界，发现王国神奇的发源地，草丛中大树后花隅间隐藏着无数的秘密，这里是具有神奇力量精灵们生活的乐土，浓郁的热带雨林让游客仿佛置身于亚马逊河流域，来个惊险的漂流吧，让激流将您送上欢乐顶端。游乐设施有食人草、亚马逊探险、秃鹰、精灵之旅。

金属工厂 金属的国度，形态各异的金属建筑让您置身于过去、现在、未来的世界。让您重温一次人类工业文明的进程。科学怪人是这里危险的人物，当心他会给您带来无数的麻烦。游乐设施有疯狂齿轮、星际旅程、太空梭、疯狂眼睛蛇。

神秘沙漠　具有浓郁的中东伊斯兰风格的建筑，重现了伊斯兰的人文风貌。神秘的中东文明近在眼前，眼花缭乱的中东商品、精彩绝伦的异域舞娘，使你置身于喧嚣热闹的沙漠王国。游乐设施有儿童爬山车、穿越撒哈拉、沙漠风暴。

疯狂小镇　坐落在海边的小镇，是一个充满缤纷色彩的互动游乐区，所有的建筑和人物都具有卡通和夸张的特色，这里的居民每天都在奇思妙想，各种意想不到事情随时都有可能在这里发生。游乐设施有快乐达达、水上大冲撞、疯狂凌波舞。

金石滩在娱乐、餐饮、住宿等方面已市民化，让游人备感亲切。在黄金海岸，上千个防紫外线的沙滩凉亭、帐篷、阳伞全部由金石滩管委会统一管理，是大连地区唯一没有个体经营的海滨浴场。绿化覆盖率 46.2%，年平均空气质量指数 20，黄金海岸被评定为全国 15 个健康型海水浴场之一，是国务院批准成立的第一批国家级旅游度假区之一。

金石滩四个旅游中心：绿色中心、蓝色中心、银色中心和彩色中心。

绿色中心　主体是金石高尔夫球场。占地面积 1.75 万平方公里，三面环海、一面依山。金石高尔夫球场中的 36 个球道巧妙利用了海滨地形，充满了惊险和乐趣。其中 7 条球道被列入世界 120 条最佳球道之中。

蓝色中心　以国际游艇俱乐部为主的海滨游乐场。这里海域辽阔，沙滩细软，有一个可容纳 50 余艘游艇的琴意湖和神月湾。

潜水运动，由于金石滩为国家一类海域，海水清洁度好，能见度高。所以潜到水下可看到岩石景观、海带海藻等丛生的海底生物、各色海洋鱼类、难得一见的海豚。服务分为岸潜和船潜。

北国最佳的天然海水浴场（国家级健康型海水浴场）：被誉为梦中的黄金海岸。位于金石滩的中部成弧形，东西长约 4 公里，宽 200 米宽的海滩均有圆润不硌脚的卵石和金色沙砾铺成，呈 25 度缓坡，海面波平浪稳，水质清洁，无暗礁和潜流。在这里可以从事水上游艇、帆板比赛、水上滑翔等多项海上活动。海岸可容纳 12 万人。建有国际沙滩排球场，世界女子沙滩排球公开大赛曾在这里举行。

银色中心　位于金石滩的西部半岛。这里山势起伏，植被繁茂，到处可见由原木、素石、青藤、古瓦建成的具有远古风情的图腾柱、古朴浪漫的吊桥和八卦似的烽火台等。著名的狩猎俱乐部位于其中。

金石狩猎俱乐部是集会议培训、住宿餐饮、拓展训练、彩弹对抗、射击、狩猎、观光的综合性娱乐场所。具有高水准的420平方米步枪、手枪射击馆，380平方米的飞碟射击馆。

彩色中心　位于金石路的北侧。其中3 000平方米的花卉展销大厅，1万平方米的日光温室和3万平方米的现代化温室。鲜花大世界是我国东北最大的花卉生产基地和销售集散地。鲜花大世界集中了世界各种品类的名花，四季不败，争芳斗艳。

在彩色中心旁边有一座豪华气派的欧式风格建筑，它就是被称为金石滩"白宫"的金石蜡像馆。馆内百余尊蜡像在灯光、道具和背景的综合效果烘托下，栩栩如生。根据历史重大事件和真实情节，这里共划分"历史长河"、"风云人物"、"开国元勋"、"科学隧道"、"西安事变"、"二战风云"、"中美建交"、"香港回归"、"奥运之光"、"明星天地"、"魂断蓝桥"、"万达之梦"、"女排风采"13个主题。

12.2　青岛石老人旅游度假区

青岛石老人旅游度假区位于山东半岛青岛市区东部，温带海滨度假区类型，冬暖夏凉，风景宜人，总面积12.8平方公里。区内有山、海、岛、礁、林、洞、花等众多自然旅游资源，人文旅游资源包括大型游乐场、海滨浴场、高尔夫球场、美食村、极地海洋世界、啤酒城、体育中心、星级酒店、直升机游览项目、高新技术工业园区等。

青岛极地海洋世界　坐落于石老人旅游度假区南面，背靠青山，三面临海，风光秀美，交通便利。它是在原青岛海豚表演馆的基础上投资兴建的集吃、住、行、游、购、娱为一体，以海洋公园为主题的大型开放式旅游项目，也是青岛为迎接2008年奥运会而开发的《奥运行动规划——旅游专项规划》七大项目之一。

青岛极地海洋世界由极地海洋动物馆、海洋科技馆、酒吧休闲餐饮一条街、海景商街、四星级海景酒店、渔人码头等六大功能区构成，总共投资2亿美元，占地312亩，是山东省近年来规模最大的旅游项目。

青岛国际啤酒城　位于青岛石老人国家旅游度假区中心地带，环境优雅，交通方便，是集游乐、休闲、度假、观光为一体的旅游胜地。啤酒城分南、北两大功能区。南区为娱乐区，北区为综合区，现在到啤酒城的游乐项目除喝啤酒外还可以进行大型游乐活动，北部综合区已建成大型游乐场——环宇世界，内有许多国际先进流行的游乐设施，最出色的就是双向往复式过山车。

自1994年起，一年一度的青岛国际啤酒节在啤酒城内举办，节日期间，数百万游客云集城内，开怀畅饮，尽情享受啤酒的浓香。青岛国际啤酒节作为青岛市的旅游拳头产品已经成为青岛对外开放的窗口，其国际性、群众性、专业性的特点日益显现，极大地展示了青岛日新月异变化与良好的旅游发展前景。

青岛国际高尔夫俱乐部 位于青岛市石老人风景区，距青岛市中心仅15分钟车程，距青岛流亭国际机场仅20分钟车程，交通极为便利。是青岛市唯一的“都市高尔夫”。18洞国际标准球场，占地1 500亩。

青岛石老人国家旅游度假区4～9月份为旅游旺季，气候宜人，游客如潮，可以避暑观光、度假休闲、会议疗养；12～11月份为旅游平季，金秋时节、秋高气爽，此时旅游犹如闲庭信步，从容自在；12月至来年3月份因气候转冷而成为旅游淡季。

12.3 江苏太湖旅游度假区

江苏太湖旅游度假区分为两部分，即苏州太湖国家旅游度假区和无锡太湖国家旅游度假区。

苏州太湖国家旅游度假区位于苏州市区西南15公里的太湖之畔，规划面积11.2平方公里，控制面积26平方公里。

度假区区位条件优越，距中新合作苏州工业园区25公里，离上海浦东开发区120公里，与上海虹桥国际机场、上海港、张家港相距均不足百公里，沪宁高速公路、312国道、沪宁铁路近在咫尺。区内山环水抱，群岛秀美，自然和人文景观十分丰富，拥有得天独厚的区位、资源优势。苏州太湖国家旅游度假区建设的总体构思是以“太湖山水、古吴文化、桥岛风光、田园野趣、美食度假、游乐世界”为特色，建成设施完善、环境优美、服务一流的多功能、高标准、国际化的“东方游乐天堂”。

无锡太湖风景区位于马山半岛，距无锡城区18公里，面积51.4平方公里，常住人口3万。绿化覆盖率80%，历史古迹众多，湖光山色秀美。度假区走自然山水、历史文化和现代文明相结合的特色开发之路。高速路网四通八达，距沪、宁、杭各大城市1.5小时车程，灵山大佛景区国内一流，太湖高尔夫俱乐部国际水准，十余家星级酒店设施齐全，度假区年接待游客300万人次以上。

度假区已建成旅游景区包括：

灵山胜境景区 该景区占地400余亩，座落在无锡马迹山秦履峰东南侧。胜境内拥有世界上最高的88米高的释迦牟尼青铜大佛立像和具有1 300余年的祥符禅寺，“华夏第一大照壁”、“天下第一掌”、“江南第一钟”、“神州第一鼎”、“天下第一百子戏弥勒”是度假区内具有重大历史文化价值的人文景观。

龙头渚自然风景区 龙头渚自然景区位于度假区的最南端，由大储山蜿蜒伸入太湖中腹，形成酷似巨龙醉卧在太湖碧波之中的半岛，故名龙头渚。

这里山不高而层峦叠嶂，水不深而气象万千，是一幅天然江南山水画卷。目前已开发的西青草堂、续颈桥、马迹神石等吸引着大批向往返璞归真、回归自然的游客群。

月亮湾度假中心 它是度假区开发较早的度假休闲中心。整个度假中心充分体现人与自然的亲合力，芦苇小屋、湖滨浴场、森林木屋等构思巧妙、匠心独具，是休憩、小居的理想之地。

踏青农庄 它位于度假区内闾村。农庄临湖而建，草棚、水车等农耕设施散发着浓郁的农庄野趣。农庄周围遍布桔园、茶园，果实累累、山花烂漫，形成了春品新茶、夏吃杨梅、秋食柑桔、冬尝野味，四季湖鲜以及芦苇荡舟垂钓等休闲农家特色游。

宜民山庄 位于马山桃坞，这里风光秀丽，新建的堂屋、栈桥依山临湖，建设风格构思独道、古质典雅。目前已开辟了具有很强吸引力的野营项目，深受上海等大都市青年人的喜爱。

度假区休闲度假配套设施 度假区已拥有宾馆饭店、休疗养院 14 家，客房数为1 188间，床位数为2 598张，餐厅62个、餐位数3 299只。此外，拥有各种为游客提供服务的文化娱乐休闲场所135处之多。度假区旅游业人员达到1 600多人，占到马山总人口的5.2%左右。从度假区旅游从业人员来看大多经过较为系统的业务培训，成为促进度假区旅游业发展的一支生力军。

目前度假区新投入开发的旅游项目包括：

无锡太湖国际高尔夫俱乐部 国际标准的高尔夫俱乐部位于马山桃坞，占地1 922.57亩。依山傍水，景色宜人，36洞144标准杆，前半场以水为主，击场跨水达8处之多，后半场以山为主，极具挑战性，球道取Gary Player风格，立体造型且沙地动感，线条流畅，配之先进排水系统及四季常绿草种。同时半山所建会馆庄重，球道、山景、水色均一览无余。

灵山佛教文化广场 灵山佛教文化广场是灵山胜境景区新项目，占地 30公顷（项目已建成），成为与灵山大佛遥相呼应的大型佛教文化广场。

12.4 上海佘山旅游度假区

佘山，上海仅有的自然山林风景区，位于上海西南古城松江境内，九峰十二山逶迤起伏十余里，自然风光秀美，人文景观荟萃，自古便是著名的旅游休闲胜地。享有上海之根、世外桃源之美誉。

1995 年 6 月国务院批准在佘山建立上海佘山国家旅游度假区（1992 年时为上海田横岛国家度假区），规划总面积 64.08 平方公里，其中首期开发的核心区面积 12.88 平方公里。

佘山度假区的迅速发展，确立了佘山地区作为上海最大旅游度假基地的地位。目前区内已形成集游乐、观光、会务、休闲、度假、居住等多项功能为一体的综合型旅游度假区的雏形，吸引了大量游人前来观光游览。随着佘山度假区核心区内占地 500 亩的人工湖建成，进一步完善了“以山见长、以水为辅、山水交融”的环境建设，形成了上海唯一的山、水、林相结合的独特景观。佘山度假区由此成为上海地区具有最佳生态环境、最美自然风光、最具发展潜力的一块宝地。

上海行空户外休闲俱乐部 上海行空户外休闲俱乐部（天地汇户外俱乐部）致力于特色户外活动和特色休闲路线的推广和介绍，并积极参加环境保护活动，活动内容主要包括：野营、攀岩、定向、拓展、度假和感受式旅游活动。

行空户外基地有：佘山基地、大千拓展基地、宁波天河基地、神仙峰溶洞基地、小洋山基地、火山石谷基地、忘情谷基地等。

欢乐谷（亲子园） 欢乐谷是孩子们的乐园，于 2003 年新辟，总面积为 80 余亩。这里为孩子们提供了各类寓教于乐的活动，使孩子们在大自然中呼吸着新鲜的空气，在自由而安全的空间里，玩耍、嬉戏、运动、尽享童年的快乐。孩子们可以参与活动有：采摘农作物果实、钓龙虾、摸鱼捉虾、烧烤、户外休闲运动等。

上海佘山彩弹射击运动场 被列为上海市青少年国防教育基地彩弹射击场，占地面积 50 亩。射击场分为二大区域：学生射击场和散客射击场。在这里可以进行反恐精英现场版，丛林、战壕、碉堡、钢枪、迷彩、痛击、博杀、枪林弹雨……

山地定向挑战赛 定向运动是一项运动健身、体现智慧、锻炼勇气、挑战自我的体育项目，是智力与体力并重的运动。它不仅能强健体魄，而且能培养人独立思考，独立解决遇到困难的能力及在体力和智力受到压力下作出迅速反应，果断决定的能力。是一项放松身心、挑战自我、老少皆宜的健康有益的运动。“佘山九峰十二山”是上海唯一的丘陵群，佘山国家森林公园凭借其得天独厚的山林优势，推出了山地定向挑战赛活动项目。

佘山圣母月 每年的五月份在佘山举行的重大宗教活动，是教会为了纪念圣母根据圣经和教会神圣的传统，锁定了一系列关于圣母的庆节。并规定每年的五月份作为“圣母月”，以此广播她爱的精神。1874 年被称为佘山历史上第一个“圣母月”，距今已有一百多年历史。每年都有十几万信徒前来佘山敬礼圣母。

上海佘山国际沙雕节 沙雕是一项独具魅力、风靡世界、别具一格的艺术雕塑，它以独特的艺术性、观赏性、趣味性和参与性为一体，被誉为“21 世纪最有价值的艺术雕塑”。佘山从 2001 年成功举办了首届上海佘山国际沙雕节，沙雕节已成为佘山旅游节庆活动的主打项目之一。每年 9～11 月佘山国际沙雕节便隆重登台，来自世界各地的沙雕精英在此大展身手，奉献给广大游客最经典的艺术作品。

12.5 杭州之江旅游度假区

位于杭州市区西南，西湖区上泗地区，南濒钱塘江，北依五云山，区域总面积为 26.66 平方公里。主要建成有宋城、未来世界、杭州西湖国际高尔夫场三大主题项目和九溪玫瑰园等一批度假单元。

宋城 杭州宋城旅游景区位于西湖风景区西南，北依五云山、南濒钱塘江，是中国最大的宋文化主题公园，由杭州世界城宋城置业有限公司投资兴建。宋城是反映两宋文化内涵的杭州第一个主题公园，它主要分为：(清明上河图）再现区、九龙广场区、宋城广场区、仙山琼阁区、南宋风情苑区等部分。

未来世界 是杭州目前规模最大、融高科技和参与性项目为一体的主题公园。占地面积 32 万平方米，其中湖面面积 27 600 平方米。全园共有 6 个区块组成：“欢乐天地”、“浪漫竞技”、“缤纷广场”、“辉煌庆典”、“花影大道”、“梦幻中心”，其中“梦幻中心”是一个建筑面积达 1.6 万平方米的巨大室内游艺场，为整个主题公园的精粹所在。近年，园内又新增加了“木马”、“激光车”“天旋地转”等多项游乐项目。

杭州西湖国际高尔夫乡村俱乐部 具有 36 洞国际标准的高尔夫球场。占地 260 万平方米。该球场的管理及营运采取国际通行的俱乐部会员制，有个人和团体 2 种会籍，多次组织全国性高尔夫球比赛，其中的“金秋国际高尔夫球友谊赛”已被列为每年举行的杭州金秋国际旅游节节庆活动的特色节目。

12.6 武夷山旅游度假区

武夷山国家旅游度假区位于武夷山国家风景名胜区主景区东面，与大王峰、玉女峰、机场隔溪相望，总面积 12 平方公里。

度假区拥有得天独厚的自然资源，风景名胜区素有“奇秀甲东南”之称，兼有黄山之奇、桂林之秀、西湖之美、泰山之雄。度假区以发展国际旅游为目标，根据国际度假旅游的要求，规划发展成为以接待海外旅游者为主，集观光、度假、休闲、娱乐为一体的综合型国际旅游度假胜地。度假区设旅游接待区、休闲度假区、高尔夫度假区、综合娱乐区和特色游览区等五大功能区及民俗风情、户外康乐、水上活动等十五个功能小区，为中外游客提供高质量的生态环境与高效能的基础设施，高档次、多功能的文化享受，高水平的服务与管理。

武夷山度假区地处丘陵山区一方田园盆地，近邻秀美的武夷山大自然景观和历史积淀深厚、神奇迷幻的人文景观，三面环水，视野开阔，举目眺望，奇峰竞秀，晨观雾岚，夜听松风。

武夷山风景名胜区主要景区方圆 70 平方公里，平均海拔 350 米，属典型的丹霞地貌，素有“碧水丹山”、“奇秀甲东南”之美誉，是首批国家级重点风景名胜区之一，被世界旅游组织执委会主席巴尔科夫人称为“世界环境保护的典范”。武夷山是《洞天福地记》（杜光庭）里的三十六洞天之一。“三三秀水清如玉，六六奇峰翠插天”，构成了奇幻百出的武夷山水之胜。“溪曲三三水，山环六六峰”，“曲曲山回转，峰峰水抱流”；临水可观山景，登山可望水秀，乘上一叶竹筏游览世间一绝的九曲溪，顺流而下，山沿水立，水随山转，山光水色，交相辉映，三十六峰、九十九岩一览无余，其间更有距今约 3 800 年前高插于悬崖峭壁之上的船棺，令人叹为观止……

12.7 湄洲岛旅游度假区

湄洲岛位于莆田市中心东南 42 公里，距大陆仅 1.82 海里，是莆田市第二大岛，陆域面积 14.35 平方公里， 包括崐大小岛、屿、礁 30 多个。距台湾省台中港 72 海里。全岛南崐北长 9.6 公里，东西宽 1.3 公里，中部为平原，海岸线长 30.4 公里，其中大小沙滩 13 处总长 20 多公里，海蚀岩 5 公里、海床地质以花岗岩和辉绿岩为主构成。这里属典型亚热带海洋性季风气候，年平均气温在 18～20 ℃， 年平均降雨量为 1 200 毫米左右。物产丰富，海洋捕捞和海产养殖业发达，盛产对虾、龙虾、海螺、梭子蟹、石斑鱼、海蛎、紫菜等。

湄洲岛素有“南国蓬莱”美称，既有扣人心弦的湄屿潮音、“东方夏威夷”九宝澜黄金沙滩、“小石林”鹅尾怪石等风景名胜30多处，更有2亿妈祖信众魂牵梦萦的妈祖祖庙，每年农历三月廿三妈祖诞辰日和九月初九妈祖升天日期间，朝圣旅游盛况空前，被誉为“东方麦加”。

1992年10月被国务院批准为国家旅游度假区。湄洲岛管委会系莆田市人民政府派出机构，辖1个镇11个行政村。岛上设有金融、税务、保险、工商、公安、边防、交警、检察等机构。有台胞朝圣旅游专项落地办证政策，拥有国家一类口岸。30公里的环岛路等四通八达，水、电、邮政、电信等旅游基础设施基本配套，接待床位达1 000个以上，是一个海岛探幽、海上旅游、海滨度假、海鲜美食的“海上乐园”。

湄洲岛与忠门半岛的文甲码头之间有渡船往返。岛上有天宫大酒店和新建的湄洲大酒店、湄洲宾馆等。

12.8 广州南湖旅游度假区

广东省唯一的国家级度假区。她位于白云山麓，占地15平方公里。该区山青水秀、环境优雅、气候宜人，而且交通十分便利，距市中心只有十几分钟车程。

度假区计划及在建的项目有：

南湖娱乐城：拟将现湖畔楼和风味酒家改造成为一座含健身、娱乐、演艺、电影展示等娱乐项目于一体的综合性娱乐中心。

国际会议中心：拟将游乐园转型建设成为一个具有各种大型多功能会议厅和配套的度假别墅、会所等项目的广州最大的国际会议中心。

运动城：将建成一个集射击馆、球类馆（包括篮球、排球、网球、壁球、保龄球、乒乓球等各种球类）、高尔夫练习场、电子游戏机中心等体育项目于一体的运动中心。

12.9 海南亚龙湾旅游度假区

亚龙湾国家旅游度假区是我国唯一具有热带风情的国家级旅游度假区，位于中国最南端的热带滨海旅游城市——三亚市东南面25公里处。度假区规划面积18.6平方公里，是一个拥有滨海公园、豪华别墅、会议中心、高星级宾馆、度假村、海底观光世界、海上运动中心、高尔夫球场、游艇俱乐部等国际一流水准的旅游度假区。

亚龙湾气候温和、风景如画，这里不仅有蓝蓝的天空、明媚温暖的阳光、清新湿润的空气、连绵起伏的青山、千姿百态的岩石、原始幽静的红树林、波平浪静的海湾、清澈透明的海水，洁白细腻的沙滩以及五彩缤纷的海底景观等，而且八公里长的海岸线上椰影婆娑，生长着众多奇花异草和原始热带植被，各具特色的度假酒店错落有致的分布于此，又恰似一颗颗璀璨的明珠，把亚龙湾装扮得风情万种、光彩照人。

亚龙湾集中了现代旅游五大要素：海洋、沙滩、阳光、绿色、新鲜空气于一体，呈现明显的热带海洋性气候，全年平均气温 25.5℃，冬季海水最低温度 22℃，适宜四季游泳和开展各类海上运动。海湾面积达 66 平方公里，可同时容纳 12 万人嬉水畅游，数千只游艇游弋追逐。的海水清澈见底，可以清晰地看见 12 米以下的海底景观。8 公里长的海滩宽阔平缓，沙粒洁白细腻，自然资源在国内绝无仅有，可与国际上任何著名的热带滨海旅游度假胜地相媲美。

亚龙湾国家旅游度假区自 1992 年国务院批准建立以来，由中国粮油食品进出口（集团）有限公司控股的三亚亚龙湾开发股份有限公司投入巨资，完成各项基础设施建设外，已建成数十家国际一流水平的滨海度假酒店和一个国际标准的高尔夫球场，并建起了一个占地面积约 20 万平方米集海上运动、旅游观光、餐饮娱乐为一体的滨海公园和蝴蝶谷等国家 4A 级旅游景区。

12.10 北海银滩旅游度假区

位于北海市南部海滨，距北海市区 8 公里。银滩西起侨港镇渔港，东至大冠沙，由西区、东区和海域沙滩区组成，东西绵延约 24 公里，海滩宽度在 30～3 000 米之间，陆地面积 12 平方公里，总面积约 38 平方公里。沙滩均由高品位的石英砂堆积而成，在阳光的照射下，洁白、细腻的沙滩会泛出银光，故称银滩，北海银滩以其“滩长平、沙细白、水温净、浪柔软、无鲨鱼”的特点，被誉为“中国第一滩”。

北海银滩度假区由三个度假单元（银滩公园、海滩公园、恒利海洋运动度假娱乐中心）和陆岸住宅别墅、酒店群组成。海水浴、海上运动、沙滩高尔夫、排球、足球等沙滩运动以及大型音乐喷泉观赏、旅游娱乐等是北海银滩旅游度假区的主要内容。

度假区内的海域海水纯净，陆岸植被丰富，环境优雅宁静，空气格外清新。由于其具有“滩长平、沙细白、水温净、浪柔软、无鲨鱼”的特点，可容纳国际上最大规模的沙滩运动娱乐项目和海上运动娱乐项目，是我国南方最理想的滨海浴场和海上运动场所。而且，浴场宽阔，海水退潮快，涨潮慢，沙滩自净能力强，游泳安全系数高，海水透明度大于2米，超过我国沿海海水平均标准的一倍以上，年平均水温23.7℃，每年有9个多月可以入海游泳；公园内，空气中负离子含量数为内地城市的50至1000倍，空气特别清新，是各类慢性及老年性疾病患者最适宜的疗养环境，因而被许多中外专家认为是中国最理想的海滨浴场和度假疗养胜地，有“南方北戴河”之誉。

银滩公园内，楼台阁宇风格各异；林荫小道曲折宛延；椰树林独具风情。信步海堤，海天一色，白云朵朵，令人如入仙境，留连忘返。西南端还有冠头岭，林木茂盛，葱茏苍翠，像一条青龙横卧海边，临海壁陡，峰险洞奇，登高可观日落日出，倚壁可观涛望海。

公园内建一生态广场，造型独特，线条优美；花木繁茂，郁郁葱葱，建有30多幢具有滨海特色，风格各异的楼台阁宇；育曲折宛延伸展的林荫小道；有反映北海人精神风貌的大型雕塑——海恋；育独具南国风情的椰树林；还有供游客观赏娱乐的太空船、高空飞车、越南民族风情表演、俄罗斯风情表演和海上跳伞等游乐表演项目。

12.11 昆明滇池旅游度假区

昆明滇池国家旅游度假区位于“高原明珠”滇池之滨，距市区5公里，总体规划面积18.6平方公里。历史上这里一直是度假观光和避暑的胜地。这里山、水、林、园皆备，周围风景名胜众多，与西山森林公园、大观公园等隔水相望，云南民族村、国家体育训练基地、云南民族博物馆等既相联成片又相对独立，互为依托，是游览、娱乐、度假的理想场所。

该度假区由一条宽阔的滇池路（复线）与市区相连，交通十分便捷。区内先后建成了云南民族村、云南民族博物馆、龙华别墅、澄临蒲花园、中国民航培训中心（滇池大酒店）、昆明滇池花园酒店、卡丁车赛车场等大型项目。云南红塔体育中心、高尔夫球场、翰荣轩艺术博览馆、西贡码头美食街、聚宝餐饮城等项目也已建成。

思考题

1. 我国国家级旅游度假区的分布特点是什么？
2. 我国国家级度假区的类型与特点是什么？
3. 根据下面提供的网址检索，比较各个度假区的开发特点。

相关网站

大连金石滩旅游网（http://www.jinshitan.com）
无锡太湖国家旅游度假区（http://www.taihutour.com）
苏州太湖国家旅游度假区（http://www.sztaihu.com）
上海佘山旅游度假区（http://sheshan.songjiang.gov.cn）
杭州之江旅游度假区（http://www.hz-zj.com）
武夷山旅游度假区（http://djq.wuyishan.gov.cn）
湄洲岛旅游度假区（http://www.meizhoudao.org.cn/）
海南亚龙湾旅游度假区（http://www.ylb.com/）
昆明滇池旅游度假区（http://www.kmdctour.gov.cn）